"十二五"普通高等教育本科国家级规划教材

生产与运作管理
核心理论及习题集

第2版

王晶 编著

机械工业出版社

本书为"十二五"普通高等教育本科国家级规划教材，是在充分考虑了我国高等院校生产与运作管理课程教学的特点，广泛参考国内外优秀教材内容的基础上编写而成的。本书的结构是按我国高等院校生产与运作管理课程的教学内容安排的，内容新颖，系统性强；提供核心的理论要点，供读者在练习时学习和参考；提供大量的例题与详细解答；提供大量的概念题和计算题；在部分章节提供了实际案例；对所有的问题提供了参考答案。

本书可作为我国高等院校管理科学与工程专业和工商管理专业师生的教科书、教学参考书、考研参考书，也可作为企业生产与运作管理人员的参考书。

图书在版编目（CIP）数据

生产与运作管理核心理论及习题集/王晶编著 . —2 版 . —北京：机械工业出版社，2013. 10（2025. 8 重印）
"十二五"普通高等教育本科国家级规划教材
ISBN 978-7-111-44217-2

Ⅰ.①生… Ⅱ.①王… Ⅲ.①企业管理 – 生产管理 – 高等学校 – 教材 Ⅳ.①F273

中国版本图书馆 CIP 数据核字（2013）第 231546 号

机械工业出版社（北京市百万庄大街 22 号 邮政编码 100037）
策划编辑：曹俊玲 责任编辑：曹俊玲 何 洋
责任校对：张 媛 封面设计：张 静
责任印制：张 博
北京机工印刷厂有限公司印刷
2025 年 8 月第 2 版第 2 次印刷
184mm×260mm · 17 印张 · 461 千字
标准书号：ISBN 978-7-111-44217-2
定价：49. 00 元

电话服务 网络服务
客服电话：010-88361066 机 工 官 网：www. cmpbook. com
　　　　　010-88379833 机 工 官 博：weibo. com/cmp1952
　　　　　010-68326294 金 书 网：www. golden-book. com
封底无防伪标均为盗版 机工教育服务网：www. cmpedu. com

普通高等教育经济管理类专业
规划教材编审委员会

编 者 的 话

21世纪伊始，北京地区部分高等院校联合成立了管理类专业教材编审委员会，组织编写、出版一套适合各校情况、满足本科层次教学需要的管理类专业系列教材。在各校管理学院、系领导及教师的大力支持和参与下，经过一年多的努力，系列教材终于面世了。

改革开放以来，我国管理学科的发展极其迅猛。在这种形势下，各高等院校普遍设置了管理专业，其发展速度之快、规模之大，也是前所未有的。而教材建设一直是专业建设和教学改革的瓶颈。

编委会认为，集中各校优势，通过合作方式实现教学资源优化配置，编出一套适合各校情况的教材，对加强各校的合作交流，推动师资培养，促进相关课程的教学改革，是一件一举多得的好事。

"质量第一，开拓创新"是我们编写这套教材的指导思想，出版精品是我们的奋斗目标。现阶段应该从教材特色做起，有特色才能有市场，才能为各校师生所接受和欢迎。这套教材具有以下特点：一是内容上有创新，在继承的基础上，反映了当代管理学科的新发展；二是适用、好用，教材编写精练，并留有余地，各教材每章后都附有相配套的作业题；三是有理工科特色，合作院校的教学对象多数是理工科学生。

为了确保教材质量，经过编委会遴选，各门课程教材都由资深教授担任主编；同时各教材编写组成员相对稳定，根据使用情况会及时修订教材，使其常用常新，不断提高。

为了配合各校开展多媒体教学的需要，某些教材编写组将合作制作与教材配套的课件，以方便广大师生使用。

机械工业出版社是我国于20世纪50年代初成立的国家级出版社，数十年来，曾出版过许多在国内外有重大影响的科技类和经济管理类图书，改革开放以来曾经负责全国理工科院校管理工程专业全国统编教材的出版发行，为我国经济管理类专业的建设和发展作出了重大贡献。本套系列教材的出版得到了机械工业出版社的大力支持，谨表示衷心的感谢！

普通高等教育经济管理类专业规划教材编审委员会

第 2 版前言

本书为"十二五"普通高等教育本科国家级规划教材，提供了全面、凝练的生产与运作管理基础理论和大量的习题及相关解答，可帮助读者了解生产与运作管理的整个理论体系，并使读者通过大量的思考与练习加深对理论的理解，实现"学"和"习"的完美结合。自2007 年第 1 版出版以来，本书深受广大读者的支持和喜爱，也得到了同行专家的肯定。然而，由于水平有限而且编写不够细致，第 1 版中存在很多不足和错误，给读者带来了许多不便。广大读者却认真地对本书的内容进行思考和研究，提出了很多有价值的修改建议。作者自己也在使用过程中不断加深对本书特色和内容的理解，不断发现其中存在的问题，不断对其进行完善。经过使用过程中的检验和优化，相信本书第 2 版将能够更好地为广大读者服务。

本书的研究对象是制造业和服务业企业的价值创造过程。近年来，随着整个社会的发展和进步，中国的制造业和服务业也发生了巨大的变化。2010 年中国制造业产值达到 1.955 万亿美元，超过美国而成为世界第一制造大国。中国已经成为名副其实的世界工厂。然而，中国制造业整体大而不强，钢铁、汽车、家电等行业还出现了严重的产能过剩现象，技术与管理水平与工业发达国家相比仍存在较大差距，高投入、高产出、高排放、高污染仍然是中国制造业的普遍现象。在提高制造技术水平的同时，中国制造业企业也迫切需要提高生产过程的管理水平。中国服务业也在近年实现了快速发展，2010 年，中国服务业对 GDP 的贡献达到了 43%，在东南沿海地区这个比率还要高。然而与制造业的产能过剩相比，中国多数服务行业的供应能力明显不足，难以满足市场需求。服务业对国家 GDP 的贡献也与发达国家的 70% 以上相差甚远。我们迫切需要对服务业企业的服务流程开展深入研究，以提高对服务过程的管理水平，进而提高服务过程的价值创造能力、效率和质量。希望本书能够帮助读者学习、理解和掌握制造业和服务业价值创造过程的管理理论和方法。

本书第 2 版与第 1 版结构相同，保持了第 1 版的特色，但对内容进行了优化：充实了服务过程管理的相关理论内容和练习；增加了最新的案例分析；删除了不适合的内容；同时对第 1 版中存在的错误进行了全面的修改和完善。

本书参考了大量同行专家的论著的内容，在书中列出了主要参考文献。在此对所有参考文献的作者表示衷心的敬意和感谢。

本书借鉴了广大读者指出的问题和提出的修改建议。在此对为完善本书内容作出贡献的广大读者表示衷心的感谢。

在本书第 2 版的编写过程中，韩伟伟、王冰冰、房亚男在文献资料收集、理论分析和完善、案例编写、习题及答案编写、文档整理等方面做了大量的工作。在此对他们的辛勤工作表示感谢。

由于作者水平有限，书中仍然会存在谬误，生产与运作管理理论也会随着社会的进步而不断发展，新思想、新理论和新方法会不断涌现，衷心希望广大读者对本书提出宝贵意见和建议，以期在今后的修订中对本书内容作进一步的完善。

王　晶

第1版前言

生产与运作管理一直是管理科学和企业管理学术界研究的重点问题，企业界则一直致力于通过生产与运作管理水平的提高来提高企业的效率和竞争力。随着社会经济的发展，生产与运作管理越来越受到学术界和企业界的重视。为了满足社会对生产与运作管理人才的需要，国内外各类大专院校管理学院都开设了相应的课程。近年来，学术界和企业界对供应链管理、物流管理的热情不断高涨，这也给生产与运作管理带来了新的生机和发展机会。可以肯定地说，不管是过去、现在还是将来，生产与运作管理的水平直接反映了企业的整体管理水平。要想在激烈的市场竞争中生存和发展，企业必须对生产与运作管理给予足够的重视。

在多年的生产与运作管理教学和科研工作中，我接触到了很多优秀的生产与运作管理教材，其中包括 E. S. Buffa 的《现代生产与运作管理》、R. B. Chase 等的《生产与运作管理（制造与服务）》、潘家轺教授等的《现代生产管理学》、陈荣秋教授等的《生产与运作管理》、陈良猷教授等的《管理工程学》。在使用这些教材的时候，我在感谢他们对生产与运作管理的发展所作的贡献的同时，也由衷地敬佩这些前辈们。在这些优秀教材之后，为数众多的国内外生产与运作管理教材给生产与运作管理带来了空前的繁荣景象。本书在编写过程中参考了大量的优秀教材，这些都已在本书参考文献中列出，在这里对这些教材的作者表示诚挚的谢意。

在我们可以看到的众多教材中，可以发现这样的特点：国内的教材系统性强、理论性强，而提供的练习和案例普遍较少；国外的教材内容全面、趣味性强，实际案例多，例题和练习也多，但内容庞杂、系统性较差。近年来，国内出版了众多的生产与运作管理教材，但供学生练习的生产与运作管理习题集却很少。

我们在充分考虑了我国高等院校生产与运作管理教学的特点，广泛参考国内外优秀教材内容的基础上编写了本书。本书的结构是按我国生产与运作管理课程的教学内容安排的，内容新颖，系统性强；提供核心的理论要点，供读者在练习时学习和参考；提供大量的例题与详细解答；提供大量的概念题和计算题；在部分章节中提供了实际案例；对所有的问题提供了参考答案。

本书可作为我国高等院校管理科学与工程专业和工商管理专业师生的教科书、教学参考书、考研参考书，也可作为企业生产与运作管理人员的参考书。

北京航空航天大学经济管理学院在生产与运作管理教学和科研方面具有优秀的传统和深厚的积累，这给本书的编写提供了良好的条件。在这里对长期以来支持和帮助我的同事们表示衷心的感谢。

在编写本书的过程中，李伊岚、于开宇、李宇翔、王璕、程丽娟、唐玲、宋庆美、韩伟伟做了大量的工作，包括收集资料、编写习题和答案等；李宇翔和王璕还在本书的排版和编辑过程中付出了大量的时间与精力。在此对他们所作的努力和贡献表示感谢。

感谢国家自然科学基金的支持（项目编号：70572014；70521001）。

王　晶

目　　录

第1章 生产与运作管理概论

1.1 理论要点

1.1.1 生产与运作管理的基本概念

企业是通过向市场提供产品或服务参与社会经济活动和市场竞争的，而产品或服务都是在企业的生产运作系统中形成的。生产运作活动是企业最基本的活动之一。要想向市场提供令顾客满意的产品，以赢得市场竞争，企业必须建立高效率的生产运作系统。一般把生产有形产品的活动称为制造，把提供无形产品即服务的活动称为运作。不管是制造还是运作，其活动的本质是相同的，即把投入转换为产出。人们认识到产品制造和服务提供的本质后，现在已不再强调二者的区别，而将二者均称为生产运作。图 1-1 说明了生产运作过程。

生产运作的功能是将投入转换为产出，是创造新东西的过程，所以也把这个过程称为转换过程。在将投入转换为产出的过程中，转换系统需要消耗资源，即系统资源要素。转换系统的资源可以分为两类，即硬件资源要素和软件资源要素。其中，硬件资源要素包括生产技术、生产设施、生产能力、系统的集成；软件资源要素包括人员组织、生产计划、库存管理、质量管理等。生产与运作系统的要素经常被归纳为 5Ps，即人（People）、设备（Plant）、原材料（Parts）、技术（Process）、计划与控制（Planning and Control）；或从生产与运作系统的特点考虑，归纳为劳动力、设备、材料、技术、信息等。

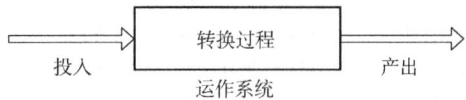

图 1-1　生产运作过程示意图

对生产运作系统或转换过程进行的规划设计、计划、控制、改进等管理活动就是生产与运作管理。生产与运作管理要解决的问题是如何利用有限的资源获取最大的产出，其目的是通过向市场提供高质量的产品和优质的服务，赢得市场竞争，谋求企业的生存和发展。生产与运作管理对企业具有极其重要的作用，这不仅是因为生产运作活动直接决定企业在市场上的竞争能力，决定企业的经营战略是否能够贯彻执行，还因为生产运作管理为分析企业业务过程提供系统的方法，其概念和方法广泛地应用于企业的其他职能领域。学习和掌握生产与运作管理可以给学习者提供更好的就业机会。

生产与运作管理的目标是提高转换系统的效率。衡量转换系统效率的主要指标如下：①效率：生产率 = 产出/投入；②成本：单位成本 = 总投入/总产量；③质量：产品的合格率；④时间：生产周期；⑤速度：新产品投放市场的频率；⑥适应性：提供多种产品的能力；⑦服务：系统的技术继承性。

作为生产与运作管理主要对象之一的服务业产品与有形的制造业产品不同，具有以下特点，而这些特点也决定了服务过程管理的特殊性：

（1）产品是无形的，在生产过程中被消费。

（2）顾客参与生产过程，与服务过程高度接触。

（3）多数服务伴有物质产品的生产。

（4）每个顾客都是产品的专家。

（5）工作质量不等于服务质量。

（6）在一种行业中行之有效的方法，在另一行业中可能完全行不通。

（7）服务种类繁多。

服务业产品的特点还可以通过表1-1与制造业产品进行比较。

表1-1 制造业与服务业产品的比较

制造业（生产）	服务业（运作）
产品是有形的、耐久的	产品无形，不可触摸，在生产过程中被消费
产品可储存	产品不可储存
顾客与生产系统极少接触	顾客参与服务过程，与服务过程高度接触
响应顾客需求周期较长	响应顾客需求周期很短
产品可销往全国甚至国际市场	主要服务于有限区域范围
设施规模较大	设施规模较小
质量易于度量	质量不易度量，工作质量不等于服务质量
顾客不了解生产过程	顾客是产品的专家

虽然这里把制造和服务作了明确的区分，但实际上大多数生产与运作过程的产出是有形产品与无形服务的混合物。例如：餐厅要提供餐饮服务就必须制作和提供饭菜等，由于餐厅的主营业务属于服务，所以餐厅被划分为服务业企业；同样，汽车制造业企业的主业是制造汽车，但也同时提供运输、使用技术的咨询等服务。制造与服务的关系如图1-2所示。

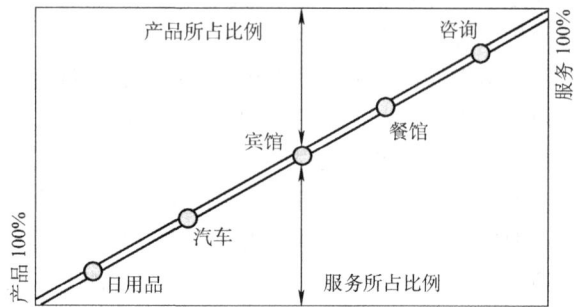

图1-2 制造与服务的关系

1.1.2 生产类型

生产与运作可以分为制造和服务两大类。在制造这一类型中，又可以根据生产的连续性和重复性分为大量生产、成批生产和单件小批生产。在服务业，则根据服务过程与顾客的接触程度分为与顾客高度接触的前台服务和与顾客很少接触的后台服务。这种分类可以用图1-3表示。

制造业生产类型的划分，可以使用以下定量方法：

（1）根据工作地负荷系数分类。计算公式为

$$K = t/r = tN/(F_0\Phi_s) \qquad (1\text{-}1)$$

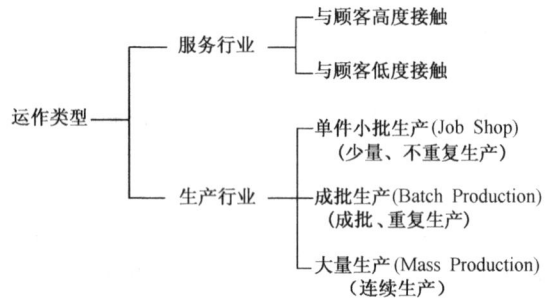

图1-3 生产与运作的分类

式中，K 为工作地负荷系数；t 为某产品的单件工时；r 为该产品的平均出产节拍，$r = F_0\Phi_s/N$；N 为该产品的计划年生产量；F_0 为全年制度工作时间；Φ_s 为该工作地的设备利用系数。

1）$K > 0.5$，大量生产。

2）$0.05 < K < 0.5$，成批生产。

3）$K < 0.05$，单件小批生产。

（2）根据生产任务的来源，可以把生产分为订货生产、备货生产和订货装配三个类型。

1）订货生产（Make-to-Order, MTO）：零部件和最终产品都根据订货进行生产，如裁缝店、发电站。

2）备货生产（Make-to-Stock, MTS）：零部件和最终产品都根据需求预测进行生产，如家电产品。

3）订货装配（Assemble-to-Order, ATO）：零部件根据预测进行生产，最终产品根据订货进行装配，如在电子市场攒电脑。

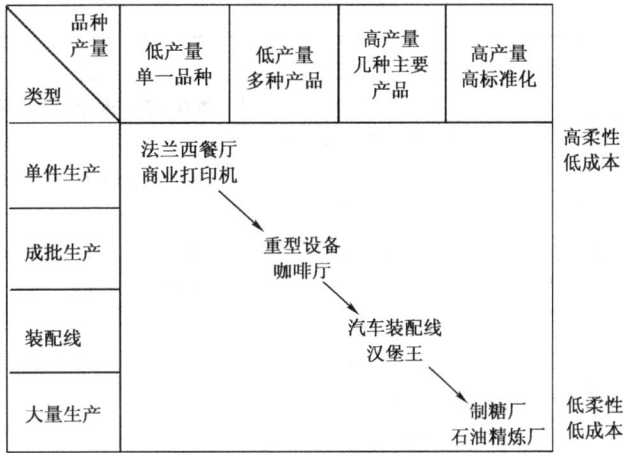

图 1-4　产品—过程矩阵（PPM）

制造业各生产类型的产品品种数和生产量特点如图 1-4 所示，该图称为产品-过程矩阵（Product-Process Matrix, PPM）。划分生产类型的目的主要是研究各类生产类型的共同特点，研究具有针对性的提高生产效率的方法，借鉴同类型其他企业的经验，提高本企业的管理水平。

1.1.3　生产与运作管理的发展历程

自从人类开始生产活动，生产管理也就随之开始了。在古代文明中，世界各国人民建造了很多伟大的工程，如长城、都江堰、金字塔等。作为国家工程，这些工程都是以军队式的组织进行管理的。1776 年，亚当·斯密在《国富论》中介绍了劳动分工对提高劳动生产率的实验，这是近现代生产与运作管理研究的最早期研究。1795 年前后，美国的军火制造商伊莱·惠特尼在制造枪械时首次使用了可互换的零部件。1900 年前后，泰勒在生产系统和工作方法的分析与优化方面作出了突出贡献。他开发的一整套管理方法被称为科学管理，他本人也被称为科学管理之父。现代工业工程、人力资源管理、生产与运作管理中的主要理论和思想都源于科学管理。1913 年，福特以劳动分工和科学管理为依据建立了世界上第一条汽车流水装配生产线，开创了现代化工业生产的新时代。进入现代后，第二次世界大战期间，英国的运筹学研究小组开发的运筹学方法提供了进行系统优化的工具。1950 年后，随着世界经济的发展，日本汽车制造业成功地开发和实施了准时生产方式（JIT）；在美国，随着计算机技术在工业生产中的广泛应用，MRP、FMS、FA、CIMS 等理论与方法也相继产生。而在 1990 年以后，随着信息技术、网络技术的发展，供应链管理、企业流程再造等新理论的产生把生产与运作管理推向了更高的阶段。表 1-2 归纳了 20 世纪以来的生与运作管理发展历程。

表 1-2　生产与运作管理发展历程

年代	概念	工具	创始人
20 世纪 10 年代	科学管理原理 工业心理学 流水装配线	时间研究与工作研究 动作研究 甘特图	弗雷德里克 W. 泰勒(美国) 吉尔布雷斯夫妇(美国) 亨利·福特和亨利·甘特(美国)
20 世纪 30 年代	经济订货批量 质量管理	订货管理的 EOQ 抽样检验和统计表	F. W. 哈里斯(美国) 休哈特和罗米格(美国)
20 世纪 40 年代	工人动机的霍桑实验 复杂系统的多约束方法	工作活动的抽样分析 线性规划的单纯形法	梅奥(美国)和提普特(英国) 运筹学研究小组和丹茨格(Dantzig)

（续）

年代	概念	工具	创始人
20世纪50年代至60年代	运筹学的进一步发展	仿真、排队理论、决策理论 数学规划、PERT和CPM	美国和西欧的很多研究人员
20世纪70年代	商业中计算机的广泛应用	车间计划、库存控制、预测、项目管理、MRP	计算机制造商领导的，尤其是IBM公司约瑟夫·奥里奇和奥利弗·怀特是主要的MRP倡导者
20世纪80年代	服务数量和质量 制造策略图 JIT、TQC和工厂自动化	服务部门的大量生产 作为竞争武器的制造 看板管理、CIM、FMS、CAD/CAM、机器人等	麦当劳快餐店 哈佛大学商学院 丰田的大野耐一、戴明和朱兰以及美国工程师协会
20世纪90年代	同步制造 全面质量管理 企业流程再造 电子商务 供应链管理	瓶颈分析和约束的优化理论 波多里奇奖、ISO 9000、价值工程、并行工程和持续改进基本变化图 因特网、万维网 SAP/R3、客户/服务器软件	格劳亚特（以色列） 国家标准和技术学会、美国质量控制协会（ASQC）和国际标准化组织 哈默和钱皮、美国政府、网景通信公司和微软公司 SAP（德国）和ORACLE（美国）

1.1.4　生产与运作管理的新发展

随着社会经济和文化水平的提高，市场环境发生了极大的变化。这种变化集中表现在顾客对产品的个性化需求更高，对产品质量、性能的要求更高，新技术、新产品层出不穷，产品生命周期越来越短，市场需求越来越趋于多样化，竞争愈加激烈。而面对市场的迅速变化，企业也不得不频繁地进行生产系统的新选择、设计和调整。在这种环境下，企业的生产与运作管理具有如下特征：

（1）生产与运作管理的范围更宽：纵向——生产与运作管理经理更多地参与企业高层决策；横向——生产与运作管理与R&D以及市场营销的关系更加密切。

（2）多品种中小批量生产成为主流。

（3）计算机技术、网络技术、信息技术广泛应用。

（4）社会责任大幅度增加，不再只限于企业自身的盈利，还必须考虑向市场和顾客提供更高的价值。

（5）现代企业的生产与运作管理已经从短缺经济时代的以企业为中心的管理转化为以市场和顾客为中心的管理。

生产与运作管理通过解决以下问题为企业竞争力的提高作出贡献：

（1）加快新产品和服务的开发投产速度——基于时间的竞争。

（2）开发柔性生产系统，以适合大规模定制的需要。

（3）管理全球生产网络。

（4）复杂的劳动力群体的管理。

（5）在现有生产系统中引进新技术。

（6）不断改进生产系统的结构。

（7）适应环境变化、社会伦理、法律法规的要求。

此外，企业还可以通过绿色制造提高竞争力。绿色制造是综合考虑环境影响和资源利用效率的现代制造模式，其目标是使产品在从设计、制造、包装、运输、使用直到报废处理的整个产品生命周期中，对环境的影响（副作用）最小，资源利用率最高。对制造环境和制造过程而言，绿色制造主要涉及资源的优化利用，清洁生产和废弃物的最少化及综合利用。

1.1.5 先进生产管理技术

随着科学技术的进步，生产技术和生产管理技术也在不断发生着变化，新的管理方法、管理技术层出不穷，如工厂自动化（Factory Automation，FA）和柔性制造系统（Flexible Manufacturing System，FMS）。制造业企业一直致力于通过先进生产技术的引进优化生产系统，提高生产效率。这些先进技术包括硬件技术和软件技术。其中硬件技术包括：数控机床（Numerical Controlled Machines，NCM）、加工中心（Machining Centers，MC）、计算机数控（Computerized Numerical Control，CNC）、直接数控（Direct Numerical Control，DNC）、机器人（Robot）、自动物料处理系统（Automated Material Handling，AMH）等。管理的软件技术包括：计算机辅助设计（Computer Aided Design，CAD）、计算机辅助工程（Computer Aided Engineering，CAE）、计算机辅助制造（Computer Aided Manufacturing，CAM）、计算机辅助工艺设计（Computer Aided Process Planning，CAPP）、制造资源计划（Manufacturing Resource Planning，MRP Ⅱ）、企业资源计划（Enterprise Resources Planning，ERP）、制造执行系统（Manufacturing Execution System，MES）等。

硬件和软件技术结合在一起，形成的如柔性制造系统、柔性制造单元（Flexible Manufacturing Cell，FMC）等，使制造业企业的生产能力和生产效率实现了大幅度提高；更多的硬件技术和软件技术的综合应用，则使企业能够实现工厂自动化。以上列举的包括硬件技术及管理软件技术的整体，形成了制造业企业优化生产系统、提高生产效率的资源的集合。这种基于电子技术、计算机技术、信息技术的资源的整体被称为先进制造技术（Advanced Manufacturing Technology，AMT）。

计算机集成制造系统（Computer Integrated Manufacturing System，CIMS）是在各种先进制造技术综合利用的基础上建立的先进制造系统，实现了整个制造企业的全部业务的计算机化管理。在技术方面，将产品设计、工艺设计、产品制造等通过 CAD/CAE、CAM、CAPP 进行综合控制；在管理方面，通过 MRP Ⅱ、ERP、MES 等对整个企业的各种计划、需求、生产、质量、设备、库存、人员、财务等各个方面的业务进行协调控制，使用包括 FMS、MC、NC、AMH、ROBOT 等硬件设备，构成了强大的制造能力。CIMS 是现代化制造企业中使用的最典型的制造与管理系统之一。与 CIMS 同时期在制造业企业还出现了另外一种集成化的制造与管理系统，即准时生产方式（Just-in-Time，JIT）。第二次世界大战以后，以丰田汽车公司为代表的日本汽车企业面临着艰难的市场环境：一方面市场规模有限；另一方面有众多竞争者。在此情况下，企业要想获取利润，就要加强内部管理，降低生产成本，而降低成本的最有效的方法是消除生产过程中的一切浪费。丰田公司通过三种途径消除浪费：通过提高质量管理水平减少由残次产品造成的浪费；通过在需要的时间、需要的地点提供需要的量的产品（准时生产）消除过量生产的浪费；通过按生产任务的需要灵活调整劳动力水平（使用多能工）的方法消除生产能力的浪费。这种生产方式最显著的特点就是通过使用一种叫做"看板管理"的工具控制整个产品的形成过程，使整个生产过程在由下游需求控制上游供给的状态下运行，实现拉动式生产。在丰田公司，这种生产方式被叫做看板管理，后来推广到日本其他汽车公司后被叫做丰田生产方式。随着这种生产方式在国际上引起的影响的扩大，这种生产方式又被叫做准时生产方式和精益生产方式。

1.1.6 制造业服务化

制造业与服务业的关系日益密切，两者之间的界线越来越模糊。制造业的服务化趋势已经显现，生产性服务（如研发、第三方物流）逐步兴起，制造业和服务业出现了融合的趋势。

美国通用电气公司从一个典型的制造企业变成一个以服务为主的企业，开创了制造业服务化的先例。通用电气原是一家产品多元化的公司，产品包括飞机发动机、发电设备、火车机车一直到医疗设备。1991年，前任总裁杰克·韦尔奇上任时，公司年销售额为250亿美元，制造业的收入占公司总收入的85%。2000年，公司取得了辉煌的业绩，销售额达到1116亿美元，服务业的收入占公司总收入的75%。

韦尔奇提出了"全面服务""实时服务"和"提供解决方案"，从而使通用电气得到奇迹般的发展。①全面服务。把制造的产品销售出去，仅实行"三包"等售后服务是不够的，而是要提供全面服务，即顾客需要什么就提供什么，对产品负责到底。制造企业一年生产的产品数量是很有限的，如果只是围绕这些产品提供售后服务，业务量就很少，服务也不能形成规模。而企业过去累积生产的产品是大量的，围绕这些产品提供服务，业务量就大得多。韦尔奇不仅看到通用电气过去生产的大量的飞机发动机需要维修，而且看到其他公司生产的飞机发动机也需要维修，甚至不仅是维修飞机发动机，而且考虑到整个飞机的维护。②实时服务。通用电气在其制造的设备出现故障时，能够及时提供维修服务，而不影响设备正常工作。例如，对医疗设备进行实时监测，及时修理，保证手术正常进行。③提供解决方案。从用户的视角、按用户的需要提供解决方案，得到用户的信赖和依靠，并通过制造商的资源和能力帮助用户获取他们的竞争优势。通用电气还通过特别保险、消费者服务、特别金融服务等为客户提供全套解决方案。其他全球著名的制造企业，如IBM和戴尔等，也都在由制造领域向服务领域拓展。

对于服务型制造，美国称之为基于服务的制造（Service Based Manufacturing），澳大利亚称之为服务增强型制造（Service-Enhanced Manufacturing），日本称之为服务导向型制造（Service Oriented Manufacturing），英国称之为产品服务系统（Product Service System）。服务型制造不仅是制造业发展的方向，也是解决我国制造业当前面临的困境的途径。服务型制造将传统的制造业和服务业相融合，符合人们需求的发展规律，具有很强的生命力，将为制造业企业创造持续的竞争优势。

2004年5月，IBM研究和商务咨询服务部召集了商务、运筹学和科技领域的专家一起审视不断变化的商业环境。专家认为，世界各地的首席执行官们开始重新关注公司收入的增长，而不是仅依靠降低成本来提高盈利，正逐渐认识到公司的灵活性和反应能力的重要性。从产品研发到投放市场的周期正大幅缩短，这迫使企业寻求新的途径以使自己提供有别于竞争对手的产品和服务，为客户创造新的价值以吸引客户。在此背景下，IBM的专家作出预测，认为服务科学是推动商务和技术专家联合创新的新方法。服务科学（Service Science，Management，and Engineering，SSME）可以将计算机科学、运筹学、产业工程、数学、管理学、决策学、社会科学和法律学等领域的工作融合，创建新的技能和市场，以提供高价值的服务。

1.2 典型例题

例1.2.1 分析下表中转换系统的投入、转换要素、转换过程和产出，并填表。

答：答案如表1-3所示。

表1-3 转换系统

系统	投入	转换要素	转换过程	产出
大学	学生	教材、教师、教室	传授知识和技能	大学毕业生
医院	病人	医护人员、药品、医疗设备	医疗护理	健康的人
餐厅	饥饿的顾客	食物、厨师、服务员、环境	烹饪及服务	满意的顾客
银行	存取钱的顾客	业务员、计算机设备等	业务员提供服务	满意的顾客

例1.2.2 为什么说企业各种职能人员都要熟悉生产过程？

答：答案如表1-4所示。

表1-4 企业职能人员需要熟悉生产过程的原因

财务经理	可运用库存和生产能力的概念确定需要投入的资金量，预测现金流量，对现有资产进行管理
R&D经理	只有了解运作过程，才能以低投入并快速研发出能满足市场要求的有竞争力的产品
营销经理	只有了解运作过程，才能满足顾客的订货日期，满足顾客对产品或服务的个性化要求以及进行新产品介绍
人力资源经理	必须了解工作的设置、工作标准与员工激励方案之间的关系，以及生产工艺要求工人掌握的技术
系统工程师	只有了解运作过程，才能设计和开发高效的管理系统

例1.2.3 衡量转换系统效率的指标有哪些？这些功能指标间有什么关系？

答：衡量转换系统效率的指标有：生产率、生产成本、质量、时间、速度、适应性、服务等。这些指标有些是相互矛盾的，如生产成本和产品质量，生产成本和适应性、服务等；而有些指标之间是互相支持的，如生产率、生产成本、时间、速度之间就是这种关系。虽然系统的功能可以用这些指标来衡量，但大多数情况下，这些指标无法同时达到最优水平。

例1.2.4 试根据转换系统的功能分析产品的作用。

答：转换系统的功能是将投入转换为产出。制造业将投入的原材料转换为产品，系统的功能在转换过程中转移到了产品上，而产品是要提供给顾客的，产品通过顾客消费才能实现其价值。实际上产品是一种介质，承载着系统的功能，将系统的功能传递给顾客。

例1.2.5 服务产品的运作管理有哪些特点？

答：服务运作管理与服务产品的特点有密切的关系。服务产品是无形的，不能存储，在生产过程中被消费，所以特别重视服务过程的管理；顾客参与生产过程，应该给顾客提供参与的条件，便于顾客接受服务；多数服务伴有有形产品，所以要重视有形产品的质量；顾客是产品的专家，应该借助顾客的知识和能力，同时注意提高服务人员的能力；由于服务种类繁多、管理方法各异，应该注意研究本行业的特点，提高管理水平和运作效率。

例1.2.6 举例说明服务业的各种生产类型。

答：（1）与顾客高度接触：餐厅服务、银行前台服务。

（2）与顾客低度接触：餐厅厨房、银行后台审核。

（3）大量生产：学生食堂。

（4）成批生产：学校教育。

（5）单件小批生产：艺术系学生教育、研究生培养、法兰西餐厅。

例 1.2.7 举例说明订货生产、备货生产和订货装配的特点。

答：（1）订货生产：如裁缝店，接到订单以后才开始生产，包括原材料的采购。

（2）备货生产：如家电制造商，企业根据市场预测生产，然后通过分销渠道销售。

（3）订货装配：如戴尔电脑制造，企业根据预测制造或采购元器件或零部件，在收到订单后再按要求装配顾客需要的个性化商品。

例 1.2.8 作为现代生产与运作管理的特征之一，生产与运作管理的范围更宽了，其原因是什么？

答：从纵向考虑：企业是通过向市场和顾客提供产品或服务参与市场竞争的，为了更好地满足市场的要求，必须管理好产品的形成过程；作为生产过程的直接管理者，生产与运作管理经理必然要参与企业的高层决策，并以高层决策结果指导运作过程。

从横向考虑：为了提高产品的可制造性，运作管理部门必须参与产品的设计过程；而为了更好地满足顾客的要求，运作管理的计划和控制又必须与营销部门密切配合。

例 1.2.9 试分析以企业为中心的管理向以顾客为中心的管理转变的背景。

答：在短缺经济时代，各种资源、商品供不应求，企业、供应商在市场占有主导地位。只要生产和供应的产品能够满足顾客在功能上的基本要求，就有市场；只要产品的价格低，就能取得竞争优势。

然而，随着社会经济和文化水平的提高，顾客的购买能力提高了，对商品功能的要求提高了，要求的功能范围也扩大了。顾客不再满足于商品的基本功能，也不再单纯追求低价格，而是从价格、质量、数量柔性、响应时间、品种款式、服务等方面提出了全方位的要求。企业只有从各方面满足了顾客的要求，并且比竞争对手做得更好，才能取得竞争优势。这时的市场就是以顾客为中心的市场，企业的管理也转变为以满足顾客需求为中心的管理。

例 1.2.10 说明现代生产与运作管理的特点。

答：（1）管理范围发生了变化。以前只需要管理好车间或工厂内部的生产进度，控制好内部资源就可以了；现在则要积极影响和参与企业高层决策，要与研发和营销部门密切配合，甚至参与这些部门的决策和管理。

（2）由于市场需求的多样化，企业的生产也在向多品种、中小批量生产转化，以大量生产的高效率实现多品种、中小批量生产是一个艰巨的挑战。

（3）现代生产系统、管理系统中大量应用计算机技术、信息技术和网络技术。

（4）企业的社会责任不断增加，来自政府的、社会的压力不断增加，同时要满足顾客越来越高的需求，可以说企业的生存环境越来越苛刻。

例 1.2.11 画出擦鞋服务过程的服务蓝图（Service Blue Print）。

擦鞋服务过程的服务蓝图如图 1-5 所示。

1.3　思考与练习

1.3.1　试说明生产系统的功能。

1.3.2　试说明转换系统的硬件要素和软件要素。

1.3.3　试说明生产系统的 5Ps。

1.3.4　解释制造和服务的概念。

1.3.5　试从技术和经济角度分析生产运作系统的功能。

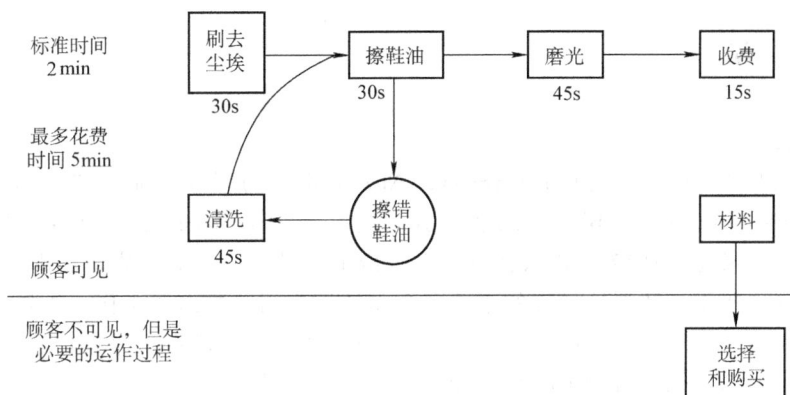

图 1-5 擦鞋过程的服务蓝图

1.3.6 分析制造与运作的共同性。

1.3.7 生产与运作管理的主要内容是什么？

1.3.8 生产与运作管理要达到什么目的？

1.3.9 衡量转换过程效率的主要指标有哪些？

1.3.10 试说明服务业产品的特点。

1.3.11 试说明服务业产品与制造业产品的区别。

1.3.12 试说明服务前台与后台业务的特点。

1.3.13 举例说明企业提供的产品一般是有形产品和服务的混合物。

1.3.14 说明制造业的生产类型及各种生产类型的特点。

1.3.15 试说明订货生产、备货生产和订货装配三种生产类型的特点。

1.3.16 结合产品—过程矩阵解释极端优势的概念。

1.3.17 为什么要划分生产类型？

1.3.18 试分析劳动分工带来的效率提高的原因。

1.3.19 说明亚当·斯密、伊莱·惠特尼、泰勒、福特等对生产与运作管理的贡献。

1.3.20 试分析现代市场环境的特点和企业面临的挑战。

1.3.21 举例说明现代产品的生命周期越来越短。

1.3.22 试分析生产系统柔性或适应性对于企业的意义。

1.3.23 试分析生产与运作管理对于企业经营的意义。

1.3.24 现代生产与运作管理有哪些特点？

1.3.25 试分析运输企业的投入、转换和产出。

1.3.26 试分析计算机技术的进步对生产管理的促进作用。

1.3.27 简述现代生产与运作管理要解决的问题。

1.3.28 简述准时生产方式的背景及其基本思想。

1.3.29 简述计算机集成制造系统的构成要素。

1.3.30 企业生产运作管理是如何随着外部环境的发展变化而演进发展的？

1.3.31 提高生产率有哪些途径？

1.3.32 分析服务业的生产率难以提高的原因。

1.3.33 简述绿色制造的概念。

1.4 案例分析

IBM 的服务转型

总部设在美国纽约州阿蒙克市（Armonk，New York）的国际商业机器公司（International Business Machines Corporation，IBM）的创始人托马斯·沃森（Thomas J. Watson）生于纽约州北部的一个贫苦农民家庭。他 17 岁进入社会，第一份工作是替一家五金店走街串巷推销缝纫机。1896 年，沃森进入推销员待遇比较高的全美现金出纳机公司（NCR）工作，该公司老板帕特森是"美国商业销售之父"。1910 年沃森升为销售经理，成为公司的第二号人物。但是好景不长，1913 年 12 月，帕特森解雇了在 NCR 干了 18 年的沃森。沃森离开 NCR 之后，于 1914 年加入计算列表纪录公司（Computing Tabulating Recording，CTR）。1914 年 5 月，沃森出任 CTR 总经理。1924 年，沃森将 CTR 公司改名为 IBM 公司。1956 年，沃森将 IBM 公司交给自己的长子小沃森经营。20 世纪 60 年代初，小沃森花费 50 亿美元开发 360 系列大型计算机，采用最新的集成电路技术，奠定了 IBM 在大型计算机行业的霸主地位。在小沃森领导下，IBM 成为"蓝色巨人"，它为股东们创造了前所未有的财富。1999 年《财富》杂志把小沃森评选为 20 世纪最伟大的商业领袖之一。1970 年，小沃森将公司董事长职位交给勒森（Vin Learson）。在那之后，IBM 的 CEO 依次为卡瑞（Frank Cary）、欧普（John Opel）、艾克斯（John F. Akers）、郭士纳（Louis V. Gerstner）、彭明盛（Samuel Palmisano），现任 CEO 为罗睿兰（Virginia Rometty）。

IBM 是一个典型的制造商，长期以来执世界计算机产业之牛耳，被视为美国科技实力的象征和国家竞争力的堡垒。IBM 还在材料、化学、物理等科学领域取得了很大成就。硬盘技术为 IBM 所发明，扫描隧道显微镜（STM）、铜布线技术、原子蚀刻技术也为 IBM 研究院发明。IBM 的研发部门十分杰出，获得过三次诺贝尔奖（1973 年，1986 年，1987 年）。IBM 作为计算机产业长期的领导者，在大型/小型机和笔记本电脑（ThinkPad）方面的成就最为瞩目。其创立的个人计算机（PC）标准至今仍被不断地沿用和发展。IBM 公司在最鼎盛的年代，其营销机构遍布全球，产品涉及信息技术的方方面面，构筑起一个庞大的计算机产业帝国，曾经位居《财富》杂志评选的世界 100 强第二位。

1986 年艾克斯接任 IBM 总裁和董事长。在艾克斯任期内，IBM 受到了其开放技术标准所催生的兼容机企业的围剿，面临危机。从 20 世纪 80 年代中期开始，IBM 在格鲁夫的英特尔公司和比尔·盖茨的微软公司的夹击下节节败退。1987 年，IBM 重走"封闭技术标准"路线，推出 IBM PS/2 计算机应对兼容机，结果遭遇惨败。1986—1993 年的 7 年间，IBM 累计亏损 150 亿美元，其股票价值减少 750 亿美元。

1993 年艾克斯提出辞职。为了挽救危局，IBM 考虑引进本行业最伟大的企业家给 IBM 掌舵，试探了美国几位顶尖的 CEO，但没有一个人愿意就任 IBM 董事长和 CEO 的位子，此时的 IBM 几乎成了一辆没人要的破车。一向喜欢冒险并有着"扭亏魔术师"美誉的郭士纳，被 IBM 委托的猎头公司盯上。郭士纳曾经担任过麦肯锡管理咨询公司董事、美国运通公司总公司总裁及其最大的子公司美国运通旅游服务公司的董事长兼 CEO，并在纳贝斯克公司（RJR Nabisco）担任了 4 年的董事长兼 CEO。郭士纳不是一个 IT 专家，对 IBM 也是一知半解，这是他的劣势，可是这也竟成了他最明显的优势。正因为他不熟悉，也因为他是"空降兵"，所以他没有框框，也不缺乏变革的勇气。当时的 IBM 不缺乏人才，但缺乏有变革勇气和敢于担当责任的人。

1993 年 4 月 1 日，郭士纳从艾克斯手中接过 IBM 的权力之柄，担任董事长兼 CEO。在纽约希尔顿饭店的新闻发布会上，人们对他充满了好奇。让一位外行来执掌全球最大的计算机公司，实在不可思议。郭士纳带来的是顾客导向思想。上任后几周，他就在弗吉尼亚州的一个度假胜地安排了一次非同寻常的会议。会议邀请了 IBM 最大的 200 家客户的信息执行官参加，这是 IBM 的经理们第一次站在一群客户面前，被要求回答了两个最简单的问题：我们做对了的有哪些方面？我们做错了的有哪些方面？正如郭士纳所说，信息革命即将发生，但前提是计算机行业应该停止对单纯技术的崇拜，并开始注重技术对于客户的真正价值。简单说来，即客户第一，IBM 第二，各项业务第三。郭士纳改变了 IBM 的业务模式，使其经营重点从硬件制造转向提供服务。

1995 年，IBM 以 35 亿美元的价格收购了莲花软件公司，成功地进入了服务市场。IT 行业发展的趋势是产业逐渐细分，各种硬件、软件逐步发展和分化，形成一个个的细分需求和细分市场，IT 业变得越来越复杂。IBM 公司认为，客户将逐渐认识到整体解决方案，即能将各种供应商所提供的计算机零部件和软件进行整合的重要性，信息技术产业将变成以服务为主导的产业。郭士纳确立了"服务用户、方便用户、以用户为导向"的宗旨，建立了 360 度客户服务的理念，树立了合作共赢的观念，改变了业绩考核办法。总之，IBM 选择了做行业的整合者，成为一个综合的服务方案提供商。

为转变为综合服务提供商，IBM 对企业经营方向与企业组织进行了改革，剥离常规性的硬件业务，积极收购重组服务和软件业务。1998 年，IBM 将全球网络业务以 40 亿美元卖给了 AT&T 公司，同时 IBM 得到了 AT&T 公司 100 多个数据中心的 10 年运营业务。IBM 为 AT&T 管理数据中心，而 AT&T 为 IBM 提供通信网络服务。2000 年，IBM 将网络设备全部卖给了思科。不仅是硬件设备，IBM 还将 200 余项核心技术专利也转让给了思科，此后，思科每生产一个相关的设备，都要支付给 IBM 相应的专利使用费。与此同时，思科将系统集成与服务业务交给了 IBM，成为 IBM 另一个外包服务的大客户。通过一系列兼并重组，IBM 彻底转变为综合服务提供商。

为了适应服务转型，IBM 改变了原有的"地域分割、各自为政"的组织体系，组建以客户为导向的组织结构。IBM 将原有的机构和人员重新改造为面向不同行业的 12 个集团，并重组了全球的分支机构，彻底改变了"以产品为核心"的经营策略，以整合各种资源，为客户创造价值。这样，IBM 一改之前以单独产品线划分的销售方式，保证每个经销商都可以经销全部软件产品和解决方案。在明确了服务转型的方向之后，IBM 同时提醒自己"不要完全忘记我们过去的光荣"。IBM 的硬件，特别是高端服务器与存储器一向是 IBM 的优势所在，五年间，IBM 在硬件开发上继续投入 20 亿美元，使硬件重新回到了领先位置。转型过后，IBM 的营业收入稳步增长，同时服务及软件业务在总体营业收入中所占比例也日益扩大，占据着主要地位。

两届任期届满之后，功成名就的郭士纳于 2002 年从 IBM 内部挑选了自己的接班人彭明盛（Samuel Palmisano）。彭明盛 1972 年从霍普金斯大学毕业后就进入了 IBM，从销售员做起。2004 年，IBM 把其全球个人计算机业务整体卖给了联想，这使联想当年一跃成为全球第三大计算机生产商，但却使 IBM 在 2005 年的销售收入只比 2004 年减少了 5.6%。2008 年，尽管全球金融危机的威胁继续存在，但 IBM 的收益依然稳步上升，2008 年 IBM 年度营业收入突破了 1 000 亿美元。

（资料来源：陈荣秋，马士华．生产与运作管理［M］．北京：高等教育出版社，2011.）

思考与分析：

1. IBM 为什么要进行服务转型？

2. 分析 IBM 服务转型的主要措施。

3. 服务转型是不是所有制造业企业今后的发展方向？

思考与练习答案

1.3.1　答：生产系统的功能是利用系统资源将输入转化为期望的输出。其制造的产品不仅要满足用户的需求，还应适应企业经营战略，使企业能在价格、质量、时间及其他方面的竞争中保持优势。

1.3.2 答：转换系统的资源可以分为两类：硬件资源要素和软件资源要素。

硬件资源要素包括：

（1）生产技术：生产工艺特征、生产设备构成、生产技术水平等。

（2）生产设施：生产设施的规模、设施的布局、工作地的布置等。

（3）生产能力：生产能力的大小、生产能力的弹性等。

（4）系统的集成：系统的集成范围、系统集成的方向、系统与外部的协作关系等。

软件资源要素包括：

（1）人员组织：对人员的管理政策、组织机构等。

（2）生产计划：计划体系、编制方法、相关技术等。

（3）库存管理：库存的类型、库存的控制方式等。

（4）质量管理：质量控制方法、质量保证体系等。

1.3.3 答：生产运作系统的要素经常被归纳为 5Ps，即人（People）、设备（Plant）、原材料（Parts）、技术（Process）、计划与控制（Planning and Control）；或从生产与运作系统的特点考虑，归纳为劳动力、设备、材料、技术、信息等。

1.3.4 答：一般把生产有形产品的活动称为制造，把提供无形产品即服务的活动称为运作。

1.3.5 答：从技术和实物的角度来看，生产运作系统把对投入的人、财、物、信息等各项资源转换成社会和用户所需要的产品和服务的过程；从经济和价值的角度来看，生产运作系统表现为价值增值的过程。

1.3.6 答：无论制造还是运作，其活动的本质是相同的，即把投入转换为产出。它们之间的共同点是：制造提供多种服务，作为产品的一部分，而许多服务者也提供有形的产品，分销给顾客或在提供服务的过程中消费的产品。比如，餐饮业生产有形的产品的，但由于它是为了与顾客接触而完成整个服务过程才设计生产产品的，因此它应属于服务类企业。

1.3.7 答：生产与运作管理的主要内容包括：

（1）生产与运作战略。

（2）生产准备与组织，包括产品的开发与设计、设施选址与设施布置、工作设计与时间研究、生产过程组织等。

（3）生产与运作计划，包括生产计划、作业计划与作业排序等。

（4）生产与运作控制，包括作业控制、质量控制、库存管理、设备管理等。

1.3.8 答：生产与运作系统的目的是根据社会与市场的需求，按期、按质、按量、按品种组织企业的产品生产和服务，以提高企业的经济效益。

1.3.9 答：衡量转换系统效率的主要指标有：

（1）效率：生产率 = 产出/投入。

（2）成本：单位成本 = 总投入/总产量。

（3）质量：产品合格率。

（4）时间：生产周期。

（5）速度：新产品投放市场的频率。

（6）适应性：提供多种产品的能力。

（7）服务：系统的技术继承性。

1.3.10 答：服务业产品的特点如下：

（1）产品是无形的，在生产过程中被消费。

（2）顾客参与生产过程，与服务过程高度接触。

（3）多数服务伴有物质产品的生产。

（4）每个顾客都是产品的专家。

（5）工作质量不等于服务质量。

（6）在一种行业中行之有效的方法，在另一行业中可能完全行不通。

（7）服务种类繁多。

1.3.11 答：制造业产品是有形的、耐久的，产品可储存，而服务业产品无形，不可触摸，在生产过程中被消费；制造业产品响应顾客需求的周期较长，产品可销往全国甚至国际市场，而服务业产品响应顾客需求的周期很短，主要服务于有限区域范围；制造业产品在生产过程中，顾客与生产系统极少接触，顾客不了解生产过程，而服务业产品在生产中，顾客参与服务过程，与服务过程高度接触，顾客是产品的专家；制造业产品的质量易于度量，设施规模较大，而服务业产品的质量不易度量，工作质量不等于服务质量，设施规模较小。

1.3.12 答：服务前台的特点是：与顾客高度接触，要求服务人员的专业技能到位，具备良好的沟通能力，能及时对顾客作出响应，引导顾客需求，服务时间和服务质量方面因顾客而异，生产能力需适应高峰时的需求。

服务后台的特点是：与顾客接触程度低，可以更关注于服务的专业技能，在质量和服务时间方面较为固定，生产能力保持在某一平均需求水平。

1.3.13 答：大多数生产与运作过程的产出是有形产品与无形服务的混合物。例如：餐厅要提供餐饮服务就必须制作和提供饭菜等，由于餐厅的主营业务属于服务，所以餐厅被划分为服务业企业；家电制造企业虽然以生产家电为主业，但也设有维修部门，提供产品维修服务。

1.3.14 答：制造业生产类型的划分，可以使用以下定量方法：

（1）根据工作地负荷系数分类

$K = t/r = (t \cdot N)/(F_0 \cdot \Phi_s)$

式中，K 为工作地负荷系数；t 为某产品的单件工时；r 为该产品的平均出产节拍；N 为该产品的计划年生产量；F_0 为全年制度工作时间；Φ_s 为该工作地的设备利用系数。

1）$K > 0.5$，大量生产：产品品种少，产量大，重复生产，专业化程度高，生产效率高，劳动分工细，成本低，适应性差。

2）$0.05 < K < 0.5$，成批生产：产品品种较多，产量较多，重复生产，设备部分专用，生产效率较高，成本较高。

3）$K < 0.05$，单件小批生产：产品品种多，产量低，基本不重复生产，设备大多是通用的，生产效率低，成本高，适应性高。

（2）根据生产任务的来源，可以把生产分为订货生产（MTO）、备货生产（MTS）和订货装配（ATO）三个类型。

1）订货生产（Make-to-Order, MTO）：零部件和最终产品都根据订货进行生产，如裁缝店、发电站。

2）备货生产（Make-to-Stock, MTS）：零部件和最终产品都根据需求预测进行生产，如家电产品。

3）订货装配（Assemble-to-Order, ATO）：零部件根据预测进行生产，最终产品根据订货进行装配，如在电子市场攒计算机。

1.3.15 答：订货生产（Make-to-Order，MTO）：零部件和最终产品都根据订货进行生产，有明确的交货期，无需大量存货，没有销售风险。缩短生产周期和保证按时交货是管理的重点。

备货生产（Make-to-Stock，MTS）：零部件和最终产品都根据需求预测进行生产，生产效率高，但存在预测风险和库存风险，因此提高预测的准确性和加强库存管理是管理的重点。

订货装配（Assemble-to-Order，ATO）：零部件根据预测进行生产，最终产品根据订货进行装配，其特点介于以上两者之间。

1.3.16 答：产品—过程矩阵揭示了四种典型生产类型的特征和生产系统功能之间的关系。生产类型在由左上角向右下角移动的过程中，生产率提高，成本逐渐降低，柔性逐渐降低，每种生产类型在系统功能方面都表现出一种相悖的关系。在产品—过程矩阵的对角线两端，这种相悖特性表现得更强烈，也具有更强的竞争优势。单件生产柔性最高，但其代价是高成本；大量生产成本很低，但最缺乏柔性。这两种生产类型分别在柔性和成本方面表现出了极端优势。

1.3.17 答：由于企业的产品千差万别，产品结构和生产运作工艺的复杂程度各异，产品品种和生产规模也有很大差别，所以它们的生产过程表现出不同的特点，不同的生产过程需要不同的管理方式。因此，有必要将生产与运作系统分成几种不同的类型，以研究每种生产类型的共同特点，为企业进行合理的生产运作系统设计和管理提供科学的指导。

1.3.18 答：以劳动分工的方式进行生产，其主要优点是：重复地完成单项作业可以使工人的熟练程度得到提高；可以节省由于工作变换而损失的时间；提高工人的专业化程度；有利于制造新工具和改进机器设备。

1.3.19 答：1776 年，亚当·斯密在《国富论》中介绍了劳动分工对提高劳动生产率的实验，这是近现代生产与运作管理研究的最早期研究。1795 年前后，美国的军火制造商伊莱·惠特尼在制造枪械时首次使用了可互换的零部件。1900 年前后，泰勒在生产系统和工作方法的分析与优化方面作出了突出的贡献，他开发的一整套管理方法被称为科学管理，他本人也被称为科学管理之父。现代工业工程、人力资源管理、生产与运作管理中的主要理论和思想都源于科学管理。1913 年，福特以劳动分工和科学管理为依据建立了世界上第一条汽车流水装配生产线，开创了现代化工业生产的新时代。

1.3.20 答：随着社会经济和文化水平的提高，市场环境发生了极大的变化。这种变化集中表现在顾客对产品的个性化需求更高，对产品质量、性能的要求更高，新技术、新产品层出不穷，产品生命周期越来越短，市场需求越来越趋于多样化，竞争愈加激烈。

在这种新的市场环境下，企业面临的挑战主要有：用户需求的多样化使企业的订单呈现多样化的特点，这意味着企业由大量大批生产向多品种小批量生产的转变，开发柔性生产系统；产品生命周期的缩短意味着企业加快新产品和服务的开发投产速度；新技术、新产品的出现要求企业在现有生产系统中引进新技术，不断改进生产系统的结构，以适应市场环境的变化。

1.3.21 答：现代科学技术的进步和经济、社会的发展导致产品的更新换代越来越快，新产品从构思、设计到商业性投产，其周期日益缩短，市场多样化的需求导致产品的生命周期越来越短，20 世纪末的电子产品已经预示出未来这一发展趋势，以计算机为代表的电子产品的生命周期已经缩短到了半年为一个周期，而有些软件产品的生命周期仅有几个月。

1.3.22　答：现代市场环境发生了很大的变化，产品品种日益增多，产品生命周期缩短，企业之间面临着激烈的竞争。企业为了赢得竞争的优势，就要按照客户的不同需求进行生产，多品种、小批量日益成为生产运作模式的主流，需要在现代生产运作实践中提高生产系统的柔性和适应性，以赢得竞争优势。例如，柔性制造系统、柔性制造单元、成组技术、CAD/CAE 技术、并行工程、数控机床等。

1.3.23　答：企业管理一般可以分为生产运作管理、营销管理、财务管理、研发管理、人力资源管理等方面，每一项管理工作都是企业经营中的重要组成部分，呈现出相互依存、相互制约的关系。企业是通过产品和服务参与市场竞争的，因此，生产与运作管理活动作为企业经营中最基本的活动，为分析企业业务过程提供系统的方法，其概念和方法广泛应用于企业的其他职能领域。激烈的市场竞争、多样化的需求，使生产与运作管理成为企业经营的重中之重。只有提高企业的生产运作管理水平，才能既满足社会的需求，同时又能提高企业经营的水平。

1.3.24　答：（1）生产与运作管理的范围更宽：纵向——生产与运作管理经理更多地参与企业高层决策；横向——生产与运作管理与 R&D 以及市场营销的关系更加密切。

（2）多品种、中小批量生产成为主流。

（3）计算机技术、网络技术、信息技术广泛应用。

（4）社会责任大幅度增加，不再只限于企业自身的盈利，还必须考虑向市场和顾客提供更高的价值。

（5）现代企业的生产与运作管理已经从短缺经济时代的以企业为中心的管理转化为以市场和顾客为中心的管理。

1.3.25　答：运输企业的投入：待运输的货物。

转换系统的资源：运输车辆、司机、管理系统等。

转换过程：按要求的目的地通过运输改变货物的位置。

产出：货物位置的改变。

1.3.26　答：现代计算机技术的进步，在很大程度上促进了企业生产管理的发展。它提高了信息传递和处理的效率，使过去大量复杂的管理问题得以简化。CAD、CAPP、CAM、MRPⅡ、ERP、MES 以及现代生产系统中出现柔性制造系统（FMS）等技术在企业生产管理中的应用，极大地提高了生产和管理的自动化水平与劳动生产率。计算机集成制造系统（CIMS）技术，使企业的经营计划、产品开发、产品设计、生产制造以及营销等一系列活动有可能构成一个完整的有机系统，更加灵活地适应市场环境变化的要求。

1.3.27　答：现代生产与运作管理要解决的问题包括：

（1）加快新产品和服务的开发投产速度——基于时间的竞争。

（2）开发柔性生产系统，以适合大规模定制的需要。

（3）管理全球生产网络。

（4）复杂的劳动力群体的管理。

（5）在现有生产系统中引进新技术。

（6）不断改进生产系统的结构。

（7）适应环境变化、社会伦理、法律法规的要求——绿色制造。

1.3.28　答：第二次世界大战以后，以丰田汽车公司为代表的日本汽车企业面临着艰巨的市场环境：一方面市场规模有限；另一方面有众多竞争者。在此情况下，企业要想获取利润，就要降低生产成本，而降低成本的最有效的方法是消除生产过程中的一切浪费。这样它们走出了一条适合日本实际情况的道路，这就是准时生产方式（JIT）。

准时生产方式力图通过"彻底消除浪费"，来达到降低成本以获取利润的最终目标。丰田公司通过三种途径消除浪费，即通过提高质量管理水平减少由残次产品造成的浪费；通过在需要的时间、需要的地点、提供需要的量的产品（准时生产）消除过量生产的浪费；通过按生产任务的需要灵活调整劳动力水平（使用多能工）的方法消除生产能力的浪费。

1.3.29　答：从系统功能的角度来看，计算机集成制造系统（Computer Integrated Manufacturing System, CIMS）是由四个应用分系统和两个支撑分系统构成的。其中，四个应用分系统包括管理信息系统（Management Information System, MIS）、工程设计系统（Computer Aided Design, CAD/Computer Aided Engineering, CAE / Computer Aided Manufacturing, CAM/Computer Aided Process Planning, CAPP）、制造自动化系统（Manufacturing Automation System, MAS）和质量保证系统（Quality Assurance System, QAS）；两个支撑分系统是指计算机通信网络（NET）和数据库系统（Database, DB）。

1.3.30　答：任何社会组织的生存和发展都要满足环境需要和适应环境变化。企业建立生产运作系统也是为了适应经济社会发展的需要，以向用户提供满意的产品和（或）服务，并获得效益。外部环境的变化及其发展规律对企业生产运作系统及其管理方式的变化和演进有着重要的，甚至是决定性的影响。首先，需求的变化规律决定着生产运作管理的发展趋势。其次，社会、经济、技术、法律、竞争状态等外部环境，对生产运作管理的发展趋势也有着重要的影响。例如，随着社会经济发展和服务业的发展，生产运作管理也在向着适应服务性运作管理需求及制造业和服务业融合发展的方向扩展；现代信息技术和先进制造技术的飞速发展也在改变着生产运作系统及其管理方式，所有的先进生产运作系统都是技术和管理一体化的系统，一切先进的生产模式也都是工程技术和管理技术相结合的结果；市场竞争的不断加剧及"环境问题法律化"和"环境规则"的建立，也会引起企业战略目标、竞争优势取向、生产运作系统及其管理方式发生变革。

1.3.31　答：提高生产率有两种途径：减少投入的同时保持产出不减少，或增加产出的同时保持投入不增加。这两种途径都能使生产率水平提高。从经济意义上讲，投入包括劳动力、资本和管理，是生产系统的组成部分。管理是整个系统的关键，即投入通过管理转化为产出。产出就是产品和服务，包括各种各样的内容，如黄油、教育、司法体系等。生产就是制造产品或提供服务。单纯高产量可能只意味着更多的人在工作，也可能是就业率高，但并不意味着生产率也很高。

1.3.32　答：这是因为服务业具有以下特点：

（1）它是典型的劳动密集型行业（如咨询服务和教育）。

（2）需要频繁的个性化处理（如投资顾问）。

（3）常常需要专业技术（如医疗诊断）。

（4）常常很难实现机械化和自动化（如理发）。

（5）常常很难评价质量（如律师事务所的服务质量）。

因此，越需要专业技术和个性化的工作，就越难以提高生产率。

1.3.33　答：绿色制造是综合考虑环境影响和资源利用效率的现代制造模式，其目标是使产品在从设计、制造、包装、运输、使用直到报废处理的整个产品生命周期中，对环境的影响（副作用）最小，资源利用率最高。对制造环境和制造过程而言，绿色制造主要涉及资源的优化利用，清洁生产和废弃物的最少化及综合利用。

案例分析答案

答案要点：

1994 年前后的世界虽依然处于个人电脑主宰世界的局而，但网络时代的来临将使个人电脑的中心地位被取代，快速宽带网络将实现个人电脑的众多功能。在客户需求方面的变化主要体现在客户希望打破 IBM 对该行业的垄断，并且客户已经意识到他们需要一个集成者来帮助他们构思、设计和建立终极的解决方案。竞争环境方面的变化主要体现在竞争对手迅速增加，并逐渐成为 IT 行业中的生力军，IBM 一统天下的局面已一去不复返了。不论是行业发展趋势，客户需求变化，还是竞争状况的变化，都为 IBM 的服务化转型提供了压力、动力，更提供了新的崛起机会。

首先 IBM 在 1995 年收购了莲花软件公司，成功地进入了服务市场；然后在 1998 年将全球网络业务卖给 AT&T 公司；其后在 2002 年收购普华永道咨询公司；最后于 2004 年将 IBM PC 事业部出售给联想集团。通过这行措施，IBM 成功实现了服务转型。

第2章　生产与运作管理战略

2.1　理论要点

2.1.1　生产与运作管理战略的定义、内容和地位

所谓运作管理战略，是企业根据所选定的目标市场和产品特点构造其生产系统时所遵循的指导思想，以及在这种指导思想指导下进行的一系列规划、决策的内容和程序。生产与运作管理战略关系到企业长期性的竞争态势，运作管理战略主要解决三方面问题：企业要生产什么产品，如何生产，以及如何取得和维持竞争优势。

运作管理战略决策的内容主要包括：新产品规划与研究开发、新生产技术研究开发、运作系统的规划与设计、生产设备选择和长期运作能力计划等。

生产与运作管理战略在企业战略中占有非常重要的地位。一个事业部制的企业，其总体战略可以分解为各事业部经营战略，各事业部经营战略又可以进一步分解为执行级的战略，包括生产与运作管理战略、营销战略、新产品研发战略等。企业战略结构可以用图2-1表示。

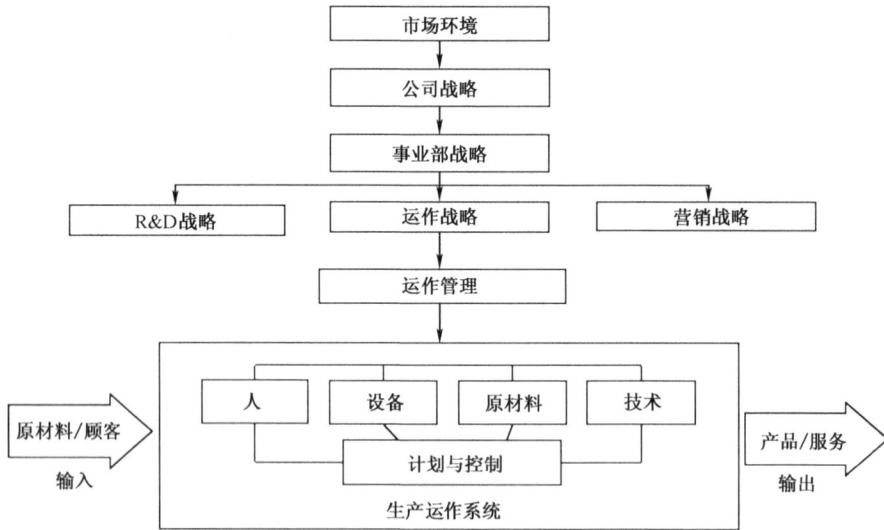

图 2-1　企业战略结构图

企业战略具有系统性结构，各级战略之间具有密切的关系。这种关系主要体现出以下特点：下级战略的制定以上级战略为依据和指导；下级战略服从和支持上级战略，并且应对上级战略的实现作出贡献；各级战略的总体目标应保持一致。

2.1.2　用户—产品—运作系统的关系及用户满意

产品是媒介，是连接用户与生产系统的纽带。产品把用户对产品的要求，包括品种、款式、

数量、服务、质量、价格、交货期以及企业竞争战略的要求转化为对运作系统的要求，要求系统具有创新性、弹性、继承性，能够提供高质量、低成本、按期交货等方面的功能，如图 2-2 所示。

用户对产品感到满意与感到快乐是两个不同的层次。满意是指产品的基本功能满足用户要求，说明产品可以进入市场——这是产品立足市场的标准（Order Qualifiers）；而用户快乐要比满意的层次更高，要保证产品使用户感到高兴和快乐——这是产品赢得订单的标准（Order Winners）。对于一般的产品来说，在符合法律法规要求的前提下满足了品种、款式、数量、质量等要求即达到了立足市场的标准，而服务、价格和按期交货则是赢得订单的标准。产品只有同时满足了这两个层次的标准，才能销售出去。

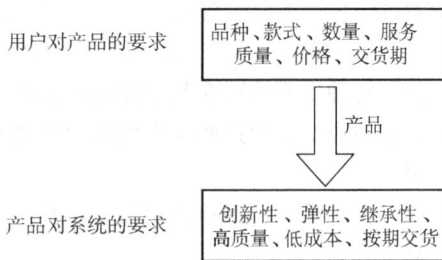

用户对产品的要求 → 品种、款式、数量、服务、质量、价格、交货期

产品对系统的要求 → 创新性、弹性、继承性、高质量、低成本、按期交货

图 2-2　用户—产品—运作系统的关系

2.1.3　运作战略的决策过程

企业如何制定运作战略的决策呢？首先应分析企业经营战略、竞争战略以及企业环境和用户的要求，并以此为依据进行产品竞争态势分析，把分析的结果转化为对运作系统功能目标的要求。企业围绕这些目标设计运作系统，分析运作系统运行的结果是否可以有效地实现运作系统的功能目标，若不能，就需要对已有的运作系统进行优化改进。这个过程如图 2-3 所示。

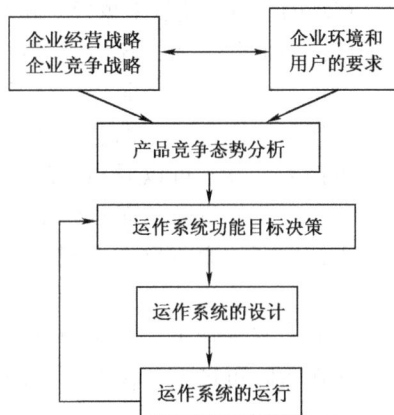

企业经营战略企业竞争战略 ↔ 企业环境和用户的要求 → 产品竞争态势分析 → 运作系统功能目标决策 → 运作系统的设计 → 运作系统的运行

图 2-3　生产运作管理战略的决策过程

2.1.4　各种生产类型的功能特点

第 1 章分析了各种类型的生产系统在产品种类和产量等方面的特点。这里对照用户—产品—生产系统之间的关系，进一步分析各种生产类型的功能。如表 2-1 所示，各种生产类型的功能具有显著的差别。在这个表中，具有战略可行性的系统与功能匹配关系都集中在表中左上角到右下角的对角线上，而且对角线两端的功能极端突出，这种特点称为生产系统功能的极端优势。

表 2-1　产品—过程矩阵

	品种、款式	适应性	交货期	服务	质量	成本
定制生产	大型商业软件、法式餐厅					
单件生产		重型设备、咖啡馆				
成批生产			机电产品、教育			
大量生产				汽车生产、KFC		
连续生产					制糖、石油精炼	

2.1.5　生产系统结构与功能的关系

产品—过程矩阵揭示了四种典型生产类型的特征（品种、产量）与生产系统功能（工艺连续性）之间的关系，并指出了生产类型由左上角变化到右下角时，系统功能特性的变化取向为：生产效率逐渐提高，而应变能力却逐渐下降。其中，右上角和左下角都是不具备战略可行性的区域。

通过分析产品—过程矩阵，可以发现生产系统的结构与功能之间具有以下特点：

（1）每一种生产类型与其对应的典型的系统结构都具有典型的功能特点和竞争优势。

（2）每种生产类型在其功能指标方面，都表现出一种相悖的关系。这种相悖的特性，除了在生产效率与应变能力这两大方面有明显的互斥趋势外，在其他各项具体的功能指标上也存在相悖的情况。

（3）在产品—过程矩阵对角线两端的系统表现出更强的功能相悖特性，因此也具有鲜明的竞争优势。

2.1.6 企业竞争重点的转移

随着时代的变化，企业竞争重点也不断发生着变化：在 1970 年以前，企业关注的是生产成本，强调以低成本来赢得竞争优势；在 1970—1990 年期间，随着消费者生活水平的提高，对质量也越来越关注，因此企业又将重心放在了产品质量上；在 1990—2000 年期间，随着新技术的采用，产品的生命周期越来越短，新产品推陈出新的速度也越来越快，企业的竞争重点变成了时间和速度；2000 年以后，环境因素以及顾客个性化的要求使得企业越来越关注其柔性、环保、体验（战略、产品、系统）等方面的功能。可以看出，随着时间的推移，企业要不断地面对新出现的竞争重点，而新的竞争重点出现后，原有竞争重点仍然是竞争要素之一，因此企业竞争的要素增加了，企业的负担更重了。而在实际市场上，各类不同的产品，竞争重点也各不相同，如图 2-4 所示。

与生产企业不同，服务业企业的竞争战略有其自身的特点：应重视服务的可接近性（便利、主动），重视服务的可靠性（不被疏远）；通过以信誉和顾客为中心的运作获得卓越竞争力，追求以顾客快乐为中心的服务运作。

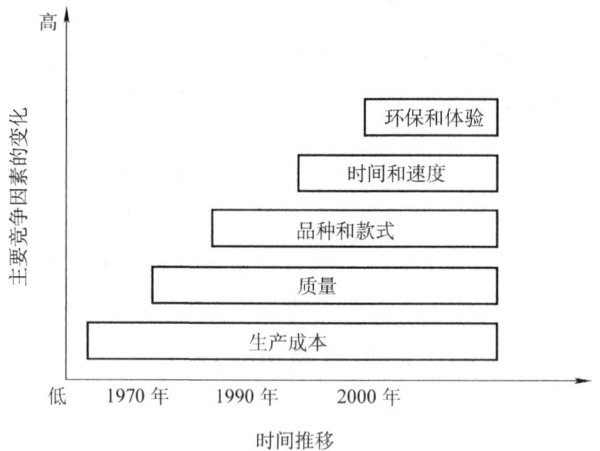

图 2-4　企业竞争重点的转移

企业如何有效地提高竞争力呢？

首先，要赢得时间，在产品和服务设计阶段就要采用并行工程（Concurrent Engineering，CE）的方法，提高产品进入市场的速度。

其次，要不断提高质量，按照 ISO 9000 的要求，采用全面质量管理（TQM），不断提高产品和服务的质量，建立积极的质量文化，提高员工的质量意识。

再次，采用准时生产方式（JIT）、敏捷制造、计算机集成制造 CIMS（FMS + ERP）等方法，提高生产的柔性。

最后，通过供应链管理、虚拟企业、可快速重组企业、企业间动态团队协作、知识联网等方法来改善运作系统的功能。

2.1.7 以企业和顾客为中心的管理特点

以企业为中心的管理属于传统管理，它以优化企业内部资源为中心，强调提高内部效率；出现在短缺经济时代，企业只要低成本、高效率地提供产品和服务，就能占领市场，赢得竞争；注重内部资源的合理利用。

　　随着社会经济和文化水平的提高，现在顾客变成企业经营活动的中心。以顾客为中心的管理，要求提高产品和服务对顾客的价值，要求对顾客的需求作出快速响应；要发挥员工的聪明才智和潜能，要留住人才，不能只依靠命令和控制；要进行迅速、正确的决策，并实施决策，要求组织扁平化，以缩短最高决策者与第一线工作人员沟通的时间，使不同层次的管理者都有一定的决策权，这就要求权力适当分散。决策分散能使了解情况的人直接作出决策，有利于提高决策的效率和正确性。

2.2　典型例题

例 2.2.1　试以产品—过程矩阵为基础，分析生产系统的结构与功能之间关系的特点。

　　　　答：通过分析产品—过程矩阵，可以发现生产系统的结构与功能之间具有以下特点：

　　　　（1）每一种生产类型与其对应的典型的系统结构都具有典型的功能特点和竞争优势。

　　　　（2）每种生产类型在其功能指标方面，都表现出一种相悖的关系。这种相悖的特性，除了在生产效率与应变能力这两大方面有明显的互斥趋势外，在其他各项具体的功能指标上也存在相悖的情况。

　　　　（3）在产品—过程矩阵对角线两端的系统表现出更强的功能相悖特性，同时也具有鲜明的竞争优势。

例 2.2.2　试分析比较对象专业化、工艺专业化以及项目型生产流程的特征。

　　　　答：对象专业化、工艺专业化以及项目型生产流程的特征比较如表 2-2 所示。

表 2-2　三种生产流程的特征比较

	对象专业化流程	工艺专业化流程	项目型流程
产品：订货类型	批量较大	成批生产	单件、单项定制
产品流程	流水型	跳跃型	无
产品差异程度	低	高	很高
市场类型	大批量	顾客化生产	单一化生产
产量	高	中等	单件生产
劳动者：技能要求	低	高	高
任务类型	重复性	没有固定形式	没有固定形式
工资	低	高	高
资本：投资	高	中等	低
库存	低	高	中等
设备	专用设备	通用设备	通用设备
目标：柔性	低	中等	高
成本	低	中等	高
质量	均匀一致	变化更多	变化更多
按期交货程度	高	中等	低
计划与控制：生产控制	容易	困难	困难
质量控制	容易	困难	困难
库存控制	容易	困难	困难

例 2.2.3 简述服务型企业竞争的四个阶段及其特征。

答：服务型企业竞争经历了四个阶段——坐等服务、上门服务、获得差别赢得竞争优势和世界级服务公司。下面具体分析各个阶段的服务特性以及服务的四个方面——服务质量、新技术的采用、对劳动力的影响以及一线管理情况。

（1）坐等服务阶段。这时顾客光顾服务企业是因为不得已，而运作战略对企业而言至多是一种反应；此时企业更关注的是成本，服务质量处于较为次要的地位；对于新技术，只有在危及企业生存时，才会考虑采用；这时对一线员工的管理主要依靠基层管理人员的监督，由于采用的管理策略和手段缺乏人性化，因此对劳动力会产生消极的约束。

（2）上门服务阶段。由于可选择的余地较小，顾客无法追求能够使自己最满意的企业，这时服务企业的运作战略是平庸的，缺乏激情；此时顾客的基本需求能够得到满足，虽然服务质量有所提高，但只有一两个方面的质量可以保持稳定；对于新技术，只有当其能够明显降低成本时，才被采用；一线管理的主要对象是工序，员工必须严格按照工艺流程做事，劳动力资源的利用仍存在很多局限性。

（3）获得差别赢得竞争优势。随着市场日臻完善，已经由卖方市场转向买方市场，顾客可以根据自身的需求来选择适合他们的服务企业，而这时企业运作战略要求企业不断地优化企业的人力资源管理和建立跟踪顾客要求的生产系统；这时服务质量已经超过顾客的要求，而且可以在多方面保持一致；此时只有当企业承诺要提高服务质量时，才会采用新技术；对于一线人员的管理较为人性化，允许员工本着方便舒适的原则选择合适的流程。

（4）世界级服务公司。公司的名字与服务优越性一致，服务不仅要满足顾客要求，而且要使顾客高兴，以达到竞争对手不能达到的水平；运作战略是不断学习和革新，它使服务的每一个方面都无懈可击，并且保证提供超过竞争对手能力的服务；这时对服务质量已不仅仅是满足顾客需求，而是要提高顾客期望值，寻求挑战，通过持续改进不断提高自身服务水平；此时新技术已成为战胜竞争对手的利器，是企业不断保持竞争优势的源泉；鼓励员工不断改进和创造新的工艺流程，而员工的意见是高层管理人员产生新想法的源泉。

例 2.2.4 分析比较服务业运作类型及其相应战略的特征。

答：服务业运作类型及其相应战略的特征如表 2-3 所示。

表 2-3　服务业运作类型及其相应战略的特征

分类标志	运作类型	主要特征	典型代表行业	运作战略
顾客需求特性	通用服务型	（1）针对一般的、日常的社会需求所提供的服务 （2）服务过程比较规范 （3）服务系统有明确的前、后台之分，顾客只在前台服务中介入	零售批发业、餐饮业、交通运输业、邮电业、银行、广播电视业	类似于制造业的生产，考虑规模效益
	专业服务型	（1）针对顾客的特殊要求或一次性要求所提供的服务 （2）服务性更加鲜明，难以使用统一的服务过程规范 （3）顾客介入，前、后台很难区分	医院、修理业、咨询公司、律师、建筑设计	效益的提高必须从规模以外的其他方面考虑，如时间效益；高质量服务，包括特色服务

（续）

分类标志	运作类型	主要特征	典型代表行业	运作战略
运营系统特性	技术密集型	需要更多的设施和设备投入	航空业、通信业、医院、广播电视业	注重技术装备投资和进度以及准确性
	人员密集型	需要高素质的人员	零售批发业、餐饮业、咨询公司、律师、学校、建筑设计	注重员工的聘用、培训、工作方式和综合素质注重设施选址和布置

例 2.2.5　阐述以企业为中心和以顾客为中心的运作管理的特点。

答：（1）以企业为中心的运作管理的特点：传统管理以优化企业内部资源为中心，强调内部效率；在短缺经济时代，企业只要低成本、高效率地提供产品和服务，就能占领市场，赢得竞争；注重内部资源的合理利用成为企业管理的中心。

（2）以顾客为中心的运作管理的特点：以顾客为中心的管理，要求提高产品和服务的价值，要求对顾客的需求作出快速响应；要发挥员工的聪明才智和潜能，要留住人才，不能只依靠命令和控制；要进行迅速、正确的决策，并实施决策，要求组织扁平化，以缩短最高决策者与第一线工作人员沟通的时间，使不同层次的管理者都有一定的决策权，这就要求权力适当分散。决策分散能使最了解情况的人直接作出决策，有利于提高决策的效率和正确性。

例 2.2.6　分析比较组织使命、组织战略和运作战略的异同。

答：组织使命、组织战略和运作战略的异同如表2-4所示。

表 2-4　组织使命、组织战略和运作战略的异同

	管理层次	时间跨度	范围	详细程度	涉及内容
组织使命	最高	长	宽	低	生存、盈利能力
组织战略	较高	长	宽	低	增长率、市场份额
运作战略	较高	中至长	宽	低	产品设计、选址、技术选择、新设施
策略	中	中	中	中	雇用人数、产量大小、设备选择、设施布置
运作	低	短	窄	高	人员分工、调整产量、库存管理、采购

例 2.2.7　简述企业如何利用SWOT分析方法建立适应其自身的战略模式。

答：通过内外因素的分析，借助SWOT（优势—劣势—机会—威胁）分析方法，可以建立四种战略模式：

（1）优势—机会战略模式（SO）：发挥企业内部的优势而利用企业外部的机会。

（2）劣势—机会战略模式（WO）：利用外部机会弥补内部条件的不足。

（3）优势—威胁战略模式（ST）：利用本企业的优势，回避或减小外部威胁的影响。

（4）劣势—威胁战略模式（WT）：减少内部弱点，同时回避外部威胁。

例 2.2.8　如何理解企业的特殊能力？

答：特殊能力是一个组织拥有的、使其具有竞争优势的特性或能力。特殊能力包括价格、质量、时间、柔性、顾客服务和地点。表2-5列举了企业的特殊能力的几个方面及代表性企业。

表 2-5　企业的特殊能力的几个方面及代表性企业

	能力	公司或服务
价格	低成本	中国出口的服装、打火机
质量	高性能设计和高质量 稳定的质量	可口可乐、麦当劳快餐
时间	迅速交货 准时交货	医院急诊、联邦快递、特快专递
柔性	种类多、数量大	丰田公司、戴尔计算机
服务	优良的顾客服务	IBM、迪士尼
地点	方便	超市、银行、自动柜员机

2.3　思考与练习

2.3.1　什么是运作管理战略？运作管理战略要解决的基本问题包括哪些？

2.3.2　生产与运作管理战略的决策内容包括哪些？

2.3.3　简述影响生产与运作管理战略制定的因素。

2.3.4　生产与运作管理战略的竞争重点是什么？

2.3.5　简述生产与运作管理战略与企业经营战略的区别。

2.3.6　简述用户—产品—运作系统的关系。

2.3.7　产品立足市场的标准和赢得订单的标准有什么意义？各包括哪些要素？

2.3.8　建立制造战略的主要目标是什么？如何确定其竞争重点？

2.3.9　试分析和比较手工生产、大量生产、精益生产、集成制造、敏捷制造、大规模定制和绿色制造在劳动者、劳动工具、劳动对象以及信息传递方面的异同。

2.3.10　试分析生产与运作管理战略和企业战略的关系？

2.3.11　简述生产与运作管理战略的类型以及其实质。

2.3.12　试解释产品—过程矩阵以及其在制定生产与运作管理战略中的意义。

2.3.13　从系统构成要素的角度分析单件小批生产和大量生产的不同之处。

2.3.14　简述运作系统构成的硬件要素与软件要素。

2.3.15　试分析企业提高竞争力的有效途径。

2.3.16　简述并行工程的原理以及其意义。

2.3.17　简述美国企业提高竞争力的手段。

2.3.18　简要分析战略要素与竞争要素的内容及关系。

2.3.19　从系统发展的角度谈谈生产运作系统功能水平的提高过程。

2.3.20　分别列举几种以下竞争要素为竞争重点的产品，填入表 2-6。

表 2-6　不同产品的竞争重点

竞争重点	产品种类	竞争重点	产品种类
成本		柔性、适应性	
质量		时间、速度	
品种、款式		环保、服务	

2.3.21　论述生产与运作管理战略在企业战略中的地位和作用。

2.3.22　分析与比较制造业企业与服务业企业的区别。

2.3.23　简述制造业企业和服务业企业生产类型的分类方法。

2.3.24　简述确定一个企业生产类型的方法。

2.3.25　简述服务业企业运作管理战略的特点。

2.3.26　什么是企业间动态联盟战略？组织动态联盟的好处是什么？动态联盟的盟主企业应该具备哪些条件？一个盟员企业应该具备哪些条件？

2.3.27　何谓生产经营一体化？实施生产经营一体化对企业有什么意义？

2.3.28　从消费者的观点来看，是否存在这样一个企业，它的产品生产速度快、性能可靠、市场适应性好、质量高，但它的服务却很低劣？为什么？

2.3.29　如何理解客户活动生命周期（Customer Activity Cycle，CAC）？

2.3.30　简述业务流程再造的基本思路。

2.3.31　简述影响生产流程设计的主要因素。

2.3.32　分析比较推动式管理与拉动式管理模式的优缺点。

2.3.33　某物流中心原来基本上是以手工操作为主，现在随着规模逐渐扩大，正准备采用以机械操作为主的工作方式。有关成本数据如下：

（1）手工操作。

固定成本：15 000 元/年。

可变成本：82 元/件，其中材料 35 元，人工 35 元，其余 12 元。

（2）机械操作。

固定成本：80 000 元/年。

可变成本：58 元/件，其中材料 35 元，人工 12 元，其余 10 元。

如何确定应该采用何种操作方式？

2.3.34　对于下列商品，提供哪种类型的服务可以使商品更能够吸引消费者？

①套装；②二手车；③个人计算机；④水果和蔬菜

2.3.35　说明制定生产与运作管理战略的程序。

2.3.36　简述服务企业竞争要素。

2.3.37　什么是企业的核心竞争力？什么样的运作战略有利于提升企业的核心竞争力？

2.3.38　简述波特三种基本市场竞争战略及其适用范围。

2.4　案例分析

2.4.1　戴尔的超级供应链成功案例

强森在一家中型企业担任经理一职。他最近想要购买一台新的个人计算机，但他很忙，所以决定到网上找找看。他一开始先访问了自己最喜爱的网站之一——科技信息网，这个网站在与科技相关的项目上可以为强森提供许多专业的建议。在个人计算机这一类，网站最终向他推荐了戴尔、东芝和康柏这三家品牌。

于是，强森接下来首先访问了戴尔的网站。他一方面想要配有平面显示器和重复读写式光驱的计算机，另一方面又想把价钱尽量压低。于是，他用戴尔的"规格设定精灵"选择了自己想要的配置方案，结果价钱低于 2 000 美元，若加上运费和税金则是 2 175 美元。

接着，他又来到了康柏的网站。他发现，这里看起来跟戴尔几乎一模一样——同样的明细表、同样增加配置的价格、同样的目录、甚至连辅助键都一样（这与他在 6 个月前见到的截然不同）。他设定好想要的配置，整个流程还算顺畅，可计算后的金额却比戴尔贵了 200 美元。

然后，他又继续访问了东芝的网站。本以为会获得类似的体验，但事实却出乎其意料：东芝的网站让人无从着手，而且该网站也无法自行设定想要的计算机，甚至无法直接销售给他。因此，强森很快离开了。

"除了品牌声誉外，我要的是可以自行设计自己需要的产品。"于是，强森最后又回到了戴尔的网站。

就一个个人计算机（PC）厂家的经营策略而言，从上面这个实例，我们可以得到什么启示？

其次，戴尔公司拥有强大的物流配送能力。

毫无疑问，任何创新都可能在短短几个月内被他人效仿，然而其背后的顾客服务层面是很难被模仿的。因为具有供应网的管理专业知识，使得戴尔提供高品质产品的速度比竞争对手更快，而且价格更便宜。

戴尔公司作为一家计算机直销企业，它能够在销售收入上超过"制造业之王"的汽车工业，超过全世界所有的银行、保险公司等金融机构，超过引领"新经济"的信息企业，可以说它强大的物流配送起了决定性的作用。

而如果深入探讨一下其实质将不难发现，从现代管理学意义上讲，戴尔的成功就是建立起了一条高速、有效的供应链。"直销模型和在供应链中通过网络进行的不间断信息调整，是戴尔供应链的成功关键。"戴尔的一位经理一语道破天机。

仔细分析戴尔直销模式的实现方式，可以清楚地观察到戴尔特色供应链的脉络：一方面，戴尔通过电话、网络以及面对面地接触，与顾客建立起良好的沟通和服务支持渠道；另一方面，戴尔也通过网络，利用电子数据交换连接，使得上游的零件供应商能够及时准确地知道公司所需零件的数量和时间，从而大大降低了库存，这就是戴尔所称的"以信息代替库存"，这样，戴尔也与供应商建立起一个"虚拟"的企业。

与传统的供应链相比，戴尔的供应链主要有两点不同：首先，它的供应链中没有分销商、批发商和零售商，而是直接由公司把产品卖给顾客，这样做的好处在于一次性准确快速地获取了订单信息——由于是在网上支付，所以还解决了现金流问题（戴尔几乎无须用自有现金来支持其运转）。另外，因为去掉了零售商所赚取的利润，也降低了成本。其次，戴尔公司采取把服务外包的办法，又降低了一部分运营成本。这样，供应商、戴尔和服务商三者共同形成了一个完整的链条。

戴尔全球的生产都是单元式生产线，而非流水式生产线。每个生产单元都可以独立完成一件产品的装配。每件产品都有其特殊的配置，跟其他产品的配置可能完全不一样。而每一个批量就是一台产品，它可能跟前一台或后一台都不一样。这就是戴尔供应链的最大特色，是戴尔计算机的个性化生产中最与众不同的地方。

事实上，戴尔的供应链系统早已打破了传统意义上"厂家"与"供应商"之间的供需配给。在戴尔的业务平台中，客户变成了供应链的核心。戴尔的一位销售经理谈道："得益戴尔的直销模式，我们可以从市场得到第一手的客户反馈和需求信息，然后及时将这些客户信息传达到戴尔原材料供应商和合作伙伴那里。"

戴尔公司分管供应链管理工作的全球副总裁迪克 L. 亨特在接受采访的时候说，一般情况下，戴尔的物料库存相当于 4 天的销售量，而竞争对手的库存量则相当于戴尔的 10 倍。在 PC 制造行业里，物料成本每星期下降大约 1%。"所以，如果戴尔的某一竞争对手库存量相当于 4 个星期的销售量，反映到产品底价上，就意味着我们有 2% 或 3% 的优势。"迪克 L. 亨特说道。

"更关键的秘诀在于，戴尔在这个模型中通过一定的流程和供应商保持不间断的数据交换。""这样就维持了供应链的动态供需平衡，而这一点几乎是被人们和媒体忽略掉的。"迪克 L. 亨特甚至宣称，保持供应链的动态供需平衡是他人生的主要目标。

在不断完善供应链系统的过程中，戴尔公司敏锐地捕捉到了互联网给供应链和物流带来的巨大变革，不失时机地建立了包括信息收集、原材料采购、生产、客户支持及客户关系管理以及市场营销等环节在内的网上电子商务平台。在网站上，戴尔公司和供应商共享包括产品质量和库存清单在内的一整套信息。与此同时，戴尔公司还利用互联网与全球超过 113 000 个商业和机构客户直接开展业务。通过戴尔公司网站，用户可以随时对戴尔公司的全系列产品进行评比、配置，并获知相应的报价。用户也可以在线订购，并且随时监测产品制造及配送过程。

其次，戴尔公司充分发挥了网络的力量。

曾有报道这样评价戴尔的这一创举："戴尔公司在电子商务领域的成功实践使'直销'插上了腾飞的翅膀，极大地增强了其产品和服务的竞争优势。今天，基于微软视窗操作系统，戴尔公司经营着全球规模最大的互联网商务网站，覆盖 80 个国家，提供 27 种语言或方言、40 种不同的货币报价，每季度有超过 9.2 亿人次浏览。"

显然，这样的评价并不是任何一个厂商可以轻松得到的，戴尔为此付出了很多。

因为通过网络和其他工具每天与全球几万名客户直接对话，这与通过渠道慢吞吞地收集上来的不准确的需求信息完全不同——这让戴尔从统计学角度马上能知道有多少真实需求。这些需求如果导致某一部件出现短缺，戴尔会通过系统告诉供应商。所有交易数据都在互联网上不断往返，无论是长期规划数据、未来 4～12 个星期的预期需求量，还是每隔 2h 更新一次的执行系统、用于自动发出补充供货请求的数据。"这实际上跟微积分中不断细分的道理是一样的。"迪克 L. 亨特说，"调整的次数越多，戴尔和它全球的 400 多家供应商就越接近最低库存。"

当然，这一切的顺利进行也离不开戴尔公司的柔性营销策略。如果预期需求提高，戴尔会向长期合作的供应商确认是否可能提高零部件供货数量。如果问题涉及硬盘之类的通用部件，戴尔会向后备供应商发出订单——所有这一切，都会在几个小时内完成。如果所有供应渠道都无法解决零部件供应不足的问题，就要与销售部门协作，反向影响市场需求。这些手段包括：对于某种需求正旺的产品，可以推迟交货时间；或者反向实施某种促销活动：比如如果短缺索尼牌 17in 显示器，就降价提供 19in 显示器。这样，大量需求将会发生相应变动。

通过高效的供应链管理，尽管整个 PC 行业在近两年来不断下滑，但戴尔凭借成本控制以及质量过硬的优势，逐步取代惠普成为 PC 市场的领头羊，且连续 10 年保持盈利。

（资料来源：企业信息化网（www. 3726. cn）2005-9-12.）

思考与分析：

1. 根据上述背景材料分析，与康柏和东芝相比，戴尔的竞争优势体现在哪里？
2. 案例材料中提及的戴尔的竞争优势有哪些？
3. 分析戴尔为何能够长期保持这些竞争优势？

2.4.2　联合包裹速递服务公司的运营战略

成立于 1907 年的联合包裹速递服务公司（United Parcel Service Inc，UPS）是世界上最大的快递承运商之一，同时也是专业的运输、物流、资本与电子商务服务的领导者。2011 年其营业收入 495.45 亿美元，利润总额 34.88 亿美元。2012 年 3 月，UPS 收购欧洲快递巨头 TNT，不仅扩大了公司在欧洲市场的影响，也使其成为营业收入排在首位的快递公司。每天，UPS 的425 300 名员工在世界上 200 多个国家和地区管理着物流、资金流与信息流。UPS 通过结合物流、信息流和资金流，不断开发物流、供应链管理和电子商务的新领域。其主要竞争对手有美国邮政服务（USP）、联邦快递（FDX）和敦豪快递业务集团（DHL）。成立之初，UPS 明确了自己的企业宗旨："在邮递业中提供最快捷的服务"，并提出了"谦恭待客、诚实可靠、全天候服务与低廉的价格"的原则。这些原则被归纳为以下口号："最好的服务，最低的价格"，至今仍指导着 UPS，并使公司稳步发展。

早在 1922 年，UPS 就实施了"普通承运人服务"战略，结合了零售商店配送服务的许多特色和经营原则，包括每日自动取件电话、对货到付款的发货人接受支票、自动返还无法送达的包裹以及简化记录每周付款等，使 UPS 能以与包裹邮政相当的价格提供更广泛的服务，深刻影响了公司未来的发展。20 世纪 80 年代，为适应美国航空业的变化，UPS 选择了运营系统的纵向集成，进入隔夜空运业务领域。到 1985 年，UPS 在 48 个州和波多黎各开展了隔天空运服务，随后阿拉斯加与夏威夷也加入进来。UPS 航空公司是美国联邦航空管理局（FAA）历史上发展最快的航空公司，在不到一年的时间内就形成了包括所有必要的技术与支持系统的运营系统。如今，UPS 航空公司是全美十大航空公司之一。

1993 年，UPS 每天为超过 100 万的固定客户递送 1 150 万件包裹与文档。如此巨大的量迫使 UPS 必须运用新技术改进运营过程，以保持效率和有竞争力的价格，同时提供新的客户服务。这种改造覆盖了令人难以置信的范围，从小型手持设备、专门设计的包裹递送车，到全球计算机与通信系统。每名 UPS 驾驶员均携带手持的速递资料收集器（Delivery Information Acquisition Device，DIAD），这种设备是为了向 UPS 网络快速记录和上传递送信息而开发的。DIAD 的信息甚至包括收件人签名的数字图片，这样就可以向客户提供关于他们包裹的实时信息。这种专用设备也能让驾驶员与总部保持持续的联系，使得更改取件时间表、交通方式与其他重要消息能够保持同步。UPSnet 是一种全球电子数据通信网络，可以为国际包裹处理与递送提供信息处理服务。UPSnet 使用超过 500 000mile 的通信线路和一颗专用卫星来连接 46 个国家或地区的 1 300 多个 UPS 配送站，每天追踪 821 000 个包裹。这些改进的目的是提高效率并扩展客户服务。1994 年，消费者对运输中包裹的信息需求剧增，UPS 建立了自己的网站（UPS. com），使得客户能够追踪运输中的包裹。

现代商业是物流、信息流和资金流的综合，把握这三者就能把握商业世界的未来。20 世纪 90 年代末的 UPS 处于另一个转变期，管理当局根据公司在运输和包裹追踪方面的专长，将公司定位为全球商业的协调者和整合三种流动商业力量（物流、信息流和资金流）的服务性企业。UPS 不断探索以新的方式向客户提供服务。1995 年，UPS 成立了 UPS 物流集团，根据客户的个性化需要提供全球供应链管理解决方案和咨询服务。同年 UPS 收购 SonicAir 公司，成为第一个提供"当天、下一航班服务和有担保的上午 8 点连夜递送服务"的公司。结合物流和信息技术的发展，UPS 又将业务触角深入金融领域。1998 年，UPS 资本公司（UPS Capital Corp.）成立，为客户提供包括代理收取到付货款（Cash On Delivery，COD）、抵押贷款、设备租赁、国际贸易融资等金融服务。UPS 资本公司提供的国际贸易融资服务使制造商或工厂的资金调度更加灵活，接单能力大幅度增加，综合提升了客户的竞争能力。高科技产品制造者在装箱交运的同时，就可以凭提单从 UPS 资本公司拿到货款。而通过传统的国际贸易电汇或放账交易方式，从出货装箱到真正拿到货款，至少需要 45 ~ 60 天，营运周转的资金压力极其沉重。UPS 资本公司的创新财务服务是现代商业结算的一项革命性做法。而 UPS 供应链解决方案业务部则是流线型的组织，由 UPS 资本公司、UPS 物流集团、UPS 货运服务公司、UPS 邮件业务创新公司与 UPS 咨询公司共同向客户提供供应链解决方案，以提高客户的业务表现并改进客户的全球供应链。

UPS 在其发展过程中，保持了极高的运营效率。为了提高运营效率，UPS 首创了"枢纽加辐射的网络结构"作为业务基础：UPS 的运营中心收集来自用户的包裹并将其送到枢纽，枢纽在集中了许多运营中心送来的包裹后对它们进行分类，然后分配到其他运营中心或枢纽，最终到达目的地。UPS 管理当局系统地培训员工，使他们以尽可能高的效率从事工作。UPS 的工业工程师们对每一位驾驶员的行驶路线都进行了时间研究，并对每种送货、暂停和取货活动都设立了标准。这些工程师们记录了红灯、通行、按门铃、穿过院子、上楼梯、中间休息喝咖啡的时间，甚至上厕所的时间，将这些数据输入计算机中，据此设定了每位驾驶员每天工作的详细时间标准。驾驶员们必须严格遵守工程师为其设定的程序：当他们接近客户家门时，松开安全带，按喇叭，停车，关发动机，拉起驻车制动，为下一次启动离开作好准备，这一系列动作一丝不苟；然后，驾驶员从驾驶室出来，右臂夹着文件夹，左手拿着包裹，右手拿着车钥匙；他们确认包裹上的地址，然后以 3ft/s 的速度快步走到客户的门前，敲门呼叫客户，以免找门铃浪费时间；送货完毕，他们在回到货车上的途中完成记录工作。这些努力使 UPS 平均每人每天取送包裹数达到了惊人的 130 件。人们普遍认为，UPS 的高效率运营对其净利润提高产生了积极的影响。

（资料来源：潘春跃，杨晓宇 . 运营管理［M］. 北京：清华大学出版社，2012.）

思考与分析：

在 UPS 公司发展的不同时期，其运营战略分别是什么？这些运营战略使 UPS 公司具有哪些竞争优势？

思考与练习答案

2.3.1　答：所谓运作管理战略，是企业根据所选定的目标市场和产品特点构造其生产系统时所遵循的指导思想，以及在这种指导思想指导下进行的一系列规划、决策的内容和程序。

运作管理战略要解决的基本问题包括：企业要生产什么产品，如何生产，以及如何取得和维持竞争优势。

2.3.2　答：生产与运作管理战略决策的内容主要包括：新产品规划与研究开发、新生产技术研究开发、运作系统规划与设计、生产设备选择和长期运作能力计划等。

2.3.3　答：制定生产与运作战略时，需要考虑许多影响因素，这些因素可分为两大类：企业外部因素和企业内部因素。

（1）企业外部因素：国内外宏观经济环境和经济产业政策、市场需求及其变化、技术进步、供应市场。

（2）企业内部因素：企业整体经营目标与各部门职能战略、企业能力以及其他一些影响因素，例如过剩生产能力的利用，专利保护问题等。

2.3.4　答：随时间变化的企业竞争重点：

1970 年以前：生产成本。

1970—1990 年：产品质量。

1990—2000 年：时间和速度。

2000 年以后：柔性、环保、体验（战略、产品、系统）。

2.3.5　答：生产与运作管理战略对于有效地进行企业的生产与运作活动无疑是相当重要的，但它并不等同于企业的经营战略。在采取事业部制的大企业中，这两者的区别更加明显。一般来说，企业的战略可以分为三层：公司级经营战略、事业部级战略和职能级战略。

公司级经营战略的任务是决定企业组织的使命，不断注视动态变化的外界环境，并据此调整自己的长期计划。这样的决策将从根本上影响一个组织的生存和未来的发展道路。

事业部级战略是企业某一独立核算单位或具有相对独立的经济利益的经营单位对自己的生存和发展作出的谋划，它要把公司经营战略中规定的方向和意图具体化，成为更加明确的针对各项经营事业的目标和战略。

生产运作战略则属于职能级战略。很明显，即使在同一个经营战略之下，不同事业部的部级战略不同，生产运作战略的内容就有可能不同。

如果企业没有事业部的划分，企业战略则分为两层，作为职能级战略的生产运作战略直接担负着支持公司经营战略的任务。

2.3.6 答：用户对产品的要求：品种、款式、数量、服务、质量、价格、交货期。

产品把用户的要求和企业竞争战略的要求转化为对运作系统的要求：创新性、弹性、继承性、高质量、低成本、按期交货。

2.3.7 答：满意是指产品的基本功能满足顾客要求，说明产品可以进入市场。这是立足市场的标准（Order Qualifiers），是对产品的品种、质量和数量等的要求。快乐是第二层功能，即要保证产品使用户感到高兴和快乐。这是赢得订单的标准（Order Winners），是在原有的基础之上对产品的价格、按期交货和服务提出要求。

2.3.8 答：建立制造战略的主要目标在于：①将顾客所要求的重点转变为运作中的特定职责；②制订必要的计划以确保运作能力能充分完成这些职责。

确定竞争重点的步骤如下：

(1) 根据产品组进行市场细分。

(2) 确认产品要求、需求形式以及每一产品组的边际利润。

(3) 确定每组的立足市场要素和赢得订单要素。

(4) 将赢得订单要素转化为特定的运作职责要求。

2.3.9 答：答案如表 2-7 所示。

2.3.10 答：生产与运作管理战略和企业战略是一种相互依存、相互制约的关系。

一方面，公司级经营战略统观企业经营的全局，为企业的经营与发展确定目标，指明方向，而生产与运作管理战略作为企业生产运作方面特定活动的行动纲领，必须和企业战略协调一致。因此在制定生产与运作管理战略时，必须将企业战略作为一种重要的制约变量，服从企业战略的总目标和总要求，以是否有利于实现企业战略和总目标为标准衡量生产运作战略的好坏，并根据企业战略的变化来对运作管理作出调整。

另一方面，企业战略固然重要，但制定企业战略仅仅是工作的开始，更重要的是如何有效地实施企业战略，这就需要生产与运作管理战略等职能级战略的支持与保证。

最后还应强调，在市场竞争日趋激烈的今天，现代生产与运作管理正日益发展成为一种战略化、综合化的管理，这意味着生产与运作管理战略极大地影响着企业的竞争能力，其与企业战略之间的界限也越来越模糊。

表 2-7　不同生产方式中生产要素的特点

生产方式	劳动者	劳动工具	劳动对象	信息
手工生产	全能技工，体力、脑力劳动不分	简单的手工工具	多样化、个性化	与劳动者不分离

（续）

生产方式	劳动者	劳动工具	劳动对象	信息
大量生产	体力劳动者技能次要，脑力劳动者具有专业知识	机器体系构成的刚性的流水线	单一、重复	通过技术文件、生产指令传递给工人
精细生产	多技能工人和精打细算的管理者	机器体系构成的柔性的流水线	多型号规格，开始强调服务	通过看板控制系统指挥生产
集成制造	知识的重要性上升，操作技能次要，出现知识工人	计算机、数控设备、柔性制造系统、CIMS、网络通信设施	多品种、小批量的产品和服务，重复性低	通过 MRP Ⅱ 实现企业内信息集成
敏捷制造	知识的重要性上升，操作技能次要，知识工人比例增大	计算机、数控设备、柔性制造系统、CIMS、电子商务系统	单件的生产和服务，不重复	通过 ERP 和网络实现企业间信息集成
大规模定制	知识的重要性上升，操作技能次要，知识工人成为主体		个性化产品和服务，标准化的模块	通过网络实现制造商与顾客沟通，顾客参与产品设计、制造、装配过程
绿色制造		计算机、数控设备、CIMS 和拆卸系统、电子商务系统	包括报废处理过程的个性化产品和服务	需求信息、制造信息和环境信息集成

2.3.11　答：生产率战略以提高运作系统的生产率为关键目标，将提高生产率作为生产运作系统的优势竞争力。其实质在于不断追求生产运作系统的规模经济性，即单位产品成本随生产运作系统规模的扩大而下降的技术经济特性，故生产率战略一般对应于大量大批生产运作系统。该系统采用高效率的专用设备和专用工艺装备，按对象专业化原则进行布置，以生产线和流水线的形式组织生产运作，从而提高了工作地的专业化程度，保证了生产运作效率。

响应性战略以提高生产运作系统的响应能力为关键目标，将快速响应作为生产运作系统的优势竞争力。其实质在于不断追求特色和差异，一般对应于单件小批量生产运作系统，该系统采用通用设备和工艺装备，按工艺专业化原则进行设备布置，从而能适应用户不同要求的产品生产运作，提高单件小批生产运作系统适应外部环境变化的能力，是问题的关键所在。

混合战略在创建生产运作系统时，把提高生产率和响应能力作为目标，追求在生产率和响应能力上全面超越竞争对手的优势，所对应的生产运作系统为世界级制造系统，CIMS、JIT 为其代表。

2.3.12　答：产品—过程矩阵揭示了四种典型生产类型的特征（品种、产量）与生产系统功能（工艺连续性）之间的关系，并指出了生产类型由左上角变化到右下角时，系统功能特性的变化取向为：生产效率逐渐提高，而应变能力却逐渐下降。其中，右上角和左下角都是不可行的、不具备竞争优势的、不应该进入的区域。

2.3.13　答：如表 2-8 所示。

表 2-8　两种生产类型的系统构成要素特点

系统要素	单件小批生产	大量生产
技术	通用技术、多变	专用技术、成熟
设施	通用设备	专用设备
能力	小	大
系统集成	通用加工车间	专用生产线
人员组织	按职能组织	按产品组织
计划	随机性强、难度大	计划性强、相对简单
库存	库存量小	库存量大
质量管理	质量不稳定	质量稳定

2.3.14　答：运作系统的硬件要素：生产技术、生产设施、生产能力和系统的集成。

运作系统的软件要素：人员组织、生产计划、库存管理和质量管理。

2.3.15　答：争取时间——并行工程；提高质量——ISO 9000、全面质量管理（TQM）、质量文化；生产柔性——JIT、敏捷制造、计算机集成制造系统［CIMS（FMS＋ERP）］；企业组织系统——供应链、虚拟企业、可快速重组企业、企业间动态团队协作、知识联网。

2.3.16　答：并行工程是指在开发设计产品的同时，同步地设计产品生命周期的有关过程，力图使产品开发人员在设计阶段就考虑到整个生命周期的所有因素，包括设计、分析、制造、装配、检验、维护、可靠性和成本等。

并行工程的具体做法是：在产品开发初期，组织多种职能协同工作的项目组，使有关人员从一开始就获得对新产品需求的要求和信息，积极研究涉及本部门的工作业务，并将所需要求提供给设计人员，使问题在开发早期就得到解决，从而保证了设计的质量，避免了大量的返工浪费。

实现并行工程的技术手段是利用产品模型，在计算机上进行仿真，产生软样品。通过各种职能人员对软样品的分析、评估，来改进设计。并行工程对传统设计方法的另一个改革是"逆向工程"。它从市场调研开始，充分了解顾客的要求和爱好；并分析解剖其他工厂产品的结构性能，找出设计开发的突破点；它还要求向生产线上的工人征求意见，了解问题，然后才开始设计。

并行工程克服了原来的部门分割、流程中断、部门之间互不通气、消极等待等状况，把分阶段顺序进行的过程变为并行的过程，使产品开发不再是产品设计一个部门的工作，而是所有对产品开发具有重要影响的部门都参与的集体工作。

2.3.17　答：①产品开发——提高速度和可制造性；②减少浪费——JIT 理念；③改善与用户和供应商的关系；④提高领导水平（高素质和独立的董事会）；⑤从以企业为中心的管理向以顾客为中心的管理转变。

2.3.18　答：具体内容如表 2-9 所示。

表 2-9　战略要素与竞争要素的内容及关系

主要竞争要素	战略要素	内　　容
价格	成本	降低成本（利用一切生产方式与手段），取得价格优势
质量	质量	产品（服务）质量（精细生产） 过程质量（TQM）

（续）

主要竞争要素	战略要素	内　　容
时间	时间	快速交货、按时交货（敏捷制造、供应链） 新产品开发速度（并行工程）
品种	柔性	顾客化产品与服务（多样化、个性化）
信誉		顾客的忠诚度（取决于企业的信誉）
环保		天人和谐论，满足顾客的理性需要，追求人类、社会和自然的协调发展（清洁生产、绿色环保）

2.3.19　答：从系统发展的角度看，生产运作系统功能水平的提高过程可分为四个过程：

（1）缺乏竞争力。管理者将注意力更多地集中在生产运作以外的竞争手段方面，在生产运作系统内则更多地是在应对各种突发事件或问题，意识上只是想消除生产运作环节中的矛盾，而不寄希望于通过生产运作系统为竞争创造有利条件。此时，生产运作策略处于被动地位，产品处于仅能保证最低要求的水平。

（2）形成竞争对峙阶段。尽管管理者仍未将生产运作系统视为企业的重要资源，但为了消除系统中的矛盾和隐患，管理者希望系统能够达到本行业的平均水平。此时，产品基本能够达到立足市场标准的水平。

（3）赢得竞争优势阶段。管理者对生产运作系统的认识有了巨大转变，认为它能够对竞争优势的形成提供巨大的支持和保证。这时生产运作系统的构造已纳入生产运作战略的指导之下，其结构和机制都被产品的竞争战略所驱动。此时，产品达到赢得订单标准的水平，具有竞争优势。

（4）世界级制造系统阶段。在赢得并保持竞争优势的基础上，企业部门竞争战略的制定在很大程度上要依赖于生产运作系统。生产运作系统的优异性能使其成为企业产品竞争的关键资源，在部门发展中发挥着巨大的作用。此时，不仅产品在世界范围内具有很强的竞争力，深受用户信赖与推崇，而且生产运作系统具有很强的创新能力，在运行中自我学习、动态完善，不断消除功能目标悖论的制约，实现生产运作系统功能目标的全面优化，使生产运作系统始终保持突出的竞争优势。

2.3.20　答：略。

2.3.21　答：运作管理战略在企业战略中是与企业的营销战略、人力资源战略等平行的，属于职能级战略。运作管理在企业战略中的作用为：若企业缺乏竞争力，即运作管理水平不能支持企业参与市场竞争，通过实施运作管理战略形成竞争对峙；支持企业战略；赢得竞争优势，即运作管理使企业获得长期和可持续性的竞争优势。

2.3.22　答：制造业企业与服务业企业的主要区别在于前者是产品导向型，而后者是活动导向型。其具体区别包括以下几个方面：

（1）与顾客联系的程度不同。从本质上讲，服务组织与顾客联系的程度要高于制造组织。

（2）投入的一致性不同。服务作业的投入比制造生产的投入具有更大的不确定性。

（3）劳动含量不同。由于服务的就地消费和投入的变化程度高，因此一般来说，服务业的劳动含量较高，而制造业的资本密集（即机械化）程度较高。

（4）产出的一致性不同。因为机械化使得产品规格变动不大，所以制造组织的生产流程顺利、效率高；而服务组织的产出多变、效率低。

（5）生产率的测量不同。由于大多数制造产品的高度一致性，使得制造生产率的测量简单易行；在服务作业方面，由于需求强度和工作要求的多变性，使得生产率的测量相当困难。

（6）质量保证程度不同。由于服务的提供与消费同时进行，这就对质量保证提出了更高的要求。另外，除非质量保证得到有效管理，否则投入的多变性导致产出质量更具有不确定性。对服务组织而言，提高质量更重要，因为它不像制造组织那样，出现的差错可在顾客收到产品前得到消除。

2.3.23 答：（1）制造业的生产类型：

1）按产品使用性能划分：通用产品和专门产品。

2）按工艺特征划分：流程型和加工装配型。

3）按生产的稳定性和重复性划分：大量生产、成批生产和单件小批生产。

4）按产品需求特性划分：订货生产、备货生产和订货装配。

（2）服务业的生产类型：

1）按顾客的需求特性分类：通用型服务和专用型服务。

2）按生产作业系统的特性分类：技术密集型和人员密集型。

3）按产出的产品不同分类：政府、批发—零售、金融服务、医疗、私人服务、企业服务和教育。

4）按与顾客接触程度不同分类：高度接触和低度接触。

2.3.24 答：（1）根据工作地的专业化程度确定工作地生产类型。

（2）根据占比重最大的工作地的生产类型确定班组（工段）生产类型。

（3）根据占比重最大的工段（班组）的生产类型确定基本生产车间的生产类型。

（4）根据占比重最大的基本生产车间的生产类型确定企业的生产类型。

2.3.25 答：①重视服务的可接近性（便利、主动）；②重视服务的可靠性（不被疏远）；③以信誉和顾客为中心的运作（获得卓越竞争力）；④追求卓越——以顾客快乐为中心（世界级服务运作）。

2.3.26 答：所谓动态联盟，是指当企业发现有市场机遇时，不要企图靠自己一家企业的力量去开发新产品，以赢得这样的机遇，而应通过社会协作，尽量利用社会上各方面的存量资产进行有效配置，组成虚拟企业，利用合作的力量以快速响应市场需求。

组织动态联盟的优势在于：

（1）对市场的机遇可以快速作出响应。尽量利用社会上已有的存量资产，不必一一从头新建，这样必然可以大大缩短新产品的研制开发周期。而速度是当前市场竞争的焦点。

（2）强强联合，优势互补，可以组成高水平的"全明星队"。

（3）较小的风险和很强的应变能力。

通过组织动态联盟，企业对市场变化的应变能力和响应速度不再受本企业资源的限制，从而使企业获得更高层次和更大范围的柔性。

作为盟主企业，它应该具备以下条件：

（1）具有强大的市场调研分析能力，善于发现潜在需求，捕捉市场机遇。

（2）具有强大的新产品研制开发能力。

（3）具有强大的市场开拓能力。

要做好一个盟员企业，也要具备必要的条件。一个企业只有在某方面有自己特有的专长，才会被企业联盟接受。

2.3.27　答：所谓生产经营一体化管理，就是通过组织机构的改造和借助现在信息技术的支撑，把产品设计开发、采购供应、加工制造、销售服务、资金筹划、成本核算等原来相对独立的管理职能，集成为相互渗透、紧密联系、彼此协调一致的生产经营统一体。

实现生产经营一体化后，指挥更加统一，决策更加迅速，整个企业系统运行的有效性和运行效率将大为提高。当市场发生变化，企业需要调整自己的资源配置和生产经营活动时，各部门将围绕企业新制定的经营目标，迅速协同一致地作出调整，大大缩短应变的时间。

2.3.28　答：存在。存在这样一种情况，即尽管产品生产快、性能可靠、市场适应性好、质量高，但在交货期、售后服务以及价格等方面不尽如人意。虽然产品很好，但由于服务低劣，不能满足消费者的需要，仍难以赢得订单。

2.3.29　答：客户活动生命周期由三个主要部分构成：购买前活动、购买活动和购买后活动。购买前活动注重的是响应客户询问和展示产品技术特性的能力；购买活动注重的是实际销售产品的交付与催讨付款的能力；购买后活动包括售后支持服务和产品保证。

2.3.30　答：① 流程识别——确定哪些业务流程急需重组；②根据实际情况选择流程重组的具体方法；③进行业务流程重组；④对重组后的业务流程进行评价分析；⑤根据反馈回来的信息对不足之处进行改善。

2.3.31　答：①产品/服务需求性质；②自制—外购决策；③生产柔性；④产品/服务质量水平；⑤接触顾客的程度。

2.3.32　答：推动式管理模式的目的在于确保企业生产计划的完成，需要强化对计划进度的管理与控制，它适用于不同的生产类型。其缺点是容易造成大量的在制品库存，造成过量与短缺并存的尴尬局面。此管理模式相当于计划经济管理模式。而拉动式管理模式相当于市场经济管理模式。它是由市场的需求信息牵动产品的装配开始，从而引发对上游生产过程的牵引，典型的如 JIT 模式。其优点正是针对推动式管理模式的缺点，但是其缺点是只适用于重复性生产，对于多品种小批量的生产类型不再适用。

2.3.33　答：两种方案的总成本计算公式如下：

手工操作总成本 $= 15\,000 + 82Q$

机械操作总成本 $= 80\,000 + 58Q$

可以算出使得手工操作成本与机械操作成本相等的临界物流量

$$Q_0 = \frac{(80\,000 - 15\,000)\ 元/年}{(82 - 58)\ 元/件} = 2\,708\ 件/年$$

若物流量大于 2 708 件/年，则可利用机械操作方式；否则仍采用手工操作方式。

2.3.34　答：① 定制化生产、低价；② 低价、良好的售后服务；③ 定制化生产、低价、良好的售后服务；④ 低价、交货期短、新鲜度高、低污染。

2.3.35　答：(1) 编制战略任务说明书。

(2) 进行环境分析。

(3) 制定战略目标。

(4) 评价战略目标。

(5) 提出备选战略方案。

(6) 选择战略方案。

(7) 实施战略方案。

2.3.36　答：服务企业要赢得竞争优势，必须依赖价格、质量、安全高效、便利以及对顾客需求的快速响应等多个方面。一般而言，服务运作竞争维度包括结构要素和管理要素两方面，两者共同决定服务企业的市场竞争力。结构要素包括选址、设施布局、传递系统和能力规划；管理要素包括服务接触、质量、能力与需求管理和信息。

2.3.37 答：核心竞争能力是指企业具备的别人不能模仿的独有的能力。为了提高核心竞争力，企业要对业务进行分析，识别哪些是企业的核心业务，哪些是非核心业务，然后集中精力发展核心业务，经过长期的努力，形成有自己独特优势的核心竞争力。一般而言，衡量一项业务是否属于核心业务的标准有两个：第一个是业务的专有性。如果某业务对于企业来讲，具有技术专有性，即其他企业不能做，也就无从模仿，这种业务当然是核心业务。第二个是业务的重要性。如果一项业务对于企业来讲是非常重要的，则这项业务应该是核心业务，企业应该提高这项业务的竞争力。识别核心与非核心业务以后，企业可以采用业务外包的策略，把非核心业务剥离出来，交给其他企业去做，自己则专注于核心业务。

2.3.38 答：波特提出了三种基本的市场竞争战略：成本领先战略、差异化战略和集中一点战略。成本领先战略就是要使企业的某项业务成为该行业内所有竞争者中成本最低者的战略。采用成本领先战略，针对规模较大的市场提供较为单一的标准产品和服务，不率先推出新产品和服务。差异化战略的实质是要创造一种使顾客感到是独一无二的产品或服务，使消费者感到物有所值，从而愿意支付较高的价格。实施差异化战略的关键是创新，在快速变化的时代，与其努力赶上和超过竞争对手，不如合作起来致力于创新，实现共赢。因此，差异化战略也被称为竞合（Co-opetition）战略。集中一点战略是对选定的细分市场进行专业化生产和服务的战略，为特定的狭窄目标市场的特殊需求提供良好的产品和服务。绝大部分小企业都是从集中一点战略起步的。

案例分析答案

2.4.1 答案要点：

1. 与康柏相比，戴尔的优势在于同样的配置价格要低廉得多；而与东芝相比，戴尔产品的定制化程度要高得多。

2. 从背景材料中可以发现，戴尔的竞争优势在于：

（1）采用直销模式，减少了信息和产品传递的层级，便于及时准确地获得顾客的需求信息。

（2）通过与上游供应商实现实时的信息交换，大大降低了库存，减少了成本。

（3）去掉了分销商、批发商和零售商的供应链短小而有效率，不仅降低了成本，而且加速了信息的传递。

（4）单元式生产提高了生产柔性，在不大幅度提高成本的前提下，提高顾客满意度。

（5）充分利用网络资源，实现信息的及时采集和实时交换，提高了订货的准确性，降低了库存。

3. 一方面要建立这些竞争优势需要花费大量的成本，这并不是每个企业都能够承受的；另一方面需要企业建立一系列管理制度和企业文化来适应，这需要长期的努力；最后，戴尔并没有满足于现实，停滞不前，而是不断改进、不断创新。

2.4.2 答案要点：

成立伊始，UPS就明确了自己的企业宗旨："在邮运业中提供最快捷的运送"，并提出口号："最好的服务，最低的价格"，至今仍指导着UPS，并使公司稳步发展。早在1922

年，UPS 就实施了"普通承运人服务"战略，结合了零售商店配送服务的许多特色和经营原则，使 UPS 能以与包裹邮政相当的价格提供更广泛的服务，获得低成本的竞争优势。

20 世纪 80 年代至 20 世纪 90 年代末，为适应美国航空业的变化，UPS 选择了运营系统的纵向集成，进入隔夜空运业务领域。为了应对巨大的包裹运送需求，提高物流效率，UPS 运用新技术改进运营系统，建立全球电子数据通信网络，建立了自己的网站（UPS. com），这使得 UPS 在面对业务量剧增的情况下赢得了基于时间的竞争。

20 世纪 90 年代末，UPS 又一次调整运营战略，管理当局根据公司在运输和包裹追踪方面的专长，将公司定位为全球商业的协调者和整合三种流动商业力量（物流、信息流和资金流）的服务性企业。UPS 在提高企业自身竞争能力的同时注重为客户提供金融及供应链解决方案服务，以提高客户的业务表现并改进客户的全球供应链。

第3章 新产品研究与开发

3.1 理论要点

3.1.1 基本概念

1. 新产品开发的意义

新产品开发是企业经营战略的核心内容之一，也是生产运作战略的出发点。产品开发职能的目的就是要研究、开发、设计出能满足市场需求并具有竞争力的产品。

新产品研究与开发的重要性体现在，成功的新产品开发有利于增强企业的市场竞争力，有利于扩大企业的市场份额，适应个性化定制生产的需要，适应产品更新换代的需要。

据统计，产品设计时间占总开发时间的近60%。为缩短新产品的上市时间，必须缩短产品的设计时间，产品设计和工艺设计影响着新产品的创新速度。同时，企业的产品研发等技术活动也影响着产品的总成本。一般产品70%的成本在产品设计阶段被决定（见图3-1）。由此可见，产品设计和工艺设计在产品开发中作用重大，它几乎占用了60%的开发时间，决定了70%的成本。

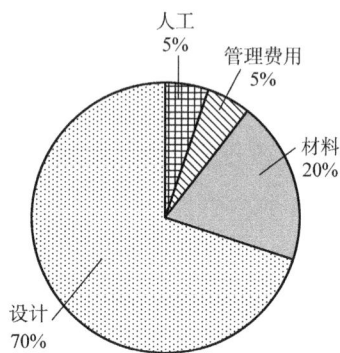

图3-1　产品成本的决定因素构成图

影响企业新产品开发的主要因素包括企业的发展和竞争战略、市场需求、企业的技术水平、企业的财务状况以及政府的政策与法规、社会伦理的限制等。

2. 产品定义的扩展

现代产品的定义不只局限于核心产品，而是扩展到产品包装、配套产品、零配件、生产过程等方面，并进一步延伸到产品服务、产品宣传、购物环境、培训、付款条件、维修服务等更多领域，如图3-2所示。

3. 现代产品的生命周期

产品生命周期（Product Life Cycle，PLC）是指一种产品从进入市场开始，直至退出市场整个过程所延续的时间。大部分产品都要经过如图3-3所示的导入期、成长期、成熟期、饱和期和衰退期五个阶段。但随着社会经济水平的提高，市场对产品的需求趋于多样化，产品更新换代加快，产品生命周期在不断缩短。有些产品

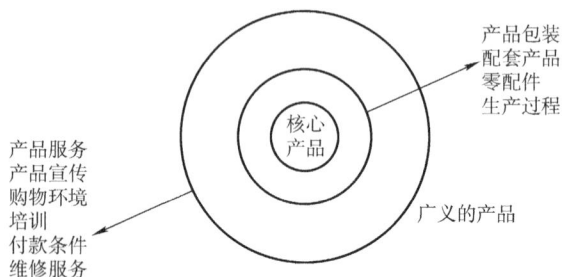

图3-2　产品定义的扩展

一进入市场就进入销售饱和期，经过短时间的繁荣后就要退出市场，被更新的产品所取代。例如，一些计算机软硬件产品、时尚电子产品等就是这类产品的典型代表。

从产品生命周期理论中可以得到以下启示：持续地开发新产品是企业获取长期竞争优势的必

要条件；企业必须一方面从完整的产品生命周期出发考虑产品的贡献，另一方面从产品所处的不同阶段出发制定不同的营销策略；企业在规划产品组合时，必须考虑产品生命周期这一重要因素。

4. 现代企业的研究与开发

研究与开发（Research and Development，R&D）包括基础研究、应用研究和技术开发。基础研究进行的是探索新的规律、创建基础性知识的工作。应用研究是将基础理论研究中开发的新知识、新理论应用于具体领域。技术开发是将应用研究的成果经设计、试验发展为新产品、新系统和新工程的科研活动。

在经济全球化的背景下，R&D 的重要性日趋明显，在宏观上影响着一个国家的技术进步，在微观上决定了一个企业的生存与发展。因此，各个国家、各个企业都非常重视 R&D，在 R&D 上投入大量的资金和人力。在我国，基础研究和应用研究为政府部门与科技界所关注，企业关心和参与的大多是技术开发。但是，我国在 R&D 上的投入与发达国家相比仍然有一定的差距。一般认为，企业的研究开发投入占到其销售额的 5% 以上，其产品和技术才能保持足够的竞争力。而在中国，2010 年规模以上企业的研究开发投入占销售额的比例仅为 1%。

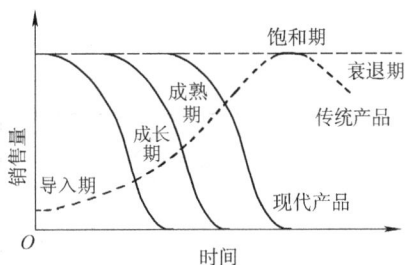

图 3-3　现代产品的生命周期

3.1.2　产品的设计过程

产品设计与过程选择是组织企业的新产品设计开发，并为该产品的生产选择配套的生产过程。产品设计开发的方式有独立开发、委托开发以及联合开发。

一般产品的设计过程由产品构思、可行性分析、产品设计、生产工艺设计、试生产、投放市场等几个部分构成，如图 3-4 所示。

产品构思来源于对市场需求所进行的分析，来源于技术的推动，也可能来源于竞争对手的产品和服务。企业通过与顾客交流，倾听顾客的声音，听取他们对改进产品的建议，以此来分析顾客的要求，挖掘新产品创意。这种类型的新产品开发被称为市场拉动型。产品构思的另一个来源是基础研究，将研究出来的新理论应用于新产品开发，由技术推动新产品的开发。通过研究竞争对手的产品和服务，往往能够激发出新设计以及对现有产品进行改进的许多构想，使企业能够开发出优于竞争对手的产品。产品设计过程中经常使用的一个工具是质量屋，如图 3-5 所示。质量屋可以帮助设计人员更好地分析和理解用户需求、产品性能、企业竞争优势等因素之间的关系，使产品开

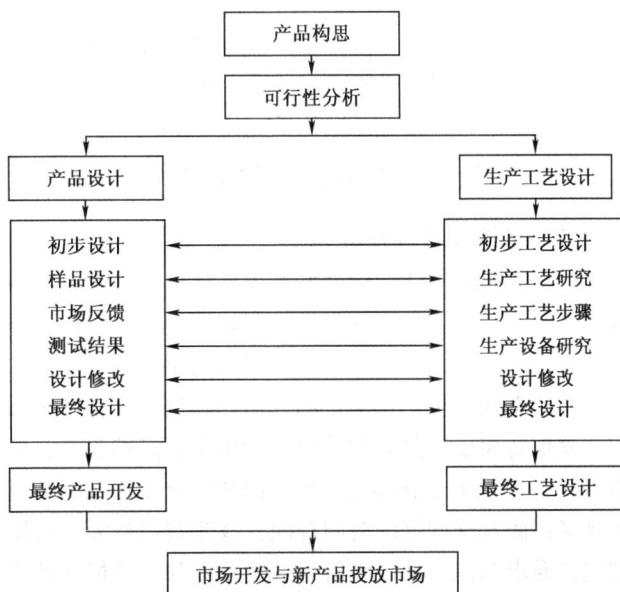

图 3-4　产品设计过程

发过程更有效。

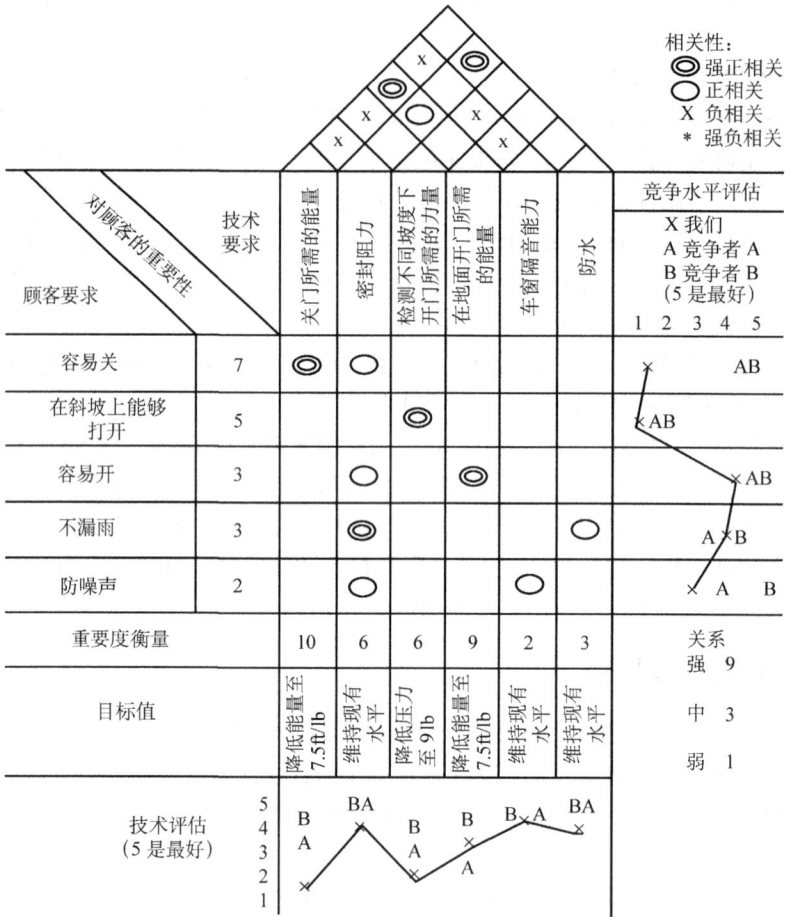

图 3-5　汽车车门质量屋

（资料来源：John R Hauser，Don Clausing. The House of quality ［J］. Harvard Business Review，May-June 1988：62-73.）

3.1.3　产品设计与开发的组织方法

1. 串行的产品设计方法

按过程分析的方法，产品开发由许多过程构成，如需求分析、产品构思、结构设计、工艺设计等。多年来，企业的产品开发一直采用串行的方法，即从需求分析、产品设计、工艺设计一直到试制和投放市场是一步步在各部门之间顺序进行的。

在现代市场环境中，串行的产品开发过程存在许多弊端，首要的问题是以部门为基础的组织机构严重地妨碍了产品开发的速度和质量。归纳起来，串行的产品开发过程存在的问题主要有如下两点：①各下游开发部门所具有的知识难以加入早期设计。加入设计的阶段越早，降低费用的机会越多；而发现问题的时间越晚，修改费用越大，费用随时间推移呈指数增加。②各部门对其他部门的需求和能力缺乏理解，开发目标和评价标准的差异降低了产品整体开发过程的效率。

2. 并行的产品设计方法

为缩短产品的开发周期，提高产品的开发效率，近年来企业的新产品开发已转变为基于并行工程（Concurrent Engineering, CE）的产品设计方法。并行工程是对产品开发及其相关过程（包括制造过程和支持过程）进行并行、一体化设计的一种系统性方法。这种方法力图使产品开发者从一开始就考虑到产品生命周期中从概念形成到产品报废的所有因素，包括质量、成本、进度和用户需求等。

并行工程的主要思想是：设计时，同时考虑产品生命周期的所有阶段；作为设计结果，同时产生产品设计方案和相应的制造工艺与生产准备文件。

在产品设计过程中，各项活动并行交叉进行。由于各部门的工作同步进行，各种相关的生产制造问题和用户不满意之处，在项目研发准备阶段便能得到及时沟通和解决。

不同领域技术人员的全面参与和协同工作，实现产品生命周期中所有因素在设计阶段的集成，实现技术、资源、过程在设计中的集成。

并行工程具有高效率的组织结构。产品的开发过程是涉及所有职能部门的活动。通过建立跨职能产品开发小组，能够打破部门间的壁垒，降低产品开发过程中各职能部门之间的协调难度。

串行工程与并行产品设计的比较如图 3-6 所示。

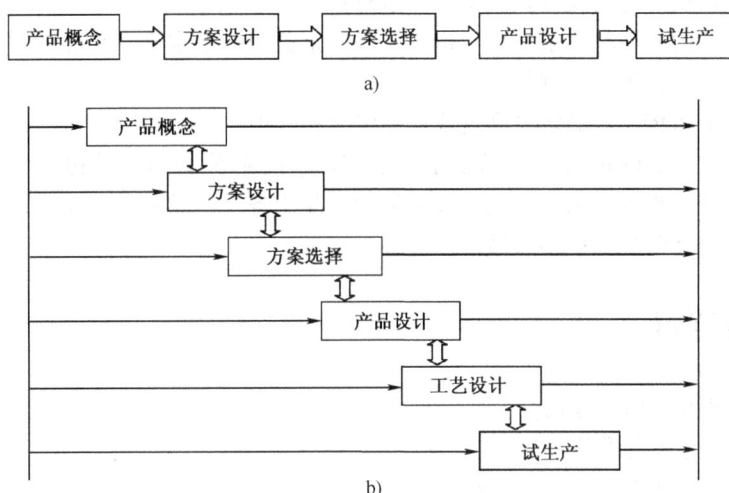

图 3-6 串行工程与并行工程设计的比较
a）串行工程 b）并行工程

3.1.4 产品设计的原则和绩效评价

产品设计和选择应该遵循以下几条原则：①设计用户需要的产品（服务）；②设计可制造性强的产品；③设计盈利能力强的产品；④设计绿色产品（考虑环保要求）。

为了使企业保持长期的竞争优势，必须不断向市场推出新的产品，为此，企业必须有效响应用户的需求，并且能超过竞争对手。快速开发出新产品，并用很短的时间将产品推向市场，对企业而言非常重要。

为此，必须对企业产品和服务设计的绩效进行测量和控制，争取获得最大的效益。根据企业在市场上的竞争要素，度量产品开发绩效的主要指标有：新产品投放市场的频率、新产品的开发周期、科研成果的产品转化率、新产品的销售额在总销售额中所占的比例、技术评价与经济效益等。

3.2 典型例题

例 3.2.1 现代企业在新产品开发方面面临哪些新的趋势和挑战？

答：市场日趋细分；技术更新快；产品生命周期越来越短；新产品能够获利的幅度缩小，时间缩短；信息传播快，获取成本低（企业和顾客都如此）；管理日趋精细。

例 3.2.2 新产品开发对企业有什么意义？

答：新产品开发可以成为竞争优势的源泉；新产品开发可以加强战略优势；新产品开发能够提高公司形象；新产品开发能够保持企业研究与开发的能力；新产品开发可以充分利用生产和经营资源。

例 3.2.3 简述产品设计与过程选择的概念。

答：产品设计与过程选择即组织企业的产品设计开发，并为该产品的生产选择配套的生产过程。

例 3.2.4 影响产品设计与过程选择的主要因素有哪些？

答：企业的发展和竞争战略、市场需求、企业的技术水平、企业的财务状况、政策与法规、社会伦理的限制等。

例 3.2.5 试比较分析传统产品定义和现代产品定义的差别。

答：现代产品的定义不只局限于核心产品，而是扩展到产品包装、配套产品、零配件、生产过程等方面，并进一步延伸到产品服务、产品宣传、购物环境、培训、付款条件、维修服务等更多领域。

3.3 思考与练习

3.3.1 产品设计开发有哪些方式？

3.3.2 新产品的概念来自哪些方面？

3.3.3 新产品的开发和组织有哪两种方式？

3.3.4 简述并行工程的基本概念。

3.3.5 如何提高新产品开发项目的投资效益？

3.3.6 新产品开发的模式有哪几种？

3.3.7 现代社会环境对新产品设计有哪些要求？

3.3.8 什么是研究开发项目的可行性研究？

3.3.9 全球化产品设计与制造应采用什么策略？

3.3.10 列举新产品开发的绩效评价指标。

3.3.11 简述物质产品生产过程的构成。

3.3.12 简述流程分析的概念并介绍流程分析工具。

3.3.13 先进的运作系统有哪些特征？

3.3.14 阐述服务产品的设计过程。

3.3.15 服务产品的竞争要素有哪些？

3.3.16 服务产品有哪些服务模式？

3.3.17 简述新产品的分类方法。

3.3.18 简述产品生命周期的概念并分析现代产品生命周期的特点。

3.3.19 试分析产品生命周期对现代企业经营的意义。

3.3.20 简述产品和服务的研究与开发对企业发展的重要意义。

3.3.21 什么是服务蓝图？服务蓝图有什么作用？

3.3.22 新产品开发过程包括哪些步骤？

3.3.23 简述企业在产品生命周期各个阶段的策略和管理重点。

3.4 案例分析

波音767-X并行设计工程案例

随着商业飞机的不断发展，波音公司在原有生产模式下的产品生产成本不断增加，并且积压的库存越来越多。在激烈的市场竞争中，波音公司如何用较少的费用设计制造高性能的飞机？资料分析表明，产品设计制造过程中存在着巨大的发展潜力，节约开支的有效途径是减少更改、错误和返工所带来的消耗。一个零件自设计完成后，要经过工艺计划、工装设计制造、制造和装配等过程。在这一过程内，设计约占15%的费用，制造占85%的费用，任何在零件图样交付前的设计更改都能节约其后85%的生产费用。

过去的飞机开发大都沿用传统的设计方法，按专业部门划分设计小组，采用串行的开发流程。大型客机从设计到原型制造多则十几年，少则七八年。波音公司在767-X的开发过程中采用了全新的"并行产品设计"的概念，通过优化设计过程，集合了最新管理方案，改善了设计，提高了飞机的生产质量，降低了成本，改进了计划，实现了三年内从设计到一次试飞成功的目标。

波音公司在新型767-X飞机的开发中，全面应用CAD/CAM系统作为基本设计工具，使得设计人员能够在计算机上设计出所有的零件三维图形，并进行数字化预装配，获得早期的设计反馈，便于及时了解设计的完整性、可靠性、可维修性、可生产性和可操作性。同时，数字化设计文件可以被后续设计部门共享，从而在制造前获得反馈，减少设计更改。波音767-X开发方式与传统开发方式的比较具体如表3-1所示。

表3-1 波音767-X开发方式与传统开发方式的比较

	波音767-X开发方式	传统开发方式
工程设计员	在CATIA上设计和画图 利用数字化预装配设计管路、线路、舱 利用数字化整机预装配确保满足要求 利用数字化整机预装配检查，解决干涉 利用CATIA进行产品插图	在硫酸纸上设计画图 在硫酸纸上设计 利用样机 在生产制造过程处理 利用样件手工绘制
工程分析员	用CATIA进行分析 发图前完成设计载荷分析	用图样分析 鉴定期完成
制造计划员	与设计员并行工作 在CATIA上设计装配图 用CATIA建立插图计划 检查重要特征，辅助软件改型管理	常规顺序 设计零件 建立制造工艺图 无

（续）

	波音 767-X 开发方式	传统开发方式
工装设计员	与设计员并行工作 用 CATIA 设计工装并发图 用 CATIA 允许安装检查，解决干涉问题 零件—工装预装配，确保满足要求	常规顺序 用硫酸纸设计 在生产工装时处理 在生产工装时处理
NC 程序员	与设计员并行工作 用 CATIA 生成和检查 NC 过程	常规顺序 用其他系统
用户服务组	与设计员并行工作 用 CATIA 设计所有地面保障设备并发图 技术出版利用工程数据出版资料 零件与地面保障设备预装配，确保满足要求	常规顺序 用硫酸纸设计 手工插图 生成零件/工装
协调人员	设计制造团队	各种机构

（1）100%数字化产品设计。飞机零件设计采用 CATIA 设计零件的 3D 数字化图形。采用 CATIA 系统设计飞机的零件，可方便地设计 3D 实体模型，并很容易在计算机上进行装配，检查干涉与配合情况，也可利用计算机精确计算重量、平衡、应力等特性。直观的零件图有助于外观设计，并能帮助了解装配后的情况。另外，可以很容易地从实体中得到剖面图；可利用数字化设计数据驱动数控机床加工零件；也能更加容易、精确地建立产品插图；用户服务组可利用 CAD 数据编排技术出版用户资料。

所有零件设计都只形成唯一的数据集提供给下游用户。针对用户的特殊要求，只修改数据集，而不修改图样。每个零件数据集包括一个 3D 模型和一个 2D 图，数控过程可用 3D 模型的线架和曲面表示。

（2）3D 实体数字化整机预装配。数字化整机预装配是在计算机上进行建模和模拟装配的过程，用于检查干涉配合问题，这个过程以设计共享为基础。数字化整机预装配将协调零件设计、系统设计（包括管线、线路布置），检查零件的安装和拆卸情况。数字化整机预装配的应用将有效地减少因设计错误或返工而引起的工程更改。

随着新一代数字化整机预装配软件工具的不断出现，其功能将包括干涉配合检查、选择最佳精度。数字化整机预装配可以在发图前辅助设计员消除干涉现象，设计员能搜索并进入其他相关设计系统中检查设计协调情况。其他设计小组，如工程分析、材料、计划、工装、用户保障等小组也陆续介入设计范围，并在发图前向设计员提供反馈信息。

（3）并行产品设计。并行产品设计是对集成、并行设计及其相关过程的研究（包括设计、制造、保障等）。并行设计要求设计者考虑有关产品的所有因素，包括质量、成本、计划、用户要求等。要充分发挥并行设计的效能，还需以下因素的支持：

1）多方面培养设计人员，合理配置设计制造团队、集成产品设计、制造及保障过程。

2）利用 CAD/CAE/CAM 保障集成设计、协同产品设计、共享产品模型、共享数据库。

3）利用多种分析工具优化产品设计、制造、保障过程。

（资料来源：http：//www.chinafm.org/KBS/view/Look-9-0-23580.html.）

思考与分析：

试通过上述案例阐述并行工程的作用和意义。

思考与练习答案

3.3.1　答：独立开发、委托开发、联合开发等。

3.3.2　答：技术导向型：全新产品——基础研究、偶然发现；市场导向型：本企业新产品——仿效创新，更新换代产品——旧产品改造。

3.3.3　答：串行工程和并行工程。

3.3.4　答：并行工程是对产品开发及其相关过程（包括制造过程和支持过程）进行并行、一体化设计的一种系统性方法。这种方法力图使产品开发者从一开始就考虑到产品生命周期中从概念形成到产品报废的所有因素，包括质量、成本、进度和用户需求等。

3.3.5　答：从项目角度来看，提高投资效益的目标可以分解成：缩短上市时间；控制产品开发项目的投入；提高产品开发项目的实施质量。从产品角度来看，提高投资效益的目标可以分解成：产品符合目标市场的外部需求以及公司内部的需求；降低产品成本；提高产品质量。

3.3.6　答：新产品开发模式主要有技术推动模式、市场拉动模式和竞争推动模式三种。

3.3.7　答：面向顾客的设计；人体工程，美学的思考；产品的可制造性和生产的经济性；产品的三化——标准化、系列化、通用化，以及模块化设计。

3.3.8　答：可行性研究（Feasibility Study）是通过对项目的主要内容和配套条件，从技术、经济、工艺等方面进行调查研究和分析比较，并对项目建成以后可能取得的财务、经济效益及社会环境影响进行预测，从而提出该项目是否值得投资和如何进行建设的咨询意见。

3.3.9　答：与当地有实力的企业建立合资公司；设计开发适合当地消费习惯的产品；建立可靠的供应商网络；充分利用当地人才等。

3.3.10　答：新产品投放市场的频率，新产品的开发周期，科研成果的产品转化率，新产品的销售份额，技术评价与经济效益。

3.3.11　答：产品的生产过程是从原材料投入到最终产品完成为止所经历的日历时间，具体包括以下过程：加工过程、检验过程、运输过程、自然过程、停歇过程。

3.3.12　答：流程分析是指分析生产过程中劳动者的操作程序、人机配合工作程序。通过分析，改进生产过程的组织管理及其工作方法，使生产过程合理化、科学化，从而提高生产效率。流程分析工具包括装配流程图、工艺流程图、工艺卡片、路线图等。

3.3.13　答：连续性——时间和空间上的连续性；平行性——各环节同时进行；比例性——各环节生产能力成比例；均衡性——各时期生产量相同（节奏性）；适应性——适应市场对多品种要求的能力；准时性——在需要的时间提供需要的产品。

3.3.14　答：确认目标市场；服务的概念设计；确定服务策略；确定服务过程。

3.3.15　答：服务人员的可接近性；服务的快速与便利；价格；适应性；伴随的有形产品的质量；构成服务的特殊技能；营销与服务的集成。

3.3.16　答：生产线方式、自助服务方式、个体维修方式。

3.3.17　答：美国学者菲利普·凯特奥拉根据新产品与消费者固有消费模式的差异程度，将新产品分为四类：相合性新产品、连续性新产品、动态连续性新产品和非连续性新产品。

3.3.18　答：产品生命周期是指一种产品从进入市场开始，直至退出市场整个过程所延续的时间。

随着社会经济水平的提高，市场对产品的需求趋于多样化，产品更新换代加快，产品的生命周期在不断缩短。有些产品一进入市场就进入销售饱和期，经过短时间的繁荣后就要退出市场，被更新的产品所取代。例如，一些计算机软硬件产品、时尚电子产品等就是这类产品的典型代表。

3.3.19 答：①持续地开发新产品是企业获取长期竞争优势的必要条件；②企业必须一方面从完整的产品生命周期出发考虑产品的贡献，另一方面从产品所处的不同阶段出发制定不同的营销策略；③企业在规划产品组合时，必须考虑产品生命周期这一重要因素。

3.3.20 答：企业需要从产品和服务设计阶段开始，从多方面满足企业制定的生产运作战略的需要，与生产运作战略相适应，并对生产运作战略起到支撑和提升的作用。完善的产品开发和服务设计有利于企业贯彻生产运作战略，同时，增强市场竞争力，扩大市场份额，适应客户个性化需求。

3.3.21 答：服务蓝图是详细描述服务系统的流程图，使服务过程中涉及的不同人员可以了解整个服务过程。服务蓝图可以同时从几个方面展示服务：描绘服务实施的过程、接待顾客的地点、顾客和雇员的角色以及服务过程构成要素。它提供了一种服务流程分析方法，使服务过程的步骤、任务、执行任务的方法和顾客感受得到有形展示。

服务蓝图具有直观性强、易于沟通、易于理解的优点。其作用主要表现为以下几个方面：

（1）促使企业全面、深入、准确地了解所提供的服务，有针对性地设计服务过程，更好地满足顾客的需要。

（2）有助于企业建立完善的服务操作程序，明确服务职责，有针对性地开展员工的培训工作。

（3）有助于理解各部门的角色和作用，增进服务过程的协调性。

（4）有利于企业有效地引导顾客参与服务过程并发挥积极作用，明确质量控制活动的重点，使服务提供过程更合理。

（5）有助于识别服务提供过程中的失败点和薄弱环节，改进服务质量。

3.3.22 答：新产品开发过程包括产品构思、可行性分析、产品设计与试制、投放产品的市场评估等一系列活动。产品构思是指在市场调查和技术分析的基础上，提出新产品的构想或有关产品改良的建议等活动；产品开发的可行性分析是指在众多的新产品构思中进行考察，挑选出符合企业经营目标的新产品构思，淘汰可行性差、成功率低的新产品构思和建议，使企业现有资源能集中用于成功率高的新产品开发；产品设计与试制决定产品的特征、功能和用途，该阶段包括产品功能设计、产品制造设计、产品设计审核与产品最终测试等方面；投放产品的市场评估是指依据顾客对产品的信息反馈就新产品投放市场后的绩效进行评价，其目的主要是考察新产品的投放是否成功，并从中分析原因，制定对策，以利于今后的发展。

3.3.23 答：产品生命周期大致分为导入期、成长期、成熟期、饱和期和衰退期五个阶段。导入期需要大量的促销费用，对产品进行宣传。由于技术方面的原因，产品不能大批量生产，因而生产成本高。另外，产品也有待进一步完善，研发投入仍然较大。成长期必须保证产品的生产步伐能够满足消费者的需求，市场销售是关键。企业应该树立产品形象，强化市场能力，扩大生产能力，生产工艺流程标准化，进行批量生产。成熟期和饱和期经营管理占至关重要的位置。由于竞争激烈，降低成本是关键，同时应该加大市场促销力度。衰退期企业应逐步转移生产能力，停止生产非盈利的产品，使成本最低。

案例分析答案

答案要点：

并行工程设计技术的有效运用会带来以下几方面的效益：

（1）提高设计质量，极大地减少了早期生产中的设计更改。

（2）缩短产品的研制周期，与串行的产品设计相比，并行工程明显地加快了设计进程。

（3）降低了制造成本。

（4）优化了设计过程，减少了报废和返工。

第4章 需 求 预 测

4.1 理论要点

4.1.1 需求预测的必要性

生产活动的目的是满足市场需求。为了满足市场需求，企业就应该了解市场或顾客需要什么产品，需要多少，什么时间需要，并根据需求安排生产，把顾客需要的产品提供给顾客。由于市场和顾客的需求是随机变动的，未来的需求无法准确把握，企业只能根据以往的销售情况和收集到的影响市场需求的信息对市场需求进行预测。需求预测的结果是制订各种生产计划的重要依据。需求预测的对象一般是直接在市场上销售的最终产品或作为配件的零部件。

4.1.2 需求的构成

对产品的需求因为受到市场各种随机因素的影响，其构成非常复杂。为了便于准确地进行需求预测，一般把需求分解为几种成分，包括平均值、变化趋势、周期性变化、季节性变化和随机性误差，如图 4-1 所示。

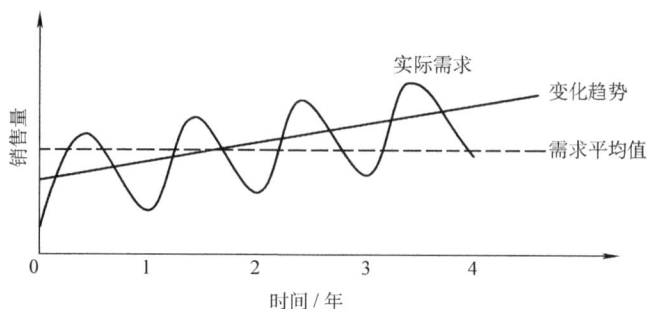

图 4-1 需求的构成

4.1.3 需求预测的过程

尽管需求预测的方法有很多，但需求预测的过程一般都是由以下七个步骤构成的：第一步，确定需求预测的目标；第二步，确定需求预测的对象；第三步，确定预测期间（见图 4-2）；第四步，收集数据资料，其中影响市场需求的因素包括宏观经济指标、市场竞争态势、技术进步、消费倾向、产品生命周期、市场价格等，而历史销售数据是需求预测的重要依据；第五步，选择预测方法；第六步，实施预测；第七步，预测结果的应用及反馈。

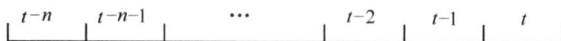

图 4-2 预测期间示意图

4.1.4　定性需求预测方法

定性需求预测方法又称主观需求预测方法，它的信息来源和预测的依据是各方面不同的主观意见。其方法简单易行，不需要复杂的数学公式。常用的定性需求预测方法有：营销人员的预测、专业咨询机构的市场调研、经营者的预测、历史类比法和德尔菲法。

德尔菲法（Delphi Method）又称专家调查法，是 20 世纪 40 年代末期由美国兰德公司首先提出并很快在世界上盛行起来的一种调查预测方法。它一般适用于科学发展预测、潜在市场规模预测等相对宏观的预测。此方法的预测过程如下：第一步，选择参与预测的专家；第二步，通过调查问卷获得每一位专家的预测信息；第三步，汇总调查结果，附加适当的新问题后，重新发给全体专家；第四步，再次汇总，提炼预测结果和附加条件，形成新一轮问题；第五步，重复第四步，直至获得满意的结果。

4.1.5　时间序列分析与回归分析

1. 时间序列分析

时间序列分析（Time Series Analysis）法是定量需求预测方法中最基本的一种方法，主要包括简单移动平均法、加权移动平均法、指数平滑法等方法。

简单移动平均法可用在需求分析和需求预测两个方面。用于需求预测时，首先计算从现在追溯到过去一定区间内需求的平均值，根据这个平均值来预测下一期的需求。假设移动平均区间的长度为 n，A_{t-i}（$i = 1, 2, \cdots, n$）为过去发生的实际需求量，需求预测值用 F_t 表示，则

$$F_t = \frac{A_{t-1} + A_{t-2} + A_{t-3} + \cdots + A_{t-n}}{n} \tag{4-1}$$

加权移动平均法与简单移动平均法相比最大的特点是，各期需求值在预测中的权重是不同的，可以说简单移动平均法是加权移动平均法的一个特例。设第 $t-i$ 期需求 A_{t-i} 的权重为 w_i，且 $\sum_{i=1}^{n} w_i = 1$，则 t 期的需求预测值为

$$F_t = w_1 A_{t-1} + w_2 A_{t-2} + \cdots + w_n A_{t-n} \tag{4-2}$$

指数平滑法或称指数加权移动平均法，其基本假设是离现在时间较近的过去数据对现在的需求可能会有更大的影响，需要加大权重。设第 t 期的需求值和预测值分别为 D_t 和 F_t，最近一期的需求的权重为 α，则第 $t+1$ 期的需求预测值为

$$F_{t+1} = F_t + \alpha(D_t - F_t) \tag{4-3}$$

这种方法能够更好地对存在趋势和季节变动的需求进行预测。α 取值越大，对需求变动的反应越敏感；α 越小，预测的平滑效果越明显。指数平滑法的预测结果如图 4-3 所示。

2. 回归分析

回归分析（Regression Analysis）需求预测是在掌握大量观察数据的基础上，利用数理统计方法建立因变量与自变量之间的回归关系函数表达式（称回归方程式）。这种预测是在假定未来变化趋势是过去情况的延续的基础上进行的。对于一元线性回归模型而言，就是假定需求与期数之间存在线性关系。设第 x 期的需求量为 y，则根据过去的数据可以确定 y 与 x 之间的函数关系，即 $y = a + bx$，a 和 b 表示相关系数。

$$a = \bar{y} - b\bar{x} \tag{4-4}$$

$$b = \frac{\sum xy - n\bar{y}\bar{x}}{\sum x^2 - n\bar{x}^2} \tag{4-5}$$

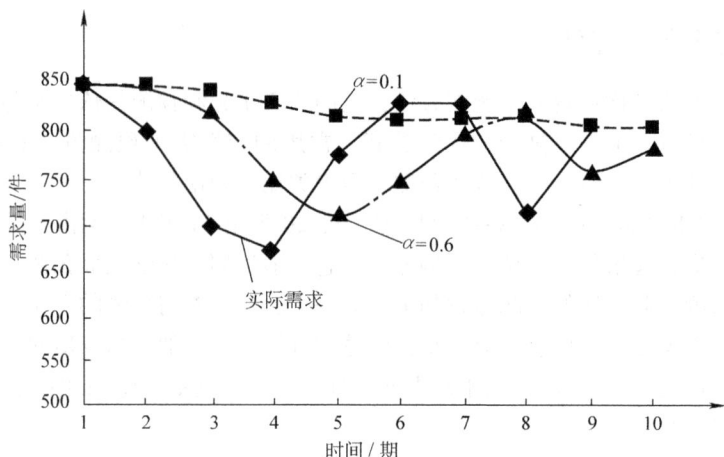

图 4-3　指数平滑法的预测效果

式中，x 和 y 分别表示过去期数和实际发生的需求量；$\bar{x}$、$\bar{y}$ 分别代表相应的均值。

4.1.6　预测误差和选择预测方法的依据

无论采用何种预测方法都不可能准确地预测出未来的需求情况，预测值与真实需求之间或多或少都会有一些偏差。预测误差能够有效地评价这些预测方法的适应性。

平均绝对偏差（MAD）就是其中比较典型的一个评价指标。即

$$\text{MAD} = \frac{\sum_{t=1}^{n} |A_t - F_t|}{n} \tag{4-6}$$

式中，A_t 表示第 t 期的实际需求量；F_t 表示第 t 期的需求预测值；n 表示期数。

均方差（MSE）是计算总预测误差的第二种方法。均方差是预测值和真实需求之差的平方的平均值，即

$$\text{MSE} = \frac{\sum_{t=1}^{n} (A_t - F_t)^2}{n} \tag{4-7}$$

关于使用平均绝对偏差和均方偏差的问题是它们的值都取决于预测项数值的大小。如果预测项的数值较大，那么二者的值将非常大。为了避免这个问题，可以使用平均绝对百分比误差（MAPE）。它是预测值和实际值差值的绝对值除以实际值的平均数，并使用百分比的形式，即

$$\text{MAPE} = \frac{\sum_{t=1}^{n} \frac{|A_t - F_t|}{A_t} \times 100\%}{n} \tag{4-8}$$

为了能够获得准确的需求预测结果，需要选择合适的需求预测方法进行预测。预测方法的选择需要考虑以下因素：预测期间、数据资料的可利用性、要求的预测精确度、预测经费额、预测人员的能力和产品生命周期曲线等。

4.1.7　需求预测方法在美国企业的应用

多种需求预测方法在美国企业中得到了广泛的应用，但企业的特点不同，倾向于选择的预测方法也有所不同。表 4-1 介绍了经营者的主观判断、营销人员的预测、移动平均法和回归分析法

这四种需求预测方法在美国中小企业和大企业的应用情况。

表4-1 四种需求预测方法在美国中小企业和大企业的应用情况

需求预测方法	中小企业 （年销售额小于1亿美元）	大企业 （年销售额大于5亿美元）
经营者的主观判断	40.7%	39.6%
营销人员的预测	29.6%	35.4%
移动平均法	29.6%	29.2%
回归分析法	22.2%	27.1%

4.2 典型例题

例4.2.1 分析不同类型需求预测的特征。

答：需求预测按照其范围分为长期预测、中期预测和短期预测，具体特征如表4-2所示。

表4-2 不同类型需求预测的特征

预测的范围	代表性的时间长度	应用	特征	预测方法
长期	通常是5年或5年以上	企业计划： 　产品计划 　研究计划 　资本计划 　工厂选址和扩张	范围广，总体的，通常是定量的预测	技术的方法 经济的方法 人口统计学的方法 市场研究 经营者的主观判断
中期	一般是一个季度到2年	总体计划： 　资本和现金预算 　销售计划 　生产计划 　生产和库存预算	定量的预测 预测对象是产品族 需要估计可靠性	销售人员的预测 时间序列分析法 回归分析法 经济指数修正或结合 经营者的主观判断
短期	通常不超过一个季度	短期控制： 　生产和员工水平的调整 　采购 　工作调度 　项目分配 　加班决策	在单一产品的层次上进行预测 在单一产品的层次上调整采购和库存量	回归分析法 移动平均法 经营者的主观判断 指数平滑法

例4.2.2 简单移动平均法和加权移动平均法两种预测方法有哪些共同缺陷？

答：简单移动平均法和加权移动平均法都能有效地平滑需求中偶然因素的影响，实现平稳预测。但是，移动平均法有三个缺点值得注意：

（1）加大 n 的值（期数）可以较好地平滑掉干扰因素，但是会使得模型对于实际数据中的变化缺乏敏感性。

（2）移动平均法不能很好地反映趋势。因为它是平均数，所以它停留在过去水平，不能预测出趋势的升高和降低水平，也就是预测值滞后于实际值。

（3）移动平均法需要大量的历史数据记录。

例4.2.3 某品牌汽车专营店连续12个月某型号汽车的销售情况如表4-3所示，要根据过去3个月的销售量来进行加权预测。权重分别为：最近一个月为1/2，前第2个月为1/3，前第3个月为1/6。试预测第13个月汽车的销售情况。

表4-3 前12个月某型号汽车的销售情况

月份	1	2	3	4	5	6	7	8	9	10	11	12
实际销量/辆	10	12	13	16	19	23	26	30	28	18	16	14

答：第13个月的需求预测结果为

第13个月的预测值 = 1/2 × 第12个月的销量 + 1/3 × 第11个月的销售情况 + 1/6 × 第10个月的销售情况 = 15.3辆

所以，第13个月汽车的销售量预测为15辆左右。

例4.2.4 在1月，一个汽车销售商预测2月某品牌汽车的需求为142辆。2月的实际需求为153辆。已知管理者选定的平滑系数 $\alpha = 0.20$，试利用指数平滑法预测3月份的需求情况。

答：将例中的数据代入公式，即可得到

新的预测值（3月的需求）= 142辆 + 0.2 × （153 – 142）辆 = 144.2辆

所以，3月份该品牌汽车的预测需求是144辆左右。

例4.2.5 某电力公司2006—2012年的电力需求如表4-4所示，单位为MW。试利用回归分析法来预测2013年的需求情况。

表4-4 某电力公司2006—2012年的电力需求 （单位：MW）

年份	2006	2007	2008	2009	2010	2011	2012
电力需求	74	79	80	90	105	142	122

答：为了简化计算，用 x 表示时间（期数），y 表示电力需求，计算过程如表4-5所示。

表4-5 计算过程

年份	期数（x）	电力需求（y）/MW	x^2	xy/MW
2006	1	74	1	74
2007	2	79	4	158
2008	3	80	9	240
2009	4	90	16	360
2010	5	105	25	525
2011	6	142	36	852
2012	7	122	49	854

$$\bar{x} = \frac{\sum x}{n} = \frac{28}{7} = 4, \quad \bar{y} = \frac{\sum y}{n} = \frac{692}{7} = 98.86$$

$$b = \frac{\sum xy - n\,\bar{x}\,\bar{y}}{\sum x^2 - n\,\bar{x}^2} = \frac{3\,063 - 7 \times 4 \times 98.86}{140 - 7 \times 4^2} = 10.54$$

$$a = \bar{y} - b\,\bar{x} = 98.86 - 10.54 \times 4 = 56.70$$

这样，可以得到回归方程 $\hat{y} = 56.70 + 10.54x$。为了预测2013年的需求，设2013年期数为 $x = 8$，则

2013 年的电力需求 $=$ （56.70 + 10.54 × 8） MW = 141MW

还可以用 $x=9$ 来预测 2014 年的需求，得到

2014 年的电力需求 $=$ （56.70 + 10.54 × 9） MW = 152MW

例 4.2.6 试分析需求预测中如何考虑季节因素的影响。

答：季节因素指需求量周期性地上升和下降，通常是受到天气和节假日的影响。对于存在周期为月的季节因素的情形，可以采取以下步骤：

（1）把每年这个月的需求加起来除以年数，得到这个月的（假设周期是月）历史平均需求。

（2）把每年的平均需求除以所含周期的个数，得到所有月份的平均需求。

（3）把该月的历史平均需求（第 1 步中计算出的）除以每月的平均需求（第 2 步中计算出的），得到该月的季节指数。

（4）估计下一年的总需求。

（5）把下一年的总需求估计值除以期数，再乘以该月份的季节指数。这就是季节预测。

例 4.2.7 某百货公司的管理者们利用时间序列回归分析预测了下四个季度的零售额。预测值是 100 000 元、120 000 元、140 000 元和 160 000 元。四个季度的季节指数分别是 1.30、0.90、0.70 和 1.15。试计算受季节因素影响的预测值。

答：为了计算受季节因素影响的预测值或调整预测销售额 $\hat{y}$，把趋势预测值乘以季节指数，即 $\hat{y}$ = 季节指数 × $\hat{y}$ 趋势预测值，得到

一季度：$\hat{y}_1 = 1.30 \times 100\ 000$ 元 = 130 000 元

二季度：$\hat{y}_2 = 0.90 \times 120\ 000$ 元 = 108 000 元

三季度：$\hat{y}_3 = 0.70 \times 140\ 000$ 元 = 98 000 元

四季度：$\hat{y}_4 = 1.15 \times 160\ 000$ 元 = 184 000 元

4.3 思考与练习

4.3.1 什么是定性需求预测方法？试列举五种常用的定性预测方法。

4.3.2 简要介绍德尔菲法及其实施过程，并分析其优缺点。

4.3.3 试分析典型的时间序列需求包括哪些因素？

4.3.4 需求预测在企业生产与运作管理中有什么作用？

4.3.5 简要介绍需求预测的步骤。

4.3.6 产品生命周期是如何影响需求的？

4.3.7 简要介绍需求的影响因素。

4.3.8 如何理解定量需求预测模型？并列举常用的定量需求预测模型。

4.3.9 简述检验需求预测方法有效性的方法。

4.3.10 简要介绍在实际管理中常见的三种计算预测误差的方法。

4.3.11 表 4-6 给出了某医院过去 6 周 O 型血浆的使用情况。

（1）使用 3 周的简单移动平均法预测第 7 周的需求情况。

（2）用加权移动平均法预测第 7 周的需求，权重依次为 0.1、0.3 和 0.6，其中 0.6 是最

近一周的权重。

表 4-6 某医院过去 6 周 O 型血浆的使用情况 （单位：L）

周	第 1 周	第 2 周	第 3 周	第 4 周	第 5 周	第 6 周
用量	360	389	410	381	368	374

4.3.12 某型号电动机过去 11 年的需求数据如表 4-7 所示。

表 4-7 某型号电动机过去 11 年的需求数据 （单位：千台）

年份	1	2	3	4	5	6	7	8	9	10	11
需求量	7	9	5	9	13	8	12	13	9	11	7

（1）从第 4 年开始到第 12 年用 3 年的简单移动平均法进行预测，并在同一图中画出这些数据。

（2）从第 4 年开始到第 12 年用 3 年的加权移动平均法进行预测，权重依次为 0.1、0.3 和 0.6，其中 0.6 是最近一期的权重，并在同一图中画出这些数据。

（3）将预测值与原数据进行比较，哪种预测效果好一些？

4.3.13 某摩托车制造商在过去 8 个季度的销售情况如表 4-8 所示。

表 4-8 某摩托车制造商在过去 8 个季度的销售情况 （单位：台）

季度	1	2	3	4	5	6	7	8
需求量	500	520	480	500	490	460	480	440

（1）利用 3 年的加权移动平均法预测第 9 个季度的需求，最近一期的权重是前两期的 3 倍。

（2）根据预测结果，分析是否对该预测方案有改善的可能？若有，如何改善？

4.3.14 某银行支票处理中心使用指数平滑法预测每个月的支票数量。6 月的支票数量是 4 000 万张，而预测值是 4 200 万张。平滑系数为 0.2。

（1）7 月的预测值是多少？

（2）如果 7 月的实际支票数量是 4 500 万张，那么 8 月的预测值将是多少？

（3）为什么该预测方法对这个部门不适用？

4.3.15 某医院考虑是否购进新的救护车。购买与否部分取决于明年的救护车行驶的里程数。过去 5 年行驶的里程数如表 4-9 所示。

表 4-9 某医院救护车过去 5 年行驶里程数

年份	1	2	3	4	5
里程数/km	3 000	4 000	3 400	3 800	3 700

（1）使用 2 年的简单移动平均法预测明年的行驶里程数。

（2）计算（1）中的平均绝对偏差。

（3）使用加权的 2 年移动平均数法预测明年的里程数，权重为 0.4 和 0.6（0.6 是较近年份的权重）。计算平均绝对偏差。

（4）使用指数平滑法预测明年的行驶里程数，其中第 1 年的预测值为 3 000km，$\alpha = 0.6$。

4.3.16 在过去的 8 年中，某港口从货船上卸载了大量的谷物。港口的主管希望验证使用指数平滑法预测卸载数量的效果。他预测第 1 年的谷物卸载量为 175 万 t。其中 $\alpha = 0.10$ 和 $\alpha = 0.50$。表 4-10 列出了过去 8 年实际卸载数量。

表4-10 某港口过去8年实际卸载数量

年度	1	2	3	4	5	6	7	8	9
实际卸载数量/万 t	180	168	159	175	190	205	180	182	?

（1）从第一年度开始分别用两个平滑系数来计算各年度的预测值，并计算出相对应的平均绝对偏差。

（2）分析比较哪一个平滑系数对应的平均绝对偏差较小。

4.3.17 表4-11是某型号汽车备用轮胎的月销售量数据。

（1）使用 $\alpha = 0.20$ 和初始预测100.0，计算指数平滑预测。

（2）使用 $\alpha = 0.40$ 和初始预测100.0，计算指数平滑预测。

（3）计算两个预测的MAD值（使用所有12个月的数据）。

表4-11 某型号汽车备用轮胎的月销售量

月份	需求 /万个	月份	需求/万个
1	104	7	95
2	104	8	104
3	100	9	104
4	92	10	107
5	105	11	110
6	95	12	109

4.3.18 某电力公司估计的需求趋势变化方程为（单位：$10^6 \text{kW} \cdot \text{h}$）

$$D = 77 + 0.73Q$$

式中，Q 是连续的季节编号；$Q = 1$ 代表2007年冬季。此外，每个季节的季节指数如表4-12所示。

表4-12 每个季节的季节指数

季节	冬季	春季	夏季	秋季
季节指数	0.8	1.1	1.4	0.7

从冬季开始，预测2007年四个季度的电力需求。

4.3.19 某酒店每周海鲜的实际需求量和预测需求量如表4-13所示。试计算跟踪信号并确定预测是否有效，控制界限为 ±3MAD。

表4-13 某酒店每周海鲜消耗量 （单位：kg）

周	实际值	预测值	误差	RSFE	预测误差绝对值	累计误差	MAD	跟踪信号
1	588	600	−12	−12	12	12	12.0	−1.0
2	593	600	−7	−19	7	19	9.5	−2.0
3	630	600	30	11	30	49	16.3	0.7
4	623	640	−17	−6	17	66	16.5	−0.4
5	645	640	5	−1	5	71	14.2	−0.1
6	683	640	43	42	43	114	19.0	2.3

4.3.20 某物品在过去11周的需求量如表4-14所示，分别使用3、4、5个时间段作为移动平均预测法的数据周期长度进行需求预测，分析采用哪个数据周期长度进行预测的结果比较

准确。

表 4-14 某物品的需求量

周	1	2	3	4	5	6	7	8	9	10	11
需求量/件	53	46	49	50	62	74	69	76	80	89	98

4.4 案例分析

PC 纸杯公司的市场需求预测

PC 纸杯公司是一家致力于纸杯等纸质餐具的生产和销售的公司，王济华是该公司计划部门的工作人员。以往公司的生产决策多是公司领导"拍脑袋"的临时性决策。比如，公司领导考虑到 6 月份以后冰激凌市场可能会出现异常火爆的局面，公司似乎应该提前作好产成品储备，所以决定在计划好的生产任务上再追加 600 万只纸杯的产量，并要求王济华在第二天重新制订好生产计划。为了执行这些临时的决定，计划部门经常会反复修改生产计划，造成人力、物力的极大浪费。与此同时，公司的董事长李总也不轻松：上周销售部门报上来的报表显示，5oz 和 8oz 的冰激凌纸杯及 16oz 的大饮料杯严重缺货，不得不追加生产，这样既影响了销售业绩，也不利于控制生产成本；同时，会计部门报告 4oz 的冰激凌纸杯和 9oz 的饮料杯已经严重积压，需要尽快处理。由于不能对纸杯市场的需求作出准确的预测，公司已经并且正在付出缺货和积压的代价。

为了改变现在的生产计划方式，王济华决定向公司领导提出自己的改进计划。在周末的例会上，王济华向公司领导汇报了他的计划工作情况。李总对他的建议很感兴趣，决定暂时将产品需求预测工作交由计划部来做，同时也强调了需求预测工作不要做得太复杂，一定要做得简单有效，而且尽量不要影响公司正常的生产和销售工作。计划部门的刘部长在李总提出的简单有效的基础上还加了一条要求，就是力求准确，最好是彻底改变让他最为头痛的反复修改计划的现状。

具体要怎么做呢？王济华的第一个想法就是建立一个完美的数学模型，设置几个重要参数，这样每次作预测的时候只要变几个数字，结果就出来了。对于每种不同类型的产品，建立各自的预测模型；对于相似的产品，则通过统计学的方法发现它们之间的相关性，通过调整相关系数进行预测。根据重要性原则，王济华首先选择公司目前销售量最大的 5oz 纸杯为主要预测对象进行建模。

下面是预测的过程：

1. 各年度的冰激凌消费量及纸杯需求量

各年度的冰激凌消费量及纸杯需求量如表 4-15 所示。

表 4-15 各年度冰激凌消费量与纸杯需求量

年份	2002	2003	2004	2005	2006	2007	2008	2009	2010	2011	2012
冰激凌消费量/t	7 416	9 720	11 934	11 700	12 456	15 084	18 090	22 050	25 524	27 828	29 520
纸杯需求量/百万只	17.96	26.17	27.12	31.68	32.15	42.36	45.33	52.28	64.2	65.75	71.96

王济华分析表 4-15 所示的数据并绘制折线图，得知近年来冰激凌消费量基本呈线性增长。可以采用一元线性趋势法建立预测模型，预测 2013 年及以后各年的冰激凌消费量。

设冰激凌消费量的线性回归模型为 $X_t = a + bt$（t 为选定的时间变量，a 为截距，b 为斜率），表 4-16 为预测计算过程。

由表 4-16 的数据可知：当 $t = 6$ 时，$X_{2013} = 31\ 032t$；当 $t = 7$ 时，$X_{2014} = 33\ 305t$；当 $t = 8$ 时，$X_{2015} = 35\ 578t$，以此类推。下面再来分析冰激凌消费量与 PC 公司典型纸杯（5oz）的相关需求

量。

表 4-16　冰激凌消费量预测

年份	2002	2003	2004	2005	2006	2007	2008	2009	2010	2011	2012
选定时间变量 t	−5	−4	−3	−2	−1	0	1	2	3	4	5
冰激凌消费 x_t/t	7 416	9 720	11 934	11 700	12 456	15 084	18 090	22 050	25 524	27 828	29 520
a	17 393					$a = \text{average}(x_t)$					
b	2 273					$b = \text{sum}(t*x_t)/\text{sum}(t^2)$					
预测年份	2013	2014	2015	2016	2017	2018	2019	2020	2021	2022	2023
预测变量 t	6	7	8	9	10	11	12	13	14	15	16
预测值 X_t/t	31 032	33 305	35 578	37 852	40 125	42 398	44 671	46 944	49 218	51 491	53 764

2. 冰激凌消费量与典型纸杯的相关需求量

各年度的冰激凌消费量与纸杯需求量相关表如表 4-15 所示。分析表 4-15 的数据并绘制折线图可知，纸杯与冰激凌的消费量之间存在着近似的线性相关关系，也可以建立一元回归模型来预测纸杯的需求量，计算过程如表 4-17 所示。设冰激凌消费量与 5oz 纸杯需求量的线性回归预测模型为 $Y_t = a + bX_t$。

表 4-17　冰激凌消费量与 5oz 纸杯需求量

年份	2002	2003	2004	2005	2006	2007	2008	2009	2010	2011	2012
冰激凌消费 x_t/千 t	7 416	9 720	11 934	11 700	12 456	15 084	18 090	22 050	25 524	27 828	29 520
纸杯需求量 y_t/百万只	17.96	26.17	27.12	31.68	32.15	42.36	45.33	52.28	64.2	65.75	71.96
b	0.002 3	$b = (\text{sum}(x_t*y_t) - \text{average}(x_t)\text{sum}(y_t))/(\text{sum}(x_t^2) - \text{average}(x_t)*\text{sum}(x_t))$									
a	2.670 7	$a = \text{average}(y_t) - b*\text{average}(x_t)$									
预测年份	2013	2014	2015	2016	2017	2018	2019	2020	2021	2022	2023
预测变量 X_t	31 032	33 305	35 578	37 852	40 125	42 398	44 671	46 944	49 218	51 491	53 764
纸杯预测值 Y_t/百万只	75.268	80.585	85.903	91.222	96.54	101.86	107.17	112.49	117.81	123.13	128.45

表 4-17 的数据显示，预计 2013 年纸杯需求量为 75.268 百万只，2014 年需求量为 80.585 百万只。当然，年度数据难以对短期生产与营销计划提供有效的支持，下一步还需要进一步预测每个月的纸杯需求量。

3. 月度需求预测表

冰激凌的消费量受季节影响较大：通常每年 4~10 月是畅销季节，对纸杯的需求量也大，尤其是 7、8 两个月更是达到峰值；从 11 月开始到次年 3 月由于天气转冷，冰激凌的消费量减少，纸杯的需求量也随之下降，在 1~2 月降到谷底。

表 4-18 列出了从 2007 年到 2012 年各月份销售量的统计数据，按照以前各年数据首先求出样本年度内的各月平均值 A_i，然后根据 A_i 占各月平均值合计数即 sum(A_i) 的比率，也就是各月比率指数 R_i。R_i 的含义是指当月需求量在当年需求量中的份额。于是根据前面预测的 2013 年、2014 年的纸杯年度需求量，可以预测 2013 年及 2014 年各个月份的纸杯需求量。有了各个月份的需求预测值，制订生产计划终于有了依据。

表 4-18　月度需求预测表

年份	1	2	3	4	5	6	7	8	9	10	11	12	合计
2007	1.41	1.85	3.01	4.20	4.33	4.50	5.10	5.30	4.52	3.54	2.84	1.76	42.36
2008	1.50	2.13	2.81	4.52	4.20	4.66	5.36	5.70	4.76	3.80	3.40	2.49	45.33
2009	1.71	2.31	3.81	5.20	4.72	5.21	6.12	6.51	5.34	4.45	3.92	2.98	52.28
2010	1.92	2.82	4.67	6.38	5.91	6.55	7.46	7.99	6.68	5.75	4.78	3.29	64.20
2011	2.10	2.98	4.84	6.50	6.03	6.72	7.67	8.12	7.35	5.68	3.98	3.78	65.75
2012	2.23	3.20	5.02	7.15	6.78	7.22	8.54	9.61	9.57	6.02	4.38	2.24	71.96
累计	10.87	15.29	24.16	33.95	31.97	34.86	40.25	43.23	38.22	29.24	23.30	16.54	341.88
各月平均值 A_i	1.8117	2.5483	4.0267	5.6583	5.3283	5.8100	6.7083	7.2050	6.3700	4.8733	3.8833	2.7567	56.9800
各月比率指数 R_i	0.0318	0.0447	0.0707	0.0993	0.0935	0.1020	0.1177	0.1264	0.1118	0.0855	0.0682	0.0484	1.0000
2013 年预测各月需求 Y_j	2.39	3.37	5.32	7.47	7.04	7.67	8.86	9.52	8.41	6.44	5.13	3.64	75.27
2014 年预测各月需求 Y_j	2.56	3.60	5.69	8.00	7.54	8.22	9.49	10.19	9.01	6.89	5.49	3.90	80.59

（资料来源：陈荣秋，马士华．生产与运作管理［M］．北京：高等教育出版社，2011．）

思考与分析：

1. 可以用哪些方式对 PC 纸杯公司的需求量进行预测？

2. 王济华的需求预测工作是否恰当？

3. 就 PC 纸杯公司的现状来看，采取什么样的方式进行市场需求预测更为有效？

4. 如何收集数据？如何防止掉入数字陷阱？

5. 如何看待"精确预测"和"拍脑袋"行为？

思考与练习答案

4.3.1　答：定性需求预测方法又称主观需求预测方法，它的信息来源和预测的依据是各方面不同的主观意见。其方法简单易行，不需要复杂的数学公式。常用的定性需求预测方法有：营销人员的预测、专业咨询机构的市场调研、经营者的预测、历史类比法和德尔菲法。

4.3.2　答：德尔菲法又称专家调查法，是 20 世纪 40 年代末期由美国兰德公司首先提出并很快在世界上盛行起来的一种调查预测方法。它一般适用于科学发展预测、潜在市场规模的预测等相对宏观的预测。此方法的预测过程如下：第一步，选择参与预测的专家；第二步，通过调查问卷获得每一位专家的预测信息；第三步，汇总调查结果，附加适当的新问题后，重新发给全体专家；第四步，再次汇总，提炼预测结果和附加条件，形成新一轮问题；第五步，重复第四步，直至获得满意的结果。

德尔菲法的主要优点是简明直观，预测结果有很高的参考价值。这种方法避免了专家会议的许多弊端。在专家会议上，有的专家崇拜权威，跟着权威一边倒，不愿发表与权威不同的意见；有的专家随大溜，不愿公开发表自己的见解。德尔菲法是一种有组织的咨询，在资料不全或不多的情况下均可使用。

虽然德尔菲法有比较明显的优点，但同时也存在着缺点。例如，专家的选择没有明确的标准，预测结果的可靠性缺乏严格的科学分析，最后趋于一致的意见，仍带有随大溜的倾向。

4.3.3　答：典型的时间序列需求可包括以下四种因素：

（1）趋势变化。需求的变化趋势数据可以是一段时间的逐渐向上、向下或平稳的移动。

（2）季节变化。随季节的变化增加或减少，具有重复发生的规律。

（3）周期变化。在较长的时间（1年以上）围绕趋势作有规律的上下波动，这种波动被称为经济周期。它有时没有固定的周期，有时可能需要数十年的数据才能描绘出这种周期。

（4）随机误差。由偶然、非经常性原因引起的数据变动，它们没有可识别的形式。

4.3.4　答：需求预测是生产与运作管理的一项重要工作，是企业生产与运作管理的起点。没有需求预测，其他生产经营活动也就无从谈起。因为生产是为市场而生产，而需求预测就是通过对需求信息的处理，获得有关市场需求的信息，更好地进行企业的生产，满足市场需求，提高经济效益。

4.3.5　答：需求预测的一般步骤可简单叙述如下：

第一步，决定预测的目的和用途。明确预测的目的有助于确定所需资料的详细程度、必需的资源数量和预测的精度。

第二步，确定预测的时间跨度。

第三步，选择适当的预测方法或模型。

第四步，收集并分析所有可以利用的过去和现在的资料。

第五步，实施预测。

第六步，对预测过程进行监控，检查所采用的预测方法、提出的前提条件以及数据的合理性等，必要时进行适当调整，重新进行预测。

4.3.6　答：任何成功的产品都有导入期、成长期、成熟期和衰退期四个阶段。在四个阶段市场对产品的需求是不同的。在导入期，顾客对产品了解得不多，销量不会很大，但呈逐步上升的趋势；到了成长期，产品需求急剧上升，一般会出现仿制品，将影响销售量上升的速度；到了成熟期，每个希望获得这种产品的人都能买到，销售量达到最高点；到了衰退期，产品销售量下降，若不进行更新换代或改进，产品就不会有销路。

4.3.7　答：对企业产品或服务的实际需求是市场上众多因素作用的结果。其中有些因素是企业可以影响甚至决定的，而另外一些因素则是企业可以影响但无法控制的。企业可控因素包括：产品质量、产品或服务的设计、广告、推销努力、商业信誉、信用政策等。不可控因素包括：产品生命周期、竞争者的行为、商业周期、顾客偏好、随机影响、顾客的购买行为等。

4.3.8　答：定量需求预测模型是利用历史数据和因果变量的数学关系来预测需求的方法。总的来说，它可以分为两类：时间序列模型和相关分析模型。时间序列模型是在假定未来情况是在过去情况的函数的基础上进行预测的，主要包括简单移动平均法、加权移动平均法、指数平滑法。相关分析模型又称因果模型，主要包括趋势外推法和线性回归。

4.3.9　答：检验预测模型是否有效的一个简单方法是将最近的实际值与预测值进行比较，看偏差是否在可以接受的范围以内；另一种方法是应用跟踪信息 TS。跟踪信号由游动预测误差总和 RSFE 除以平均绝对偏差 MAD 得到：$TS = \dfrac{RSFE}{MAD}$。式中，$RSFE = \sum\limits_{t=1}^{N}(y_t - \hat{y}_t)$。正的跟踪信号表明实际需求大于预测值，负的跟踪信号则表明实际需求小于预测值。小的偏差是被允许的，但偏差正负项应相互抵消，这样跟踪信号才接近于零。

4.3.10 答：在实际管理中常见的计算预测误差的方法主要有以下三种：

（1）平均绝对偏差（MAD）：单个预测误差的绝对值之和除以周期数。

（2）均方差（MSE）：预测值和实际值差值的平方的平均值。

（3）平均绝对百分比误差（MAPE）：预测值和实际值差值的绝对值除以实际值的平均数，并使用百分比的形式。

4.3.11 答：（1）第 7 周 O 型血浆的预测需求 $=\dfrac{(381+368+374)\,L}{3}=374L$

（2）第 7 周 O 型血浆的预测需求 $=0.1\times381L+0.3\times368L+0.6\times374L=372.9L$

4.3.12 答：（1）计算结果如表 4-19 所示（图略）。

表 4-19　4.3.12（1）计算结果

年份	4	5	6	7	8	9	10	11	12
需求量/L	7	8	9	10	11	11	11	11	9

（2）计算结果如表 4-20 所示（图略）。

表 4-20　4.3.12（2）计算结果

年份	4	5	6	7	8	9	10	11	12
需求量/L	6	8	11	10	11	12	11	11	8

（3）略。

4.3.13 答：（1）第 9 个季度需求预测值 $=440\text{ 台}\times0.6+480\text{ 台}\times0.2+460\text{ 台}\times0.2=452\text{ 台}$

（2）略。

4.3.14 答：（1）7 月的预测值 $=0.2\times4\,000\text{ 万张}+(1-0.2)\times4\,200\text{ 万张}=4\,160\text{ 万张}$

（2）8 月的预测值 $=0.2\times4\,500\text{ 万张}+(1-0.2)\times4\,160\text{ 万张}=4\,228\text{ 万张}$

（3）原因可能是平滑系数选择不当或未考虑季节因素的影响。

4.3.15 答：（1）明年行驶里程数 $=(3\,800+3\,700)\text{ km}\div2=3\,750\text{km}$

（2）利用公式 $\text{MAD}=\dfrac{\sum\limits_{t=1}^{N}\left|A_t-F_t\right|}{n}$ 进行计算，结果略。

（3）明年行驶里程数 $=0.4\times3\,800\text{km}+0.6\times3\,700\text{km}=3\,740\text{km}$

平均绝对偏差计算过程类似第（2）问。

（4）3 689km。

4.3.16 答：（1）各年度的预测值及对应的绝对误差如表 4-21 所示。

表 4-21　4.3.16（1）计算结果

季度	实际卸载数量 /万 t	$\alpha=0.10$ 时 预测值	$\alpha=0.10$ 时 误差绝对值	$\alpha=0.50$ 时 预测值	$\alpha=0.50$ 时 误差绝对值
1	180	175	5	175	5
2	168	176	8	178	10
3	159	175	16	173	14
4	175	173	2	166	9
5	190	173	17	170	20

（续）

季度	实际卸载数量 /万 t	$\alpha = 0.10$ 时 预测值	$\alpha = 0.10$ 时 误差绝对值	$\alpha = 0.50$ 时 预测值	$\alpha = 0.50$ 时 误差绝对值
6	205	175	30	180	25
7	180	178	2	193	13
8	182	178	4	186	4
误差的绝对值之和			84		100
MAD			10.5		12.5

（2）通过上面的分析，可以看出平滑系数 $\alpha = 0.10$ 时的平均绝对偏差比 $\alpha = 0.50$ 时要小一些。

4.3.17 答：（1）计算结果如表4-22所示。

表4-22 4.3.17（1）计算结果

月份	预测值/万个	月份	预测值/万个
1	100.0	7	99.3
2	100.8	8	98.4
3	101.4	9	99.5
4	101.1	10	100.4
5	99.3	11	101.7
6	100.4	12	103.4

（2）计算结果如表4-23所示。

表4-23 4.3.17（2）计算结果

月份	预测值/万个	月份	预测值/万个
1	100.0	7	98.4
2	101.6	8	97.0
3	102.6	9	99.8
4	101.6	10	101.5
5	97.8	11	103.7
6	100.7	12	106.2

（3）略。

4.3.18 答：根据需求趋势方程分别求出冬、春、夏和秋季的电力需求预测值

2007 年冬季 $= (77 + 0.73 \times 1) \times 10^6 \text{kW} \cdot \text{h} = 77.73 \times 10^6 \text{kW} \cdot \text{h}$

2007 年春季 $= (77 + 0.73 \times 2) \times 10^6 \text{kW} \cdot \text{h} = 78.46 \times 10^6 \text{kW} \cdot \text{h}$

2007 年夏季 $= (77 + 0.73 \times 3) \times 10^6 \text{kW} \cdot \text{h} = 79.19 \times 10^6 \text{kW} \cdot \text{h}$

2007 年秋季 $= (77 + 0.73 \times 4) \times 10^6 \text{kW} \cdot \text{h} = 79.92 \times 10^6 \text{kW} \cdot \text{h}$

根据各个季节因素调整后

2007 年冬季 $= (77.73 \times 0.8) \times 10^6 \text{kW} \cdot \text{h} = 62.184 \times 10^6 \text{kW} \cdot \text{h}$

2007 年春季 $= (78.46 \times 1.1) \times 10^6 \text{kW} \cdot \text{h} = 86.306 \times 10^6 \text{kW} \cdot \text{h}$

2007 年夏季 $= (79.19 \times 1.4) \times 10^6 \text{kW} \cdot \text{h} = 110.866 \times 10^6 \text{kW} \cdot \text{h}$

2007 年秋季 $= (79.92 \times 0.7) \times 10^6 \text{kW} \cdot \text{h} = 55.944 \times 10^6 \text{kW} \cdot \text{h}$

4.3.19　答：$\mathrm{MAD} = \dfrac{1}{n}\sum_{t=1}^{n}\left| y_t - \hat{y}_t \right| = \dfrac{114}{6} = 19.0$

$\mathrm{TS} = \dfrac{\mathrm{RSFE}}{\mathrm{MAD}} = \dfrac{42}{19.0} = 2.2(\mathrm{MAD})$

可见，跟踪信号误差范围为 $-2.2 \sim 2.2\mathrm{MAD}$ 之间，相对于 $\pm 3\mathrm{MAD}$ 的控制界限仍处于合理的范围内。

4.3.20　答：计算结果如表 4-24 所示。如果使用 3 个时间段为一个周期的移动平均法，能够得到的第一个预测值是第 4 周的需求量，即（53 件 +46 件 +49 件）/3 = 49.33 件。图 4-4 中给出了使用 3、4、5 个时间段为一个周期的移动平均法预测所得的结果。

表 4-24　4.3.20 计算结果　　　　　　　　　　　　（单位：件）

周	需求量	3 个时间段	4 个时间段	5 个时间段
1	53			
2	46			
3	49			
4	50	49.33		
5	62	48.33	49.5	
6	74	53.67	51.75	52
7	69	62.00	58.75	56.2
8	76	68.33	63.75	60.8
9	80	73.00	70.25	66.2
10	89	75.00	74.75	72.2
11	98	81.67	78.5	77.6

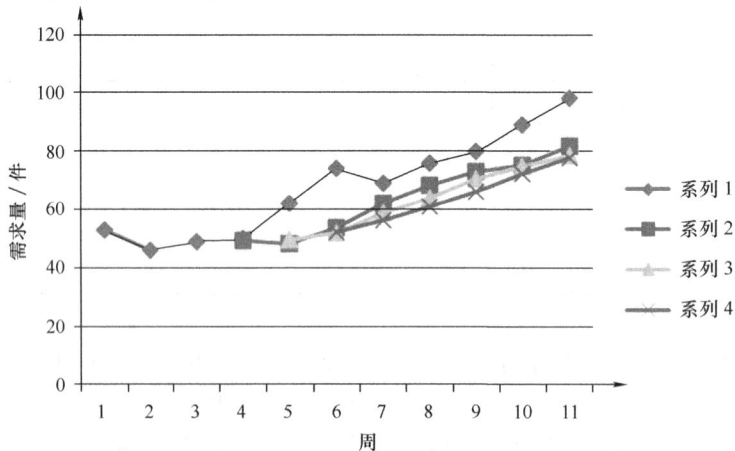

图 4-4　移动平均预测结果

图 4-4 中，系列 1 为实际需求序列，系列 2、3、4 分别为以 3 个时间段、4 个时间段、5 个时间段为周期的移动平均预测数据。从图中可以看到，需求有一种上升的趋势。使用 3 个时间段为一个周期的移动平均预测结果反应是最灵敏的，也是对这个趋势响应最快的；而使用 5 个时间段为一个周期的移动平均预测结果反应则是最慢的。

案例分析答案

答案要点：

1. 对于 PC 纸杯公司的需求可以采用以下方法进行预测：

定性预测法：①德尔菲法；②经营者的预测；③专业咨询机构的市场调研；④营销人员的预测。

定量预测法：①时间序列分析方法（简单移动平均法、加权移动平均法、指数平滑法）；②回归分析预测法。

2. 王济华的需求预测工作是比较恰当的。首先，他统计了 2002—2012 年的冰激凌消费量数据，然后根据这些数据绘制了折线图，得出近年来冰激凌的消费量基本呈线性增长，进而采用一元线性回归法建立预测模型，预测出 2013 年及以后各年的冰激凌消费量。其次，他根据冰激凌消费量与典型纸杯的相关需求量做出相关折线图，得出纸杯与冰激凌的消费量之间存在着近似的线性相关关系，并建立一元回归模型来预测纸杯的需求量。除此之外，他考虑到年度数据难以对短期的生产与营销计划提供支持，根据数据对月度需求量进行了预测。

3. 就 PC 纸杯公司的现状来看，采用时间序列分析模型进行需求预测应该更为有效。

4. 对于数据的收集，应该以进行预测的目的与用途为出发点，尽可能收集较多的、较全面的、真实的、有利于作出预测的过去和现在的相关信息，并对收集到的信息进行深入分析。为防止掉入数字陷阱，在使用数据时，首先应该对数据进行一些处理，如剔除法、比例法、还原法等。

5. "精确预测"是以真实的数据资料为依据，以科学客观的理论为基础，运用科学的方法，对未来可能发生的情况进行精确预测，预测较为准确。"精确预测"是科学理论与方法的实际运用，但是也缺少对一些市场实时变化的掌控。"拍脑袋"行为则是以公司领导的个人主观意见、经验为主导，缺乏科学的依据，预测的结果往往不太准确，预测失败的风险较大，但是相对而言其灵活性比"精确预测"强一些。

第 5 章　长期生产能力管理

5.1　理论要点

5.1.1　生产能力

长期生产能力管理属于企业的战略决策范畴，包括计划和控制两部分。生产能力计划属于企业的长期计划，主要用来解决未来 3 ~ 10 年间生产资源的获得及使用问题。

生产能力是指一个系统在一定时间内可以实现的产出量或提供的服务量（单位：件/月、件/年、人次/h 等）。注意，生产能力：①是指一定时间范围内的生产能力；②是指在合理的、正常的生产条件下的能力，即设备工作状态稳定、运转正常、组织合理、原材料供应正常的状态下的生产能力；③是指企业各生产环节直接参与产品生产过程的固定资产所具有的生产能力；④是指各环节的生产能力经过综合平衡以后的生产能力。

设计生产能力是按照工厂设计中所规定的企业产品方案、技术装备和各种设计数据计算出来的应该达到的最大产量。工厂建成投产后要经过一段时间（即经过一个熟悉和掌握生产技术的过程）方能达到，此时产品的单位生产成本最小。设计生产能力是生产系统处于最佳作业水平时的生产能力，如图 5-1 所示。

查定生产能力是指由于产品方案、协作关系和技术组织条件发生变化，原有的设计生产能力不能反映实际情况时，由企业重新调查核实的生产能力。查定生产能力是以现有设备条件为依据，并考虑到采取各种技术组织措施或者进行技术改造后所能取得的效果。

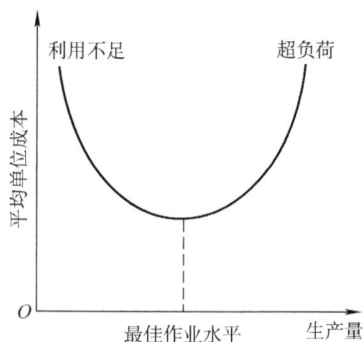

图 5-1　最佳作业水平

5.1.2　生产能力的相关概念

生产能力利用率是用来反映企业实际生产状况与最佳生产水平之间的差异的指标，其值可以用已利用的生产能力与设计生产能力之比来计算。生产能力利用率是制订长期生产能力计划要考虑的一个重要指标。

生产能力的柔性是企业具有迅速提高或降低生产水平，或迅速将生产能力从一种产品（服务）转移到另一种产品（服务）的能力。生产能力的柔性通过柔性工厂、柔性过程、柔性工人以及利用其他企业的能力等策略获得。

生产能力的度量主要有三种方式：用代表产品度量、用假定产品度量和用台时度量。在解决不同问题时，往往采用不同度量方式。

（1）大量大批生产类型的企业用代表产品度量。代表产品是指企业生产的多种产品中具有典型性、最能代表企业专业方向的产品。代表产品必须在产品结构、生产工艺和劳动量构成上与其他产品相似且具有典型性。

（2）多品种、中小批量生产企业用假定产品度量。假定产品是由企业所生产的各种产品按其产量比重所构成的一种假想产品。

（3）多品种、小批量生产企业用台时度量。台时就是计算一个设备组在计划期内可以提供的工作时间。

5.1.3　长期生产能力计划

长期生产能力计划（Long Range Capacity Planning）主要用来考虑市场的需求和企业自身的实力，确定未来 3～10 年间总体生产能力的规模，支持企业的竞争战略，是对设施选址、设备、物资、人员、管理等的综合规划。其具体内容包括：需要何种生产能力，需要多大的生产能力，何时需要这种生产能力，如何满足对生产能力的要求等。

影响长期生产能力决策的因素主要有：企业战略、企业资金实力、长期需求预测、规模经济与规模不经济、经验曲线（学习曲线）的应用、产品生命周期曲线（不同阶段的策略）等。在制订长期生产能力计划时应充分考虑企业的发展，使各种资源具有更高的适应性和柔性，包括场地、设备、物资、人员的柔性，同时也要考虑通过生产能力专业化取得的效益。

生产能力决策过程要考虑以下五个步骤：第一步，预测每条产品线的需求量；第二步，计算所需设备和劳动力的数量；第三步，考察计划期的设备和劳动力供应量；第四步，制订待选方案；第五步，方案的比较与选择。

5.1.4　生产能力需求预测

生产能力需求预测分为短期需求量预测和长期需求量预测两种。在制订长期生产能力计划时，主要使用长期生产能力需求预测。

生产能力的长期需求量会因市场需求和工艺技术的不确定性而难以确定。预测企业长期生产能力需求量的有效方法是应用产品的生命周期曲线原理，即首先按产品类别确定其生命周期曲线，并合理确定目前的各种产品在计划期内将处于生命周期的哪个阶段，由此确定各种产品的生产能力的长期需求量，进而便可以预测出企业生产能力的长期需求量。

5.1.5　长期生产能力的调整策略

长期生产能力的调整策略主要有如下三种：

（1）扩张生产能力。在不同的生产能力利用情况和生产能力逐步扩张的情况下，单位产品的成本将会不断变化，现有的生产设备在一定时间内单位产品的成本最低。当这台生产设备的产量暂时下降到较低的水平时，就会出现机床和劳动力的利用不足，使产品成本提高；当这台机床的产量增加时，现有设备的利用程度提高，但是，因为要加班加点以及设备的过度使用，也会提高产品成本。所以，如果预期的产品需求量持续不断地增长，就应该扩大生产能力，以期取得规模效益。扩大生产能力应根据企业的实际情况采取不同的策略，常用的策略有跟踪策略和超前策略，

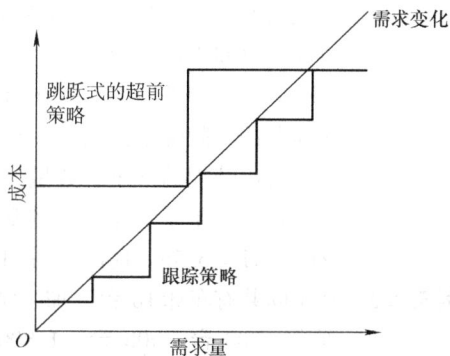

图 5-2　超前策略

而扩大生产能力的频率有跳跃式和渐进式两种，如图 5-2 所示。在扩大生产能力时，还应该充分考虑系统各部分能力的平衡问题。

（2）维持生产能力。当某种产品进入衰退期阶段，就可以用其他产品来代替该产品，这样便可维持系统的生产能力基本上保持不变。

（3）压缩生产能力。压缩生产能力最常用的办法是：在不具备转产的条件下，卖掉现有的设备、存货，解雇雇工；在遇到需求量严重衰减的情况时，可以逐步地结束经营。

另外，还可以通过利用企业外部资源的方法获得或扩大生产能力，主要有外购、外协等方法。从长期合作的角度考虑，可以与合作企业组成动态协作团队以适应市场的变化；对于无规律的需求，也可以与合作者组建虚拟企业，实现密切的合作。

5.1.6　长期生产能力计划的意义

长期生产能力计划会对企业未来市场变化的反应速度、成本结构、企业综合管理制度等产生巨大影响。生产能力规划不是日常发生的工作，企业高级管理层应定期审视自己的企业所提供的产品或服务、技术革新和需求的变化等。

长期生产能力计划指导企业建立满足未来市场需求的能力，涉及资源的大规模、长期投入，需要的资源种类多，其计划周期长，企业面临的风险很大。制订长期生产能力计划的方法主要是一些经济分析的方法，如盈亏平衡分析方法、净现值法、决策树法等。

服务企业制订长期生产能力计划的周期相对要短，这是由服务运作能力的特点决定的。服务运作能力的突出特点是服务能力不能存储，服务能力距离服务对象越近越好。而服务需求的特点则是需求的多样性和不稳定性。可以说服务能力与需求是一对尖锐的矛盾。而经验证明，服务能力的利用率在达到70%的水平时，能够得到最好的服务效果。为了保证合适的服务能力，一般服务业企业会灵活利用员工的时间，如利用临时工、钟点工，并利用倒休等方法。

一个企业一般要经过四个发展阶段：①创业期，在一个地区提供单项业务或服务；②发展期，在一个地点经营单项业务达到饱和状态时，增加服务项目或服务网点；③成长期，多地点、多业务使企业迅猛发展，规模迅速扩大，这时企业管理复杂程度增加，面临很大的风险和二次创业，对于企业来说是一个关键时期；④成熟期，成功度过成长期后，企业形成稳定的规模经营。

5.2　典型例题

例 5.2.1　假设一家汽车生产企业生产三种不同排量的乘用车：1.5L、2.0L、3.0L。1.5L汽车的装配需要1.5h，2.0L的需要1h，3.0L的需要0.75h。工厂每天可以提供800h的装配时间，每周工作7天。

解：如果三种类型的汽车在市场上的需求比例为2∶3∶2，那么装配2+3+2=7辆汽车所需要的时间等于：$(2 \times 1.5)h + (3 \times 1)h + (2 \times 0.75)h = 7.5h$。

每周可以装配的汽车的数量为：$(800 \times 7 \div 7.5)$辆 =747 辆。

如果需求发生了变化，比例变成1∶2∶4，那么装配时间变为$(1 \times 1.5)h + (2 \times 1)h + (4 \times 0.75)h = 6.5h$。此时，每周可以装配的汽车数量为：$(800 \times 7 \div 6.5)$辆 =862 辆。

例 5.2.2　某车间共有车床18台，加工结构与工艺相似的甲、乙、丙、丁四种产品，计划产量分别为1 000 台、900 台、1 800 台、400 台，在该车间的台时定额分别为10h、30h、20h、25h，两班制生产，设备停修率为10%，试计算该车间的生产能力及负荷系数。

解：若以丙产品为代表产品，车床组的生产能力为

$$M = TS/t = [(365 - 59) \times 8 \times 2 \times (1 - 10\%) \times 18 \div 20]台 = 3\ 965\ 台$$

式中，t 表示代表产品的台时定额，折合为代表产品的产量换算表如表5-1所示。

所以，得出该车间的平均负荷系数为：$\eta = 4\,150/3\,965 = 1.05$。

η 值大于 1，即计划任务超过生产能力，为了完成生产任务，需采取一定措施。

表 5-1　代表产品的产量换算表

产品名称	计划产量/台	台时定额	换算系数	折合为代表产品产量/台
甲	1 000	10	0.5	500
乙	900	30	1.5	1 350
丙（代表产品）	1 800	20	1	1 800
丁	400	25	1.25	500
合计				4 150

例 5.2.3　某企业生产 A、B、C、D 四种产品，各产品的台时定额分别为 20h、25h、10h、40h，各产品的计划产量分别为 750 台、600 台、1 200 台、450 台，假定该企业有 16 台设备，两班制，设备停修率为 10%，试求该企业的生产能力。

解：假设 A、B、C、D 四种产品，结构相差悬殊，工艺差别大，无法选取代表产品，则按假想产品来计算该企业的生产能力。

先确定假想产品的台时定额。设 δ_i 为各产品产量占总产量的比例，t_i 为各产品的台时定额，则

$$t_{假想} = \sum_{i=1}^{4} t_i \delta_i = \left(20 \times \frac{750}{3\,000} + 25 \times \frac{600}{3\,000} + 10 \times \frac{1\,200}{3\,000} + 40 \times \frac{450}{3000}\right)h = 20h$$

然后根据假想产品的台时定额来计算企业的生产能力

$$M = \frac{T_{有效}S}{t_{假想}} = \frac{306 \times 8 \times 2 \times (1 - 10\%) \times 16}{20} 台 = 3\,525 \text{ 台}$$

生产 A 产品的生产能力为：$M_A = 3\,525$ 台 $\times 25\% = 882$ 台

生产 B 产品的生产能力为：$M_B = 3\,525$ 台 $\times 20\% = 705$ 台

生产 C 产品的生产能力为：$M_C = 3\,525$ 台 $\times 40\% = 1\,410$ 台

生产 D 产品的生产能力为：$M_D = 3\,525$ 台 $\times 15\% = 528$ 台

结果如表 5-2 所示。

表 5-2　例 5.2.3 计算结果

产品名称	产量/台		各种产品占总产量的百分数（%）	在车床上的台时定额/h	假想产品的台时定额/h	生产假想产品的生产能力/台	折合成具体产品的生产能力/台
	数量	总计					
A	750		25	20			882
B	600	3 000	20	25	20	3 525	705
C	1 200		40	10			1 410
D	450		15	40			528

例 5.2.4　某公司生产的一种商品在市场上的价格为 35 元，公司的固定成本为 46 000 元，变动成本为每件 12 元。求：

（1）盈亏平衡点。

（2）要获得 11 270 元的利润，公司需要销售多少产品？

解：（1）盈亏平衡点 QBEP = FC/(P − VC) = [46 000/(35 − 12)]件 = 2 000 件

（2）$Q' = （利润 + 固定成本）/（售价 - 变动成本）= [（11\ 270 + 46\ 000）/（35 - 12）]$ 件 $= 2490$ 件

例 5.2.5 某机械厂生产四种类型产品，其生产过程包括三个基本工序，各产品的单位产品的工时消耗和企业拥有的生产能力、单位产品的收入和已收到的订单、预测的市场需求量分别如表 5-3 和表 5-4 所示，求各产品产量和最大生产利润。

解：设各产品的产量分别为 x_1、x_2、x_3、x_4，各产品的单位利润为 90 元、160 元、40 元、100 元，根据已知条件，可以建立如下线性规划模型

目标函数：$\mathrm{Max} Z = 90x_1 + 160x_2 + 40x_3 + 100x_4$

约束条件：

$$2x_1 + 8x_2 + 4x_3 + 2x_4 \leqslant 4\ 100$$

$$5x_1 + 4x_2 + 8x_3 + 5x_4 \leqslant 4\ 300$$

$$7x_1 + 8x_2 + 3x_3 + 5x_4 \leqslant 5\ 250$$

$$150 \leqslant x_1 \leqslant 250$$

$$200 \leqslant x_2 \leqslant 600$$

$$x_3 \geqslant 200$$

$$100 \leqslant x_4 \leqslant 150$$

$$x_i \geqslant 0,\ i = 1,\ 2,\ 3,\ 4$$

由单纯形法求解，得：$x_1 = 150$ 件；$x_2 = 347$ 件；$x_3 = 200$ 件；$x_4 = 112$ 件。最大总利润为 88 220 元。

表 5-3　四种产品的工时消耗定额

项目	单位产品所需工时/h				合计/h
	产品 1	产品 2	产品 3	产品 4	
工序 1	2	8	4	2	4 100
工序 2	5	4	8	5	4 300
工序 3	7	8	3	5	5 250

表 5-4　相关资料

产品	单位产品销售收入/元	单位产品成本/元	需求量/件		
			已收到订单	预测最高需求量	预测最低需求量
1	250	160	—	250	150
2	400	240	—	600	200
3	400	360	200	—	—
4	300	200	—	150	100

例 5.2.6 某公司准备建厂投产一种新产品，通过市场调研，进行了需求预测。在未来 10 年中，有销路好坏两种可能，发生概率分别为 0.7 和 0.3。企业现在面临几种方案选择：是投资 500 万元建设服务期为 10 年的大厂，还是投资 200 万元建设服务期为 10 年的小厂，还是先投资 200 万元建设小厂，如果前两年销路好，再决定是否追加投资 400 万元将小厂扩建成服务期为 8 年的大厂？（各方案的收益情况如表 5-5 所示）。

表 5-5　各方案的收益情况

年收益	市场前景	销路好		销路差	
	概率	0.7		0.3	
	年份	1 ~ 2	3 ~ 10	1 ~ 2	3 ~ 10
建大厂（投资 500 万元）		200	200	−30	−30
建小厂（投资 200 万元）	满两年扩建（追加 400 万元）	60	180	—	—
	不扩建	60	60	20	20

解：如图 5-3 所示，应该投资 500 万元建大厂。

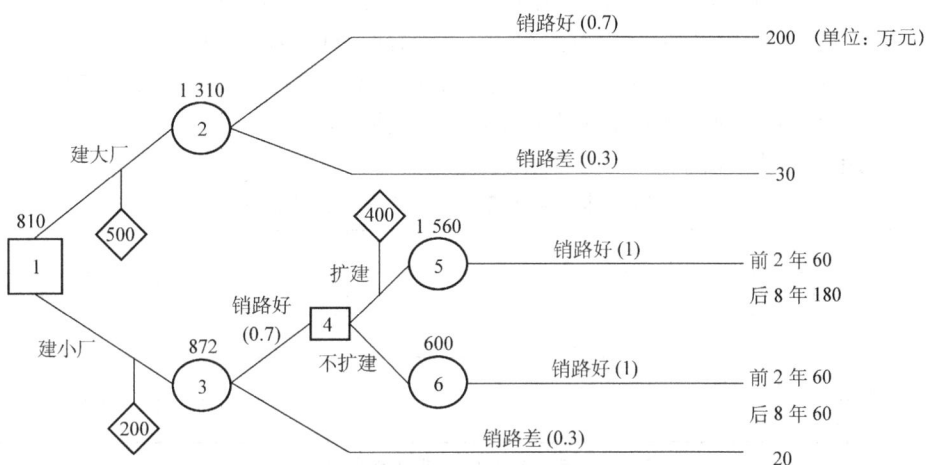

图 5-3　计算过程及结果

例 5.2.7 某企业欲购买一新设备，预计使用期限为 15 年，15 年后残值为 50 000 元。问残值的现值为多少？（折现率按 10% 计算）

答：$P = 50\ 000$ 元 $\times (P/F, 10\%, 15) = 50\ 000$ 元 $\times 0.239 = 11\ 950$ 元

例 5.2.8 某快餐店生产汉堡包的设备有两种选择，A、B 两设备的购买成本分别为 10 万元和 8 万元，但是，由于耗电量大，B 设备生产汉堡的单位成本为 2 元，而 A 设备只需 0.80 元，问该快餐店要达到什么规模选择 A 设备才是有利的？

答：$(10 - 8) \times 10\ 000$ 元 $/ [(2 - 0.80)$ 元 / 个 $] = 16\ 667$ 个

例 5.2.9 某公司将要购买 10 台价值 27 000 元的设备，使用时间是 6 年，到期残值为 3 000 元。该设备能保证公司每年节省 11 000 元（扣除折旧前），但节省的部分中有 3 000 元要以税收形式上交，计算税后投资回收期。

答：回收期 $= [(27\ 000 - 3\ 000) / (11\ 000 - 3\ 000)]$ 年 $= 3$ 年

例 5.2.10 若某设备将花费 18 000 元，但在今后的 8 年内能节省现金 4 000 元，求内部收益率。

答：和收益有关的年金现值系数为 $18\ 000/4\ 000 = 4.5$，查询现值表的 $n = 8$ 列，发现 $i = 14\%$ 的系数为 4.639，$i = 15\%$ 的系数为 4.487，所以内部收益率接近 $i = 15\%$。

例 5.2.11 Ken 公司是一家以生产笔记本电脑为主的公司，其主导品牌 Ken 牌笔记本电脑在市场上销路很好。通过查看该产品装配线 1 周内的生产记录，发现有如下生产时间损失（该装配线以每周 7 天、每天 24h 的方式运转）：

产品更换（准备时间）20h；例行的预防性维修16h；没有加工任务8h。

质量抽样检验8h；换班时间7h；故障维修18h；质量事故调查20h；

原料缺货8h；劳动力短缺6h；等待原料送达6h。

在所有这些时间损失中，前五种损失都是合理的、计划之内的，因此也是不可避免的，合计总数为59h，而后五种损失则是计划之外的，同时也是可以避免的，合计总数为58h。根据以上数据，计算该生产线的设计生产能力与有效生产能力。

答：设计生产时间 = 168h/周

有效生产时间 = 168h - 59h = 109h

因此该生产线的实际生产时间 = 109h - 58h = 51h

生产能力利用率 = 实际生产时间/设计生产时间 = 51/168 = 0.304

生产能力效率 = 实际生产时间/有效生产时间 = 51/109 = 0.468

例5.2.12 某公司将开始生产番茄酱，分为普通型和风味型两种，每种都有袋装和瓶装两种规格。表5-6是对未来4年各品种需求量的预测结果。

两条产品线的需求量如表5-7所示。

表5-6 未来4年各品种需求量的预测结果

年份		1	2	3	4
普通型	袋装/万袋	5	6	8	10
	瓶装/万瓶	3.5	5	7	9
风味型	袋装/万袋	10	11	12	14
	瓶装/万瓶	8	9	10	11

表5-7 两条产品线未来4年的需求量

年份	1	2	3	4
袋装/万袋	15	17	20	24
瓶装/万瓶	11.5	14	17	20

可以选用的设备如下：

年最大生产能力为10万袋的装袋机，每台设备由2个工人操作。

年最大生产能力为12万瓶的装瓶机，每台设备由3个工人操作。

假设第一年就引进足够未来4年使用的设备，则未来4年设备的使用情况以及劳动力投入情况如表5-8所示。

表5-8 未来4年设备的使用情况以及劳动力投入情况

	年份	1	2	3	4
需求量	袋装/万袋	15	17	20	24
	瓶装/万瓶	11.5	14	17	20
装袋机初年引进3台	年生产能力	30万袋		工人数	6
装瓶机初年引进2台	年生产能力	24万瓶		工人数	6
装袋机	设备利用率	50.00%	56.67%	66.67%	80.00%
	需要设备台数/台	1.50	1.70	2.00	2.40
	需要劳动力人数/人	3.00	3.40	4.00	4.80
装瓶机	设备利用率	47.92%	58.33%	70.83%	83.33%
	需要设备台数/台	0.96	1.17	1.42	1.67
	需要劳动力人数/人	2.88	3.50	4.25	5.00

5.3　思考与练习

5.3.1　简述企业生产能力的定义。

5.3.2　生产能力分为哪几类？

5.3.3　简述生产运作能力决策对于企业的意义。

5.3.4　简述企业生产能力和生产计划（计划产量）之间的联系与区别。

5.3.5　企业生产能力受哪些因素影响？

5.3.6　提高生产能力的途径主要有哪些？

5.3.7　简述生产运作能力决策的程序。

5.3.8　如何从战略角度考虑生产运作能力？

5.3.9　简述盈亏平衡分析方法及其在生产能力决策中的应用方法。

5.3.10　简述决策树的原理和方法。

5.3.11　简述现值、净现值、内部收益率和投资回收期的概念。

5.3.12　某车间共有工人 80 名，缺勤率为 10% 左右，每个工人每天额定手工加工零件 40 个，但废品率为 5%，由于设备原因，在每天 8h 制工作时间中，故障损耗 0.5h，求这个车间的整体效率。

5.3.13　某厂生产 A、B、C、D 四种产品，其计划产量分别为 250 台、100 台、230 台、50 台；各种产品在机械加工车间车床组的计划台时定额分别为 50h、70h、100h、150h，车床组共有车床 12 台，两班制生产，每班工作 8h，设备停修率为 10%，试求车床组的生产能力。

5.3.14　某厂生产 A、B、C、D 四种产品，其计划产量分别为 100 台、80 台、150 台、170 台；各种产品在机械加工车间车床组的计划台时定额分别为 200h、250h、150h、50h，车床组共有车床 15 台，两班制生产，每班工作 8h，设备停修率为 10%，试求车床组的生产能力。

5.3.15　画图说明企业盈亏平衡点。

5.3.16　某零件生产商经营的固定成本是 5 000 元，单位产品的变动成本为 4 元，每个零件的售价为 12 元。要求：

（1）确定盈亏平衡点。

（2）销售 2 000 件的利润（或者亏损）是多少？

5.3.17　某生产企业固定成本为 320 万元，单位产品的变动成本为 7 元。如果存在这样一个 80 万元的追加投资，随之而来的是每年增加 15 万元的固定成本，但单位产品的贡献将增加 2 元，假设销量和售价 15 元不变，试确定在追加投资的情况下的盈亏平衡点。

5.3.18　某彩电制造商迫于市场竞争的压力，不得不面临改进原有产品或者退出原有市场进入新产品市场的选择，对于该彩电制造商来说，提价或者降价无论在哪种市场情况下都是可以采取的经营措施。不同决策过程的盈利情况和相应的概率分布如图 5-4 所示，采用何种决策对该厂商更有利？

5.3.19　某纺织车间去年全年利润下滑，为了扭转局面，经营者拟采取以下几种方案中的一种：①裁减人员，控制人员成本；②加班生产，提高生产效率；③增加人员，扩大生产规模。根据预测，未来市场情况有差、中、好三种状况，发生概率分别为 0.1、0.5、0.4，各种情况下的利润如表 5-9 所示。要求：

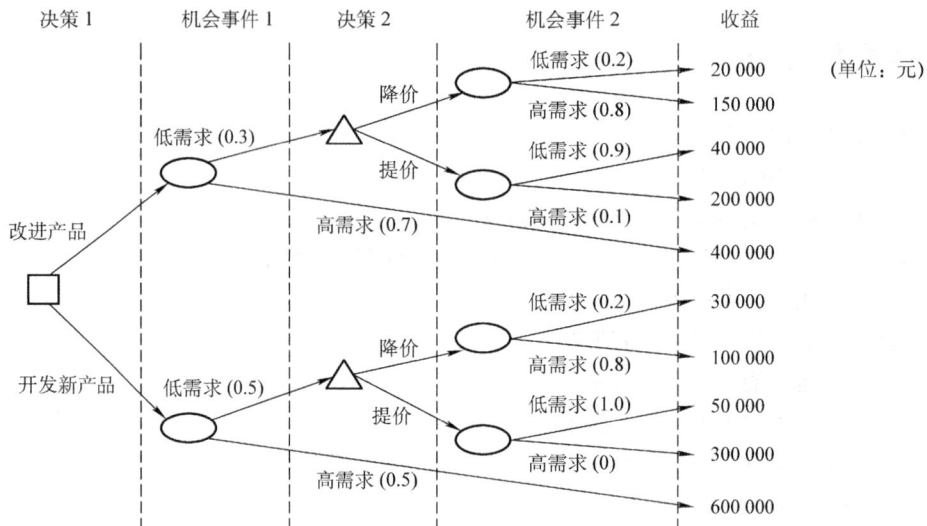

图 5-4　决策树

表 5-9　各种情况下的利润　　　　　　　　　　（单位：千元）

方案	市场状况 概率	差	中	好
		0.1	0.5	0.4
A		10	50	50
B		−20	60	100
C		−150	20	200

（1）按照以下不同标准，最大最大、最大最小、最大可能、最大期望值，应该分别采取哪种方案？

（2）用决策树解决本问题。

5.3.20　某人贷款 500 000 元进行投资，贷款年利率为 3.7%，3 年后一次性付清本金和利息，3 年后总金额为多少？

5.3.21　一笔教育储蓄每年末要支出 5 000 元，10 年后一次性取出。10 年后的终值是多少？相当于现值是多少？（折现率按 10% 计算）

5.3.22　某运输公司打算购进一辆大型客车，花费 25 万元，使用 10 年报废（无残值）。但通过提供旅游、租车等服务可以每年收回 5 万元。求该投资的内部收益率 IRR。

5.3.23　某全新车床价值 16 400 元，在使用时，加工的单位成本为 0.30 元，车间内原有车床加工成本为 0.70 元。原有车床市场价格为 8 700 元，安装新机床花费 500 元。若公司希望 3 年收回成本，则采用新车床进行生产的条件是什么？

5.2.24　设某钻床组共有 8 台钻床，全年有效工作时间为 4 650h。钻床组加工结构与工艺相似的 A、B、C、D 四种产品，设选择加工量最大的 B 产品作为代表产品，其单位产品耗 50h。试求：

（1）以 B 产品为代表产品计算该钻床组的生产能力。

（2）以表 5-10 中的各种产品产量在全部产量中的比重为基础，将以代表产品单位表示的生产能力换算为各具体产品单位表示的生产能力。

表 5-10 计划产量

产品	A	B	C	D	合计
计划产量/台	280	200	120	100	700
单位产品定额/（h/台）	25	50	75	100	

5.3.25 某企业预测其产品的年需求量为 5 000 台，单件售价 1 元。有关的成本资料为全年固定成本 3 000 元，单件产品可变成本为 0.5 元。试求：

(1) 若按市场需求量进行生产，是亏损还是盈利？亏损或盈利多少？

(2) 经测算企业经过技术改造，预计固定成本将增加至 5 000 元/年，这对产量有何影响？

(3) 若企业的目标利润确定为 10 000 元，产量指标应确定为多少？如果市场需求量不变，能否保证目标利润的实现？

5.4 补充习题

5.4.1 某机械厂生产两种产品，其生产制造包括车、铣两个基本工序，各产品的单位工时消耗和企业拥有的生产能力、单位产品的收入和成本如表 5-11 和表 5-12 所示。试确定各产品产量，使总收益最大。

表 5-11 工时消耗及设备生产能力

项目	单位产品所需工时		生产能力/h
	产品 1	产品 2	
车床	3	5	150
铣床	6	2	240

表 5-12 单位产品的销售收入和成本

产品	单位产品销售收入/元	单位产品成本/元
1	350	150
2	200	100

5.4.2 某发动机生产企业主要为下游整车制造商提供配套产品，其发动机统一售价为 17 500 元/台，当该企业产量为 2 000 和 4 000 台时，各项主要制造成本如表 5-13 所示。企业无法得出零产量下精确的固定成本，表中有些成本是半变动的。试为该企业画出盈亏平衡图，确定盈亏平衡点。

表 5-13 各项制造成本

（单位：千元）

	2000 台	4000 台
劳动成本	4 000	8 000
物料成本	9 000	18 000
行政管理费用	7 000	8 000
销售和生产管理费用	8 000	9 000
折旧和其他固定成本	7 000	7 000
总成本	35 000	50 000

5.4.3 某供暖厂准备购买一个价值 40 000 元的加热锅炉，预计使用年限 5 年，残值10 000 元。

估计第一年的保养和经营成本为5 000元，以后每年递增1 000元，供暖厂的资本成本为14%。计算该投资的现值成本。

5.4.4　上题中，如果有另外一个投资方案，该方案的成本为45 000元，使用年限6年，残值为8 000元，每年营业成本仍为6 000元，资本成本14%。求该投资的年等额成本。

5.4.5　将以上两题进行成本比较，哪种方案更经济？

5.4.6　某公交系统新购置了一套市民一卡通系统，平均每辆车投资7 000元，能够有效地提高车辆的运营效率，使得未来5年中每年每辆车可以获得4 000元的利润。5年后系统全部更换，残值750元，按照第1年1 400元，第2年2 240元，第3年1 680元，第4年1 120元进行折旧。每年应上交税款是多少？（税率46%）

5.4.7　某一设备正常使用，每年的成本为10万元，使用年限为20年，期末无残值，在第5年、第10年、第15年分别要进行一次检修，每次花费8万元，设折现率为10%。求维修和营业成本总现值。

5.4.8　一台设备花费100 000元，各年的现金流入预计如表5-14所示。估计该项投资的内部收益率IRR。

表5-14　各年的现金流入预计

	第1年	第2年	第3年	第4年
现金流入量/元	20 000	60 000	150 000	150 000

5.5　案例分析

5.5.1　三峡涉外旅游遭遇"红灯"

据新华社报道，重复投资、盲目竞争使三峡涉外旅游遭遇"红灯"。在重庆、宜昌、武汉等港，往日穿梭游弋在幽深峡谷中的豪华游轮，如今无客可载，纷纷靠岸停航。

据长江航务管理局介绍，多年的恶性竞争已使三峡在海外的声誉严重受损，黄金旅游线现在成了一条冷线。1999年1—10月，三峡接待境外旅客流量不到5万人，游船平均载客率34%，比保本点低30%，已亏损累累的各家游船公司几乎血本无归。进入11月，全线60艘豪华游轮，除了2艘被外商包租仍在苦撑危局外，其余全部"停摆"，惨淡局面为历年所少有。

早在1987年，国务院旅游协调小组就预测，即使按照每年15%的正常增长速度，2000年到三峡旅游的海外游客也不过20万人，20艘游轮即已足够。这个当时广为发布的消息，并未引起旅游界、航运界的重视，在高额利润引诱下，沿江各地一哄而起，竞相建造购置豪华游轮。1991年后，"中国王朝号""东方皇帝号""锦绣中华号""西施号""伯爵号"、"长江天使号"等纷纷下水，争先恐后奔向三峡。

到1994年，游船公司达到28家，豪华游轮猛增到60艘，共有客位近8 000个，一年可载客60万人。但是，三峡境外客流上升缓慢，1994年不过10万人。为争客流，各公司掀起了"游船大战"，借三峡工程炒作"告别三峡游"。这一剂"强心针"一度使境外客流窜升，大江截流的1997年达到创纪录的22万人。但令各公司伤心的是，这年游船载客率反而只有30%，与65%的盈亏平衡点相去甚远。1998年，三峡旅游海外客流跌落到5万人。

供过于求，28家游船公司展开了"自杀式"竞争，从1994年开始连年亏损，10多家公司濒临倒闭。实力最为雄厚的长江轮船海外旅游总公司，先后投资8亿多元建造了15艘豪华游轮，几年来效益一路走低，1998 年亏损高达 8 500 万元，1999 年 4 月企业几近关门。

中国旅游车船协会副会长表示，三峡旅游已元气大伤，市场复苏之路漫长。这些豪华游轮总投资 30 多亿元，都采用银行贷款建造，目前偿还困难。

（资料来源：1999 年 12 月 9 日，《生活时报》。）

思考与分析：

试从服务能力与需求的角度分析，为什么会出现这种状况？

5.5.2　"标王"秦池

1995 年 11 月，中央电视台诞生新的广告"标王"——秦池酒厂。就是这样一个名不见经传的小厂，创造了一个个神话般的奇迹。1990 年 3 月正式领到工商执照的秦池小酒厂，全厂 500 多工人，是当时临朐县的亏损大户。后来在厂长姬长孔的带领下，一步步走出了困境。靠竞争标王的 6 666 万元代价（相当于秦池酒厂 1994 年全年所有利税之和的两倍还多），秦池迅速成为中国白酒市场上最为显赫的新贵品牌。1996 年，根据秦池对外通报的数据，当年度企业实现销售收入 98 亿元，利税 22 亿元。

1996 年 11 月 8 日，秦池酒厂又以 3.2 亿元再次夺得"标王"。

"1995 年，我们每天向中央电视台开进一辆桑塔纳，开出的是一辆豪华奥迪。今年，我们每天要开进一辆豪华奔驰，争取开出一辆加长林肯。"这是秦池酒厂厂长姬长孔在竞标 1996 年"标王"时说的话，这句话至今还在流传。他还预计秦池 1997 年的销售额为 15 亿元。但是，姬长孔的话还在耳边萦绕之时，秦池的危机来临了。

1997 年年初，一则关于"秦池白酒是用川酒勾兑"的系列新闻报道，把秦池推向了深渊。新华社《经济参考报》的 4 位记者开始了对秦池的一次暗访调查。一个县级小酒厂，怎么能生产出 15 亿元销售额的白酒呢？记者们的调查从这个疑问开始。根据有关线索，他们赶赴的调查地点竟不是山东临朐，而是远在千里之外的四川。在四川邛崃县，记者找到当地一家叫"春泉"的白酒厂，春泉的厂长告诉记者，1995 年春泉给秦池提供了 4 000t 散酒，秦池夺标时曾向春泉拆借资金，1996 年，春泉又供给秦池散酒 7 000 多吨。当被问及春泉是不是收购了当地一些小酒厂的散酒供给秦池时，厂长作出了肯定的回答。在邛崃，《经济参考报》的记者还找到了另外几家同样向秦池供应散酒的中小酒厂。一个从未被公众知晓的事实终于尴尬地浮出水面：秦池每年的原酒生产能力只有 3 000t 左右，他们从四川收购了大量的散酒，再加上本厂的原酒、酒精，勾兑成低度酒，然后以"秦池古酒""秦池特曲"等品牌销往全国市场。在报道中，记者还细致地记述了他们在秦池酒厂采访时的所见所闻："秦池的罐装线基本是手工操作，每条线周围有十多个操作工，酒瓶的内盖是专门由一个人用木榔头敲进去的。县里的劳动力很便宜，从经济效益考虑，罐装没有必要自动化，安排就业也是县办企业的一个重要任务。"其实，在技术设备和产品质量方面，秦池也并不是无所作为。到 1996 年年底，秦池的灌装生产线已经从两年前的 5 条增加到 47 条，秦池特曲还荣获了当时中国白酒行业唯一的"绿色食品认证"。

这样的描述以及有关川酒入秦池的披露，对刚刚蝉联"标王"的秦池来说意味着什么，几乎是不言而喻的。《经济参考报》的报道刊出在 1997 年 1 月中上旬，它迅速地传播到全国各地，几乎是在很短的时间内，这则报道被国内无数家报刊转载，还沉浸在"标王"喜悦之中的秦池遭遇到了最凶险、最猝不及防的一击。

这就是 1997 年的秦池，它可能是全中国最不幸的企业。在它君临巅峰的时候，身边站满了高歌起舞的人们；而当暴风雨来临的时候，它甚至找不到一个可以依偎哭泣的肩膀。如果说经济生态圈是一个很冷酷的天地，那么，这就是一个最极端的个例了。

当年度，秦池完成的销售额不是预期的 15 亿元，而是 6.5 亿元，再一年，更下滑到 3 亿元，从此一蹶不振，最终在传媒的流弹中倒下了。

（资料来源：http://finance.163.com/economy2003/editor-2003/040509/040509-201069. html.）

思考与分析：

试分析秦池酒丁失败的原因和教训。

思考与练习答案

5.3.1 答：企业的生产能力是指企业可参与生产的固定资产，在一定的时期内和在一定的技术组织条件下，经过综合平衡后所能生产的一定种类产品的最大数量。

5.3.2 答：生产能力共分为设计生产能力、查定生产能力和计划生产能力三种类型。

5.3.3 答：生产运作能力决策对企业未来市场变化的反应速度、成本结构、企业综合管理制度等产生巨大影响。生产能力规划不是日常发生的工作，企业高级管理层应定期审视自己的企业所提供的产品或服务、技术革新和需求的变化等。

制订长期生产能力计划有利于建立满足未来市场需求的能力，需要资源的大规模、长期投入。

5.3.4 答：企业的生产能力和生产计划（计划产量）有着密切关系，同时它们之间又有区别。生产能力反映了企业生产的最大可能性，它是制订企业生产计划的一个重要依据。企业的生产量计划只有符合企业生产能力水平，才能既充分利用生产能力，又使计划有可靠的基础。如果确定的计划产量低于生产能力水平，则会造成浪费；反之，则使计划落空。

5.3.5 答：影响企业生产能力的因素主要有：企业战略、企业资金实力、长期需求预测、规模经济与规模不经济、经验曲线（学习曲线）的应用、产品生命周期曲线（不同阶段的策略）、资源的柔性——场地、设备、物资、人员的柔性以及生产能力专业化等。

5.3.6 答：改善设备的时间利用率，提高设备的利用强度，充分利用生产面积。

5.3.7 答：生产能力决策的程序共分为五个步骤：第一步，预测每条产品线的需求量；第二步，计算所需设备和劳动力数量；第三步，考察计划期设备和劳动力供应量；第四步，制订待选方案；第五步，方案的比较与选择。

5.3.8 答：生产运作能力剩余战略方面：生产运作能力剩余和生产运作能力的利用程度，实质上反映了同一个问题的两个方面。拥有一定的生产运作能力剩余以满足市场需求和提高生产运作能力的利用程度是一对矛盾。围绕着解决这一矛盾，企业可根据不同的指导思想，选择高、中、低等不同水平的生产运作能力剩余，形成不同的生产运作能力剩余战略。

生产运作能力扩大的时机与规模战略方面：生产运作能力扩大的规模一般随生产运作能力扩大的时间间隔的延长而增大。企业在选择生产运作能力扩大的时机与规模时，存在三种战略：扩张主义者和"等等看"两种极端战略以及处于两者之间的跟随战略。

5.3.9 答：盈亏平衡分析是一种描述在不同产量下收入和支出关系的数学模型。它确定在什么数量下，收支刚好平衡最为有效。

在盈亏平衡分析中，通常假定成本是已知的，并根据是否随产出数量变化划分为固定成本 FC 和变动成本 VC。在总收入 TR 大于总成本 TC 时产生利润，其中 TC = FC + 总变动成本 TVC，利润 = TR − (FC + TVC)。

收入表示为单位产品的售价和销售数量的乘积，可以把 TR = TC 重新描述为

$$P \cdot Q = FC + VC \cdot Q$$

盈亏平衡点的数量是 QBEP = FC/(P – VC)

5.3.10 答：决策树是将可能的结果和相互依赖的选择表示在多阶段或者有先后顺序的决策过程中的一种示意图。这种树状图由左向右构建，用方格表示决策节点，用圆圈表示不可控（机会）事件。每个分支的盈亏用货币数量表示在右边。

决策树是用盈利乘以它们（指定给各个机会事件）的概率来逆向分析的（从右向左）。期望值最高的被认为是最佳选择，被输入前面的决策结点，这就变成了下一个更高顺序的期望值。这样依次分析，直到返回决策树的主干。

5.3.11 答：现值是以当前的金额来表示将来的收入和费用的价值。

净现值是指在项目经济寿命期内（或折旧年限内），将每年的净现金流量按规定的贴现率折现到计算期初的基年（一般为投资期初）现值之和。

内部收益率是指使投资成本等于计划收益的折现率。

投资回收期也称为投资偿还期，是指以投资项目经营净现金流量抵偿原始总投资所需要的全部时间。

5.3.12 解：$(1 – 10\%) \times (1 – 5\%) \times (8 – 0.5)/8 = 80\%$

5.3.13 解：首先，根据确定代表产品原则确定 C 产品为代表产品，进而计算车床组的生产能力为

$$M_0 = \left[(365 – 59) \times 2 \times 8 \times (1 – 0.1) \times 12/100 \right] 台 = 529 \text{ 台}$$

得到表 5-15。

表 5-15　5.3.13 计算结果

产品名称	计划产量 Q /台	单位产品台时消耗 t /（h/台）	换算系数 k	换算为代表产品数量 Q_0 /台	各种产品占全部产品的比例 d（%）	代表产品的生产能力 M_0/台	各具体产品生产能力 M /台
A	250	50	0.5	125	25		265
B	100	70	0.7	70	14		106
C	230	100	1.0	230	46	529	243
D	50	150	1.5	75	15		53
合计				500	100		

5.3.14 解：结果如表 5-16 所示。

表 5-16　5.3.14 计算结果

产品名称	计划产量 Q /台	单位产品台时消耗 t /（h/台）	各产品占产量总数的比例 d（%）	单位假想产品台时消耗 t_m	假想产品的生产能力 M_m /台	各具体产品生产能力 M /台
A	100	200	20			93
B	80	250	16			74
C	150	150	30	142	465	140
D	170	50	34			158
合计	500		100			

5.3.15 答：图 5-5 中纵轴表示金额，横轴表示销售量，总成本等于固定成本与变动成本之和，固定成本是一条不随产量变动的直线，而变动成本则随产量的增加而增加，所以总成本是一条斜向上的直线，销售收入等于总成本时的产量，称为盈亏平衡点产量。如果实际产量大于该产量，收入大于成本，企业盈利；如果实际产量小于该产量，收入小于成本，企业亏损。所以，研究盈亏平衡点对于企业有重要意义。

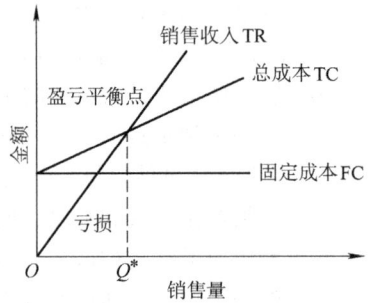

图 5-5　企业盈亏平衡点

5.3.16 解：盈亏平衡点：总收益 = 总成本

总收益 = 价格 × 产量

总成本 = 固定成本 + 变动成本 × 产量

（1）QBEP = 固定成本 FC/（价格 P − 变动成本 VC）

= [5000/（12 − 4）] 个 = 625 个

（2）利润 = 总收益 TR −（固定成本 FC + 变动成本 VC × 产量 Q）

= 价格 P × 产量 Q −（固定成本 FC + 变动成本 VC × 产量 Q）

= [12 × 2 000 −（5 000 + 4 × 2 000）] 元 = 11 000 元

5.3.17 解：每单位增加 2 元的贡献意味着每件产品的变动成本 VC 减少至 5 元。固定成本变为

FC = （320 + 15）万元 = 335 万元

QBEP = FC/（P − VC） = [3 350 000/（15 − 5）] 件 = 335 000 件

5.3.18 答：从右向左对决策树进行分析，计算各个行动过程的期望值，选择期望值最大的分支。从分支的顶端开始（改变产品），如图 5-6 所示。

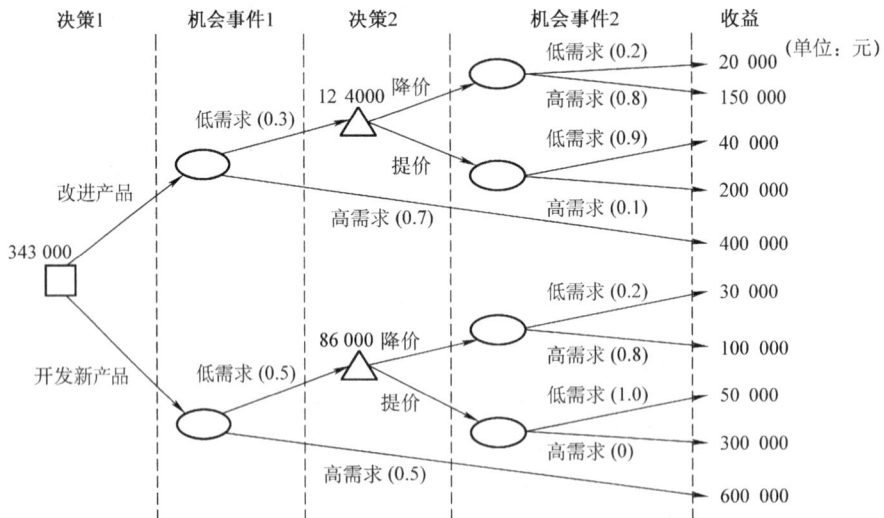

图 5-6　5.3.18 决策树

在机会事件 2：

降价分支：$E(X) = (20\,000 \times 0.2 + 150\,000 \times 0.8)$ 元 $= 124\,000$ 元

提价分支：$E(X) = (40\,000 \times 0.9 + 200\,000 \times 0.1)$ 元 $= 56\,000$ 元

因此，选择降价分支并将 124 000 元作为这个树枝上第二个决策节点的值。注意：124 000 元是期望货币价值，可以将这个值写在第二个决策点的上面；将其他没有用的

可选项用斜线划去。

在机会事件 1：

如果需求低：124 000 元 × 0.3 = 37 200 元

如果需求高：400 000 元 × 0.7 = 280 000 元

$E(X) = 317\ 200$ 元

因此，用 317 200 元作为第一个决策节点的值。依此类推，对下面的分支，第二个决策结点的值是 86 000 元，第一个决策节点的值是 86 000 元 × 0.5 + 600 000 元 × 0.5 = 343 000 元。新产品分支的期望值更高，因此在期望值标准下选择它作为最佳的行动过程。

5.3.19　答：(1) 最大最大标准：选择 C 方案，因为需求高的话，盈利将最大。

最大最小标准：选择 A 方案，利润最少是 1 万元。

最大可能性：选择 B 方案，在最大可能下能够赢得的最大利润是 6 万元。

最大化期望价值：选择期望值最高的行动方案。

$E(X) = \sum [X \cdot P(X)]$

$E(A) = (10 \times 0.1 + 50 \times 0.5 + 50 \times 0.4)$ 千元 = 46 千元

$E(B) = (-20 \times 0.1 + 60 \times 0.5 + 100 \times 0.4)$ 千元 = 68 千元

$E(C) = (-150 \times 0.1 + 20 \times 0.5 + 200 \times 0.4)$ 千元 = 75 千元

因此选择 C，有最大期望值 75 千元。

(2) 决策树如图 5-7 所示，故得到最佳方案是 C，新增设备。

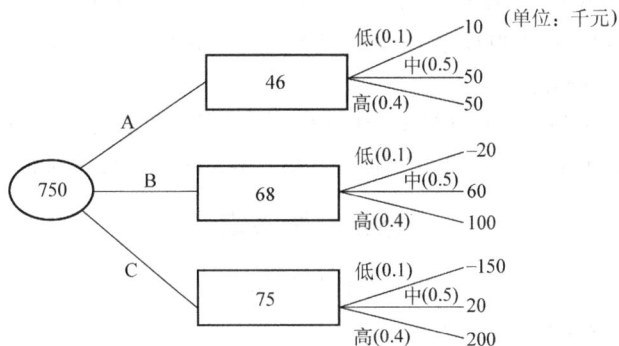

图 5-7　5.3.19 决策树

5.3.20　解：500 000 元 × (1 + 3.7%)^3 = 557 578.83 元

5.3.21　解：$F = A \times (F/A, 10, 10\%) = 5\ 000$ 元 × 15.937 = 79 685 元

$P = A \times (P/A, 10, 10\%) = 5\ 000$ 元 × 6.145 = 30 725 元

5.3.22　解：$-25 + 5 \times (P/A, i, 10) = 0$

$i_1 = 15\%$ 时，$NPV_1 = -25 + 5 \times 5.019 = 0.095$

$i_2 = 16\%$ 时，$NPV_2 = -25 + 5 \times 4.833 = -0.835$

$IRR = i_1 + NPV_1 \times (i_2 - i_1)/(NPV_1 + NPV_2) = 15\% + 0.095 \times 1\%/(0.095 + 0.835) = 0.15102 = 15.1\%$

5.3.23　解：假设每年生产产品 n 件，每件售价 p 元。

(1) 采用新车床进行生产的条件是：采用新车床的成本 < 采用旧车床的成本

$16\ 400 + 500 + 0.3n < 8\ 700 + 0.7n$

$n > 20\ 500$

（2）采用新车床 3 年收回成本的条件是：3 年的收益＝初始投入成本，即

$$3 \times (p - 0.3) \times n = 16\ 400 + 500$$

$$p = 16\ 900 / (3 \times n) + 0.3$$

则 $p < 16\ 900 / (3 \times 20\ 500) + 0.3 = 0.57$

所以，若公司想 3 年收回成本，则采用新车床进行生产的条件是

$n > 20\ 500,\ 0.3 < p < 0.57$

5.3.24 解：若以 B 产品为代表产品，钻床组的生产能力为

$$M = TS/t = (4\ 650 \times 8/50) 台 = 744\ 台$$

折合为代表产品的产量换算表如表 5-17 所示。

表 5-17 代表产品的产量换算表

产品名称	计划产量/台	单位产品定额/(h/台)	换算系数	折合为代表产品产量/台
A	280	25	0.5	140
B(代表产品)	200	50	1	200
C	120	75	1.5	180
D	100	100	2	200
合计				720

5.3.25 答：（1）利润 $= (5\ 000 \times 1 - 3\ 000 - 5\ 000 \times 0.5) 元 = -500\ 元$。因此，企业按照市场需求量进行生产，会亏损 500 元。

（2）设实现盈利的产量为 x，则利润 $= x \times 1 - 5\ 000 - x \times 0.5 = 0.5x - 5\ 000$。

若利润 > 0，则 $x > 10\ 000$，即若企业的固定成本增加至 5 000 元/年，产量就要至少保证 10 000 台才可盈利。

（3）由 $0.5x - 5\ 000 = 10\ 000$ 得 $x = 30\ 000$，即为保证企业的目标利润 10 000 元，产量指标应确定为 30 000 台。如果市场需求不变，是无法实现目标利润的。

补充习题答案

5.4.1 解：根据题目给出的资料，列出其线性规划模型。

目标函数：$\text{Max} Z = 200x_1 + 100x_2$

约束条件：

$$3x_1 + 5x_2 \leqslant 150$$

$$6x_1 + 2x_2 \leqslant 240$$

$$x_i \geqslant 0,\ i = 1, 2$$

由单纯形法（或图解法）求解，得 $x_1 = 75/2$，$x_2 = 15/2$

近似的最优解为：$x_1 = 37$ 件，$x_2 = 7$ 件

最大总利润为 8 100 元。

5.4.2 解：总成本线的斜率 $(\Delta Y/\Delta X)$ 是每单位产品的估计变动成本。$\text{VC} = \Delta Y/\Delta X = 7.5$ 千元/台，将 2000 台产量时的总成本减去这个产量下的变动成本，就可以估计隐含的固定成本：$\text{FC} = $ 产量为 2 000 台的总成本 $- 2\ 000$ 台 $\times$ 单位变动成本 $= 35\ 000$ 千元 $- 15\ 000$ 千元 $= 20\ 000$ 千元，如图 5-8 所示。

5.4.3 解：PV 成本 $= I (\text{PVSP}) + \sum \text{OC} (\text{PVSP}) - S (\text{PVSP})$

$I (\text{PVSP}) = 40\ 000$ 元 $\times 1.00 = 40\ 000$ 元

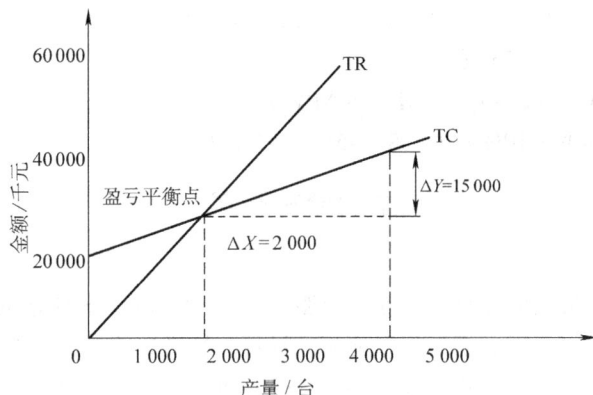

图 5-8 企业盈亏平衡图

OC（PVSP）：第 1 年 $= 5\,000$ 元 $\times 0.877 = 4\,385$ 元

第 2 年 $= 6\,000$ 元 $\times 0.877 = 5\,262$ 元

第 3 年 $= 7\,000$ 元 $\times 0.769 = 5\,383$ 元

第 4 年 $= 8\,000$ 元 $\times 0.675 = 5\,400$ 元

第 5 年 $= 9\,000$ 元 $\times 0.519 = 4\,671$ 元

$\sum OC$（PVSP）$= 25\,101$ 元

S（PVSP）$= 10\,000$ 元$/$（$1 + 14\%$）$^5 = 5\,190$ 元

PV 成本 $= 25\,101$ 元 $+ 40\,000$ 元 $- 5\,190$ 元 $= 59\,911$ 元

5.4.4 解：资本收益 =（投资 – 残值）×（1/PV）

$= (45\,000 - 8\,000)$ 元/年$/3.889 = 9\,514$ 元/年

i（S）$= 0.14 \times 8\,000$ 元/年 $= 1\,120$ 元/年

$OC =$ 维护和营业成本 $= 6\,000$ 元/年

年等额成本 $= 16\,634$ 元/年

5.4.5 答：按照上题方法计算出方案一的年等额成本为 16 878 元，所以方案二比方案一低。

5.4.6 解：计算结果见表 5-18。

表 5-18 5.4.6 计算结果　　　　　　　　　　　　　　　　　　（单位：元）

	第 1 年	第 2 年	第 3 年	第 4 年	第 5 年
经营增值	4 000	4 000	4 000	4 000	4 190
成本	7 000	—	—	—	—
折旧	1 400	2 240	1 680	1 120	0
收入—费用	2 600	1 760	2 320	2 880	4 190
税收	1 196	810	1 067	1 325	1 927

5.4.7 解：NPV $= 10$ 万元 $\times$（P/A, 10%, 20）$+ 8$ 万元$/$（$1 + 10\%$）$^5 + 8$ 万元$/$

（$1 + 10\%$）$^{10} + 8$ 万元$/$（$1 + 10\%$）^{15}

$= 10$ 万元 $\times 8.514 + 8$ 万元 $\times 0.621 + 8$ 万元 $\times 0.386 + 8$ 万元 $\times 0.239$

$= 92.02$ 万元

5.4.8 解：令 $- 100\,000 + 20\,000 \times$（$P/F$, i, 1）$+ 60\,000 \times$（P/F, i, 2）$+ 150\,000 \times$（P/F, i, 3）$+$

$150\,000 \times$（P/F, i, 4）$= 0$

$i = 50\%$ 时，NPV $= - 100\,000$ 元 $+ 20\,000$ 元 $\times 0.667 + 60\,000$ 元 $\times 0.444 + 150\,000$ 元 $\times$

$$0.296 + 150\ 000\ 元 \times 0.198 = 1\ 408\ 元$$

$i = 60\%$ 时，$NPV = -455$ 元

$$IRR = i_1 + NPV_1 \times (i_2 - i_1) / (NPV_1 - NPV_2)$$
$$= 50\% + 1\ 408 \times 10\% / (1\ 408 + 455) = 57.56\%$$

案例分析答案

5.5.1 答案要点：

本案例中各商家失败的症结正是在于对服务能力和实际需求评估的不准确，或者根本没有进行评估，面临高额利润，盲目地疯狂投资，最终导致如此惨淡的局面。

所谓生产或服务能力，是指一个系统在一定时间内可以实现的产出量或提供的服务量，其中关键在于各环节的能力的综合平衡，这种平衡要求能力要与生产任务、市场需求之间进行平衡，是一种综合平衡。

忽略市场需求，也就是无视利润的源泉，盲目扩大服务能力，注定了要以失败告终。

5.5.2 答案要点：

这是一个产能不足的实例，从中可以看出产能不足的危害。

（1）从案例中可以看出秦池酒厂的失误在于：

1）对于广告效果没有充分估计，没有进行需求预测。

2）没有制订长期生产能力计划。

3）需求与产能的巨大矛盾无法根本解决。

4）缺乏历史底蕴，管理水平低，决策缺乏理性。

5）缺乏成套生产工艺。

6）产能严重失衡，罐装能力大，酿造能力小。

（2）秦池酒厂的失误带给人们的启示是：

1）竞争"标王"的决策正确，品牌效应明显。

2）创造了巨大的市场需求。

3）通过利用外部资源迅速提高产能的策略很有效。

（3）对于秦池酒厂的失误，可以提出以下建议：

1）1996年竞得"标王"后，对广告效果进行评估，进行长期需求预测。

2）制定1997年以后的长期生产能力规划。

3）利用已获知名度，培养忠诚顾客群。

4）提高管理水平，使企业全面平衡发展。

5）继续通过兼并扩大产能。

6）追求平衡生产，健全销售网络。

第 6 章　设 施 选 址

6.1　理论要点

6.1.1　设施选址的意义和目的

新设施的建设是组织面临的最具影响力的战略性决策之一，新工厂、新服务设施、物流中心的建设都关系到设施选址的问题。设施位置的选择影响着企业大量投资的流向，影响着企业长期的成本、企业组织和营销模式。设施选址（Facility Location）对企业的重大意义体现在如下几个方面：

（1）通过进行审慎的选址决策，企业能够有效利用资源，赢得长期竞争优势。

（2）设施选址对企业的生产经营活动具有长期而且重要的影响。

（3）选址不合理造成的问题难以通过其他措施补救。

（4）各类企业都会面对选址问题。

按照一般规律，营利性组织以潜在利益的多少作为其决策的依据，而非营利性组织则力图使费用和它们提供给顾客的服务水平保持一致。

但即使都是营利性组织，对于不同类型的企业来说，选址决策也有不同的目的。对于生产型企业，选址的目的是使总生产成本最小化；而对于服务型企业，选址的目的则是使收益最大化。

6.1.2　设施选址需要考虑的因素

许多因素都会影响选址决策，但是，有几个最重要的因素对该决策起决定作用。一般来说，设施选址决策普遍考虑的因素有以下几点：

1. 对选址地区的要求

（1）接近市场、接近原材料产地，以获得基于时间的竞争优势和更低的物流成本。

（2）交通运输、通信联系方便。

（3）水、电、气等基础设施完备。

2. 对选址城镇的要求

（1）城市规划允许，有良好的协作和生活环境。

（2）保证人力、技术供应，工资水平相对较低。

3. 对设施用地的要求

地理条件优越，有发展余地，有利于环境保护。

在国际上考虑选址问题，还应充分考虑国家的安全形势、社会经济的发展水平、国际贸易协定等因素。

6.1.3　服务设施选址的特点

在进行选址决策时，服务业和零售业与加工制造业相比，很明显需要考虑的重点不同。对服务业和零售业来说，与原材料的接近程度通常不是考虑因素，也不用考虑加工要求，但方便顾客却通常是首要考虑的因素。服务设施选址的特点如下：

（1）设施规模较小、投资少。

（2）选址活动频繁发生。

（3）服务设施选址更加重视市场因素。

（4）选址的原则是利润最大化。

6.1.4 设施选址的过程

一个公司进行选址的方法一般取决于其规模和运作性质及范围。新组织或小组织通常采用非正式方法，而一些大型公司，特别是那些跨地域运营的公司更希望采用正式方法。这里主要讨论选址决策的正式方法。

第一步，确定选址的目标，明确选址要求。

第二步，制订方案，对国家、地区、城镇进行综合考察。

第三步，评价方案，使综合成本最小化或总收益最大化。

在方案评价的过程当中，常用的方法包括因素评分法、重心法、量本利分析法（又叫盈亏平衡分析法）和运输模型法。

6.1.5 设施选址的方法

1. 因素评分法

因素评分法是一种把数值分配给与所有决策选项相关的因素，以产生一个综合得分并进行比较的方法。这种方法允许决策者把自己的偏好（价值取向）加入选址决策之中，并能把定性和定量的因素都包括在内。

因素评分法的步骤如下：

第一步，列出所有的相关因素。

第二步，赋给每个因素权重，以反映它在决策中的相对重要性。

第三步，给每个因素的打分设定一个范围，例如 $1 \sim 10$ 分或 $1 \sim 100$ 分。

第四步，用第三步设定的取值范围就各个因素给每个候选地址打分。

第五步，将每个因素的得分与权重相乘，计算出每个地址的总分。

第六步，考虑以上计算结果，选取总分最高的地址作为最佳选择。

2. 重心法

重心法是一种选择分销中心的位置，从而使运输成本最低的方法。它把运输成本看成是距离和运输数量的线性函数。运输到每个目的地的商品数量被假设为是已知的。

对于设施选址问题，重心可以这样计算

$$C_x = \frac{\sum_{i=1}^{n} d_{ix} W_i}{\sum_{i=1}^{n} W_i}, C_y = \frac{\sum_{i=1}^{n} d_{iy} W_i}{\sum_{i=1}^{n} W_i} \tag{6-1}$$

式中，C_x 为重心的 x 轴坐标；C_y 为重心的 y 轴坐标；d_{ix} 为市场 i 的 x 轴坐标；d_{iy} 为市场 i 的 y 轴坐标；W_i 为市场 i 的需求量。

3. 量本利分析法

量本利分析法有利于对供选择的地点在经济上进行对比。这种比较可以用数字，也可以用图表表现。

在使用量本利分析法时，需要注意几个假设：产出在一定范围时，固定成本不变；可变成本与一定范围内的产出成正比；所需的产出水平能近似估计；只包括一种产品。

量本利分析法的步骤如下：

第一步，确定每个地址的固定成本与变动成本。

第二步，给出每个地址的总成本，总成本 = 固定成本 + 单位变动成本 × 产量。如果在图上表示，那么纵轴表示成本，横轴表示年产量。

第三步，选择对于期望产量总成本最小的地址。

4. 运输模型法

当选址对象的输入与输出成本是决策的主要变量时，运输模型是一个很好的决策方法。运输模型的基本思想是：通过建立一个物流运输系统，选择一个能够使整个物流运输系统的成本最小的生产或服务系统。

已知 m 个供应地点 A_i（$i = 1, 2, \cdots, m$）可供应某种物资，供应量分别为 a_i；有 n 个销售地 B_j（$j = 1, 2, \cdots, n$）销售量分别为 b_j。从 A_i 到 B_j 的单位物资的运输成本为 c_{ij}，从 A_i 到 B_j 的供应量为 x_{ij}，则相应的数学规划模型为

$$\min z = \sum_{i=1}^{m} \sum_{j=1}^{n} c_{ij} x_{ij}$$

$$\text{s. t.} \begin{cases} \sum_{i=1}^{m} x_{ij} = b_j \\ \sum_{j=1}^{n} x_{ij} = a_i \\ x_{ij} \geq 0 \end{cases}$$

解决这样的问题，一般采用表上作业法或利用计算机进行求解。

6.2 典型例题

例 6.2.1 工厂的扩张和新设施的建设是组织面临的最具影响力的决策之一。位置的选择影响着公司各方面的绩效和表现。选址决策的这种重要性体现在哪里？

答：选址决策的重要性体现在它不可改变或修改。选址决策不是经常发生的决策。一旦制定某一选址决策，就不能很容易地改变或撤销。关闭工厂或仓库的成本非常高，一旦决策错误，所造成的问题会需要很长时间，也许是很多年来解决。从这个意义上来说，选址决策是非常重要的。

例 6.2.2 在企业选址的地区确定之后，分析各种不同的厂址地点需要哪些数据资料？

答：分析不同厂址地点所需的数据资料有：原材料、人力资源、资本、交通运输和通信的成本、市场特征等，这些选址的相关因素都可以表现为数据资料的形式。

例 6.2.3 简述厂址选择的工作程序。

答：设施选址决策的步骤如下：

第一步，确定选址的目标、决策标准和基本要求。

第二步，使用政治、社会和经济（市场）数据使潜在的地址选择缩小为满足目标的几个方案。

第三步，按基本要求对可选方案进行评估，去除不满意的地址。

第四步，对可选方案进行定量比较，使用量本利分析法、线性规划、重心法或其他适

当的模型。

第五步，对可选方案进行定性比较，使用因素评分法或其他方法考虑一些难以量化的因素。

第六步，使用加权评分法或分组决策过程，选择最能满足定量和定性标准的地址。

例 6.2.4 制造型企业在国外选址时要考虑哪些因素？

答：考虑到选址决策的一般因素，在这个特例中，下列因素具有特殊的重要性：人力资源、市场、贸易壁垒、运输、通信、技术转移、政治和社会环境等。

例 6.2.5 某电器元件公司在 A、B 两地生产民用插座，在 C、D、E、F、G 五地分销，因为需求增加而拟建一产能为 25 万件的新工厂。经过分析，决定在 D、E、G 三地中选择新厂厂址。各项数据如表 6-1 所示。

表 6-1 例 6.2.5 各项数据

成本	现有工厂		拟建工厂			年市场需求/万件
	A	B	D	E	G	
C	2.10	1.60	2.20	2.30	2.40	10
D	1.80	2.20	1.50	1.25	2.25	15
E	2.05	2.10	1.85	1.50	2.15	16
F	1.90	2.40	1.90	2.10	2.30	19
G	2.50	2.45	2.25	2.15	1.05	12
生产能力/万件	27	20	25	25	25	
单位成本/(元/件)	13.5	13.4	13.45	13.20	13.10	

试用线性规划模型确定最优的新厂建设地点。

解：运输模型根据的是线性规划方法的原理，而求解线性规划问题常用的方法是单纯形法，通常这种方法烦琐并且难以计算。现在通常使用各种计算机软件求解，其中最常用的就是 Excel 软件。

如图 6-1 所示，打开 Excel，选择“工具”→“规划求解”，在弹出的对话框中，将总成本设为目标单元格，将 C4 到 E8 的表格设为可变单元格。

然后设置各种函数关系和约束条件。本题的约束条件是：产量与生产能力相等，而需求量恰好被满足。

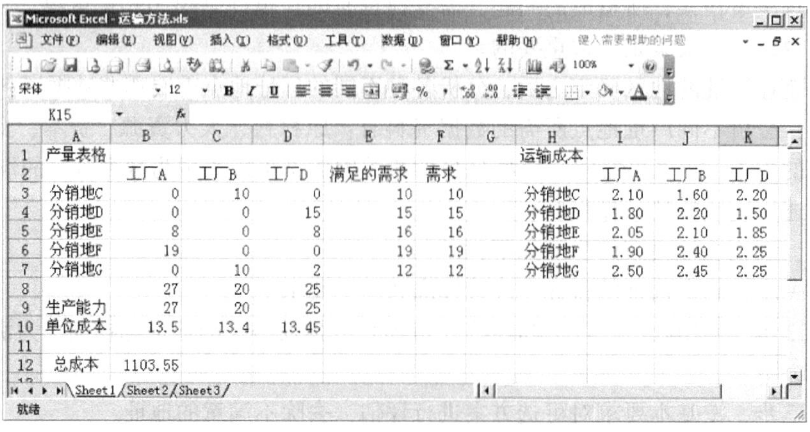

	A	B	C	D	E	F	G	H	I	J	K
1	产量表格							运输成本			
2		工厂A	工厂B	工厂D	满足的需求	需求			工厂A	工厂B	工厂D
3	分销地C	0	10	0	10	10		分销地C	2.10	1.60	2.20
4	分销地D	0	0	15	15	15		分销地D	1.80	2.20	1.50
5	分销地E	8	0	8	16	16		分销地E	2.05	2.10	1.85
6	分销地F	19	0	0	19	19		分销地F	1.90	2.40	2.25
7	分销地G	0	10	2	12	12		分销地G	2.50	2.45	2.25
8		27	20	25							
9	生产能力	27	20	25							
10	单位成本	13.5	13.4	13.45							
11											
12	总成本	1103.55									

图 6-1 选择 D 为新厂厂址的计算结果

最后点击“求解”按钮，软件会自动计算出最优的运输方案。本题的总成本是生产成本和运输成本之和。在图 6-1 中，假设选择 D 为新厂厂址。

在图 6-2 中，假设 E 为新厂厂址。

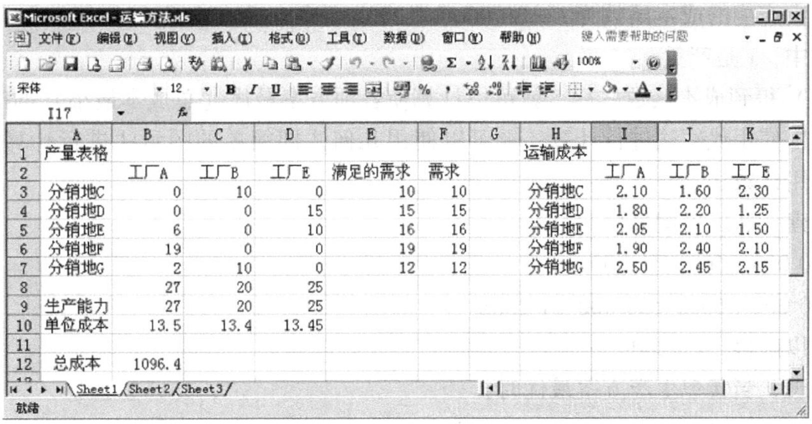

	A	B	C	D	E	F	G	H	I	J	K
1	产量表格							运输成本			
2		工厂A	工厂B	工厂E	满足的需求	需求			工厂A	工厂B	工厂E
3	分销地C	0	10	0	10	10		分销地C	2.10	1.60	2.30
4	分销地D	0	0	15	15	15		分销地D	1.80	2.20	1.25
5	分销地E	6	0	10	16	16		分销地E	2.05	2.10	1.50
6	分销地F	19	0	0	19	19		分销地F	1.90	2.40	2.10
7	分销地G	2	10	0	12	12		分销地G	2.50	2.45	2.15
8		27	20	25							
9	生产能力	27	20	25							
10	单位成本	13.5	13.4	13.45							
11											
12	总成本	1096.4									

图 6-2 选择 E 为新厂厂址的计算结果

然后，假设 G 为新厂厂址，结果如图 6-3 所示。

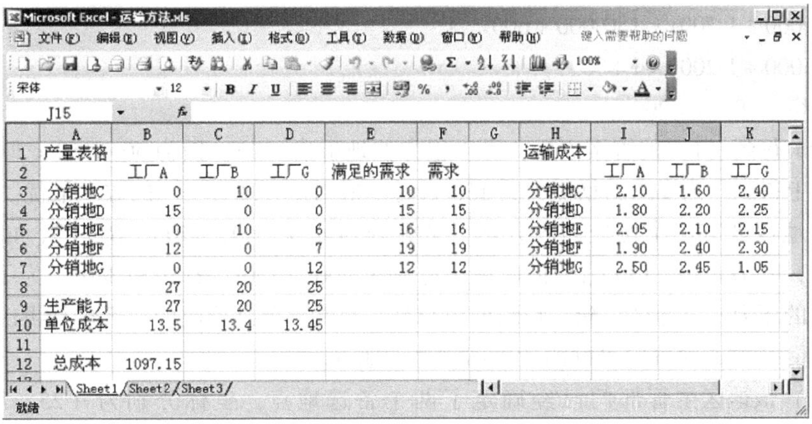

	A	B	C	D	E	F	G	H	I	J	K
1	产量表格							运输成本			
2		工厂A	工厂B	工厂G	满足的需求	需求			工厂A	工厂B	工厂G
3	分销地C	0	10	0	10	10		分销地C	2.10	1.60	2.40
4	分销地D	15	0	0	15	15		分销地D	1.80	2.20	2.25
5	分销地E	0	10	6	16	16		分销地E	2.05	2.10	2.15
6	分销地F	12	0	7	19	19		分销地F	1.90	2.40	2.30
7	分销地G	0	0	12	12	12		分销地G	2.50	2.45	1.05
8		27	20	25							
9	生产能力	27	20	25							
10	单位成本	13.5	13.4	13.45							
11											
12	总成本	1097.15									

图 6-3 选择 G 为新厂厂址的计算结果

从线性规划结果可以看出，E 方案的总成本是最小的，因此，选择 E 为新厂的厂址。

例 6.2.6 某电器设备制造公司欲扩大生产能力，考虑在以下三种方案中任选一种，如表 6-2 所示。

表 6-2 三种方案的固定成本和单位变动成本

	在新地点建厂	转包	扩大现有工厂
固定成本/元	150 000	—	30 000
单位变动成本/（元/台）	600	1 800	1 200

（1）使各方案最优（总成本最小）的新增能力范围是什么？

（2）当要求新增能力为 150 台时，哪种方案更优？

解：使用量本利分析法解题，首先要求出各种备选方案的成本函数。总成本 = 固定成本 + 总的变动成本。在本题中：

建设新厂的成本函数为 $C = 150\ 000 + 600x$

转包生产的成本函数为 $C = 1\ 800x$

扩大产能的成本函数为 $C = 30\ 000 + 1\ 200x$

式中，x 是产量。

（1）得到成本函数之后，就可以计算使各项方案最优（总成本最小）的产量范围。既可以使用代数法进行计算，也可以使用几何法即简单的图示法进行计算。在本例中，使用代数法。

当建设新厂方案最优时：

$150\ 000 + 600x < 1\ 800x$

$150\ 000 + 600x < 30\ 000 + 1\ 200x$

可以解得，$x > 200$

同理，当转包生产方案最优时：

$1\ 800x < 150\ 000 + 600x$

$1\ 800x < 30\ 000 + 1\ 200x$

解得，$x < 50$

当扩大产能方案最优时：

$30\ 000 + 1\ 200x < 150\ 000 + 600x$

$30\ 000 + 1\ 200x < 1\ 800x$

解得，$50 < x < 200$

（2）得到（1）的答案之后，可以很方便地解出（2）。因为 $50 < 150 < 200$，因此可以马上得到：当要求新增能力为 150 台时，采用扩大现有工厂的方案最优。

例 6.2.7　某地区现有四个垃圾回收分站，坐标分别为 A（40，120）、B（65，40）、C（110，90）和 D（10，130），日回收能力分别为 200t、150t、215t 和 340t。为了减轻环保部门的压力，该地区拟建一垃圾回收总站，负责对分站回收的垃圾进行再次处理。

（1）用重心法确定最好的垃圾回收总站地点。

（2）该地区主管部门已经确定了两个备选地点，坐标分别为（25，25）和（70，150），哪个备选地点更优？

解：（1）重心法假定配送成本是运输量和线性距离的函数，那么以各个市场的坐标为顶点构成一个多边形，它的重心就是最优方案。

重心的 x 坐标 $=$（$200 \times 40 + 150 \times 65 + 215 \times 110 + 340 \times 10$）/（$200 + 150 + 215 + 340$）
$= 49.5$

重心的 y 坐标 $=$（$200 \times 120 + 150 \times 40 + 215 \times 90 + 340 \times 130$）/（$200 + 150 + 215 + 340$）
$= 103.4$

因此，最好的垃圾回收总站地点的坐标是（49.5，103.4）。

（2）首先要计算出两个备选地址与四个垃圾处理分站的直线距离。其计算公式为 $l = \sqrt{(x_2 - x_1)^2 + (y_2 - y_1)^2}$，在此直接得出结果。

对于备选地址 A，与四个分站的距离为：96.2、42.7、107.0 和 106.1；

对于备选地址 B，与四个分站的距离为：42.4、110.1、72.1 和 63.2。

接着，由于重心法的假设，计算备选地址 A 的成本为

$96.2 \times 200 + 42.7 \times 150 + 107.0 \times 215 + 106.1 \times 340 = 84\,724$

备选地址 B 的成本为

$42.4 \times 200 + 110.1 \times 150 + 72.1 \times 215 + 63.2 \times 340 = 61\,984.5$

因此，备选地址 B 要优于备选地址 A。

例 6.2.8 金龙呈祥是一家披萨饼制作公司，拥有四个连锁店，每个连锁店独立地准备原料。总公司决定建立一个配送中心，全面负责四个连锁店的原料供应。这四家连锁店的位置和销售量如表 6-3 所示。

表 6-3 连锁店的位置和销售量

	x 坐标	y 坐标	销售量/kg
A	200	300	1 200
B	150	500	3 000
C	450	100	1 350
D	350	150	2 500

（1）用重心法确定配送中心的最优位置。

（2）该公司主管已经确定了两个备选位置 a 和 b，它们与四家连锁店的距离如表 6-4 所示。

表 6-4 备选位置与连锁店的距离

	a	b
A	19.0	22.4
B	12.8	9.5
C	10.6	15.0
D	15.2	12.1

请给公司主管提出建议，应该选择哪个位置建立配送中心？

解：（1）x 坐标 $= (1\,200 \times 200 + 3\,000 \times 150 + 1\,350 \times 450 + 2\,500 \times 350) / (1\,200 + 3\,000 + 1\,350 + 2\,500) = 270$

y 坐标 $= (1\,200 \times 300 + 3\,000 \times 500 + 1\,350 \times 100 + 2\,500 \times 150) / (1\,200 + 3\,000 + 1\,350 + 2\,500) = 294.4$

（2）由于本题已经给出直线距离，所以只需直接计算成本即可。

备选地址 a 的成本为：$1\,200 \times 19.0 + 3\,000 \times 12.8 + 1\,350 \times 10.6 + 2\,500 \times 15.2$
$= 113\,510$

备选地址 b 的成本为：$1\,200 \times 22.4 + 3\,000 \times 9.5 + 1\,350 \times 15.0 + 2\,500 \times 12.1$
$= 105\,880$

因此，备选地址 b 是较优的选择方案。

例 6.2.9 Credit & Debit 公司是一家加拿大的信用卡公司，最近，公司准备在魁北克省的法语区建立一个独立的运营分公司。公司的首席运营官确定了两个备选城镇，列出了影响选址的各项因素，并进行了评分，如表 6-5 所示。

表 6-5   影响选址的因素及备选方案的评分

	权重	城镇 A	城镇 B
电信基础设施的建设水平	30	60	80
15mile 内受教育的劳动力	20	45	20
生活成本指数	15	80	70
犯罪率	15	50	40
可能兼职的人数	10	85	90
人文环境	5	65	70
离高等学校的距离	5	95	90

该公司应选择哪个城镇建立运营分公司？

解：各备选方案的加权得分是由得分乘以因素的权重并加总得到的。在本题中，城镇 A 的得分 = 6 300，城镇 B 的得分 = 6 150。因此，公司应当选择城镇 A 建立运营分公司。

例 6.2.10   经济全球化对选址决策有何影响？试结合世界制造中心向中国转移说明这一问题。

答：一方面，经济全球化为选址决策提供了更多的选择方案，另一方面，它也把更多的决策因素纳入考虑范围之内；同时，因为国外环境更大的不确定性，组织常常要承担更多的风险。根据设施选址理论，制造业选址的主要决定因素是劳动力、市场和资源的可获得性。中国具有大量的廉价劳动力、广阔的市场、丰富的资源和稳定的政治社会环境，从选址决策的角度考虑，是制造业理想的地址选择方案。

6.3   思考与练习

6.3.1   简述设施选址决策的主要方法。

6.3.2   进行厂址选择或重新建厂时，应考虑哪些因素？试举例说明。

6.3.3   简述设施选址的一般步骤。每个阶段的主要工作内容是什么？

6.3.4   简述运输模型法的思想和主要步骤。

6.3.5   在使用重心法进行选址决策时，通常要遵循哪些假设条件？

6.3.6   比较设施选址中的量本利分析法和因素评分法。

6.3.7   设施选址的战略模式有哪几种？分别具有什么特点？

6.3.8   解释服务业企业选址的"聚集效应"。

6.3.9   试分析使用明细成本法的优缺点。

6.3.10   以超级市场与机械制造厂的选址为例，分析服务设施选址与制造设施选址有哪些区别。选址对它们的经济效益各有什么影响？

6.3.11   试分析企业高层战略对设施选址决策的影响。

6.3.12   相比单设施选址，多设施选址需要在决策内容中增加哪些信息？

6.3.13   在为制造企业直接向零售商供货的配送中心选址时，要考虑哪些因素？

6.3.14   R&D 与生产的紧密结合将是未来生产与运作的新趋势。在这种情况下进行选址决策时，应该把哪些因素列入考虑的范围之内？

6.3.15   对表 6-6 所示四种组织，从选址决策角度出发，试比较表中各因素的重要性。分别用低、中、高表示低等、中等和高等重要性。

表 6-6　选址因素对不同组织的重要性

因素	地方银行	钢铁厂	食品零售店	公立学校
顾客便利性				
建筑物吸引力				
原材料产地距离				
能源供应				
污染治理				
劳动力数量和可得性				
运输成本				
建设成本				

6.3.16　某公司制造家居用木制地板，在 A、B、C 三地都有工厂，在 D、E 两地有配送中心，目前的产品都通过这两个中心向外配送。现在，公司打算在 F 地建立一个新的配送中心，并得到每单位产品从工厂到配送中心的运输费用，如表 6-7 所示。

表 6-7　运输费用

配送中心 生产工厂	D	E	F
A	10	14	8
B	12	10	12
C	8	12	10

A、B、C 三地的生产能力分别为每天 60 单位、50 单位和 40 单位，该公司的管理层认为 F 地的新建配送中心每天可以接收 80 单位的产品，D、E 两配送中心最多每天接收 30 单位和 40 单位。试求最优的产品分配方案和费用。

6.3.17　7757 公司是一家经营 B2C 电子商务的公司，该公司的主管正在进行新的办公地点的选址。根据各项影响因素对 A、B 两个备选地点进行评分，如表 6-8 所示。哪一个地点是更优的方案？

表 6-8　6.3.17 影响因素及评分

因素	权重	A	B
离商学院的距离	20	70	55
是否靠近交通主干道	20	40	75
电信基础设施	40	75	90
生活质量	30	60	85
离主要港口的距离	25	80	50

6.3.18　银山公司是北京的一家互联网及软件公司，公司的业务急剧扩大之后，决策层决定新建一客户服务中心，以提高其服务水平，进而提高竞争力。但现在主要的问题是客户服务中心的地址选在哪里。公司主管列出了各项影响因素，并对三个备选地点进行了打分。结果如表 6-9 所示。

表 6-9　6.3.18 影响因素及评分

因素	权重	A	B	C
劳动力成本	30	65	80	90
技能水平	15	50	45	75
电信基础设施	45	95	90	40
客户集中程度	50	75	90	85
是否接近主干道	25	80	80	55

（1）选择哪个地点更优？

（2）A 地客户集中程度分值要达到多少才能保持 A、B 持平？

（3）电信基础设施的权重要达到多少以上才能使 C 地变为更好的地址？

6.3.19　某地消防部门决定建造新的消防车库。考虑到五项主要因素，主管官员最终确定了三个备选地址，影响因素及评分如表 6-10 所示。

表 6-10　6.3.19 影响因素及评分

因素	权重	A	B	C
离医院的距离	25	30	45	75
易燃房屋数量	30	60	55	35
是否靠近交通主干道	15	80	90	65
离水泵站的距离	20	45	60	55
政府政策偏好	10	85	70	80

（1）哪个地址更优？

（2）如果把"靠近主干道"的权重降为 5，把"政策偏好"的权重提高为 20，对最终结果有何影响？

6.3.20　EasyOffice 是一家办公设备销售公司，目前在华盛顿、纽约和波士顿各有一家店面。公司的供货地点在西海岸的洛杉矶，管理层深感物流的不便，于是决定在东海岸地区新建一家配送中心。三地的坐标和销售额如表 6-11 所示。

表 6-11　三地坐标和销售额

店面	x	y	销售额/美元
华盛顿	55	52	734 000
纽约	18	79	461 000
波士顿	27	41	692 000

（1）画出坐标图，标出三家店面的位置。

（2）用重心法计算出运输成本最小的配送中心的位置，并在图上标出。

6.3.21　在上题中，该公司的 COO 找到了两个备选地址 A 和 B，这两个地址与三家店面的距离如表 6-12 所示。

表 6-12　备选地址与店面的距离

店面	A	B
华盛顿	17	14
纽约	10	12
波士顿	25	18

为了节省成本，请问该公司的 COO 应当选择哪个地点来建设配送中心？

6.3.22　某公司主营牛奶和奶制品，为节约成本，决定在某地区建立配送中心统一供货。该地区有三个城镇 A、B、C，对这类产品的消费量很大。但手头的数据只有这三个城镇的位置和家庭数量，现在假设每个家庭对牛奶和奶制品的消费量是一样的。表 6-13 是该公司现在掌握的全部数据。

表 6-13　数据表

城镇	x	y	家庭数量/个
A	93	81	12 800
B	27	116	17 300
C	75	34	9 500

试用重心法计算运输成本最小的配送中心的位置。

6.3.23　在上题中，公司主管得到了两个备选地址的位置，它们与三个城镇的距离如表 6-14 所示。

表 6-14　备选地址与城镇的距离

城镇	备选地址 1	备选地址 2
A	7.5	9.7
B	4.6	3.1
C	8.0	6.2

如果在这两个地址中进行选择，配送中心应该建在何处？

6.3.24　某跨国连锁超市企业在上海市有三家超市，坐标分别为（37，61）、（12，49）、（29，20）。现在该企业打算在上海建立分部，管理上海市的业务。假设三家超市的销售额是相同的。

（1）用重心法决定上海分部的最佳位置。

（2）如果该企业计划在上海建立第四家超市，其坐标为（16，18），那么如果计划通过，上海分部的最佳位置应该作何改变？

6.3.25　某汽车制造企业现有三个工厂 A、B、C 生产汽车。但最近企业决定新建一工厂 D，将所有的汽车发动机转移到该工厂生产，然后再运往其他三个组装厂。这三个组装厂的位置和计划产量如表 6-15 所示。

表 6-15　组装厂的位置和计划产量

工厂	x	y	产量/辆
A	250	175	8 200
B	150	200	6 300
C	375	80	7 100

（1）试确定工厂 D 的最佳位置。

（2）如果计划变更，原来由工厂 B 生产的 2 000 辆汽车要转移到工厂 A 组装，那么工厂 D 的最佳位置应如何改变？

6.3.26 某工业照明设备企业打算在中国建立制造基地,初步的可行性方案中,有北京、青岛、芜湖、厦门四个备选地址。经过成本分析,在各地建立工厂的预期成本如表6-16所示。

表6-16 预期成本

制造基地	固定成本/(元/年)	可变成本/(元/件)
芜湖	3 000 000	100
厦门	1 100 000	300
青岛	1 000 000	400
北京	2 000 000	600

如果公司预期的年销售量是5 000件,那么应该选在何地建造新的制造基地?

6.3.27 某消费电子产品公司欲生产一款MP4产品,可能选择在中国香港、中国内地、印度尼西亚生产。该产品的售价预计为130美元/单位。各地的成本结构如表6-17所示。

表6-17 各地的成本结构

产地	固定成本/(美元/年)	可变成本/(美元/单位)
中国香港	150 000	75.00
中国内地	200 000	50.00
印度尼西亚	400 000	25.00

(1)预期销售量为每年6 000单位,求最经济的厂址。

(2)如果在中国香港制造该产品,那么预期的利润是多少?

6.3.28 一家公司正考虑其新工厂的四个可能厂址,并得到了各方案的成本,如表6-18所示。当产量为每年1 000 000件的时候,确定该公司经济上最优的厂址。

表6-18 各方案的成本

	A	B	C	D
劳动力(每单位)	0.55	1.10	0.80	0.45
工厂建设成本/百万美元	5.00	3.90	4.00	4.85
材料和设备(每单位)	0.43	0.60	0.10	0.30
电量(每年)/W	30 000	26 000	30 000	28 000
水(每年)/t	27 000	6 000	7 000	7 000
运输(每单位)	0.02	0.10	0.10	0.05
税收(每年)/元	43 000	28 000	63 000	55 000

6.4 案例分析

6.4.1 宝马公司工厂选址案例

高成本的德国似乎是一个不适合建汽车厂的地方。比起东欧同行,德国汽车工人的平均收入要高7倍,但工作时间却要少10%。但德国前总理格哈德·施罗德(Gerhard Schröder)为宝马(BMW)在莱比锡的一家新工厂剪彩时表示,人们的想法可能都要发生一些变化。该工厂投资达

13 亿欧元。

眼下，其他欧洲和亚洲汽车生产商都在把生产转移到东欧的低成本国家，因此，将生产宝马最畅销 3 系车型的莱比锡车厂看来像一个巨大的赌注。

经过竞争激烈的选址过程，宝马舍弃捷克而选择在莱比锡设厂，该决定令许多业内分析师震惊。一些分析师认为，这可能是最后一家建在西欧的大型汽车厂，标志着德国政客对汽车业发挥的影响力。在德国，每 7 个人中就有 1 个在汽车业工作。

德国的失业率现已处在第二次世界大战后创纪录的高水平，假如将更多工作移出这个国家，那会是一件非常敏感的事。"毫无疑问，这在很大程度上是个政治决策，"法兰克福私人银行梅茨勒（Metzler）分析师尤根·皮珀（Jürgen Pieper）说。

宝马的举措突出表明，德国汽车制造商是多么难以接受"东进"。宝马、梅塞德斯（Mercedes）或保时捷（Porsche）没有一家在东欧拥有大型工厂，即使是欧洲产量最大的汽车生产商大众（Volkswagen），它在斯洛伐克工厂的汽车产量也比它在德国其他工厂的产量要少很多。相比之下，菲亚特（Fiat）、标致（Peugeot）、丰田（Toyota）和起亚（Kia）等汽车制造商均已在东欧大举投资。

"如果大家（德国汽车商）对于在何处设厂采取另一种策略，那它们也许都能赚更多钱。"皮珀说。

但宝马首席执行官赫穆特·庞克（Helmut Panke）认为，莱比锡工厂是有关德国制造业生存之道的蓝图。他坦承，即使把欧盟为支持在莱比锡投资所提供的 3.63 亿欧元补贴考虑在内，在捷克设厂也要比在莱比锡设厂更便宜，但区别意义在于"质的因素"。

比起宝马现有的那些工厂，莱比锡工厂具有更高的劳动力弹性，而且既靠近现有工厂，又靠近宝马的供应商。莱比锡工厂有一个很大的优势在于如下简单的事实，即所有工人都讲德语，省却了棘手且高昂的翻译成本。

莱比锡备受失业问题的困扰，当地失业率为 22%，接近全国平均水平的两倍，而宝马的新厂最终将雇用 5 000 名员工，是这座城市未来的希望。"这笔投资……使莱比锡时来运转，"IG Metall 工程工会的当地代表西格林德·默比茨（Siglinde Merbitz）表示，"该厂给这座城市的未来带来了真正的希望。"

宝马投资建厂之前，保时捷和敦豪（DHL）也已在该地区投资建厂。同时，宝马投资使得原民主德国投资促进机构柏林工业投资理事会（Berlin's Industrial Investment Council）的史蒂芬·亨宁（Steffen Henning）预言，这项投资将帮助改变原民主德国在德国西部和国际上的不良形象。"大牌公司进行这类投资表明，问题确实可以解决。"他说。

就连工厂的设计也会带来益处。工厂办公楼由在伊拉克出生的获奖建筑师扎哈·哈迪德（Zaha Hadid）设计。在这些未来主义风格的办公楼之间，布满了纵横交错的传送带，让工人和来访者能够看到汽车在生产设施间移动穿梭。

但对宝马来说，最大的创新在于该厂的劳动力方面。长期以来，高工资令德国汽车业在竞争中处于很大的劣势。尽管莱比锡工厂位于原民主德国地区，但该厂工人的报酬将接近行业正常水平。

不过，该厂的工作时间将更为灵活。工厂已从 2005 年 3 月开始生产，但要到 2006 年才会开足产能。工人每周的工作时间是 38h 而不是 35h，同时这座工厂每周的生产时间可以为 60～140h 不等，且不需要提前通知。

这一得到 IG Metall 工程工会认可的安排异常宽泛，允许宝马对需求的涨落作出反应。当某些车型的需求大于其他车型时，宝马还能在莱比锡和其他德国工厂之间转移工人。

当地失业水平长期居高不下，反映了 1990 年德国统一以来原民主德国地区面临的严重经济问题。所以 IG Metall 作出让步是很实际的做法。

但即使在这方面，宝马也希望通过一项创新的招募政策来提供帮助。这项政策积极面向失业者和年老的工人，1/4 的工人将来自这两类人群中的一类，目前最年长的新工人为 61 岁。

随着供应商们跟随保时捷（它在莱比锡也有一家工厂）和戴姆勒-克莱斯勒（Daimler Chrysler）等公司进入原民主德国地区，一个汽车业聚集地在那里成长起来，对宝马来说，这也是吸引它的一个方面。戴姆勒表示，当选择在哪里为 Smart 和三菱 Colt（Mitsubishi Colt）建一家合资发动机工厂时，他考察了 49 个地方。最终，选定在原民主德国图林根的 Kölleda 与匈牙利之间的地方建厂。

戴姆勒公司表示："如果你把一切都考虑在内：大量合格工人、良好的基础设施、灵活的劳动力等，那么德国就会胜出，表明它可以具有国际竞争力。"

（资料来源：中国人力资源网，case. hr. com. cn，2006 年 1 月。）

思考与分析：

1. 宝马公司在莱比锡设厂这一方案有何优势和劣势？

2. 当地工会向宝马让步是什么原因？就选址决策问题谈谈它对你的启示。

6.4.2　家乐福选址实例：速度 + 规模 = 家乐福模式

Carrefour 的法文意思就是"十字路口"，而家乐福的选址也不折不扣地体现了这个标准：其所有的商店几乎都开在了路口，巨大的招牌在 500m 开外就可以看得一清二楚。而一个投资几千万元的大卖场，当然不会是拍脑袋想出的店址，其背后精密和复杂的计算常令行业外的人士吃惊。

根据经典的零售学理论，一个大卖场的选址需要经过以下几个方面的详细测算：

第一，商圈内的人口消费能力。中国目前并没有现成的资料（GIS 人口地理信息系统）可以利用，所以店家不得不借助市场调查公司的力量来收集这方面的数据。有一种做法是以某个原点出发，测算 5min 的步行距离会到什么地方，然后是 10min 步行会到什么地方，最后是 15min 会到什么地方。根据中国的本地特色，还需要测算以自行车出发的小片、中片和大片半径，最后是以车行速度来测算小片、中片和大片各覆盖了什么区域。如果有自然的分隔线，如一条铁路线，或是另一个街区有一个竞争对手，商圈的覆盖就需要依据这种边界进行调整。

然后，需要对这些区域进行进一步的细化，分析不同区域内人口的数量和密度、年龄分布、文化水平、职业分布、人均可支配收入等许多指标。家乐福的做法还会更细致一些，根据这些小区的远近程度和居民可支配收入，再划定重要销售区域和普通销售区域。

第二，需要研究这片区域内的城市交通和周边的商圈的竞争情况。如果一个未来的店址周围有许多的公交车，或是道路宽敞、交通方便，那么销售辐射的半径就可以放大。一些大卖场非常聪明，例如上海家乐福古北店周围的公交线路不多，家乐福就干脆自己租用公交车定点在一些固定的小区间穿行，方便这些离得较远的小区居民上门一次性购齐一周的生活用品。

当然，未来潜在销售区域会受到很多竞争对手的挤压，所以家乐福也会将未来所有的竞争对手计算进去。在传统的商圈分析中，需要计算所有竞争对手的销售情况、产品线组成和单位面积销售额等情况，然后将这些估计的数字从总的区域潜力中减去，未来的销售潜力就产生了。但是，这样做并没有考虑到不同对手的竞争实力，所以有些商店在选址时索性把其他商店的短板摸透，以打分的方法发现它们的不足之处，比如环境是否清洁、哪类产品的价格比较高、生鲜产品的新鲜程度如何等。

一个商圈的调查并不会随着一个门店的开张而结束。家乐福自己的一份资料指出,顾客中有60%的顾客在34岁以下,70%是女性,有28%的顾客走路、45%的顾客乘坐公交车到来。所以很明显,大卖场可以依据这些目标顾客的信息来微调自己的商品线。最能体现家乐福特色的是,家乐福的每家商店都有所不同。例如:在上海虹桥店,因为周围高收入群体和外国侨民比较多,其中外国侨民占家乐福消费群体的40%,所以虹桥店里的外国商品特别多,如各类葡萄酒、泥肠、奶酪和橄榄油等,而这都是家乐福为了这些特殊的消费群体特意从国外进口的;南方商场的家乐福因为周围的居住小区比较分散,干脆开了一个迷你SHOPPINGMALL,在商场里开了一家电影院和麦当劳,提高对较远人群的吸引力;青岛的家乐福做得更到位,因为有15%的顾客是韩国人,于是做了许多朝鲜语招牌。

相对而言,大卖场的净利率非常低,一般来说只有2%~4%,但是大卖场获利不是靠毛利高而是靠周转快。家乐福选择商品的第一项要求就是要有高周转性。比如:如果一个商品上了货架走得不好,家乐福就会把它30cm的货架展示空间缩小到20cm;如果销售数字还是上不去,陈列空间再缩小10cm;如果没有任何起色,那么宝贵的货架就会让出来给其他的商品。家乐福这些方面的管理工作全部由计算机来完成,由POS机实时收集上来的数据进行统一的汇总和分析,对每一个产品的实际销售情况、单位销售量和毛利率进行严密的监控。这使得家乐福的商品结构得到充分的优化,完全面向顾客的需求,减少了很多资金的搁置和占用。

截止到2012年,家乐福在中国的64座城市拥有210家门店。沃尔玛经典的"以速度抢占市场"哲学(Speed to Market),被家乐福抢了先机。

(资料来源:潘春跃,杨晓宇. 运营管理 [M]. 北京:清华大学出版社,2012.)

思考与分析:

为什么要进行商圈调查?商圈调查应包括哪些内容?家乐福是怎样进行商圈调查的?

思考与练习答案

6.3.1 答:选址评价分为定量和定性两种方式。在定量方法中,明细成本分析、量本利分析法、重心法、因素评分法、运输模型和优化方法等比较常用。

6.3.2 答:通过对企业进行调研,认为新建设施选址决策的主要影响因素可包括五个方面:①劳动力条件;②距离市场的远近程度;③生活环境;④距离供应商和资源的远近程度;⑤距离企业所属其他部门的远近程度。

具体来说,根据某些权威的生产运作管理教科书,在进行选址评价的时候,下列因素是经常被考虑的:劳动力可获得性、劳动力成本、工会、交通、电力能源、给排水系统、天气与气候、工资水平、税收、与市场的距离、人口和人口流动性、供应和支持设施、环保政策、土地可获得性和成本、建筑成本、法规约束、高等教育设施、医疗设施、学校和休闲设施、治安和防火保障、地区—政府—社区的态度、生活水平、通信设施、金融系统和管理者偏好。此外,在具体的问题中,通常要考虑不同的因素。

6.3.3 答:对设施的选址过程可分为三个阶段:首先,选定一个或几个地区。如果一个公司想在全国甚至国际范围内推销其产品,那么考虑的地区将是一个相当大的地理区域。在区域选定之后,就要选择城镇。当城镇选定之后,再具体选择设施用地,即在已定地区内具体选择一片土地。三个阶段有不同的考虑重点。

(1)对选址地区的要求:

1)接近市场、接近原材料产地,以获得基于时间的竞争优势和更低的物流成本。

2)交通运输、通信联系方便。

3）水、电、气等基础设施完备。

（2）对选址城镇的要求：

1）城市规划允许，有良好的协作和生活环境。

2）保证人力、技术供应，工资水平相对较低。

（3）对设施用地的要求：地理条件优越，有发展余地，有利于环境保护。

6.3.4 答：运输模型是优化方法的一种，其主要思想是通过线性规划，求出各种备选方案的最优运输分配，然后比较各自最优分配下的总成本，来确定最佳的方案。这一思想同时也阐述了用这一方法解题的主要步骤。

6.3.5 答：重心法假定配送成本是运输量和线性距离的函数，因此运输量和距离的乘积可以用来表示运输成本。在此基础上才能求出最佳方案。

6.3.6 答：量本利分析法是与会计学紧密结合的一种定量方法，它通过对产量—成本—损益的分析来确定最佳的选址位置。相比较来说，因素评分法就要定性得多。它列出了与选址有关的各种因素，然后通过评分来确定最优选址。但由于评分的过程比较主观，因此常用于随后的定性分析。

6.3.7 答：通常把工厂的战略模式分为四类，分别是产品型工厂、市场地区型工厂、生产过程型工厂和通用型工厂。产品型工厂的特点是一个工厂只生产某一产品系列或某一类产品，并供应公司的整个市场对这些产品的需求；市场地区型的工厂生产全公司的所有产品，但是只供应某一特定的市场地区；生产过程型工厂的模式为，每一个工厂负责整个生产制造过程中一个或几个阶段，将产出品供应给总装厂进行组装；通用型工厂模式以灵活性最大的生产运作方式来进行经营，以适应变化多样的生产需求。

需要指出的是，就公司的长期利益和竞争优势而言，这些问题的战略模式可能比仔细进行具体位置的选择重要得多。

6.3.8 答：有些服务业企业进行选址与竞争对手的选址不是相排斥的，不是避开竞争对手，而是更愿意与其相邻，以形成更大规模的服务市场，这就是所谓的"聚集效应"，如服装一条街、汽车配件一条街、餐饮一条街等。服务内容相似的服务业具有聚集效应，服务内容不同的服务业则不具有聚集效应。

6.3.9 答：明细成本法通常与量本利分析法综合运用。它的优点在于：定量分析，结果通常比较准确和明了，便于决策者使用。它的缺点是：数据受会计部门的影响比较大，如果会计部门不负责任，那么使用这种方法会得到错误的结果。此外，这种方法常常忽视那些不可以被量化或成本化的因素，因此，经常需要使用其他定性方法，如因素评分法等来进行补充。

6.3.10 答：制造业主要满足顾客的共性需求。共性产品在质量和性能方面趋同，其竞争力主要体现在成本上。而且制造过程需要大量原材料和零部件，实体产品拥有庞大的体积和重量，使运输成本所占比重大。因此，制造设施的选址关注成本最小化问题。如机械制造厂，选址问题受到原材料供应的影响最大。相反，服务业主要满足顾客的个性化需求，其竞争力主要体现在顾客满意上，而且服务以提供劳务为主。因此，服务设施的选址集中在收益最大化方面。对于服务企业来说，选址对收入的影响比对成本的影响要大得多。这意味着服务企业应该将选址的决定因素集中在业务量和营业收入方面。如超级市场，在进行选址的时候常常将顾客分布作为要考虑的首要因素。

6.3.11 ~ 6.3.15 略。

6.3.16 解：使用例 6.2.5 的方法，用 Excel 软件来解决这个问题。所不同的是，这个题目中没有新建的方案选择问题，也没有生产成本，只有运输能力分配方案的选择，只需一步就可以得到答案，如图6-4所示。

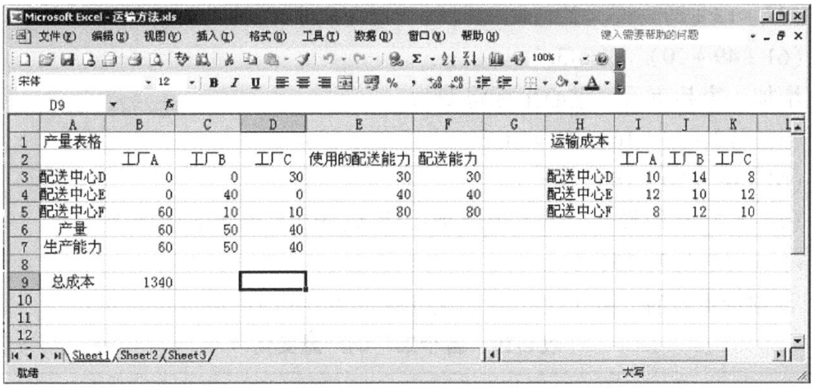

	A	B	C	D	E	F	G	H	I	J	K
1	产量表格							运输成本			
2		工厂A	工厂B	工厂C	使用的配送能力	配送能力			工厂A	工厂B	工厂C
3	配送中心D	0	0	30	30	30		配送中心D	10	14	8
4	配送中心E	0	40	0	40	40		配送中心E	12	10	12
5	配送中心F	60	10	10	80	80		配送中心F	8	12	10
6	产量	60	50	40							
7	生产能力	60	50	40							
8											
9	总成本	1340									

图6-4 Excel软件选择最佳的运输分配方案

因此，最佳的运输分配方案如图6-4所示。总成本的最小值是1 340。

6.3.17 解：备选地点A的得分 = 20×70 + 20×40 + 40×75 + 30×60 + 25×80 = 9 300

备选地点B的得分 = 20×55 + 20×75 + 40×90 + 30×85 + 25×50 = 10 000

所以，对于7757公司来说，备选地点B是更优的方案。

6.3.18 解：(1) A地得分 = 30×65 + 15×50 + 45×95 + 50×75 + 25×80 = 12 725

B地得分 = 30×80 + 15×45 + 45×90 + 50×90 + 25×80 = 13 625

C地得分 = 30×90 + 15×75 + 45×40 + 50×85 + 25×55 = 11 250

所以，选择B地更优。

(2) (13 625 − 12 725) /50 = 18

即客户集中程度的分值至少要增加18，也就是达到93分，才能保持A、B持平。

(3) 设“电信基础设施”项的权重为x，则A、B、C三地的得分分别可以表示为8 450 + 95x, 9 575 + 90x, 9 450 + 40x。

C地为更好的地址，即9 450 + 40x > 8 450 + 95x & 9 450 + 40x > 9 575 + 90x，解这个不等式组，可得x < 2.5。

也就是说，“电信基础设施”的权重要在2.5以下，C地才会变为更好的地址。

6.3.19 解：(1) A地分值 = 4 805；B地分值 = 6 025；C地分值 = 5 800。因此，B地更优。

(2) 将权重数值改变后重新计算：A地分值 = 5 550；B地分值 = 5 825；C地分值 = 5 950。此时，C地变为更优的地点。

6.3.20 解：重心坐标 = (35.7, 54.6)；图略。

6.3.21 解：A地成本 = 734 000×17 + 461 000×10 + 692 000×25 = 34 388 000

B地成本 = 734 000×14 + 461 000×12 + 692 000×18 = 28 264 000

因此，B地成本小于A地成本，该公司的COO应选择B地来建设配送中心。

6.3.22 解：用重心法计算运输成本最小的配送中心坐标为：(x, y) = (59.8, 85.0)。

6.3.23 解：备选地址1与2的运输成本分别为

备选地址1的成本 = 12 800×7.5 + 17 300×4.6 + 9 500×8.0 = 251 580

备选地址2的成本 = 12 800×9.7 + 17 300×3.1 + 9 500×6.2 = 236 690

因此，备选地址2的运输成本小于备选地址1的运输成本，配送中心应建在地址2。

6.3.24　解：（1）因为三家超市的销售额相同，可以将它们的销售额假设为1。

上海分部的最佳位置，也就是三家超市的重心坐标，可以这样计算

$x = （37 + 12 + 29）/3 = 27$

$y = （61 + 49 + 20）/3 = 43.3$

（2）增加一家超市后，重心坐标将变为

$x = （37 + 12 + 29 + 16）/4 = 24.3$

$y = （61 + 49 + 20 + 18）/4 = 37$

6.3.25　解：（1）工厂D的最佳位置，也就是工厂A、B、C的重心坐标为

$（x，y） = （261.9，151.1）$

（2）计划变更以后，各个工厂的产量变化如表6-19所示。

表6-19　各个工厂的产量变化

工厂	x	y	产量/辆
A	250	175	10 200
B	150	200	4 300
C	375	80	7 100

此时三个工厂的重心坐标为

$（x，y） = （271.2，148.7）$

6.3.26　解：这个题目可以用例题中的代数方法解决，即算出各个方案最佳的范围。但更简单的方法是直接计算出四个方案的总成本，然后加以比较。

年总成本（芜湖） = 3 000 000 元 + 100 × 5 000 元 = 3 500 000 元

年总成本（厦门） = 1 100 000 元 + 300 × 5 000 元 = 2 600 000 元

年总成本（青岛） = 1 000 000 元 + 400 × 5 000 元 = 3 000 000 元

年总成本（北京） = 2 000 000 元 + 600 × 5 000 元 = 5 000 000 元

于是可以看出，年总成本最低的方案是将制造基地建在厦门，而建在北京总成本最高。因此，该企业应该选择在厦门建设制造基地。

6.3.27　解：（1）解题方法与上题相同。

年总成本（中国香港） = 150 000 美元 + 75 × 6 000 美元 = 600 000 美元

年总成本（中国内地） = 200 000 美元 + 50 × 6 000 美元 = 500 000 美元

年总成本（印度尼西亚） = 400 000 美元 + 25 × 6 000 美元 = 550 000 美元

因此，产地选择中国内地总成本最低。

另外，仔细观察可以发现，产品售价在这个题目中对最终结果没有影响。

（2）首先必须知道，利润 = 销售收入 – 总成本，而销售收入 = 售价 × 销售量。

如果在中国香港生产该产品，那么

年销售收入 = 130 × 6 000 美元 = 780 000 美元

年利润 = 780 000 美元 – 600 000 美元 = 180 000 美元

6.3.28　解：这个成本表看上去很复杂，但是仔细分析，就可以将其变为上面几题中的简单一些的形式。只需要注意到，带有"每单位"的明细成本项属于可变成本，而其他的明细成本项则属于固定成本。将它们分别相加，就得到了成本表的简化形式，如表6-20所示。

表6-20 简化后的成本表

厂址　成本	固定成本/（美元/年）	可变成本/（美元/单位）
A	5 100 000	1.00
B	4 500 000	1.80
C	4 100 000	1.00
D	4 940 000	0.80

解答这类问题的一个小窍门：如果一个方案的固定成本和可变成本都高于另外一个方案，那么它一定不可能是最优方案。在这道题目中，A方案因为这个原因被排在考虑范围之外。

对B、C、D三个方案，只需计算出在产量1 000 000件的情况下，各自的总成本即可。

年总成本（方案B）= 4 500 000美元 + 1.80 × 1 000 000美元 = 6 300 000美元

年总成本（方案C）= 4 100 000美元 + 1.00 × 1 000 000美元 = 5 100 000美元

年总成本（方案D）= 4 940 000美元 + 0.80 × 1 000 000美元 = 5 740 000美元

因此，方案C所确定的厂址即为经济上最优的厂址。

案例分析答案

6.4.1 答案要点：

1. 在莱比锡设置工厂的优势在于以下几个方面：

（1）更高的劳动力弹性。

（2）靠近现有工厂和供应商。

（3）管理者与工人之间的语言沟通不存在障碍。

（4）政府的补贴与工会的支持。

而这一决策的劣势则主要体现在当地的工资水平较高。

2. 工会的让步体现了工会与企业之间的矛盾关系。当地工会为了保障工人的利益，一方面不希望企业为降低生产成本而压低工人工资，另一方面又非常希望企业在当地投资，为其带来更多的就业机会。而在莱比锡，失业问题已经成为一个很突出的社会问题，因此当地工会不得不向宝马作出让步，并给予许多优惠措施。这一事实说明了选址决策问题当中企业与工会或政府之间关系的复杂性，以及选址问题对企业形象的重要程度。在这一问题上作出正确决策的企业会得到公众的好感，从而大大提升其社会形象。

6.4.2 答案要点：

商圈调查是一个非常重要的问题，不同类型的商圈、不同层次的商圈，适合于不同的业态和不同的经营方式。商圈调查是一项需要科学态度和科学方法的工作。其重要性在于：

（1）可以预估商店坐落地点交易范围内的消费人群、流动人口量等人口资料，并通过消费水平预估营业额等消费资料。

（2）可以帮助开店者了解商店坐落地点所在商圈的优缺点，从而决定是否为最适合开店的商圈。

（3）可以使经营者了解店铺位置的优劣及顾客的需求与偏好，作为调整商品组合的依据，从而依照调查资料设定明确的业绩目标。通过商圈分析，企业制定市场开拓战略，不断延伸触角，扩大商圈范围，提高市场占有率。

商圈分析的内容主要有：

（1）人口数量及特点，包括居住人口数量、工作人口数量、过往人口数量、居民户数和企事业单位数，以及相应人口的年龄、性别、职业和收入水平构成等。

（2）城市建设状况，包括公共交通、供电状况、通信设备、金融机构等对于商店营销的方便程度。

（3）社会因素，分析地区建设规划、公共设施（公园、公共体育场所、影剧院、展览馆）以及本地区的人文等，是否有利于商场的发展。

（4）商业发展潜力，包括购买潜力和现有商场的经营状况等。

科学计算商圈内的人口消费能力，详细计算人口规模和分析消费者特征；研究这片区域内的城市交通和周边商圈的竞争情况，自设公交站点方便消费者购物，详细分析竞争对手的优缺点；通过对消费者追踪调查，分析消费者的消费习惯，提供满足不同类型消费者的个性化、多样化服务。

第 7 章　设 施 布 置

7.1　理论要点

7.1.1　生产设施布置的目的

设施布置设计（Facility Layout）是决策领域中一个决定长期作业效率的问题，它的目的是使生产系统能经济有效地提供顾客需要的产品或服务。尽管具体目标会依照设施的最终用途各异而有所不同，但总体来说，生产设施布置的共同目的有以下几点：①使运输成本最小化；②获得最高生产效率；③提高设备利用的稳定性；④获得最佳生产流程；⑤使在制品量最小；⑥提高生产系统的适应性；⑦营造良好的劳动条件；⑧有利于环境保护。

7.1.2　工艺专业化设施布置

工艺专业化设施布置（Process Layout）就是按照工艺专业化的流程组织方式来划分生产单位，把完成相同工艺过程的设备与人员放在一起组成生产单位。相对于其他专业化布置形式，工艺专业化设施布置的目标更多地在于，布置方案要达到最短的运输路线、最大的灵活性、面积的有效利用、最良好的工作环境和最合理的发展余地。具体例子如图 7-1 所示。工艺专业化设施布置的程序如下：

第一步，确定设施布置的目标。

第二步，进行技术资料分析（各部门之间的关系及物料流向）。

第三步，确定各部门的面积。

第四步，制订多个可行性的待选方案。

第五步，评价方案，并选定一个最优方案。

第六步，方案实施。

在进行工艺专业化设施布置时，常用的方法之一是相关关系分析法。相关关系表是用于分析企业各单位之间关系密切程度的工具。使用相关关系表进行设施布置的步骤如下：

第一步，划分设施关联的等级和原因。

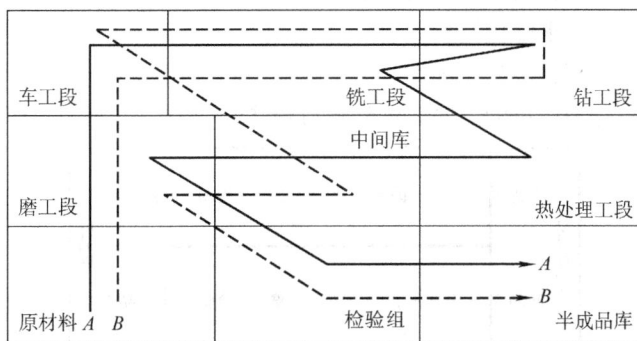

图 7-1　工艺专业化布置生产轴和法兰

A—轴　*B*—法兰

第二步，用图或表来表示设施之间的相关关系。

第三步，根据关系密切程度，按照相关关系高的部门邻近布置的原则，确定初步布置方案。

第四步，根据各部门面积和其他因素调整布置方案。

部门之间关系密切程度（邻近布置的必要性）如表 7-1 所示。

表 7-1　部门之间关系密切程度

关系密切程度	符号	关系密切程度	符号
绝对重要	A	一般	O
特别重要	E	不重要	U
重要	I	不宜靠近	X

影响部门之间关系密切程度的原因如表 7-2 所示。

表 7-2　影响部门之间关系密切程度的原因

原因	代号	原因	代号
使用同样的设备或设施	1	交流的容易程度	4
具有同样的员工或记录	2	不安全或令人不愉快的条件	5
生产流的连续性	3	承担的工作相似	6

设计初步布置方案时，一般的处理方法如下：

（1）把出现 A 次数最多的部门优先安排在中心位置。

（2）其他设施按照其与已经安排的设施的密切程度布置在已经安排的设施周围。

（3）根据各部门所需实际面积与场地情况和其他的相关关系，对方案进行调整。

7.1.3　生产对象专业化设施布置

生产对象专业化设施布置（Product Layout）就是按照加工对象的不同，把完成相同产品对象的设备和人员放在一起组成生产单位。例如流水装配生产线，如图 7-2 所示。这种布置的特点如下：

（1）工作地专业化程度高，生产有明确的节奏性。

（2）工艺过程是封闭的，具有高度的连续性。

（3）产品需求量大，需求旺盛期长。

（4）产品设计已经定型，工艺先进。

（5）工艺过程可划分为简单的工序，可分解与合并。

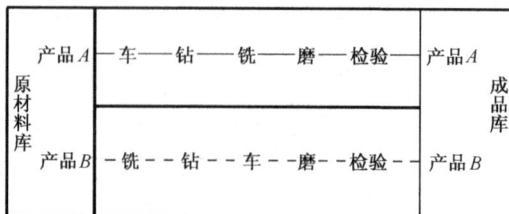

图 7-2　生产对象专业化设施布置生产轴和法兰

A—轴　B—法兰

7.1.4 流水线与流水线平衡

流水生产线（Flow Line）是一种特殊的生产对象专业化设施布置形式。一般来说，"流水线"一词是指由一些物料搬运设备连接在一起的连续生产线。

流水生产线的效益体现在以下几个方面：

（1）高生产效率，高产量，低成本。

（2）质量稳定，管理简单。

（3）有利于采用高效的专用设备。

流水生产线的局限性表现在以下两个方面：

（1）产品品种少，对需求变化的适应性差。

（2）工人劳动强度大，精神紧张。

设计流水生产线，一般按照下列步骤进行：

第一步，按照给定的产品装配作业和顺序，确定产品装配网络图。

第二步，确定流水线的节拍。

第三步，确定需要的工作地数。

第四步，进行流水线平衡。

第五步，确定各工序的设备数。

第六步，配备工人。

第七步，选择传送装置。

第八步，确定平面布置。

流水线平衡（Line Balancing）又称工序同期化，是生产对象专业化设施布置设计的一个重要内容。无论是采用表上作业法还是分支定界法进行流水线平衡，都要遵循以下原则：

（1）不违反作业先后顺序。

（2）各工作地的单件作业时间不大于生产节拍（Cycle Time）。

（3）使工作地数尽可能少。

（4）先分配后续作业数多的作业。

（5）先分配后续作业时间长的作业。

进行流水线平衡最规范和有效的工具是分支定界法。分支定界法是利用分支定界并寻找最新活动节点的原理，求出可行的作业组合方案，然后，一面依靠回溯检查，消除明显不良的作业组合方案，一面求出能使装配工序数最小的作业组合方案。

用分支定界法进行流水线平衡的程序如下：

（1）先求第一个可行解。列出所有可能作为第 1 工作地的作业组合。在进行作业组合时，须遵守工作地总时间 $T_{ei} \leqslant$ 节拍 r 的原则。

（2）求出各作业组合方案所对应的流水线上可能的最少工作地数 S_{k1}。它根据组合后剩余的作业时间总和求得，其计算公式为

$$S_{k1} = 1 + \left[\frac{T - T_{e1}}{r} \right] \qquad (7\text{-}1)$$

式中，S_{k1} 为根据第 1 工作地的作业组合方案求得的流水线上的最少工作地数；T_{e1} 为第 1 工作地的作业时间；T 为装配网络图上的所有作业时间之和；r 为生产节拍，生产节拍＝实际生产时间/产量。

括号 ［ ］中的数若不是整数，则取大于该数的最小整数。

（3）当第1工作地有 n 个组合方案时，可求得 n 个 S_{k1} 值，用 S_{k11}，S_{k12}，…，S_{k1n} 来表示。然后从各组合方案中找出 S_{k1} 值最小的方案，在该节点进行分支。当各方案的 S_{k1} 值相等时，选取工作地总时间较大的方案，再进行第2工作地的分配，以此类推，直至装配网络图上的所有作业分配完毕。

7.1.5　成组技术

在制造业企业，虽然生产的产品多种多样，但构成产品的零部件、元器件的种类则是有限的。例如，机械产品的主要零件有轴类、齿轮类、轴套类、法兰类、平面类等。各类零件中的不同产品尺寸、形状和材质等各不相同，但用于生产这些产品的技术、设备、技术工人、管理方法是相同的，所以可以把一类产品集中起来生产，以提高生产批量和生产效率。成组技术（Group Technology）就是这样一种技术，它是利用事物的相似性提高生产效率的有效方法，将不同生产设备、技术和人员组成生产单元来生产具有相似形状和工艺要求的产品。

利用成组技术进行设施布置要遵循以下步骤：

第一步，把需要相同工序的零件组成一个族。

第二步，识别各个零件族的关键路径，并将其作为设计生产系统的基础。

第三步，将机器或流程组成生产单元。

7.1.6　服务设施布置的原则

服务设施布置与制造业设施布置有许多相似之处，但是也有不同的地方。它的目的是使单位面积的净收益达到最大。具体来说，在对服务设施进行布置时，要遵守便于顾客与服务接触、便于人员流动、开放与明亮舒适以及综合的原则。

7.1.7　定位布置

定位布置是将产品或加工对象固定放置，将设备和使用的原材料按加工顺序以及移动的困难程度环绕它作同心圆的布置。换言之，在整个加工过程中，产品作为中心保持不动，设备按加工顺序轮换。

定位设施布置的优点是：①减少了加工对象的移动，节省搬运设备和费用；②工作程序易于设计和调整，对多品种生产运作适应性强；③管理比较简单。其缺点是：①不适用于大批量生产运作；②对操作工人的技术水平和熟练程度要求较高，故在工人培训方面的投入较大；③难以采用科学的管理方法。

这种设施布置形式适用于产品（或加工对象）难以移动、加工数量少、工序时间长、设备简单的情况。典型的如飞机、轮船、某些手工艺品的生产加工等。

7.2　典型例题

例7.2.1　对生产部门进行平面布置要遵循什么原则？

答：生产部门平面布置的原则如下：尽可能保持生产过程的连续性；尽可能短的工件运送路线和保证足够的通道面积；提高生产面积的利用率；保证安全。

例7.2.2　在对制造业企业生产单位进行布局设计时要考虑哪些因素？

答：影响生产单位构成和布局的因素有很多：一方面，需求预测可以对生产单位的构成和布局有重要的影响；另一方面，从产品本身来说，产品的工艺要求、专业化要求和产品部件的空间要求也是一个重要的因素；另外，工厂的可用空间也是影响因素之一。

例 7.2.3 简述主要设施布置类型：工艺专业化设施布置、生产对象专业化设施布置、成组技术设施布置和定位设施布置的特点。

答：生产设施布置有四种典型类型，它们是工艺专业化设施布置、生产对象专业化设施布置、成组技术设施布置和定位设施布置。工艺专业化设施布置的特点是将相似的设备或功能布置在一起；生产对象专业化设施布置根据制造过程来进行布置。对于每一部件来说，路径都是一条直线；在定位设施布置中，产品被固定在一个位置，设备根据产品的位置进行布置；成组技术设施布置是一种混合型设施布置，它同时具有工艺专业化设施布置和对象专业化设施布置的某些特点。

例 7.2.4 某百货公司分为信贷部、玩具部、果酒部、电器部和糖果部，欲在一 40m×20m 的平面内对其各部门进行布置。各部门之间的相关关系及所需面积如表 7-3 所示。

表 7-3　各部门之间的相关关系及所需面积

从	至				面积/m²
	2	3	4	5	
1 信贷部	I/6	U/-	A/4	U/-	100
2 玩具部		U/-	I/1	A/1, 6	300
3 果酒部			U/-	X/1	200
4 电器部				X/1	100
5 糖果部					100

试用相关关系的方法对此百货公司进行布置。

解：首先画出各部门之间的位置关系，如图 7-3 所示。

部门之间的相关关系越紧密，它们之间的直线越多。折线表示不可接近。设施布置的初步方案如图 7-4 所示。

考虑到平面形状和各部门的面积要求，最终布置方案如图 7-5 所示。

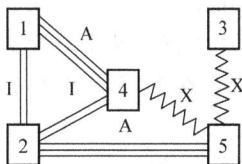

图 7-3　各部门之间的
位置关系

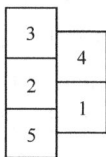

图 7-4　设施布置的
初步方案

图 7-5　最终布置方案

例 7.2.5 一所大学的财务部门有四个房间，每个房间都用来处理特定的业务：房间 A 用于制作账单，房间 B 用于现金出纳，房间 C 用于处理教师事务，房间 D 用于处理学生事务。办公室长 40m，宽 10m，每个房间的面积是 10m×10m。目前房间是按 A、B、C、D 直线型布置的。人员流量表示一个房间中的每个工作人员与其他房间工作人员的接触次数。假设所有的工作人员权重相等。

人员流量：$AB=20$，$AC=30$，$AD=15$，$BC=10$，$BD=10$，$CD=25$。

(1) 假设成本与房间之间的直线距离和人员流量的乘积成正比，试从成本角度评价该布置方式。

（2）调整各房间的工作职能以改进布置方式。用与（1）同样的方法评价改进的程度。

解：（1）首先可以画出一个示意图，四个房间初始布置如图7-6所示。

A	B	C	D

图7-6　四个房间初始布置示意图

而根据题意，成本可以表示为直线距离与人员流量的乘积，因此得到

总成本 $= 10 \times 20 + 20 \times 30 + 30 \times 15 + 10 \times 10 + 20 \times 10 + 10 \times 25 = 1\ 800$

（2）改进的思想是将人员流量较多的房间尽量布置在一起。一种可能的改进方案如图7-7所示。

B	A	C	D

图7-7　改进方案

这时

总成本 $= 10 \times 20 + 20 \times 10 + 30 \times 10 + 10 \times 30 + 20 \times 15 + 10 \times 25 = 1\ 550$

可见，对功能进行重新布置可以有效地降低成本。

例7.2.6　如果有一个工人，无论其怎样努力，工作速度总是比同一条装配线上的另外20个人慢15%，你如何处理这种情况？

答：可以选择的方案有：分割任务，以使节拍能够缩短；共享任务，使临近的工作站可以协助他完成任务；采用并行工作站；使用更熟练的工人；加班，以满足产量需要；最后则是重新设计整个流水线。

例7.2.7　欲使有17项作业的生产线平衡。作业时间最长的为1.2min，所有作业的时间之和为18min，该生产线每天工作540min。

（1）可能的最小和最大的节拍分别是多少？

（2）从理论上看，该生产线的产量范围是什么？

（3）如果要求达到最大的产量，最少所需工作地数是多少？

（4）每天保证产量为125单位时节拍是多少？

（5）下列情况下产量各是多少？①节拍为9min；②节拍为15min。

解：（1）根据节拍的定义，可能的最小节拍出现在17个作业并行的情形，此时的节拍是最长作业的作业时间，即1.2min；而可能的最大节拍出现在17个作业串行的情形，由1个工作地完成，也就是作业时间的总和18min。

（2）从理论上讲，当节拍取最小值时，产量最大；当节拍取最大值时，产量最小。由此可以计算出，产量的最大值为540/1.2 = 450，产量的最小值为540/18 = 30。产量的取值范围在30～450之间。

（3）最少工作地数 = 作业时间总和/节拍 = 18/1.2 = 15。

（4）产量为125时，节拍 = （540/125）min = 4.32min。

（5）节拍为9min时，产量 = 540/9 = 60；节拍为15min时，产量 = 540/15 = 36。

例7.2.8　管理者希望尽可能有效地把作业分配到各工作地，实现每小时产量为40个单位，假定该部门每小时工作60min，试把表7-4中的作业分配到各工地并计算效率。要求利用的方法是：

（1）先分配后续作业数最大的作业。若出现多个作业的后续作业数相等这一情形，先分配时间最长的作业。

（2）先分配时间最长的作业。

表 7-4 例 7.2.8 作业表

作业	时间/min	紧前作业	作业	时间/min	紧前作业
a	1.4	—	e	0.6	a
b	0.5	a	f	0.5	c, d
c	0.6	b	g	0.9	e
d	0.7	b	h	0.8	f, g

解：解决流水线平衡问题，第一步要画出产品的装配网络图。后面的平衡工作就是依据它来进行的。本题的装配网络图如图 7-8 所示。

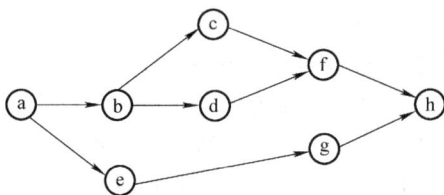

图 7-8 例 7.2.8 装配网络图

第二步是计算生产节拍。本题中

节拍 r = 工作时间总和/计划产量 = （60/40）min = 1.5min

第三步是计算所需最少工作地数，它等于作业时间总和除以节拍，最后取整。

$\min X$ = （1.4 + 0.5 + 0.6 + 0.7 + 0.6 + 0.5 + 0.9 + 0.8）/1.5 = 4

最后一步的工作是进行流水线平衡。在这里，使用表上作业法，这种方法比较直观，并且便于观察和计算，如表 7-5 所示。

表 7-5 表上作业法

工作地	待分配作业	剩余时间/min	可能的后续作业	选择的作业
1	a	0.1	—	—
2	b	1.0	c, d, e	d
	d	0.3	—	—
3	c	0.9	e, f	e
	e	0.3	—	—
4	f	1.0	g	g
	g	0.1	—	—
5	h	0.7	—	—

（1）先分配后续作业数最大的作业。

这样就得到了一种流水线平衡的方案。但这个方案使用了五个工作地，大于所需最少工作地数，因此可能不是最优的。这时的工作地分配如图 7-9 所示。如果仔细观察还能发现更好的方案。

（2）先分配工作时间最长的作业。对于本题来说，使用两种原则进行平衡的结果是完全一样的。以下略。

例 7.2.9 试分析对于一个超级市场，其中哪些个部门不能安排在一起？是否有一些部门会由于相邻而受益？

答：例如：在百货商店中，生鲜食品和其他食品之间是应当有一定距离的，否则会给

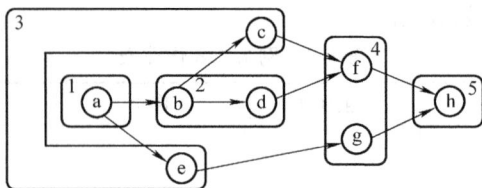

图 7-9   工作地分配图

顾客留下不好的感觉；另外，消防设施附近不允许摆放任何物品。而口香糖、糖果等则经常会被摆放在收银台附近，因为根据心理学和行为学的研究，顾客在排队等候的过程中往往会将这些物品放入自己的购物篮中。

例 7.2.10   现在制造业企业的布置和过去有何不同？

答：现在制造业企业的布置与过去相比的特点是：较小，设计开放，分隔物较少，设施外观更具吸引力；更以产品为中心，但在生产线内有相当大的灵活性；高度自动化，在机器上的投资更多，员工人数变少；更易适应新结构，留出的库存空间较少；配有计算机控制的处理设备、自动库存系统；便于团队和小组沟通与互动的设计。

例 7.2.11   在进行仓库布置时，应当考虑哪些因素？

答：仓库布置的目的是在物料处置成本和仓库空间之间寻找最优平衡。然而，管理者必须最大限度地利用仓库的空间，也就是使用全部空间，使物料的处置成本较低。物料处置成本包括物料运输入库、存储、运输出库的费用，具体包括设备、人员、物料、监督、保险和折旧。有效的仓库布局还应减少仓库中物料的损坏和变质。管理者应该使保全物料所需费用加上物料本身的损耗达到最小。

7.3   思考与练习

7.3.1   简述设施布置设计的重要性。

7.3.2   试比较制造业、仓储业、零售业和办公室布置在目标（绩效标准）上的主要区别。

7.3.3   简述工艺专业化设施布置和生产对象专业化设施布置的优缺点。

7.3.4   定位设施布置有哪些特点？适用于哪些产品？

7.3.5   解释成组技术和柔性制造系统（FMS），并说明这两个概念和单元制造布置的联系。

7.3.6   从工艺专业化设施布置转变为成组技术设施布置时，需要经过哪几个步骤？

7.3.7   简述流水线平衡的概念和方法。

7.3.8   对给定的流水线进行平衡，如何确定闲置时间比率？

7.3.9   办公室布置的设计应遵循哪些原则？

7.3.10   服务的自然环境所包含的具体内容是什么？

7.3.11   如何收集数据，以帮助一家小企业（或小餐厅）改进其布置？

7.3.12   给出一个服务业设施布置的例子，该设施布置要被设计成使顾客在系统中的逗留时间达到最长。

7.3.13   走访一家超级市场并绘出其设施布置图，谈谈你的主要观察结果。

7.3.14   在零售店的布置中，管理人员能够操作的变量有哪些？

7.3.15   成组技术的应用非常广泛，试分析应用成组技术所需要的条件。

7.3.16 将 6 个工作部门安排到 2×3 的 6 个位置上，要求满足下列条件：部门 1 与部门 2 相邻，部门 5 与部门 2 相邻，部门 6 和部门 2 都与部门 5 相邻，而部门 3 不能与部门 1 和部门 2 相邻。

7.3.17 下面这个工艺专业化布置问题已经给出了初始方案，如图 7-10 所示。假设流量已知，每单位产品每米的物流费用为 2 元，计算该布置的总费用。每个车间都是长 100m，宽 50m，以车间的中心为基准，用直线距离测量。

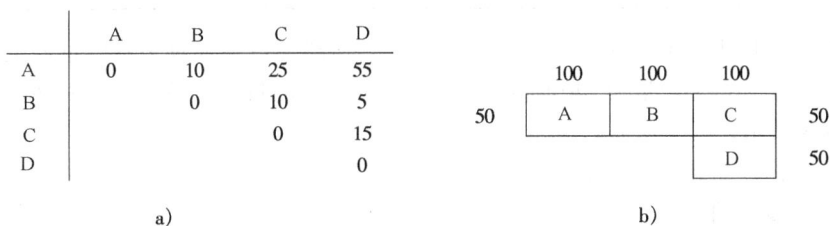

	A	B	C	D
A	0	10	25	55
B		0	10	5
C			0	15
D				0

a)

b)

图 7-10 问题和初始方案

a）部门间物流量 b）初始方案

7.3.18 一个制造厂计划新建一生产车间，在车间生产 5 种型号的产品 A、B、C、D、E。现有两种备选设施布置方案 a 和 b。5 种产品在 6 个部门间的移动距离和移动次数如表 7-6 所示。哪一种设施布置方案的月运输量更小？

表 7-6 移动方案

方案 a

1	2	3
4	5	6

方案 b

4	1	3
2	5	6

产品型号	产品工艺路线	月产量/件
A	1-2-3	2 000
B	4-5-6	2 000
C	1-5-6	3 000
D	2-5-6	1 000
E	2-4-3	3 000

移动方向	设备间的距离/m	
	方案 a	方案 b
1-2	15	25
1-5	30	10
2-3	15	35
2-4	20	10
2-5	15	15
3-4	35	25
4-5	15	25
5-6	30	10

7.3.19 管理者希望尽可能有效地把作业分配到各工作地，实现每小时产量为 4 个单位。该部门每小时工作 56min。将表 7-7 中的作业（时间单位：min）分配到各工作地，并计算效率。要求使用的方法是：

（1）先分配后续作业数最大的作业。若出现多个作业的后续作业数相等这一情形，先分配后续时间最长的作业。

（2）先分配时间最长的作业。

表 7-7 7.3.19 作业表 （一）

作业	时间/min	紧前作业	作业	时间/min	紧前作业
a	3	—	f	5	—
b	2	a	g	6	f
c	4	b	h	9	c, e
d	7	a	i	5	h
e	4	d, g			

7.3.20 作为一工厂主要革新项目的一部分，工业工程部门被要求对一修改过的流水线进行平衡，以实现每天产量为 240 单位、日工作时间 8h 的目标。各作业的时间和先后顺序如表 7-8 所示。

（1）画出产品装配网络图。

（2）计算节拍。

（3）确定所需最少工作地数。

（4）按后续作业数最大的作业先分配这一方法将作业分配到各工作地。如果出现多个作业的后续作业数相等时，先分配时间最长的作业。如果仍然相等，可以任选一个。

（5）计算这一分配方案的效率。

表 7-8 7.3.20 作业表 （一）

作业	时间/min	紧后作业	作业	时间/min	紧后作业
a	0.2	b	e	1.2	g
b	0.4	c, f	f	1.2	g
c	0.2	g	g	1.0	—
d	0.4	e			

7.3.21 12 个作业进行流水线平衡，工作时间及先后顺序如表 7-9 所示。已知节拍为 1.5min，要求分别采用两种方法：①先分配时间最长的作业；②先分配后续作业数最大的作业。

表 7-9 7.3.21 作业表 （一）

作业	时间/min	紧前作业	作业	时间/min	紧前作业
a	0.1	—	f	0.2	d, e
b	0.2	a	g	0.4	f
c	0.1	a	h	0.1	f
d	0.6	b, c	i	0.2	f
e	0.9	—	j	0.7	g, h, i

（1）画出产品装配网络图。

（2）分别按上述方法分配作业。

（3）计算每一分配情况下的效率。

7.3.22 一条装配线的预定日产量为 360 单位，该装配线每天运行 450min。表 7-10 给出了生产该产品的作业及各作业的时间和紧前作业。

（1）画出产品装配网络图。

（2）计算节拍。

表 7-10 7.3.22 作业表（一）

作业	时间/s	紧前作业	作业	时间/s	紧前作业
A	30	—	E	15	C
B	35	A	F	65	C
C	30	A	G	40	E, F
D	35	B	H	25	D, G

（3）用后续作业数最多规则平衡该装配线，用作业时间最长规则作为第二规则。

（4）流水线平衡后的效率是多少？

7.3.23 一个部门一天工作 400min，该部门的管理者希望生产线日产量为 200 个单位。基本作业如表 7-11 所示。

（1）画出产品装配网络图。

（2）按后续作业数最多的方法进行流水线平衡。

（3）计算此时的效率。

表 7-11 7.3.23 作业表（一）

作业	时间/min	紧前作业	作业	时间/min	紧前作业
A	0.8	—	E	0.6	B, C
B	1.5	A	F	0.4	C, D
C	1.2	A	G	1.1	E, F
D	0.7	—	H	0.8	G

7.3.24 设装配某产品的节拍为 10min，整个装配工作可分解为 11 个作业，各作业的先后顺序和时间定额如表 7-12 所示。

表 7-12 7.3.24 作业表

作业	时间/min	紧前作业	作业	时间/min	紧前作业
A	6	—	G	6	B
B	2	A	H	3	C, D, E
C	5	A	I	5	F, G
D	7	A	J	5	H
E	1	A	K	4	I, J
F	2	B			

用分支定界法求最优的流水线平衡方案。

7.3.25 某汽车零件制造商正计划增加一条新的生产线，要对这条生产线进行流水线平衡，假定节拍是 1.5min，工作时间和顺序关系如表 7-13 所示。

表 7-13 7.3.25 作业表

作业	时间/min	紧后作业	作业	时间/min	紧后作业
a	0.2	c	e	0.1	f
b	0.4	d	f	0.8	g
c	0.3	d	g	0.3	h
d	1.3	g	h	1.2	—

（1）画出产品装配网络图。

（2）使用分支定界法将作业分配到各工作地。

（3）求流水线效率。

（4）在假定一天工作420min的情况下，计算可达到的产量。

7.3.26 作业时间及先后顺序如表7-14所示。试将这些作业安排到各工作地以形成一条流水线，这条流水线每天运行7.5h，要求每天生产1 000件产品。

表7-14 7.3.26作业表

作业	时间/s	紧前作业	作业	时间/s	紧前作业
A	15	—	G	11	C
B	24	A	H	9	D
C	6	A	I	14	E
D	12	B	J	7	F, G
E	4	B	K	15	H, I
F	6	C	L	10	J, K

（1）画出产品装配网络图。

（2）针对预定1 000件产品的产量，用分支定界法来进行流水线平衡。

（3）根据（2）中的条件，计算装配线平衡后的效率。

（4）生产开始后，市场部意识到低估了市场需求，决定将产量提高到1 500件，应该采取什么措施？试定量地作出回答。

7.3.27 某流水线的各作业的先后顺序及作业时间如表7-15所示。

表7-15 7.3.27作业表

作业	时间/min	紧前作业	作业	时间/min	紧前作业
A	0.4	—	G	0.6	E
B	1.5	A	H	0.5	F
C	1.0	A	I	0.6	G
D	0.8	A	J	0.7	E, H
E	0.6	B, C	K	0.8	I, J
F	0.9	D	L	0.3	K

假设每天工作8h，每天的产量是200单位。

（1）画出产品装配网络图。

（2）计算节拍。

（3）确定最少工作地数。

（4）用分支定界法进行流水线平衡。

7.3.28 表7-16中的作业需要分配到若干工作地，要求闲置时间最少。管理部门计划每天产量为275单位，假定每天工作时间为440min。

（1）画出产品装配网络图。

（2）求出相应的节拍。

（3）所需最少工作地数是多少？

（4）采用分支定界法对该流水线进行平衡。

表7-16 7.3.28作业表

作业	时间/min	紧前作业	作业	时间/min	紧前作业
a	0.3	—	f	0.6	d
b	0.6	—	g	0.1	e
c	0.4	a	h	0.5	f, g
d	1.2	b	i	0.3	h
e	0.2	c			

思考与练习答案

7.3.1 答：设施布置影响到组织绩效的多个方面。原材料加工、设备利用、库存水平、员工生产率，甚至团队沟通和员工士气，都受到设施布置的影响。在制造业中，这种影响主要通过成本体现出来；在服务业中，设施布置还会影响顾客的消费倾向，从而间接影响企业的收入和利润。

7.3.2 答：所有布置的共同目标通常包括成本的有效性、高生产率、高效率和灵活性。然而，一个生产设施的实际布置会因设施的最终用途而有所不同。

制造业：使运输、加工和原料储存的费用最少。

仓储业：使入库、储存、运送和材料跟踪的效率最高。

零售业：增强产品的吸引力和客户的舒适感。

办公室：通过沟通和高效的工作流提高员工的工作有效性。

7.3.3 答：工艺专业化设施布置的优点有：生产定制化；设备和人员灵活；设备上的投资较小；受故障的影响较小；工作满意度高。缺点有：材料处理成本较高；产量和设备利用率低；高技能工人的成本较高；生产控制更复杂；每个员工的监督成本提高。

对象专业化设施布置的优点有：人员和设备的利用率高；材料处理成本低；劳动力成本低；在制品库存较少；生产控制简单，产品质量稳定。缺点有：系统缺乏柔性；专用设备的成本较高；工序相互依赖；工作满意度低。

7.3.4 答：定位设施布置使最终产品的材料处理成本最小化，并使管理者能够使用项目管理方法。然而，它可能需要较高的成本来吸引具备专业技能的工人到工作场地作业，设备也并非总能得到充分利用。它主要适用于大型产品，如船舶、飞机等。

7.3.5 答：成组技术是识别和比较零件的设计和制造特征，以便把具有相似特征的零件集合成组的技术。它的目的是找到一种大致相同的生产顺序。如果可能，接下来可以设计和建设制造单元来加工整个零件组。

柔性制造系统是自动化程度更高和联系更为紧密的制造单元，通常由相当复杂的计算机来控制，从而能对特定单元的特定部件随时发出指令，并迅速适应不同产品的加工需要。

7.3.6 答：将工艺专业化设施布置转化为成组技术设施布置，需要以下三个步骤：

（1）使用特定的方法将部件划分为若干组群。

（2）在部件组中找到主要的工作流，并以其为基础来进行布置。

（3）将设备和工艺组合为单元。

7.3.7 答：流水线平衡是把顺序发生的工作活动分配到各个工作地，使劳动力和设备得到充分利用，从而使空闲时间最少。流水线平衡的一般步骤是：

（1）按照给定的产品装配作业和顺序，确定产品装配网络图。

（2）确定流水线的节拍。

（3）确定需要的工作地数。

（4）进行流水线平衡。

（5）确定各工序的设备数。

（6）配备工人。

（7）选择传送装置。

（8）确定平面布置。

进行流水线平衡要遵守如下原则：

（1）不违反作业先后顺序。

（2）各工作地的单件作业时间不大于生产节拍。

（3）使工作地数尽可能少。

（4）先分配后续作业数多的作业。

（5）先分配后续作业时间长的作业。

7.3.8　答：在进行流水线平衡之后，每个工作地在节拍长度之内都会有闲置时间。将每个工作地的闲置时间加总，然后除以可以利用的时间，就会得到闲置时间占总时间的比率。

7.3.9　答：办公室布置与生产或服务设施布置的主要区别在于，前者更注重信息的良好沟通与传递，后者则取决于生产物流是否平稳或服务对象是否满意。办公室布置设计的原则之一是使工作中需要频繁接触与沟通的工作岗位位置尽可能相距近一些，但保证员工的隐私权也是原则之一。因此，提供近距离接触和沟通与维护隐私权的要求，使办公室布置与管理处于两难的境地。管理人员必须在易于交流沟通和维护个人隐私权之间作出权衡。

7.3.10　答：服务的自然环境包含：周围环境，空间布局和功能，符号、标记和人造物品。

7.3.11 ~ 7.3.15　略。

7.3.16　解：一种可能的形式是：

1	2	4
6	5	3

7.3.17　解：首先，从示意图中计算出各个车间之间的距离。斜线距离可以用勾股定理来计算。结果如表 7-17 和表 7-18 所示。

表 7-17　距离

	A	B	C	D
A	0	100	200	206
B		0	100	112
C			0	50
D				0

表 7-18　流量

	A	B	C	D
A	0	10	25	55
B		0	10	5
C			0	15
D				0

将两个表中的数字分别相乘然后求和，就可以得到总的运输量，单位为件·m。

总运输量 = 19 640 件·m。

又因为每单位产品每米的运输费用为 2 元，可以求出总的运输费用为 39 280 元。

7.3.18　解：对于布置方案 a 来说：

$$运量 = 2\,000 \times (15 + 15) + 2\,000 \times (15 + 30) + 3\,000 \times (30 + 30) + 1\,000 \times (15 + 30) +$$
$$3\,000 \times (20 + 35) = 540\,000$$

对于布置方案 b 来说：

运输量 $= 2\,000 \times (25 + 35) + 2\,000 \times (25 + 10) + 3\,000 \times (10 + 10) + 1\,000 \times (15 + 10) +$
$\qquad 3\,000 \times (10 + 25) = 440\,000$

布置方案 b 的总运输量更少，因此，方案 b 是更佳的方案。

7.3.19　解：首先画出装配网络图，如图 7-11 所示。

节拍 $r = (56/4)$ min $= 14$min

最少所需工作地数 $= (3 + 2 + 4 + 7 + 4 + 5 + 6 + 9 + 5)/14 = 4$（取整数）

（1）按先分配后续作业数最大作业的原则，如表 7-19 所示。

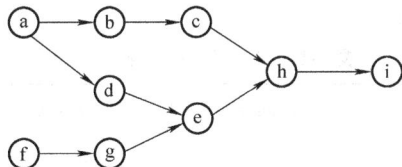

图 7-11　装配网络图

表 7-19　7.3.19 作业表（二）

工作地	待分配作业	剩余时间/min	可能的后续作业	选择的作业
1	a	11	b, d, f	f
	f	6	b, d, g	g
	g	0	—	—
2	b	12	c, d	d
	d	5	c, e	c
	c	1	—	—
3	e	10	h, i	h
	h	1	—	—
4	i	9	—	—

使用这种方法进行平衡的结果是：

工作地 1：a、f、g；工作地 2：b、d、c；工作地 3：e、h；工作地 4：i。

（2）按先分配时间最长作业的原则，如表 7-20 所示。

表 7-20　7.3.19 作业表（三）

工作地	待分配作业	剩余时间/min	可能的后续作业	选择的作业
1	a	11	b, d, f	d
	d	4	b	b
	b	2	—	—
2	f	9	c, g	g
	g	3	—	—
3	c	10	e	e
	e	6	—	—
4	h	5	i	i
	i	0	—	—

使用这种方法进行平衡的结果是：

工作地 1：a、b、d；工作地 2：f、g；工作地 3：c、e；工作地 4：h、i。

7.3.20 解：（1）装配网络图如图 7-12 所示。

要注意的是，本题题目所给出的是紧后作业，如果不小心看错的话，就不能得到正确的网络图。

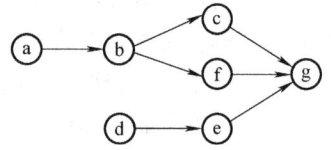

（2）节拍 $r = \left[(8 \times 60)/240 \right] \min = 2\min$

（3）所需最少工作地数 $= (0.2 + 0.4 + 0.2 + 0.4 + 1.2 + 1.2 + 1.0)/2 = 3$（取整）

（4）答案如表 7-21 所示。

图 7-12　7.3.20 装配网络图

表 7-21　7.3.20 作业表（二）

工作地	待分配作业	剩余时间/min	可能的后续作业	选择的作业
1	a	1.8	b, d	b
	b	1.4	c, d, f	d
	d	1.0	c	c
	c	0.8	—	—
2	e	0.8	—	—
3	f	0.8	—	—
4	g	1.0	—	—

（5）效率 = 作业时间总和/（节拍 × 实际工作地数）= 4.6/（2 × 4）= 57.5%

7.3.21 解：装配网络图如图 7-13 所示。

最少工作地数 $= (0.1 + 0.2 + 0.1 + 0.6 + 0.9 + 0.2 + 0.4 + 0.1 + 0.2 + 0.7)/1.5$
$= 3.5/1.5 = 3$（取整数）

按先分配时间最长作业的原则，如表 7-22 所示。

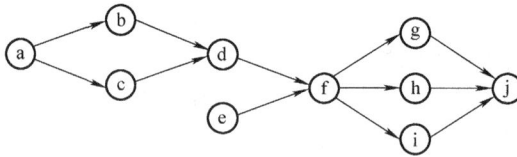

图 7-13　7.3.21 装配网络图

表 7-22　7.3.21 作业表（二）

工作地	待分配作业	剩余时间/min	可能的后续作业	选择的作业
1	a	1.4	b, c, e	e
	e	0.5	b, c	b
	b	0.3	c	c
	c	0.2	—	—
2	d	0.9	f	f
	f	0.7	g, h, i	g
	g	0.3	h, i	i
	i	0.1	h	h
	h	0	—	—
3	j	0.8	—	—

效率 $=3.5/(1.5 \times 3) =77.8\%$

按先分配后续作业数最大作业的原则，如表7-23所示。

表7-23 7.3.21 作业表（三）

工作地	待分配作业	剩余时间/min	可能的后续作业	选择的作业
1	a	1.4	b, c, e	b
	b	1.2	c, e	c
	c	0.3	e	e
	e	0.2	—	—
2	d	0.9	f	f
	f	0.7	g, h, i	g
	g	0.3	h, i	h
	h	0.2	i	i
	i	0	—	—
3	j	0.8		

效率 $=3.5/(1.5 \times 3) =77.8\%$

尽管两种方法分配作业的次序不同，但最后分配的结果是一样的，因此，用两种方法进行流水线平衡的效率也相同。

7.3.22 解：（1）装配网络图如图7-14所示。

（2）节拍 $r = (450/360)$ min $=1.25$ min $=75$ s

（3）可能最少工作地数 $=275/75 =4$（取整数）

流水线平衡结果如表7-24所示。

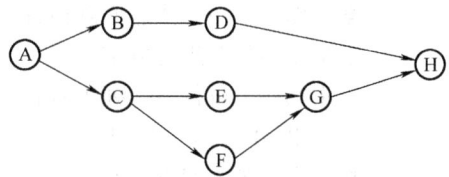

图7-14 7.3.22 装配网络图

表7-24 7.3.22 作业表（二）

工作地	待分配作业	剩余时间/s	可能的后续作业	选择的作业
1	A	45	C	C
	C	15	E, F, B	E
	E	0	—	—
2	F	10	—	—
3	B	40	D, G	G
	G	0	—	—
4	D	40	H	H
	H	15	—	—

（4）效率 $=275/ (75 \times 5) =73.3\%$

7.3.23 解：（1）装配网络图如图7-15所示。

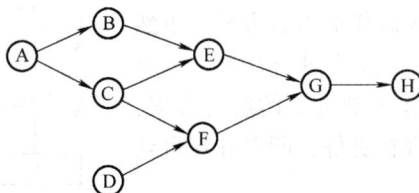

图7-15 7.3.23 装配网络图

（2）节拍 $r = (400/200) \min = 2\min$

可能最少工作地数 $= 7.1/2 = 4$ （取整数）

流水线平衡结果如表7-25所示。

表7-25 7.3.23 作业表（二）

工作地	待分配作业	剩余时间/min	可能的后续作业	选择的作业
1	A	1.2	C, D	C
	C	0	—	—
2	B	0.5	—	—
3	D	1.3	E, F	E
	E	0.7	F	F
	F	0.3	—	—
4	G	0.9	H	H
	H	0.1	—	—

（3）效率 $= 7.1/(2 \times 4) = 88.75\%$

7.3.24 解：分支定界法是利用分支定界并寻找最新活动节点的原理，求出可行的作业组合方案，然后，一面依靠回溯检查，消除明显不良的作业组合方案，一面求出能使装配工序数最小的作业组合方案。

先求第一个可行解。列出所有可能作为第1工作地的作业组合。本题中，第1工作地有 $\{A, B, E\}$ 与 $\{A, B, F\}$ 两种组合。

接着求出各方案下流水线上可能的最小工作地数，如图7-16所示。公式如下

$$S_{k1} = 1 + \frac{T - T_{e1}}{r}$$

式中，S_{k1} 为根据第1工作地的作业组合方案求得的流水线上的最少工作地数；T_{e1} 为第1工作地的作业时间；T 为所有作业时间之和；r 为生产节拍。

当第1工作地有几个组合方案时，可求得几个 S_{k1} 值。然后，从各组合方案中，找出 S_{k1} 值为最小的方案作为分支节点，在该节点进行分支。当各方案的 S_{k1} 值相等时，选取工序时间值较大的方案。下面，用树形图来说明计算过程，如图7-16所示。

（方框左下角的数值为 S_k，右下角的数值为 T_e）

全部作业分配完毕后，由最后一道工序向前回溯。可以看到，工作地数小于6的方案有1-1、2-1和2-3。从方案2-3的节点分支，继续寻求可行解。寻求可行解的过程依然用树形图表示，如图7-17所示。

因为装配线最少的工作地数为5，所以不存在比这种方案工作地更少的作业组合方案。虽然从方案1-1或方案2-1出发再进行计算，也可能得出其他的最少工作地数为5的组合方案，但其平衡效果不会比现在更好，所以计算可到此为止。

因此，可以得到流水线平衡的结果：

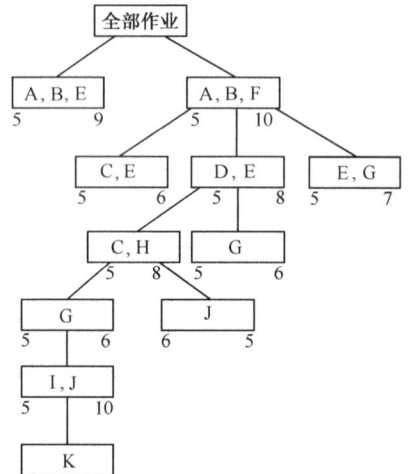

图7-16 分支定界法计算过程（一）

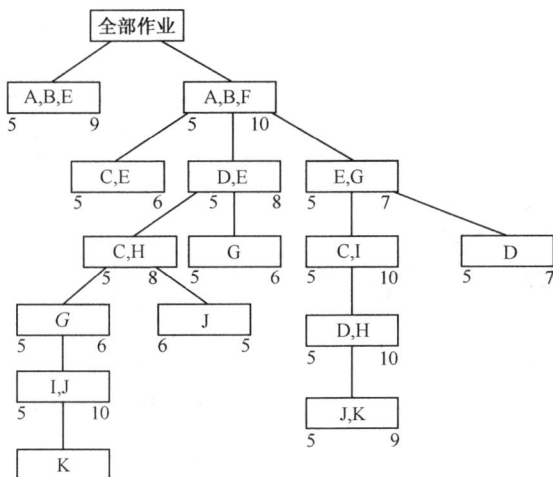

图 7-17 分支定界法计算过程（二）

工作地 1：{A, B, F}

工作地 2：{E, G}

工作地 3：{C, I}

工作地 4：{D, H}

工作地 5：{J, K}

7.3.25 解：(1) 装配网络图如图 7-18 所示。

(2) 计算过程仅给出树形图（见图 7-19）和最后的计算结果。

工作地 1：{a, b, e, f}

工作地 2：{c}

工作地 3：{d}

工作地 4：{g, h}

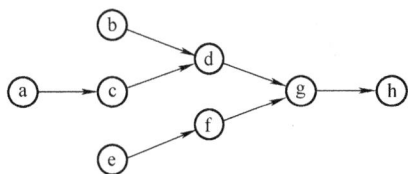

图 7-18 7.3.25 装配网络图

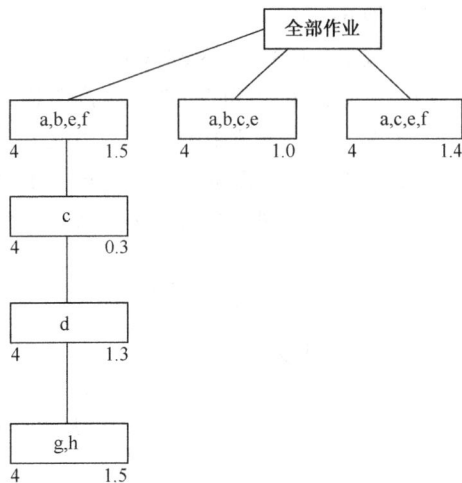

图 7-19 7.3.25 树形图

(3) 流水线平衡的效率 $r = 4.6/(1.5 \times 4) = 76.7\%$

(4) 如果每天工作 420min，那么

产量 = (420/1.5) 件 = 280 件

7.3.26 解：(1) 装配网络图如图 7-20 所示。

(2) 节拍 $r = 7.5 \times 60 \times 60/1000 = 27$

用分支定界法进行流水线平衡的过程，这里只给出树形图（见图 7-21）和最后的结果。

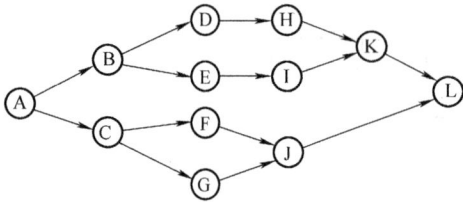

图 7-20　7.3.26 装配网络图

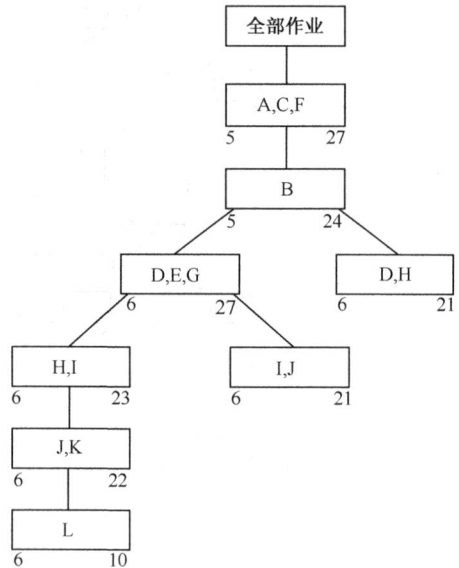

图 7-21　7.3.26 树形图

工作地 1：{A，C，F}

工作地 2：{B}

工作地 3：{D，E，G}

工作地 4：{H，I}

工作地 5：{J，K}

工作地 6：{L}

（3）效率 $= 133/(27 \times 6) = 82\%$

（4）首先，生产部门要改变生产节拍，变为 $7.5 \times 60 \times 60/1500 = 18$。又因为此时存在作业长度大于生产节拍的作业，因此要采取各种措施来解决这个问题。

最后，重新进行流水线平衡。这里不再赘述。

7.3.27　解：（1）装配网络图如图 7-22 所示。

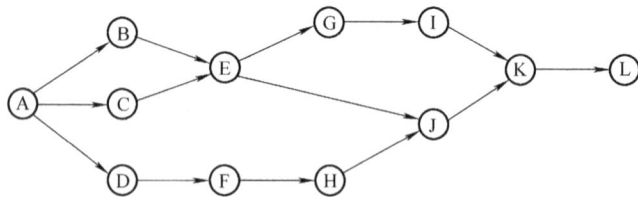

图 7-22　7.3.27 装配网络图

（2）节拍 $r = (8 \times 60/200)\min = 2.4\min$

（3）最少工作地数 $= 8.7/2.4 = 4$（取整数）

（4）计算过程用树形图表示，如图 7-23 所示。这里只给出计算结果。

工作地 1：{A，C，D}

工作地 2：{B，F}

工作地 3：{E，G，H，J}

工作地 4：{I，K，L}

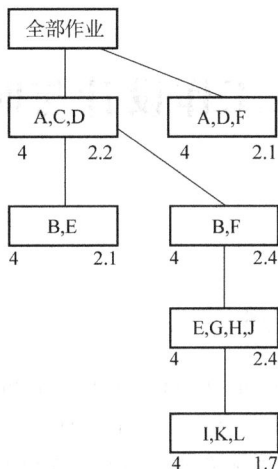

图 7-23　7.3.27 树形图

7.3.28　解：（1）装配网络图如图 7-24 所示。

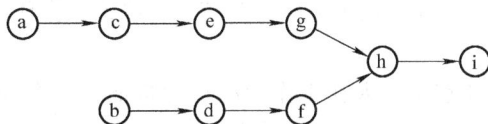

图 7-24　7.3.28 装配网络图

（2）节拍 $r = (440/275) \text{min} = 1.6 \text{min}$

（3）最少工作地数 $= 4.2/1.6 = 3$（取整数）

（4）计算过程用树形图给出，如图 7-25 所示。

平衡结果如下：

工作地 1：{a，b，c，e，g}

工作地 2：{d}

工作地 3：{f，h，i}

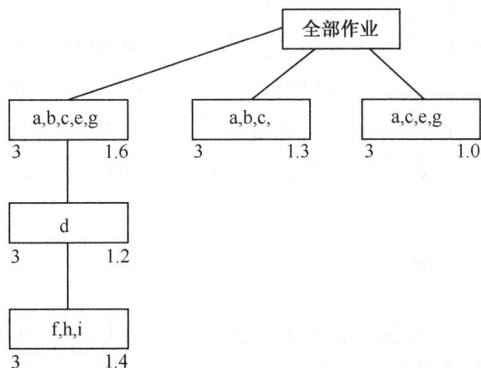

图 7-25　计算过程树形图

第8章 工作设计与时间测定

8.1 理论要点

8.1.1 工作设计与时间测定概述

工作设计（Job Design）与时间测定（Time Measurement）是工业工程（Industrial Engineering，IE）所研究问题的一部分。所谓工业工程，是指通过对人、设备、环境、物料、信息等的集成，设计建立工作系统最优化的工程学方法。对同一个转换系统，从不同的角度可以得到不同的认识，如从物的角度看是一个生产系统，而从人的角度看又是一个工作系统。

工业工程的研究目的是：提高对生产系统中人的因素的管理水平；在不牺牲转换系统基本功能的前提下，获得最高的生产效率；研究人的行为特征；改善工作环境和工作条件；制定劳动标准，建立合理的激励机制。

工业工程的研究内容主要包括：人在工作中的行为特征、工作程序（过程）分析、人—机配合作业分析、动作研究、时间研究、工作标准化与定额管理、厂区布置与物流分析、工作环境研究等。

工业工程在解决问题时，一般按以下步骤进行：

第一步，确定研究对象与改进目标。

第二步，观察和记录现行方法。

第三步，严格考察全部过程。

第四步，制订改进方案。

第五步，改进方案的实施。

第六步，改进效果评价与信息反馈。

第七步，设定下一步工作目标，开始下一阶段工作。

工业工程对人的行为特征的研究内容包括：①劳动专业化与工作内容扩展的权衡；②工作环境（视觉、照明、色彩、噪声与振动、温度与湿度等）对效率的影响；③工作团队的行为模式；④劳动意愿的引导与鼓励等。霍桑试验、马斯洛的需求模型均证实组织中的员工不是简单的经济人，而是有思想、有情感、富有创造性的社会人，需要组织和社会的认可，希望在工作中完成自我价值的实现。

8.1.2 工业工程的分析工具

工业工程使用的程序分析工具包括：①装配流程图，如图 8-1 所示；②工艺流程图，如图 8-2 所示；③加工路线单（工艺卡片），如表 8-1 所示；④路线图，如图 8-3 所示；⑤过程图，如图 8-4 所示。

8.1.3 人机联合作业分析与合理化

在实际工作中，不管是在制造业企业还是在服务业企业，大多数情况下，工作都是在人与机器设备的协同配合下完成的。要提高工作效率，人与机器的有效配合极为重要。人—机联合作业分析就是通过对人与机器配合工作过程的分析，设计更加合理的工作程序和方法。人机联合作业分析与合理化的目标是通过增加人与机器的平行作业、减少空闲时间、缩短生产周期的方法提高工作效率。

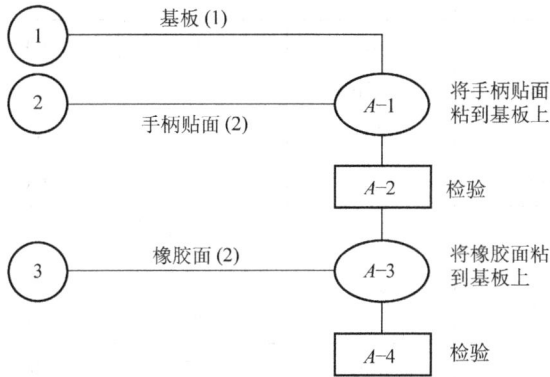

图 8-1 乒乓球拍装配流程图

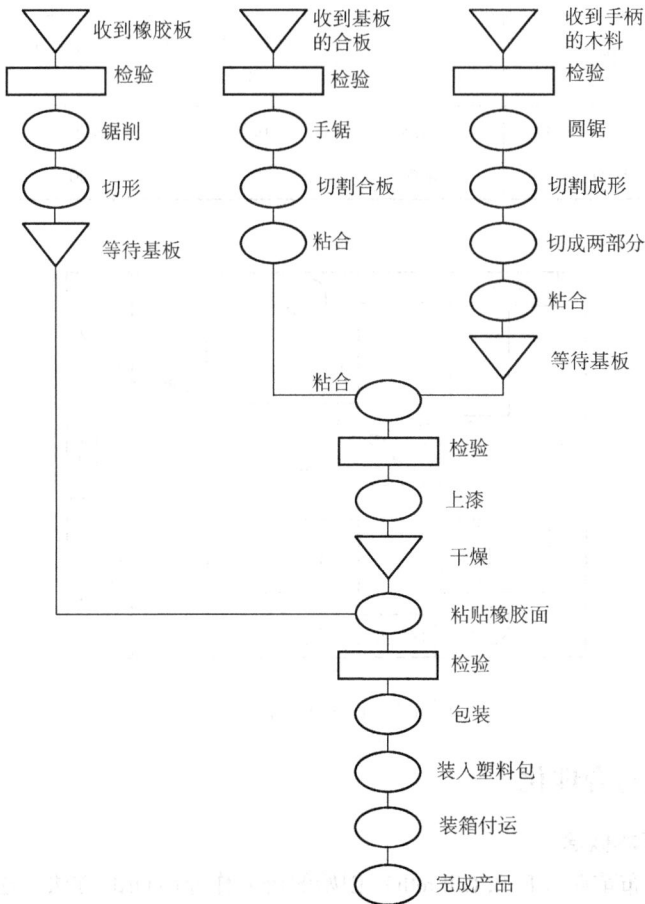

图 8-2 乒乓球拍工艺流程图

表 8-1 乒乓球拍加工路线单

零件名称：基板					
操作代码	操作描述	部门	准备时间/h	每小时个数/个	工具
10	切形	锯削	1.0	100	带锯
20	粘贴手柄	粘贴	0.5	50	夹具
21	上漆	粘贴	0.3	100	漆刷
22	粘贴橡胶面	粘贴	0.1	100	漆刷
零件名称：手柄贴面					
操作代码	操作描述	部门	准备时间/h	每小时个数/个	工具
15	切形	锯削	0.25	400	圆锯
16	切成两部分	锯削	0.25	100	圆锯
20	粘贴手柄贴面	粘贴	0.5	50	夹具
零件名称：橡胶面					
操作代码	操作描述	部门	准备时间/h	每小时个数/个	工具
16	24 个一批，切形	锯削	0.3	400	圆锯
22	粘贴橡胶层	粘贴	0.1	100	漆刷

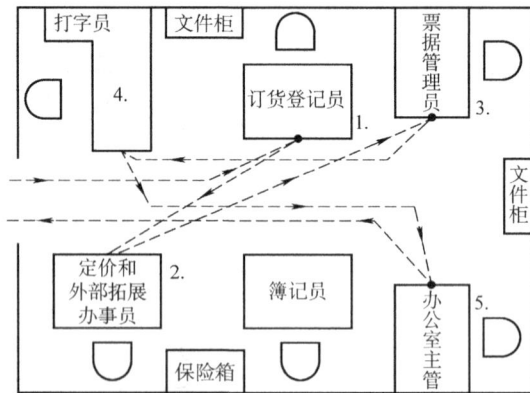

图 8-3 订单审批路线图

8.1.4 动作研究与合理化

1. 动作研究的基本概念

动作研究是吉尔布雷斯（F. B. Gilbreth）创始的研究作业时间的方法。这种方法是把某项作业的动作分解为最小的动作单元，来对作业进行分析，找出最合理的动作，从而使作业时间缩短，并使作业达到标准化。动作研究对于改进各种操作，特别是手工操作的作业非常有用。

当前方法 ☐　　　　　　　　过程图

建议方法 ☐

图表题材目　　__自行车车轴架生产__　　　　　　　　日期　__2005—01—08__

填制者　__CD__

图表编号　__1__

部门　　__车轴架的工作单元__　　　　　　　　　第 _1_ 页　　总共 _1_ 页

距离/m	时间/min	图形标识	过程描述
50		○➡☐D▽	从冲压机器到工作单元的存储箱
	3	○⇨☐D▼	存储箱
5		○➡☐D▽	移动到机器 1
	4	●⇨☐D▽	在机器 1 上加工
4		○➡☐D▽	移动到机器 2
	2.5	●⇨☐D▽	在机器 2 上加工
4		○➡☐D▽	移动到机器 3
	3.5	●⇨☐D▽	在机器 3 上加工
4		○➡☐D▽	移动到机器 4
	4	●⇨☐D▽	在机器 4 上加工
20		○➡☐D▽	移动到焊接处
	防错	○⇨■D▽	在焊接时进行防错检查
	4	●⇨☐D▽	焊接
10		○➡☐D▽	移动到油漆处
	4	●⇨☐D▽	油漆
		○⇨☐D▽	
97	25		总计

○—加工；　⇨—运输；　☐—检验；　D—延迟；　▽—存储

图 8-4　自行车车轴架生产过程图

动素是作业过程中作业活动的最小构成要素，它是由美国的吉尔布雷斯夫妇首先提出的。

2. 动作合理化（经济）原则

动作经济原则涉及三个方面，即有关使用身体的原则，有关作业场地布置的原则，以及有关工具、机器设备设计的原则。

与使用身体有关的原则是：

（1）排除不必要的动作。

（2）动作应以最短距离进行。

（3）动作应靠最低位次的身体部位来完成。

（4）尽可能利用重力、惯性力代替人力。

（5）保持作业姿势稳定，避免身体上下移动。

（6）避免急转弯的动作，尽量使动作成为连续的曲线运动。

（7）双手动作尽可能同时开始，同时结束。

（8）手指与两腕动作应同时、反方向、对称地进行。

有关作业场地布置的原则是：

（1）工件和工具应放在操作者眼可见、手可及的各自的固定位置上，且应按使用的顺序摆放。

（2）工具、材料和控制装置不要作直线布置，而应围绕作业位置成圆弧形布置。

（3）应使作业面与操作者有相适应的高度。

（4）作业面应布置适当的照明。

关于工具、机器设备的设计原则是：

（1）对于工具和机器的手柄应尽量增大其和手的接触面积。

（2）能够用脚操作代替手操作时，就不用手操作。

（3）尽量把两个以上的工具组合起来，尽量采用复合式工具。

（4）材料、工件的搬运，尽量利用重力装置。

（5）常用工具，如手提钻等可设计成吊挂式，使其能保持在常用位置状态。

8.1.5 时间测定与劳动定额

要对员工工作绩效和报酬进行有效管理，就必须有一个科学合理的工作标准。而制定工作标准和劳动定额的基础是对现有工作方法所消耗时间的测定。应根据工作延续时间的长短选择有效的测时方法。图 8-5 是选择测时方法的一个参考。

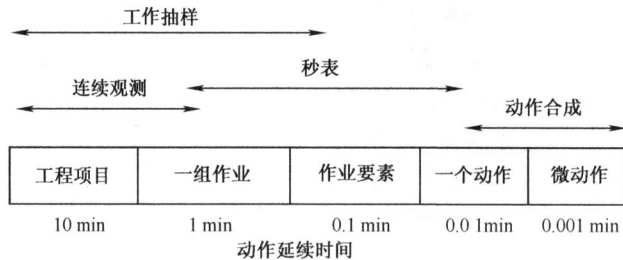

图 8-5 选择测时方法

（1）循环测时法。如果要测定一项工作的各个构成要素所消耗的时间，可以使用循环测时法，这种方法可以提高测时的精度，同时也可以降低测时的难度，如图 8-6 所示。

图 8-6 一项工作的构成要素及时间消耗

$$a = B + C + D + E \quad b = C + D + E + A \quad c = D + E + A + B \quad d = E + A + B + C$$
$$e = A + B + C + D$$
$$k = a + b + c + d + e = 4(A + B + C + D + E) \quad A = k/4 - a$$

（2）连续测时可以得到准确的测时结果，然而连续测时要求分析人员长时间亲临现场，对分析人员的时间约束大，工作负担重，而且很有可能影响被观测对象的工作状态，导致测时结果不准确。工作抽样（Work Sampling）可以有效地解决这个问题，特别是在要测量的工作延续时间较长时。工作抽样原理是统计学的抽样理论在工作测定中的应用；不是测定工时消耗的延续时间，而是记录测定人员在观察的一瞬间被测定对象的活动内容。

其主要用途是：测定设备和人员工作与停歇的时间比率；测定各类工时消耗的比例等。

抽样次数的确定取决于要求的测定精度。根据统计学的原理，设 N 为抽样次数，E 为抽样估

计绝对误差，Z 为置信度系数，p 为调查对象占总时间消耗的比例，则

$$E = Z\sqrt{p(1-p)/N} \tag{8-1}$$

$$N = Z^2 p(1-p)/E^2 \tag{8-2}$$

假设要确定某一部分工时消耗在整个制度工作时间中所占的比例，则可以设这部分的比例为 p（这个 p 的初始值可以通过最初的若干次抽样确定），而这部分工时消耗以外的比例为 $1-p$，如图 8-7 所示。

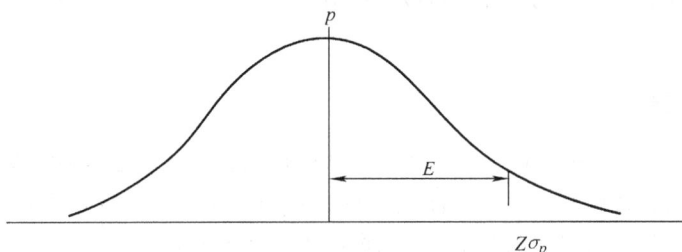

图 8-7　工作抽样

（3）制造业企业员工的工时消耗结构很复杂，图 8-8 给出了一个参考的结构框架。在管理中，应尽量提高工作时间所占的比例，同时应尽量减少非工作时间所占的比例。

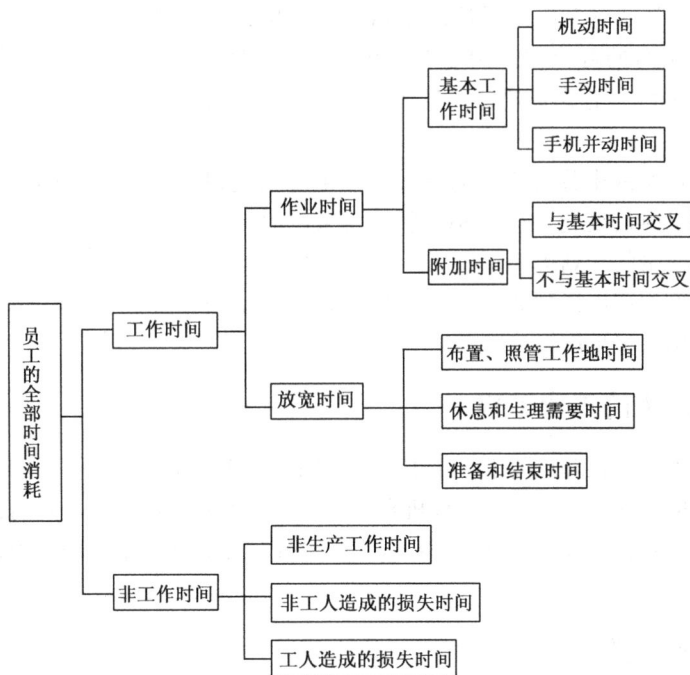

图 8-8　员工时间消耗构成

（4）劳动定额是制定绩效考核与激励制度的依据。所谓劳动定额，是指在同等技术与管理水平下，在一定时期内，具有中等熟练程度和能力的工人能以正常速度完成一项工作的平均时间。

一般劳动定额时间（Standard Time，ST）由作业时间、准备和结束时间、布置工作地时间、休息和生理需要时间构成，可以使用下述方法设定：

正常时间 = 平均观测时间 × 操作效率评定系数

$$定额时间 = 正常时间 \times (1 + 放宽时间系数)$$

或

$$定额时间 = \frac{正常时间}{1 - 放宽时间系数}$$

劳动定额的制定方法主要包括经验法、统计法、类推法、技术测定法。

劳动定额管理的实施过程包括制定定额、实施定额管理、评价劳动定额管理的结果和在必要时修正劳动定额四个阶段。

劳动定额管理在激励制度的设计中可以为按劳付酬、收益分配、配股和个人激励与群体激励提供依据。

8.1.6　学习曲线模型

员工在重复同一项工作时，随着工作累计次数的增加，熟练程度会随之提高，工作效率也会不断提高，单件工时会逐渐减少。学习曲线（Learning Curve）模型描述了累计完成的产品数量和完成单位产品所需的工时之间的关系。学习曲线如图8-9所示。

学习曲线的数学模型为

$$Y_x = Kx^n, \quad n = \log b / \log 2$$

式中，Y_x 表示生产第 x 件产品需要消耗的工时；x 为累计生产的产品数量；K 为生产第一件产品消耗的工时；n 为学习系数；b 为学习率。学习率表示在累计产量倍增时，单件工时下降到原来所需工时的百分比。例如 $b = 80\%$ 时，该学习曲线称为80%学习曲线，意为当累计产量倍增时，单件工时降为原来的80%。

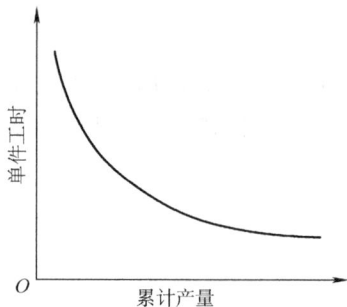

图 8-9　学习曲线

学习曲线在管理实践中具有重要的意义。其主要用途包括：估计未来单件工时的变化和生产率；制订将来的时间定额；制订提高产品质量的计划等。

从学习曲线模型中可以得到如下启示：为了提高劳动生产率，应尽量提高工作专业化程度，使工作单纯化，采用大量生产方式。

8.1.7　生产实践中的工业工程

生产实践中的工业工程理论要求：①重视人的因素，满足不同层次员工的要求；②丰富工作内容，实行工作轮换；③增加企业内培训机会，组织科技创新小组，鼓励发明；④创造良好的工作环境；⑤加强劳动安全管理和定额管理；⑥实行弹性工作时间；⑦积极采用自动化设备，单纯作业由机器完成。

8.1.8　企业流程再造

企业流程再造（Business Process Reengineering，BPR）最初是于1990年由美国的迈克尔·哈默（Michael Hammer）在《哈佛商业评论》上发表的题为《再造：不是自动化，而是重新开始》（Reengineering Work：Don't Automate，But Obliterate）的文章中提出的。1993年，哈默和詹姆斯·钱皮（James Champy）合著的《再造公司——企业革命的宣言》（Reengineering the Corporation——A Manifesto for Business Revolution）一书出版。从此，企业流程再造像一股风潮席卷了美国和其他工业化国家。

企业流程是指一组活动的集合，将一种或几种输入转化为输出，以满足顾客的需要。

　　企业流程再造是指对企业流程的根本性的再思考和彻底的重新设计，从而使成本、质量、服务和对市场需求的反应速度等具有时代特征的关键指标获得巨大的改善。

　　企业流程再造要达到的效果反映在一系列具有划时代意义的关键指标的改善上。其目标为：成本降低 40% 以上；生产周期缩短 70% 以上；顾客满意度提高 40% 以上；企业收益提高 40% 以上；市场占有率提高 25% 以上等。

　　如何判断什么样的企业需要流程再造呢？判断的主要依据有：①如果不摧毁旧的流程，用全新的流程取而代之，企业的生产经营活动就无法进步时；②当企业陷入困境时；③当企业预期困难将要到来时；④企业处于巅峰状态时等。

　　企业流程再造的基本方法包括以下几种：

　　(1) 围绕最终结果，合并相关工作。

　　(2) 打破部门内和部门间的界限。

　　(3) 信息处理在其产生处完成。

　　(4) 集成分散的资源。

　　(5) 将相互独立的过程连接起来。

　　(6) 使决策成为工作的一部分，在过程中建立控制机制。

　　(7) 在源头获取信息。

　　企业流程再造的主要步骤包括：第一步，流程再造目标的描述；第二步，流程识别；第三步，流程再造手段的选择；第四步，现有流程的分析——考虑每一项业务存在的理由是什么，以及抛开现状集中考虑应该怎样做；第五步，流程创新设计；第六步，再造方案的实施与结果的评价。

　　进行流程识别，应优先考虑进行再造的流程包括：当前问题最大的过程；对企业战略起关键作用的过程；对企业的顾客影响最大的过程；最有望取得再造成功的过程。另外，为了实现流程再造的成功，在选择流程再造对象时，还应考虑以下因素：再造项目的范围和投入；再造项目团队的优势；过程主管人员的参与；可否通过连续改进达到目的；过程和技术是否落后等。

　　对现有流程的分析方法主要是工业工程中常用的工具，包括：流程图、价值流图、工艺流程图、服务蓝图、因果关系图和质量功能展开等。

　　企业流程再造将企业中的所有活动分为三类，即增值活动、必要的非增值活动和浪费。对于这三类活动，流程再造理论主张：对增值活动应通过改善提高其效率；对非增值活动应通过重组和合理化进行优化；对浪费则应该彻底消除。

　　一般认为，相对于企业流程再造提倡的对原有流程的彻底的重新思考和再设计这种"休克疗法"，工业工程使用的是更温和的渐进式的优化思想，即连续改进。流程再造的效率显著，但投入大，影响范围大，风险也大。这两种方法的目标都是系统的优化和改进，但其思想、方法和效果之间存在明显的差别。表 8-2 是对两种方法进行的比较。

表 8-2　流程再造与连续改进的比较

共同点	流程再造	连续改进	区别	流程再造	连续改进
对象	过程	过程	变革方式	根本性的	渐进式的
绩效考核	严格	严格	范围	广、跨部门	窄、部门内部
组织变革	重大	重大	风险	大	中
行为变革	重大	重大	基本工具	信息技术	统计技术
资源投入	巨大	巨大			

8.2 典型例题

例 8.2.1 某机械厂对装配工序的 10 名工人的工作时间进行测定，以便制定新的工作标准。观测员以三天时间同时对这 10 名工人进行观测，观测的结果如表 8-3 所示。

表 8-3 观测结果

资料	来源	数据
总观测时间	测量	13 550min
总生产量	检验部门	16 314 件
观测次数	工作抽样	720 次
工作次数	工作抽样	711 次
评定系数	工作抽样	123.6%
放宽系数	连续观测	15%

答：工作比率 = 工作次数/总观测次数 = 711/720 = 98.7%

定额时间 = （总工作时间 × 工作比率 × 平均绩效/总产量）×（1 + 放宽系数）

$\quad\quad\quad\quad$ = （13 550 × 98.7% × 123.5% ÷ 16 314）×（1 + 15%）min/件

$\quad\quad\quad\quad$ = 1.16min/件

例 8.2.2 某图书馆决定对借书处馆员的工作进行一次调查分析，为改进馆员的工作提供决策依据。

几名管理学院运作管理专业的大学生对此进行了跟踪调查。

（1）确定调查的目的。调查的目的是考察馆员上班时间空闲与工作时间的比率。根据了解过去的资料，初步作如下估计：

$\quad\quad\quad\quad\quad\quad$ 工作时间：80%；$\quad\quad$ 空闲时间：20%

（2）决定观测次数与观测时间。规定置信度为 95%，绝对误差为 3%，总观测次数为

$$N = \frac{4 \times 0.8\ (1 - 0.8)}{0.03^2} 次 = 711\ 次$$

图书馆的工作是以星期为单位的，观测一个星期足可以反映图书借书的工作情况。因此，每天应进行的观测次数为：711 次/5 = 142 次。借书处现有工作人员 4 人，因此每次取样可以得到 4 个观测值，这样需要每天安排 142 次/4 = 35 次随机抽样时间。

（3）决定观测的时刻。图书馆每天是上午 8 时上班，下午 6 时下班，中午 12 时至下午 2 时休息。采用随机起点等距离间隔法，设乱数列为 12、18、21、06、39、25。乱数列的第一个数为 12，每天工作时间是 8h（480min），第一天第一次观测的时间为 8 时 12 分，从 8 时 12 分开始，以后各次的观测时间间隔为：（480 – 12）min/35 = 13min。这样，第一天第一次观测的时刻为 8 时 12 分，第二次是 8 时 25 分，依次类推其他各天的观测时间都按照同样的方法确定，如表 8-4 所示。

（4）观测结果与分析。经过观测，图书馆借书处的工作抽样结果如表 8-5 所示。

从调查的结果看，实际上目前图书馆借书处工作人员的工作量比估计的工作比率尚低些，平均为 77.6%，还有调整的余地。

表 8-4 观测计划

日期		星期一	星期二	星期三	星期四	星期五
乱数		12	18	21	06	39
观测起点		8 时 12 分	8 时 18 分	8 时 21 分	8 时 6 分	8 时 39 分
观测间隔/min		13	13	13	13	13
观测时刻	1	8:12	8:18	8:21	8:06	8:39
	2	8:25	8:31	8:34	8:19	8:52
	3	8:38	8:44	8:47	8:32	9:05
	⋮	⋮	⋮	⋮	⋮	⋮

表 8-5 工作抽样结果

观测日期	每天观测次数	工作次数	空闲次数	工作比率
星期一	142	110	32	77.5%
星期二	142	125	17	88.0%
星期三	142	100	42	70.4%
星期四	142	106	36	74.6%
星期五	143	110	33	77.5%
总计	711	551	160	

例 8.2.3 对某装配操作的时间研究得到了以下观测结果，如表 8-6 所示。分析员给了 1.13 的评定系数，设放宽系数为 20%，计算这一操作的定额时间。

表 8-6 观测时间

观测 i	时间/min	观测 i	时间/min
1	1.12	6	1.18
2	1.15	7	1.14
3	1.16	8	1.14
4	1.12	9	1.19
5	1.15	总计	10.35

答：$n = 9$　$PR = 1.13$　$A = 0.20$

（1）平均时间 $OT = \dfrac{\sum x_i}{n} = \dfrac{10.35\text{min}}{9} = 1.15\text{min}$

（2）正常时间 $NT = OT \cdot PR = 1.15\text{min} \times 1.13 = 1.30\text{min}$

（3）定额时间 $ST = NT \cdot (1 + A) = 1.30\text{min} \times 1.20 = 1.56\text{min}$

注意：如果观察记录了一个异常的短时间值，通常这被假定为观察的错误，因而不应被列入计算。例如，如果例题中有一个观测值为 0.10，则其应被剔除。然而，如果观察记录了一个异常的长时间值，分析员应对这一观察值进行研究，确定在任务中是否有异常事件的存在（例如取落下的工具或零件）。这种情况下，该值应列入工作时间的观察样本中。

例 8.2.4 某包装纸公司一天生产 2 000 卷纸，产品销售价格为 30 元，劳动成本是 160 元，材料成本是 50 元，管理费是 320 元，试求多要素生产率。

解：多要素生产率 = （产量 × 标准价格）/（劳动成本 + 材料成本 + 管理费）

$$= 2\ 000 \times 30/(160 + 50 + 320)$$

$$= 113.1$$

计算多要素生产率时，要做的一个调整就是在分子中用标准价与产量相乘。

例 8.2.5 要估计执行某一任务所需的时间，预先研究得出 6.4min 的均值和 2.1min 的标准差，期望的置信度为 95%。如果期望的最大误差如下，试确定需要观察的次数。

（1）样本均值的 ±10%？

（2）0.5min？

答：（1）$\sigma = 2.1\text{min}$，$Z = 1.96$

$\bar{x} = 6.4\text{min}$，$a = 10\%$

$$N = \left(\frac{Z\sigma}{a\bar{x}}\right)^2 = \left(\frac{1.96 \times 2.1}{0.10 \times 6.4}\right)^2 = 41.36 \text{（取整数为 42）}$$

（2）$E = 0.5\text{min}$

$$n = \left(\frac{z\sigma}{E}\right)^2 = \left(\frac{1.96 \times 2.1}{0.5}\right)^2 = 67.77 \text{（取整数为 68）}$$

8.3 思考与练习

8.3.1 简述工业工程及工业工程研究的目的和内容。

8.3.2 简述工业工程的工作过程。

8.3.3 简述过程分析的工具以及流程分析的方法。

8.3.4 论述在工作中人的主要作用。

8.3.5 简述人—机系统的类型以及人在其中发挥的作用。

8.3.6 试解释工作设计的内涵。

8.3.7 如何理解工作设计中的社会技术理论？

8.3.8 简述工作设计中常用的三种方法。

8.3.9 简述影响设备控制准确性的因素。

8.3.10 简述作业测定的方法及其基本原理

8.3.11 简述生产率的概念及影响生产率的主要因素。

8.3.12 简述工作抽样的主要用途以及确定抽样次数的方法？

8.3.13 简述劳动定额的定义以及制定方法。

8.3.14 简述学习效应和学习曲线的概念，并简要分析学习曲线的用途。

8.3.15 根据学习曲线的原理，分析提高学习率的途径。

8.3.16 简述企业流程再造的概念。什么样的企业需要进行流程再造？

8.3.17 如何识别需要再造的流程？

8.3.18 简述企业流程再造的程序和基本方法。

8.3.19 简要分析用于过程分析的工具。

8.3.20　比较流程再造与连续改进两种方法的异同。

8.3.21　某工厂生产一种产品，生产第 150 台的工时为 10h，学习率为 80%，如计划再生产 100 台，推算这 100 台产品的平均工时。

8.3.22　学习曲线对工作设计有什么作用？试比较如下几种职业的学习曲线的特点：
①沙发制作；②机车操作；③打字；④建筑设计。

8.3.23　某公司是专门从事涂漆工作的企业。现在公司想利用工作抽样的方法确定涂漆工作的标准工作时间。据估计平均工作时间占总时间的 95%——总时间包括工作时间和休息时间。每天上午 8 时至中午 12 时可以对工人进行工作抽样，共研究 60 个工作日。绝对误差为 2.5%。列出第一天的抽样时间安排及对应的随机数据。

8.3.24　下面为一次时间观测的记录表，试按照直接测试法确定标准作业时间（完成表 8-7 中空白部分）。

表 8-7　时间观测记录表

作业要素		观测周期/次										总数	平均值	评定系数	正常时间
		1	2	3	4	5	6	7	8	9	10				
1	T													1.0	
	R	5	35	60	90	120	160	210	280	310	340	365			
2	T													0.95	
	R	15	46	71	100	132	172	220	293	321	348	376			
3	T													1.1	
	R	25	51	80	110	145	185	231	301	330	356	388			
4	T													1.25	
	R	31	57	87	116	150	190	237	308	335	360	395			

备注：T——时间；R——读数；放宽系数 = 10%
标准时间 = 正常时间 × （1 + 放宽系数）

8.3.25　对某工人的操作进行了一周的观察（每周工作 5 天，每天工作 8h），连续观察了 500 次，发现工作状态的有 400 次，其余为闲暇状态。其间生产的产量为 100 件。假设该工作人员的评定系数为 110%，时间放宽系数为 15%，试确定标准时间。

8.3.26　某超市经理想评估一下收银员的工作绩效，借此以确定是否有必要增加人手。该超市出口有 5 台收银机，对 5 个收银员进行了为期 5 天的抽样观察，观察 5 名工作人员的上班时间为 20h，平均评定系数为 90%。在 5 天中连续观察，发现空闲比率为 10%，在 5 天内接待了约 5000 个顾客。假如放宽系数为 10%，每接待一个顾客的标准时间是多少？1h 能接待几个顾客？

8.3.27　某次时间测量的记录如表 8-8 所示，如果时间放宽系数为 10%，确定该作业过程的标准时间。

表 8-8　时间测量记录表

工作单元	评定系数	测量时间/min				
		1	2	3	4	5
1	115%	14	16	13	12	15
2	105%	22	26	24	25	23
3	100%	3	7	5	4	6
4	90%	10	11	12	9	13
5	95%	13	15	14	13	15

8.3.28　一铺放地毯小组的管理者对该组过去几周的劳动情况作了记录，获得以下数据，如表 8-9 所示。

表 8-9　劳动情况记录

周	小组参加人数/人	铺放面积/m²
1	4	960
2	3	702
3	4	968
4	2	500
5	3	696
6	2	500

计算每一周的劳动生产率。根据计算结果，该小组参加人数与生产率之间有什么关系？

8.3.29　计算下列每周的多要素生产率，如表 8-10 所示。这些生产率数字表明了什么？假定每个工人一周工作 40h，每小时工资为 10 元；管理费是 1 周劳动成本的 1.5 倍；材料成本是每千克 5 元；产品单位售价为 120 元。

表 8-10　生产数据

周	产量/个	工人数/人	材料/kg
1	300	6	45
2	325	7	46
3	330	7	47
4	350	8	48

8.3.30　某工厂专为超市制作手推购物车。该厂最近购买了一批新设备。这批设备的投入使用可减少生产手推车工作中的劳动量。在购买新设备前，该厂使用 6 个工人，平均每小时生产 96 辆车，其中劳动成本为每小时 20 元，机器成本为每小时 30 元。利用新设备后，公司使用 4 个工人，机器成本每小时增加 10 元，而每小时生产手推车也增加了 34 辆。

（1）计算每一系统下的劳动生产率，用每个工人每小时生产的车辆数表示。

（2）计算每一系统下的多要素生产率，用每元成本（劳动加设备）表示。

（3）根据这两种方法评价生产率的变化。你认为哪种方法更能反映出公司的这一变化？

8.3.31　小王是一个时间观念很强的人，他想对自己每天的活动作一个很好的规划。为此，他请朋友小李帮助他对每天的活动进行时间观测。下面是小李利用连续计时方法对小王擦两双皮鞋进行时间观察的结果，如表 8-11 所示。擦两双鞋的标准时间是多少？（假定时间

放宽系数为 10%）

表 8-11　时间观测记录

动作	观测时间/min					评定系数（%）
	1	2	3	4	5	
取擦鞋工具	0.60					125
擦鞋	0.93	0.86	0.78	0.83		110
整理工具					0.70	90

8.3.32　某公司刚从一个电子产品生产商那里采购到 10 件特种零件，每件价格为 250 元，公司正好收到一份利用这些零件的订单。现需要再买 40 件，每次只进货 10 件（组件的产品体积很大，新订购任务规定每月只需 10 件）。

（1）假定去年供应商生产类似产品的学习曲线学习率为 80%，每次订购应付多少钱？假定 80% 的学习率适用于每一次订购的 10 件而不是适用于每一件。

（2）若供应商现在每月能且只能生产 20 件，那么协议价格应为多少？

8.3.33　某厂刚完成生产 10 件重要产品的任务，并发现每一件的作业时间如表 8-12 所示。

表 8-12　每件产品需要作业时间表

件数	时间/h	件数	时间/h
1	1 000	6	475
2	750	7	446
3	634	8	423
4	562	9	402
5	513	10	385

（1）估计学习率为多少？

（2）根据（1）的结果，计算再生产 90 件需要多少时间？（假定学习能力不会丧失）

（3）生产第 1 000 件需要多少时间？

8.3.34　我国某发电机厂刚生产了 10 台新型发电机，分析表明生产 10 台发电机的学习率为 80%。如果生产第 10 台所支付劳动力成本为 2 500 000 元，那么在利润率为劳动力成本的 10% 的情况下，该厂生产的第 11 台和第 12 台发电机所应制定的价格（假定等于劳动力成本加利润）为多少？

8.3.35　一个应聘者正在接受测试，以确认其是否能够胜任一条装配线上的工作。管理部门认为，在操作 1 000 次后就大体上达到了稳定状态。预计普通装配工人能在 4min 内完成装配任务。

（1）如果应聘者第 1 次操作时间为 10min，第 2 次操作为 9min，是否应该雇用此应聘者？

（2）该应聘者第 10 次操作的预期时间为多少？

8.3.36　一个潜在的大买主答应转包一项装配工作，该工作只有在平均每次操作时间少于 20h 时才有利可图。该协议要求生产 1 000 件。测试发现，生产第一件需 50h，生产第二件需 40h。

（1）预计生产第三件的时间是多少？

（2）是否可以接受该协议？解释原因。

8.3.37 一家设备制造企业的订单确认过程由下列几步构成：

（1）销售人员接受订单并传真到订单确认部。

（2）将订单输入系统（10%的订单不正确或不清楚）。

（3）核对现有存货（15%的订单用存货无法满足）。

（4）顾客信用审查（10%的订单有信用问题）。

（5）将物料清单送到仓库。

从收到订单到物料入库的周期一般为48h，80%的订单能正确处理，而处理费用占订货收入的6%。你认为再造该过程还是进行连续改进？如果是选择再造，应如何进行？

8.3.38 为了制定新时间标准，对当前的工作进行了一项时间研究，对一个工人观察了60min，在这期间他生产了30件产品，分析人员评价工人的评定系数为90%，该公司休息和个人时间放宽系数为10%。

（1）该任务的正常时间是多少？

（2）该任务的标准时间是多少？

（3）如果工人一天工作8h生产300件产品，基本报酬率为每小时6元，付酬系统以100%为基础，那么一天的报酬应为多少？

8.3.39 假定为了研究面点师傅的工作绩效，要设定时间标准。对其制作糕点的操作进行了工作抽样研究，产生了如下结果：

已完成糕点数量	6 000个
工作时间	280min
评定系数	120%
放宽系数	10%

试确定正常时间和标准时间。

8.3.40 为了增加产量和降低成本，某公司计划在其生产工厂实施激励报酬计划。在为某一操作制定标准的过程中，时间研究分析员对其某一工人进行了60min的观测，在这期间，工人完成了80件产品。分析员评价工人的评定系数为120%。工人的基本报酬率为每小时5元，公司已设定由于疲劳和个人原因所致的放宽系数为10%。

（1）该任务的正常时间是多少？

（2）该任务的标准时间是多少？

（3）如果工人一天工作8h，生产500件产品，工人将挣多少钱？

8.3.41 在一个40周期的观测研究过程中，发现一人—机操作系统每周期需3.3min的机器工时，每周期工人的工作时间平均为1.8min，工人的绩效水平为120%（机器绩效水平为100%），在研究过程中，工人休息了10min，假设放宽系数为10%，计算这项工作的标准时间。

8.3.42 某时间研究分析员对一操作进行研究，此操作每件有1.5min的标准差。在95%的置信度下，要使其每件平均时间估计值误差在0.4min以内，应计划进行多少次观察？

8.3.43 对一工作的操作时间进行初步研究，得出如下结果：5.4min、5.3min、5.6min、5.4min、5.7min、5.2min。要达到对工作的平均工作时间误差在其样本均值的2%以内，置信度为95%的估计，应观测多少次？

8.3.44 给定基本动作单元的观察时间（OT，min），如表8-13所示。计算每一基本动作单元的观察时间。

表 8-13　对某一动作单元的观测时间

周期/min	1	2	3	4	5	6
动作单元 1	2.0	2.1	2.3	2.0	2.1	—
动作单元 2	—	1.2	—	1.1	—	1.0
动作单元 3	3.3	3.4	3.5	3.4	3.3	3.5
动作单元 4	4.1	—	—	4.1	—	—
动作单元 5	1.5	1.4	1.4	1.4	1.5	1.5

8.3.45　某分析员要求在 95% 的置信水平下估计某车床操作员调整机器所花的时间比例。基于以前的经验，分析人员认为该比例为 20% 左右。

(1) 如果分析员采用的样本量为 500 次，该估计最大可能误差是多少？

(2) 为使最大误差不超过 ±5%，分析员所需要的样本量是多少？

8.4　补充习题

8.4.1　表 8-14 是某工人使用机器加工零件的整个流程，能否对该流程进行改进使其达到更优的效果？画出改进后的加工流程。

表 8-14　某工人使用机器加工零件的整个流程

时间/min	人	机器
1	准备零件	空闲
2		
3	装零件	被装上零件
4	空闲	加工
5		
6		
7		
8	卸零件	被卸下零件
9	休整、存放零件	空闲
10		
利用率	60%	60%

8.4.2　表 8-15 中的数据反映了对一个木工的操作进行时间研究的观察资料。

表 8-15　对一个木工的操作进行时间研究的观察资料

动作单元	评定系数	观察结果/（s/周期）					
		1	2	3	4	5	6
1	120	1.18	1.19	1.15	1.20	1.24	1.18
2	110	0.80	0.86	0.81	0.83	0.84	1.20
3	105	0.56	0.55	0.53	0.56	0.58	0.59

(1) 以观察资料为依据，假定时间放宽系数为 10%，计算操作的标准时间。

(2) 对动作单元 2 进行平均时间估计，要达到误差在其均值 5% 以内，置信度为 95% 的估计，需要进行多少次观察？

（3）对动作单元 2 进行平均时间估计，要达到误差为 0.05min，置信度为 95% 的估计，需要进行多少次观察？

8.4.3 简要介绍你大学新生入学时办理入学手续的过程。这一过程是否有不合理的地方？利用流程再造的知识，对这一过程进行优化。

8.4.4 根据管理人员的观察，一台磨床的闲置时间大约为其总时间的 30%，试设计一个工作抽样计划，在置信度为 95%，绝对误差为 5% 的情况下，确定闲置时间的百分比。利用随机数表设计第一天的抽样进度表（假定抽样工作在 30 天内完成，8h 工作制是从 8：00—12：00 和 1：00—5：00）。

8.4.5 某造船厂接到一份生产 11 条新型货船的合同，现已生产了 4 条。主管生产的厂长在生产了 4 条后，抽调了一些技术工人到其他型号产品的生产线上工作。假如：生产第一条货船需 225 名工人，每人工作 1 周，工作时间为 40h，生产第 2 条货船需要的工人数量减少了 45 个，生产厂长决定最后一条船将只用 100 名工人。根据学习曲线原理，判断生产厂长这样做是否科学？

假定生产第一条货船的成本为 5 000 000 元，其中 2 000 000 元为材料成本，3 000 000 元用于支付工人工资，造船厂可以接受的利润率为 10%，且愿意在学习率为 70% 的条件下签订生产合同。那么，生产 3 条这种新型货船签订合同的协议价格是多少？

8.5　案例分析

8.5.1　沃尔沃公司案例

随着大市场的逐渐消失，沃尔沃公司正致力于研究其装配生产线是否已过时。1974 年，这家瑞典汽车公司拆除了其在卡尔马工厂里的装配线。该生产线被小的系统所取代。该系统中，汽车以小批量进行生产，并给予生产汽车部件的工作团队更大的自主权。沃尔沃公司的经营者相信，工人在他们的工作中将提高质量，并增强自豪感。沃尔沃公司非常相信工作团队，在其尤德威拉州的新厂中也采用了这种系统。

乌德瓦拉分厂 1990 年投产运行，生产 740 和 940 两种型号的汽车。到 1991 年年底，分厂年产量就已达 22 000 辆汽车。若充分发挥其能力，该厂可雇用 1 000 名工人，年产量为 40 000 辆汽车。在乌德瓦拉分厂车间，由 8～10 个成员组成的自我管理小组，完成从开始到结束的整个装配工作。被装配的汽车不是通过运输带从一个工人移送到另一个工人，而是在一个固定的地点进行装配，一个特殊的装置可使汽车按需要任意倾斜，以便工人能顺利地完成装配工作。每一团队都有高度的自治权和责任感，他们可以自己作出暂停和休假计划，当团队中某一成员缺勤时，他们可以自己重新分配工作。这些团队同样也参与决策，并且对很多任务负有责任，包括进行质量控制、制订生产计划、安排工作程序、维修装备和下达供应任务。

乌德瓦拉分厂中的工人依据其表现获得工资。除了工资外，质量维护、生产维护以及每周达到预定的交货目标都将获得奖金。该厂中没有监督人员和领班，在其 6 个车间中，每一个车间都有 80～100 名雇员，这些雇员又分成装配小组。每一装配小组有一名协调员，同管理人员保持直接的联系。为了确保系统正常工作，工厂为雇员提供了大量的信息。沃尔沃公司也做了大量的深入的工作，以保证工人对公司历史、传统和策略有一个比较透彻的了解，同时，鼓励工人接受自由信息流，使其接受了从装配过程到新产品革新方面的大量信息。

但乌德瓦拉分厂的新系统总体上并不成功。虽然工人士气已很高且缺勤率已降下来了，但生产效率仍低于沃尔沃公司在比利时的根特分厂，该分厂在装配线上生产一辆汽车的成本仅为乌德瓦拉分厂的一半。乌德瓦拉分厂工会主席认为该方法可以行得通，"我相信我们的班组能够成功并具有较强的竞争力。我们的下一目标是要干得比卡尔马分厂好，当我们达到这一目标时，我们的目标是要比根特分厂干得更好。"

沃尔沃公司在乌德瓦拉分厂员工培训方面投资力度很大。首先，员工要参加为期 16 周的初级课程学习，这仅是工人为学习自动装配方面的知识而必须进行的 16 个月培训计划的一部分。工厂鼓励员工分享各自的经验并交流思想。

工会和管理部门都相信新系统将使组织得到改善。该系统对每个人都提出了许多要求，虽然有些遭到了员工的反对。像其他汽车公司一样，沃尔沃公司也尚未摆脱世界范围内汽车销售量下降的阴影。但是几位投资专家已决定，一旦经济反弹，就选择沃尔沃作为其公司的投资对象。该公司的股票指数 1991 年年初为 35，约一年后就攀升到 60，而通用汽车公司、福特公司和克莱斯勒公司仍然从 1991 年的最高点往下滑。贝尔·斯蒂投资公司认为瑞典的汽车公司的利润将上升。同时，为了成为世界范围内第一个真正的全球化汽车企业，沃尔沃公司同法国的雷诺汽车公司和日本的三菱公司已建立合作关系。

（资料来源：J. M. Ivancevich，P. Lorenzi. and S. Skinner，Management Quality and Competitiveness，79-80.）

思考与分析：

1. 卡尔马分厂中的班组同乌德瓦拉分厂中的自我管理小组的区别何在？

2. 沃尔沃公司乌德瓦拉分厂车间里授权的重要性何在？

3. 你认为为什么乌德瓦拉分厂的员工有人反对这种方法？

4. 乌德瓦拉分厂 1996 年被关闭。为什么乌德瓦拉分厂生产汽车的成本总比根特分厂高？（提示：乌德瓦拉分厂在瑞典，而根特分厂在比利时）

8.5.2　电炉组装案例

10 人小组负责组装用于医院和药物实验室的电炉（一种将溶液加热到指定温度的装置），他们生产的电炉有许多不同的类型：有的带有振动装置，以便加热时溶液能混合均匀；有的仅用于加热试管；还有的是用于加热不同容器里的溶液。

工厂里每个工人都运用一些恰当的小工具组装电炉的一部分。完成好的电炉部件由传送带送至下一工序。当电炉完全组装好后，由一个质检人员检查整个电炉以确保产品合格。检查好的电炉由工人放到早已准备好的特制纸盒箱中以备装运。

整个组装线由进行时间和动作研究的工业工程师来协调平衡。他将整个组装工作分解成若干个恰好 3min 能够完成的子任务，这些子任务都是经过精心计算平衡的，以便每个工人完成组装任务所用的时间几乎相等。这些工人的工资直接用其工作时间来计量。

然而，这种组装工作方式出现了许多问题：工人的士气很低，质检员检查出来的不合格电炉的比例很高，那些由于操作原因而不是由于配件原因引起的可控废品率高达 23%。

经过讨论，管理人员决定对生产采取某些革新措施。管理人员将工人召集起来，问他们是否愿意自己单个组装电炉。工人同意尝试这种新方法，条件是如果这种方法不能奏效，他们可以回到原来的工作方式。经过数天的培训，每个工人都能开始组装整个电炉。

到了年中，情况开始有了改观。工人的劳动生产率开始迅速上升，生产率超出上半年 84%；尽管没有任何人事或其他方面的改变，整个期间可控废品率从原来的 23% 降低到 1%；工人的缺勤率也从8%降低到不到1%。工人对工作变化反应积极，士气很高，正如其中一个工人指出的，"现在可以说这是由我生产的电炉了"。最终，由于废品率降低到如此之低，以至于原先由质检员所担任的检查工作改成由组装工人自己来承担，全职质检员转到企业的其他部门中去了。

（资料来源：http：//www.carreviews.cn/cars/automobile/2006082610546.shtml.）

思考与分析：

1. 工作状况怎样的改变带来了生产率的增加和可控废品率的降低？
2. 什么因素导致了员工士气低下和废品率很高？
3. 在工作状况的改变中，哪些改变是在管理人员控制之下的，哪些是由工人所控制的？
4. 利用学习曲线原理评价新旧两种模式生产效率上的差别。

8.5.3 福特公司流程再造案例

福特公司再造前的采购流程为：

福特汽车公司在全球有3 000多个供应商，每天都要进行大量的采购交易。福特公司如果要采购1万t钢材，那么在这些钢材真正到达装配线之前，需要经过一系列蛛网般复杂的流程，包括寻找供应商、招投标、下订单、验货、支付等。福特公司采购钢材的流程大约有170多个不同的步骤，需要经过一个大批量而且运转缓慢的公文程序。这些步骤从大的过程来看，可以分成四个采购流程：①采购部将订单一式三份分送给财务部、供应商和验收单位；②供应商将货物送到验收单位，同时将发票送给财务部；③验收单位对货物进行清点、记录，然后将验收单送到财务部；④财务部将所收到的验收单、订单和发票三种文件相互查验，如都相符，就如数付款给供应商。其过程如图8-10所示。

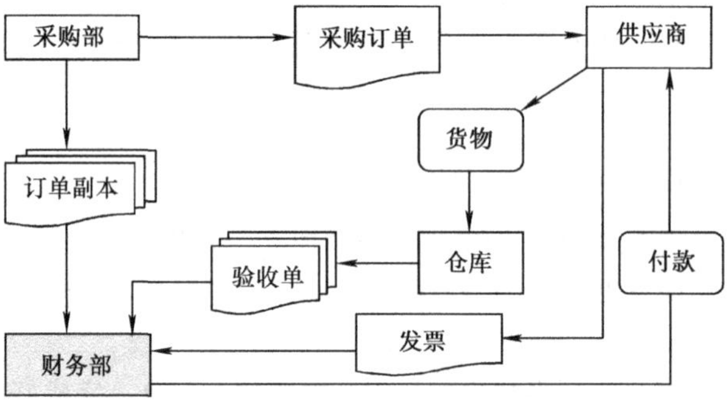

图8-10 福特公司再造前的采购流程图

从采购流程来看，这种采购流程完全是按照部门来划分的。各部门分别完成大量的单项任务（填写、传递、验货、单据核对、付款）；订单、发票、验收单上的很多项目都是相同的（如订购货物的名称、单价、数量、供应商等），但不同的数据来源很容易造成数据的不一致，财务部门还得寻找差异存在的原因。只有当订单、验收单和发票三者一致时才能付款。因此，财务部门不得不耗费大量人力、时间和资金，而且还常发生差错和延误付款的事件。

福特公司再造后的采购流程为：

对于再造前的采购流程而言，"三票"一致虽然监督有力，但所需人员众多，效率低下。2000年11月，福特公司开始进行采购流程再造。福特公司把庞大的采购部门转移到互联网上，通过采用先进的信息技术，高效率地与供应商协作，以提高企业内部的运作效率，最大限度地满足客户的需求。福特公司把所有的顾客信息存放在一个大数据库里，所有相关人员都可以获取想要的信息，而且只需要输入一次，就可以让需要这份资料的人员进行有关的决策，自己控制工作的绩效，因为信息中心会将工作的成果记录下来。具体来讲，福特公司再造后的采购过程可以分成五个流程：①采购部将订单输入数据库。②数据库向供应商下达订单。③供应商交货给验收单位后，验收单位从数据库取出订单资料，再验收所交的货物。④如果验收相符，就将验收合格资料输入计算机，经一段时间，计算机自动签发支票给供应商；如果验收不相符，同时也将验收结果输入计算机。⑤采购部和财务部从计算机资料中查询和了解采购状况。其过程如图 8-11 所示。

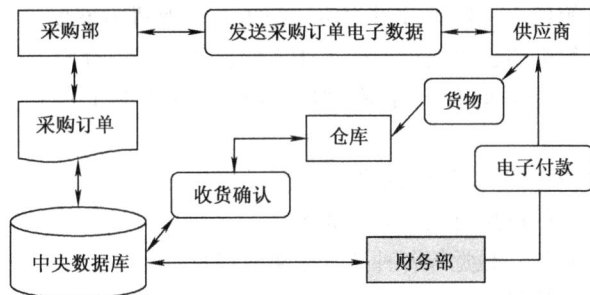

图 8-11　福特公司再造后的采购流程

福特公司经过采购流程再造后，受益匪浅，具体表现在下列几个方面：

（1）节约人力。因为采用了计算机网络，废除了发票，因此财务部人员在整个采购作业中仅定期做订单、验收等与财务有关的稽核工作，不需要投入大量的人力。财务部在改善前职员超过500 人，改善后仅需要 125 人。

（2）缩短处理时间。借助计算机将信息同时传递给相关人员，以同步工程的方式来缩短处理时间。计算机代替手工，减少了简单劳动的工作量，提高了速度；自动化系统替代了订单登记员、财务部门等人员阅读、输入数据、计算、统计等人工劳动，提高了效率。

（3）防止腐败。如果充分授权给相关部门而没有稽核，将变成弃权或滥权；但是若派人来抽样稽查，又将被视为不被信任，反而带来更大的负面影响。采用计算机信息技术，及时按统计资料进行分析，任何相关业务人员都可以由计算机提取信息差异、例外分析等资料，从而及时采取对策进行处理，使被充分授权者也不敢再任意滥用职权。

（4）增强了服务意识，提高了服务质量。福特公司经过采购流程再造后，消除了人情关系、回扣等不良因素的影响，促进了供应商的公平竞争。对供应商管理的完善也促使供应商重视质量和服务管理，以免在客户的供应商档案管理里留下不好的记录。

（资料来源：胡传旭．福特汽车公司采购流程再造［J］．物流科技，2007，29（126）：109-110．）

思考与分析：

1. 从福特公司流程再造的案例中，可以获得哪些有关流程再造的启示？

2. 福特公司流程再造中使用了哪些再造方法？

思考与练习答案

8.3.1　答：工业工程是指通过对人、设备、环境、物料、信息等的集成，设计建立最优工作系统的工程学方法。对同一个转换系统，从不同的角度可以得到不同的认识，如从物的角度看是一个生产系统，而从人的角度看又是一个工作系统。

工业工程的研究目的是：提高对生产系统中人的因素的管理水平；在不牺牲转换系统基

本功能的前提下，获得最高的生产效率；研究人的行为特征；改善工作环境和工作条件；制定劳动标准，建立合理的激励机制。

工业工程的研究内容主要包括：人在工作中的行为特征、工作程序（过程）分析、人—机配合作业分析、动作研究、时间研究、工作标准化与定额管理、厂区布置与物流分析、工作环境研究等。

8.3.2 答：第一步，确定研究对象与改进目标；第二步，观察和记录现行方法；第三步，严格考察全部过程；第四步，制订改进方案；第五步，改进方案实施；第六步，改进效果评价与信息反馈；第七步，设定下一步工作目标，开始下一阶段工作。

8.3.3 答：过程分析的工具：装配流程图、加工路线单（工艺卡片）、工艺流程图、路线图、过程图等。

流程分析方法：流程图、因果关系图、质量功能展开图。

8.3.4 答：在工作中，人的作用可归纳为三大类：

（1）通过视觉、听觉、触觉等各种感觉来接收信息。

（2）根据所接收的信息和个人记忆中存储的信息进行判断。

（3）根据判断采取相应的行动。

8.3.5 答：（1）手工操作系统，包括人、辅助机械以及手工工具。在这种系统中，人提供所需的动力，并作为生产过程的控制者；工具和辅助机械则可使人的力量增大。

（2）半自动化系统，人主要是作为生产过程的控制者发挥作用。人和机器相互作用，感知有关生产过程的信息，并对其进行解释。应用一套控制机构来启动和关闭机器，并可能作一些中间调整。

（3）自动化系统是不需要人的，因为所有的感受功能、信息处理和判断功能以及行动等都是由机器来行使的。

8.3.6 答：工作设计是探讨如何才能有效地安排生产劳动过程的一种课题。工作设计的内容主要包括：①明确工作任务的作业流程；②通过合理分工，确定各岗位的工作内容；③明确每个工作人员的工作职责（如作业规范、完成的质量标准等）；④通过采取一定的组织形式，规定分工后彼此的协同合作关系，以保证工作任务的顺利完成。

8.3.7 答：这种理论认为，在工作设计中应该把技术因素与人的行为、心理因素结合起来考虑。任何一个生产系统都包括两个子系统，即技术子系统和社会子系统。如果只考虑其中的一个系统而忽略另一个，就可能使系统的运行出现障碍，导致效率低下。因此，应该把生产系统看成是一个社会技术系统，其中包括人、设备、工具、物资等。

8.3.8 答：①工作扩大化，是指工作任务的横向扩大，即给员工增加工作任务，使每一个员工能参与完成一项任务的全过程或整项任务的大部分过程；②工作职务轮换，是指让员工定期调换其所从事的工作（这里的定期可以是小时、天、周或月）；③工作内容丰富化，是指对工作内容的纵向扩大化，即授予员工更多的权力和责任，以及更多的参与管理和决策的机会。

8.3.9 答：①人体活动的力量大小；②运动神经的反应速度和准确程度；③定位因素；④用刻度盘、曲柄和手轮定位；⑤控制器编码；⑥工作区域界线；⑦桌椅高度。

8.3.10 答：（1）标准要素法：在不同种类的工作中，存在大量相同或类似的工作单元，实际上不同的工作是若干种工作单元的不同组合。因此，对于工作单元所进行的时间研究和建立的工作标准，可应用于不同种类工作中的工作单元。

（2）PTS（Predetermined Time Standards）法：又称既定时间标准设定法，将构成工作单

元的动作分解成若干个基本动作，对这些基本动作进行详细观测，然后制定基本动作的标准时间表。当要确定实际工作时间时，只要把工作任务分解成这些基本动作，从基本动作的标准时间表上查出各基本动作的标准时间，将其加总，就可以得到工作的正常时间，然后再加上放宽时间，就可以得到标准工作时间。

（3）工作抽样基本原理：并不关心具体动作所耗费的时间，而是估计人或机器在某种行为中所占用的时间比例，对这些行为所占用时间的估计是在进行大量观察的基础上作出的。其基本假设是：在样本中观察到的某个行为所占用的比例，一般来说与该行为发生时实际占用的时间比例相等。

8.3.11 答：生产率表述为商品或劳务的产出与生产过程中投入的关系，它常表示为产出与投入之比。

影响生产率的因素主要有方法、资本、质量、技术和管理等。

8.3.12 答：工作抽样的主要用途：测定设备和人员工作与停歇的时间比率、测定各类工时消耗的比例。

抽样次数的确定取决于要求的测定精度。

$$E = Z\sqrt{p(1-p)/N} \qquad N = Z^2 p(1-p)/E^2$$

式中，N 为抽样次数；E 为抽样估计绝对误差；Z 为置信度系数；p 为调查对象占总时间消耗的比例。

8.3.13 答：劳动定额是指在同等技术与管理水平下，在一定时期内，具有中等熟练程度和能力的工人能以正常速度完成一项工作的平均时间。

劳动定额 = 作业时间 + 准备结束时间 + 布置工作地时间 + 休息和生理需要时间

制定方法：经验法、统计法、类推法、技术测定法等。

8.3.14 答：所谓学习效应，是指当一个人重复地从事某一项工作时，由于熟练程度不断提高和通过学习不断积累经验，从而使继续从事该项工作所需的时间随着重复次数的增加而逐渐减少，在降低到一定水平后才趋于稳定。

学习曲线表示的是累计完成的产品数量和完成单位产品所需的劳动量之间的关系。其数学模型为

$$Y_x = Kx^n, \quad n = \lg b/\lg 2$$

学习曲线的用途：估计未来单件工时的变化和生产率；制定将来的时间定额；制订提高产品质量的计划等。

8.3.15 答：①合理选择工人；②合理的培训；③激励；④工作专业化；⑤一次完成一项或很少的工作；⑥使用能够辅助或支持操作的工具或设备；⑦能够提供快速而简单响应帮助的方法；⑧让工人协助重新设计他们的工作。

8.3.16 答：企业流程再造是指对企业流程的根本性的再思考和彻底的重新设计，从而使成本、质量、服务和对市场需求的反应速度等具有时代特征的关键指标获得巨大的改善。

什么样的企业需要流程再造？①如果不摧毁旧的流程，用全新的流程取而代之，企业的生产经营活动就无法进步时；②当企业陷入困境时；③当企业预期困难将要到来时；④企业处于巅峰状态时等。

8.3.17 答：进行流程识别，如下流程急需再造：当前问题最大的过程；对企业战略其关键作用的过程；对企业的顾客影响最大的过程；最有望取得再造成功的过程。另外，为了实现流程再造的成功，在选择流程再造对象时，还应考虑以下因素：再造项目的范围和投入；再造项目团队的优势，过程主管人员的参与；可否通过连续改进达到目的；过程和

技术是否落后。

8.3.18 答：企业流程再造的程序：第一步，流程再造目标的描述；第二步，流程识别；第三步，流程再造手段的选择；第四步，现有流程的分析——考虑每一项业务存在的理由是什么，以及抛开现状集中考虑应该怎样做；第五步，流程创新设计；第六步，再造方案的实施与结果的评价。

企业流程再造的基本方法：围绕最终结果，合并相关工作；打破部门内和部门间的界限；信息处理在其产生处完成；集中对待分散的资源；将平行的过程连接起来；使决策成为工作的一部分，在过程中建立控制机制；在源头获取信息。

8.3.19 答：流程图：以物料的流动为基本线索，描述作业顺序的图。

作业图：以人的活动为基本线索，描述作业顺序的图。

活动图：描述一个工作周期内一个或多个操作者以及机器活动状况的图，图中将人或机器的活动分为两种状态：操作和空闲。

8.3.20 答：答案如表 8-2 所示。

8.3.21 解：设学习曲线为 $Y_x = Kx^n$，式中，K 为生产第一台产品所需的工时，n 为学习率系数。根据题意可得：$n = \lg 0.8 / \lg 2 = -0.322$，则 $K = Y_x / x^n = (10/150^{-0.322})$ h $= 50.2$h。

学习曲线为：$Y_x = 50.2x^{-0.322}$，所以可以求出再生产 100 台的平均工时为：$\overline{Y_x} = \dfrac{1}{100} \displaystyle\int_{151}^{250} 50.2x^{-0.322} \mathrm{d}x = 9.06$h。

8.3.22 答：学习曲线意在表示单位产品生产时间同所生产的产品总累计产量之间的关系，它可以用来估计产品的设计时间和生产时间。它为工作设计，尤其是在工作时间和成本上提供了依据，而且也促进企业通过工作设计提高工作效率，降低生产成本。

沙发制作、机车操作以及打字是属于动作重复性较强的工作，随着生产量的增加，在生产效率以及质量方面都会有明显的提高。而建筑设计则不同，虽然通过大量的设计会在设计水平上有所提高，但由于每项任务区别很大，因此就其工作时间不会有太大的减少，而且这类工作学习的效率较低，生产效率提高速度较慢。

8.3.23 解：由题意可知：$p = 95\%$，绝对误差 $E = 2.5\%$，则需要的抽样次数 $N = Z^2 p(1-p)/E^2 = 2^2 \times 0.95 \times (1-0.95)/0.025^2 \approx 304$，则平均每天需要的抽样数 $= 304/60 = 5.07 \approx 5$

随机数表：799、077、383、<u>152</u>、<u>331</u>、285、<u>045</u>、513、456、176、524、574、<u>151</u>、<u>322</u>

选取其中 5 个数作为观察点：则与之对应的样本为

045　　151　　152　　322　　331

8:45　　9:51　　9:52　　11:22　　11:31

8.3.24 答：略。注意：正常时间 = 观察时间 × 评定系数。

8.3.25 解：由题意可得，总时间 $= (5 \times 8 \times 60)$min $= 2\,400$min。

由于连续观察了 500 次，处于工作状态的有 400 次，由此可得其实际工作时间为 $2\,400$min $\times 0.8 = 1\,920$min；可得其正常工作时间 $= 1\,920$min $\times$ 评定系数/产品产量 $= 1\,920$min $\times 110\%/100 = 21.12$min，则其标准时间 $= 21.12$min $\times (1 + $ 放宽系数$) = 21.12$min $\times (1 + 15\%) = 24.288$min。

8.3.26 解：由题意知，总时间 $= (20 \times 60 \times 5)$min $= 6\,000$min，由于空闲比率为 10%，则实际工作时间 $= 6\,000$min $\times (1 - 10\%) = 5\,400$min。则平均接待一个顾客的正常时间 $= 1\,080$min $\times$ 平均评定系数/接待顾客数量 $= 5\,400$min $\times 90\% \div 5\,000 = 0.972$min。

所以每接待一个顾客的标准时间 $=0.972\text{min}\times(1+10\%)=1.069\text{min}$

则 1 小时能接待顾客的数量 $=(60\div1.069\times5)$ 个 $=280$ 个

8.3.27　解：工作单元 1 的平均观察时间 $=(14+16+13+12+15)\text{min}/5=14\text{min}$

则工作单元 1 的正常时间 $=14\text{min}\times$ 评定系数 $=14\text{min}\times115\%=16.1\text{min}$

同理可以求出：

工作单元 2 的正常时间 $=24\text{min}\times105\%=25.2\text{min}$

工作单元 3 的正常时间 $=5\text{min}\times100\%=5\text{min}$

工作单元 4 的正常时间 $=11\text{min}\times90\%=9.9\text{min}$

工作单元 5 的正常时间 $=14\text{min}\times95\%=13.3\text{min}$

那么，该作业过程的标准时间 $=(16.1+25.2+5+9.9+13.3)\text{min}\times(1+$ 放宽系数$)=$ $69.5\text{min}\times1.1=76.45\text{min}$

8.3.28　解：第一周的劳动生产率 $=960/4=240\text{m}/(\text{人}\cdot\text{周})$

第二周的劳动生产率 $=702/3=234\text{m}^2/(\text{人}\cdot\text{周})$

第三周的劳动生产率 $=968/4=242\text{m}^2/(\text{人}\cdot\text{周})$

第四周的劳动生产率 $=500/2=250\text{m}^2/(\text{人}\cdot\text{周})$

第五周的劳动生产率 $=696/3=232\text{m}^2/(\text{人}\cdot\text{周})$

第六周的劳动生产率 $=500/2=250\text{m}^2/(\text{人}\cdot\text{周})$

通过计算不难发现，劳动生产率与小组参加人数并没有明显的相关性。

8.3.29　解：多要素生产率 $=($ 产量 $\times$ 标准价格$)/($ 劳动成本 $+$ 材料成本 $+$ 管理费$)$

第一周多要素生产率 $=(300\times120)/(6\times10\times40+5\times45+1.5\times10\times40)=11.16$

第二周多要素生产率 $=(325\times120)/(7\times10\times40+5\times46+1.5\times10\times40)=10.74$

第三周多要素生产率 $=(330\times120)/(7\times10\times40+5\times47+1.5\times10\times40)=10.89$

第四周多要素生产率 $=(350\times120)/(8\times10\times40+5\times48+1.5\times10\times40)=10.40$

这些生产率数字表明单位投入对应的产出量。

8.3.30　解：（1）原系统的劳动生产率 $=(96/6)$ 辆$/(\text{人}\cdot\text{h})=16$ 辆$/(\text{人}\cdot\text{h})$

新系统的劳动生产率 $=(130/4)$ 辆$/(\text{人}\cdot\text{h})=32.5$ 辆$/(\text{人}\cdot\text{h})$

（2）原系统的多要素生产率 $=96/(6\times20+30)=0.64$

新系统的多要素生产率 $=130/(4\times20+40)=1.08$

（3）比较这两种方法可以看到，多要素生产率不仅考虑了产量的变化，也将生产成本的变化考虑在内，比起劳动生产率更科学、更全面。

8.3.31　解：取擦鞋工具的正常时间 $=0.60\text{min}\times125\%=0.75\text{min}$

擦鞋的正常时间 $=(0.93+0.86+0.78+0.83)\text{min}\times110\%=3.74\text{min}$

整理工具的正常时间 $=0.70\text{min}\times90\%=0.63\text{min}$

则小王擦两双皮鞋的标准时间 $=(0.75+3.74+0.63)\text{min}\times(1+$ 放宽系数$)=5.632\text{min}$

8.3.32　解：（1）学习系数 $=\lg0.8/\lg2=-0.322$，则学习曲线为

$Y_x=250\ (x/10)^{-0.322}$（80% 的学习率适用于每一次订购的 10 件）

第一次进货 10 件时单件成本 $Y_1=250$ 元 $\times(20/10)^{-0.322}=200$ 元，因此订购应付 2 000 元。

第二次进货 10 件时单件成本 $Y_2=250$ 元 $\times(30/10)^{-0.322}=175.50$ 元，因此订购应付 1 750 元。

第三次进货 10 件时单件成本 $Y_3=250$ 元 $\times(40/10)^{-0.322}=160$ 元，因此订购应付 1 600

元。

第四次进货 10 件时单件成本 $Y_4 = 250$ 元 $\times (50/10)^{-0.322} = 148.90$ 元，因此订购应付 1 489元。

（2）答：若供应商现在每月能且只能生产 20 件，那么协议价格应为$(200 + 175.50 + 160 + 148.90)/4 = 171.70$ 元。

8.3.33 解：（1）通过计算可估计出学习率为 75%，则学习曲线函数为

$Y_x = 1\,000x^{-0.415}$

（2）再生产 90 件需要花费的总时间 $Y = \int_{11}^{100} 1\,000x^{-0.415}\mathrm{d}x = 18\,333\text{h}$

（3）生产第 1 000 件需要花费时间 $Y_{1\,000} = 1\,000\text{h} \times 1\,000^{-0.415} = 56.9\text{h}$

8.3.34 解：根据题意可得学习率系数：$n = \lg 0.8/\lg 2 = -0.322$，则学习曲线为

$Y_x = Kx^{-0.322}$

由于生产第 10 个发电机的劳动力成本为 2 500 000 元，则有 $2\,500\,000 = K10^{-0.322}$，可得生产第一台发电机的劳动力成本 $K = 5\,247\,350$ 元。所以学习曲线为

$Y_x = 5\,247\,350x^{-0.322}$

由此可知，生产第 11 台发电机的劳动力成本为

$Y_{11} = 5\,247\,350$ 元 $\times 11^{-0.322} = 2\,424\,438$ 元

生产第 12 台发电机的劳动力成本为

$Y_{12} = 5\,247\,350$ 元 $\times 12^{-0.322} = 2\,357\,424$ 元

又因为利润率为劳动力成本的 10%，则第 11 台和第 12 台发电机的价格分别为 26 668 882元和 2 593 166 元。

8.3.35 解：（1）该应聘者学习率 $= 9/10 = 90\%$，根据其学习曲线可以得到，第1 000次操作的所要求的时间为 $0.349\,9 \times 10\text{min} = 3.499\text{min} < 4\text{min}$，因此应该雇用此人。

（2）在学习率为 90% 时，第 10 次操作的提高系数为 0.704 7，因此第 10 次操作时间为 $0.704\,7 \times 10\text{min} = 7.047\text{min}$。

8.3.36 解：（1）设学习曲线为 $Y_x = Kx^n$，由于生产第 1 件需50h，生产第 2 件需40h，代入上式中可得：$K = 50$，$n = -0.322$。因此，学习曲线为 $Y_x = 50x^{-0.322}$。生产第 3 件的时间为 $Y_3 = 50\text{h} \times 3^{-0.322} = 35\text{h}$。

（2）生产 1 000 件的平均时间 $\overline{Y_x} = \frac{1}{1\,000}\int_1^{1\,000} 50x^{-0.322}\mathrm{d}x = 8\text{h} < 20\text{h}$，说明有利可图，可以接受这项协议。

8.3.37 解：鉴于从收到订单到物料入库的周期比较长（48h），且订单处理的准确性也较低，建议进行流程再造。再造后的过程如下：

（1）订单由销售人员接收后输入系统，并将订单传真给订单确认部门。

（2）订单确认部门核对订单与系统信息的一致性。

（3）进行顾客信用调查，信用合格的订单发往仓库。

（4）仓库根据核对存货信息，能够满足的发货，不能满足的反馈到订单确认部门。

8.3.38 解：（1）该任务的正常时间 = 工作时间 × 评定系数/产量 $= 60\text{min} \times 90\% \div 30 = 1.8\text{min}$

（2）该任务的标准时间 = 正常时间 × (1 + 放宽系数) $= 1.8\text{min} \times (1 + 10\%) = 1.98\text{min}$

（3）如果工人一天工作 8h，按照标准时间，则其产量应为 $60\text{min} \times 8/\text{NT} = 242$ 件。而现在工人 8h 生产 300 件产品，基本报酬率为每小时 6 元，则其一天的报酬应为（300/

242） ×48 元 =59.5 元。

8.3.39 解：正常时间 = 工作时间 × 评定系数/糕点数量 = 280min × 120% /6 000 = 0.056min

标准时间 = 正常时间 × （1 + 放宽系数） = 0.056min × （1 + 10%） = 0.061 6min

8.3.40 解：（1）该任务的正常时间 = 工作时间 × 评定系数/产品数量 = 60min × 120% ÷ 80 = 0.9min

（2）该任务的标准时间 = 正常时间 × （1 + 放宽系数） = 0.9min × （1 + 10%） = 0.99min

（3）如果工人一天工作 8h，按照标准时间工人应生产 （60 × 8 ÷ 0.99）件 = 485 件产品，而现在工人生产了 500 件产品，则其收入 = （500/485） × 40 元 = 41.24 元。

8.3.41 解：在 40 周期的过程中，工人休息了 10min，则平均每一个周期内工人休息的时间为 （10/40）min = 0.25min，在每个周期内工人工作的时间 = （1.8 - 0.25）min = 1.55min。

则该项工作的正常时间 = 3.3min × 100% + 1.55min × 120% = 5.16min

所以该工作的标准时间 = 5.16min × （1 + 10%） = 5.676min

8.3.42 解：由题意可知，要求的绝对误差 $E = 0.4$min，由置信度为 95% 可知置信度系数 $Z = 1.96$，而每件有 $\sigma = 1.5$min 的标准差。

因此，需要进行观察的次数为

$$N = \left(\frac{Z\sigma}{E}\right)^2 = \left(\frac{1.96 \times 1.5}{0.4}\right)^2 = 54 \text{（取整数）}$$

8.3.43 解：操作时间的均值 $= \dfrac{(5.4 + 5.3 + 5.6 + 5.4 + 5.7 + 5.2) \text{ min}}{6} = 5.4$min，则要求其绝对

误差 = 5.4min × 2% = 0.108min，其样本标准差 $\sigma = 0.42$min。

由置信度是 95% 可知，置信度系数 $Z = 1.96$，因此需要进行观察的次数为

$$N = \left(\frac{Z\sigma}{E}\right)^2 = \left(\frac{1.96 \times 0.42}{0.108}\right)^2 \text{次} = 58 \text{ 次}$$

8.3.44 解：动作单元 1 的观察时间 $\mathrm{OT}_1 = \dfrac{\sum x_i}{n} = \dfrac{10.5\text{min}}{5} = 2.1$min

动作单元 2 的观察时间 $\mathrm{OT}_2 = \dfrac{\sum x_i}{n} = \dfrac{3.3\text{min}}{3} = 1.1$min

动作单元 3 的观察时间 $\mathrm{OT}_3 = \dfrac{\sum x_i}{n} = \dfrac{20.4\text{min}}{6} = 3.4$min

动作单元 4 的观察时间 $\mathrm{OT}_4 = \dfrac{\sum x_i}{n} = \dfrac{8.2\text{min}}{2} = 4.1$min

动作单元 5 的观察时间 $\mathrm{OT}_5 = \dfrac{\sum x_i}{n} = \dfrac{8.7\text{min}}{6} = 1.45$min

8.3.45 解：（1）最大可能误差 $E = Z\sqrt{p(1-p)/N} = 1.96 \times \sqrt{0.2 \times 0.8/500} = 3.5\%$

（2）为使最大误差不超过 ±5%，分析员所需要的样本量为

$N = Z^2 p(1-p)/E^2 = 1.96^2 \times 0.2 \times 0.8/0.05^2 = 246$（取整数）

补充习题答案

8.4.1 答：可以对其进行进一步的改进，改进后的流程如表 8-16 所示。

表 8-16　改进后的流程

时间/min	人	机器
1	装零件	被装上零件
2	休整、存放零件	加工
3		
4	准备下一个零件	
5		
6	卸零件	被卸下零件
利用率	100%	100%

8.4.2　解：（1）动作 1 的正常时间 $NT_1 = \dfrac{(1.18 + 1.19 + 1.15 + 1.20 + 1.24 + 1.18)\text{min}}{6} \times 120\%$

$$= 1.428\text{min}$$

动作 2 的正常时间 $NT_2 = \dfrac{(0.80 + 0.86 + 0.81 + 0.83 + 0.84 + 1.20)\text{ min}}{6} \times 110\%$

$$= 0.979\text{min}$$

动作 3 的正常时间 $NT_3 = \dfrac{(0.56 + 0.55 + 0.53 + 0.56 + 0.58 + 0.59)\text{ min}}{6} \times 105\% = 0.59\text{min}$

由于假定时间允许量为 10%，因此，该操作的标准时间为

$ST = (NT_1 + NT_2 + NT_3) \times (1 + 10\%) = (1.428 + 0.979 + 0.59)\text{min} \times (1 + 10\%)$

$$= 3.2967\text{min}$$

（2）由题意可得动作单元 2 时间的均值 $\bar{x} = 0.89\text{min}$，标准差 $\sigma = 0.343\text{min}$，则要达到误差在真实值 5% 以内，置信度为 95%，需要进行观察的次数为

$$N = \left(\frac{Z\sigma}{E}\right)^2 = \left(\frac{1.96 \times 0.343}{5\% \times 0.89}\right)^2 次 = 228 次$$

（3）若要达到误差为 0.01min，置信度为 95% 的估计，需要进行观察的次数为

$$N = \left(\frac{Z\sigma}{E}\right)^2 = \left(\frac{1.96 \times 0.343}{0.05}\right)^2 次 = 181 次$$

8.4.3　答：略。

8.4.4　解：根据题意可知，在置信为 95%、绝对误差 5% 的情况下，确定需要进行观察的次数为

$$N = Z^2 p(1-p)/E^2 = [1.96^2 \times 0.3 \times (1-0.3)/0.05^2] 次 = 323 次$$

由于抽样工作是在 30 天内完成，则平均每天需要抽样（$323 \div 30$）次 ≈ 11 次。

再利用随机数表随机选取 11 个数，找出与之对应的时刻，列出进度表即可。

8.4.5　解：（1）因为生产第 2 条船需要 180 名工人，由简单的指数曲线可知，学习率为 $180 \div 225 = 80\%$。那么可以求出生产第 11 条船的学习提高系数为 0.462 9，因此需要 225 名 × 0.462 9 $\approx$ 104 名工人。而生产厂长打算生产最后一条船用 100 名工人，只比真正需要的人数少 4 个，应该说他的做法还是科学的。

（2）通过计算可得，第 1 条船的成本为 5 000 000 元

第 2 条船的成本为：材料成本 2 000 000 元，人工成本 3 000 000 元 × 0.70 = 2 100 000 元

第 3 条船的成本为：材料成本 2 000 000 元，人工成本 3 000 000 元 × 0.568 2 = 1 704 600 元

则总成本为 12 804 600 元，提取利润为 12 804 600 元 × 10% = 1 284 060 元

合同的协议价格 = 总成本 + 利润 = 14 085 060 元

案例分析答案

8.5.1　答案要点：

1. 卡尔马分厂中的班组是为了适应大规模流水线生产而设立的，其特点是高度的劳动分工，工人每天的工作内容单一、枯燥，工人缺乏自主性，生产积极性低，工作过程由监督人员和领班来进行管理。而乌德瓦拉分厂中的自我管理小组则是为适应多品种小批量的生产方式建立起来的，其特点是，将工人划分为若干个团队，赋予每个团队高度的自主权，实施自我管理，工人的工作内容丰富，工作积极性高。

2. 沃尔沃公司乌德瓦拉分厂车间里授权的重要性在于丰富了工人的工作内容，并且提高了工人的自主权和责任感，从而激发了工人的工作积极性。通过信息共享，工人明确了企业生产经营的目标，有利于目标在实际运作中得到良好的贯彻执行。

3. 因为管理团队对工人提出了更多的要求，使得工人需要面对更多、更复杂的工作，并且还要承担更大的责任，这使得工人的工作压力大大高于流水线生产时。

4. 主要原因有两方面：一方面是多品种小批量生产本身与大规模流水线生产相比，成本上不具有优势；另一方面是乌德瓦拉分厂在瑞典，而根特分厂在比利时，瑞典的人力成本也大大高于比利时的人力成本。

8.5.2　答案要点：

1. 工人的工作内容从单一转变到丰富，而且工作自主权的扩大，提高了工人的工作积极性，使生产率增加、可控废品率降低。

2. 原来工人的工作内容只是简单的某一动作，枯燥乏味，而且工人的工资是以工作时间来计算的，工人对其产品的质量并不负责。正是这些因素导致了员工士气低下和废品率很高。

3. 在管理人员控制之下的是工人工作内容、生产方式以及工人自主权限度；由工人控制工作进度和产品质量。

4. 根据学习曲线理论可以看出，劳动分工在一定时期内有利于动作熟练程度的快速提高，使得生产效率较高，但长期看来由于工作内容单一枯燥，会使得工人的劳动积极性降低，如果管理措施不当，会适得其反。而新的生产方式由于内容丰富、动作复杂，生产效率提高速度较慢，生产时间较长。

8.5.3　答案要点：

1. 企业流程再造是对企业进行的彻底的重新设计，而不是在原有的基础上修补完善。企业在进行流程再造时，为了平衡各方面的利益，规避改革风险，大都采取渐进式，进行有限度的改造。但是，这是有悖于流程再造思想本质的：彻底的重新设计是抛弃所有的陈规陋习并且不要考虑一切已规定好的结构与过程，创造发明全新的完成工作的方法，是对企业进行业务处理流程进行重新构建，而不是改良、增强或调整。只在原有基础上进行追加式的改进，看似节约了资金，实际上造成了重复投资，而且没有从根本上解决问题，偏离了最终目标，达不到预期效果。

进行流程再造的企业，高层管理人员应积极支持和参与。企业进行流程再造时，会涉及企业的采购、生产、财务等各个部门。在此过程中，必然会涉及有些既得利益者的利益，这些人会对组织的变革进行抗拒，阻止组织变革。企业高层管理人员应积极参与，协调

各部门之间的关系，并充分授权给参与流程改造的责任人，让相关责任人既享有权利，又承担相应义务。

2. 福特公司在流程再造过程中采用了流程分析的方法，结合数据库和管理信息系统来对其采购流程进行业务流程再造。

第9章 总生产计划

9.1 理论要点

9.1.1 总生产计划及问题的描述

总生产计划（Aggregate Production Planning）是介于企业长期计划和短期计划之间的一种指导企业生产活动的重要计划。本章的内容包括总生产计划的概念、制订方法、衡量指标及制订总生产计划的方法等。

总生产计划也称生产计划大纲、综合计划，是中期生产计划，计划期一般为 6～18 个月，计划的对象以产品级为主。总生产计划是指导企业生产与其他活动安排的依据。总生产计划以需求预测作为输入，通过安排人力、物力和财力组织供应，满足用户的需求。

总生产计划问题可描述为：对于给定的计划期内的需求预测，确定计划期内各时间段的产品品种、各产品的生产量、劳动力水平、库存量、延期交货量、外购量、加班或空闲时间等。其目标是以最小的总成本满足市场的需求，避免发生缺货。制订总生产计划需要的信息主要是需求预测、生产能力、单位生产成本等。总生产计划是一个多目标决策问题，要求达到的目标包括：最高的顾客服务水平、最大的利润额、最小的生产成本、最小的缺货量和库存量、稳定的劳动力水平、最小的加班和空闲时间、最小的外购量、稳定的生产率等。

9.1.2 总生产计划的制订程序和方法

总生产计划的制订程序由以下几个步骤构成：
（1）确定每条产品线每个时期的需求。
（2）确定每个时期的能力（正常工作时间、加班时间、转包合同）。
（3）确定企业的库存策略。
（4）确定正常工作时间、加班时间、转包合同、库存维持费用、缺货等的单位成本（Unit Cost）。
（5）制订计划方案并进行成本计算。
（6）在可行性的计划中，选择最优的方案。否则，重新计算成本，再进行比较分析。
制订总生产计划的方法主要有线性规划、目标规划、线性决策规则、模拟实验、试错法等。

9.1.3 调整生产能力的策略

总生产计划的目的是平衡计划期内的预期需求数量和供应量。如果计划期间的预期需求总量和同一时期的现实生产能力差别较大，计划者就要对生产能力进行调整，同时对市场需求施加影响。但是，需求的改变更应该归为营销职能的范畴，生产部门应与营销部门密切配合。改变需求主要可以通过定价策略、促销、延迟交货或取消订单、开发新的需求等方式来实现。生产部门所要单独采取的策略主要是改变供应能力。改变供应能力可以通过以下几种方式实现：改变劳动力水平（雇用或解雇），利用加班或空闲时间、临时工、外购外协、利用库存与延期交货等。企业可以使用以下几种策略调整供应能力：

（1）跟踪策略：根据需求波动招聘或解聘工人。其缺点是花费招聘和培训成本，降低士气。

（2）均衡策略：利用加班与空闲时间。员工人数稳定，避免了跟踪策略中的感情损失和有形成本。

（3）稳定策略：调整库存量来满足不同时期的需求量，即在需求淡季同样进行生产以备满足销售旺季时期的需求。该策略适合于标准化产品生产。其代价是不但增加库存成本和资金占用量，同时也会引起过时、变质、磨损和损坏等风险。

（4）转包合同。利用外部资源弥补自身的产能不足。

9.1.4　总生产计划的相关成本的内容

总生产计划的相关成本包括：

（1）基本生产成本。它是指计划期内生产某一产品的固定成本和可变成本，包括材料成本、直接和间接劳动力成本、正常与加班工资。

（2）招聘或解聘成本。它是指招聘新员工花费的招聘费用和培训费用以及解聘员工时的补偿费。

（3）库存成本。它是指库存管理费用，占用资金费用，损耗、变质等折旧费用。

（4）延期交货成本。它是指订单延期交付时产生的赶工生产成本、顾客满意度降低带来的销售损失。这种成本难以定量化，只能定性估计。

（5）外购与外协成本。它是指外购或外协活动产生的一系列成本。

（6）生产准备成本。由各种生产准备活动引发的成本。

9.1.5　滚动计划

滚动计划就是把整个计划分为三个时期，第一个时期为执行期计划，后两个时间段分别为准备期和展望期计划。执行期计划内容已确定，要求按计划完成；准备期和展望期计划允

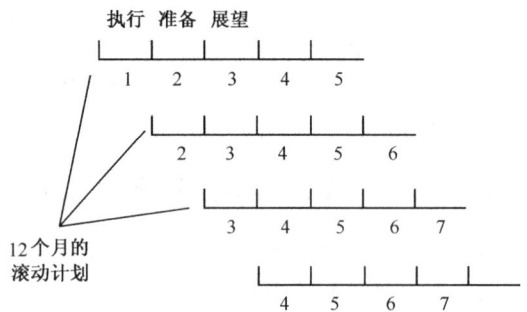

图 9-1　滚动计划

许调整，供采购原材料和准备生产资源参考，如图9-1所示。计划期是指滚动计划所包括的时间长度。滚动计划的意义是能够使计划的严肃性和应变性更好地结合，并提高计划的连续性，为组织均衡生产创造良好的条件。

9.1.6　生产计划的指标

生产计划的指标有如下几种：

（1）产品品种指标。它是指企业在计划期内规定生产的产品项（种）数。
考核指标为

$$品种计划完成率 = \frac{考核期完成计划产量的品种数}{考核期计划品种数} \times 100\%$$

注：不能以计划外品种代替计划内品种，不大于100%。

（2）产品产量指标。它是指企业在计划期内生产的合格（符合质量标准）的产品（或劳务）的实物数量。

考核指标为

$$产量计划完成率 = \frac{考核期实际完成产量}{考核期计划产量} \times 100\%$$

注：实际完成产量可计算计划外产品产量和超计划产量，产量计划完成率可大于 100%。

（3）产品质量指标。指企业在计划期内产品质量方面应达到的水平。

考核指标有：产品质量指标；工作质量指标：质量损失率、废品率、返修品率、一次交验合格率等。

（4）产值指标。产值指标是用货币表示的产量指标。

9.2　典型例题

例 9.2.1　根据表 9-1 和表 9-2 制订总生产计划，并求出使生产速度和需求相匹配的工人人数改变的相关成本。

表 9-1　需求预测表

月份	1	2	3	4	5	6	7	8	9	总数
需求预测/（件/月）	40	25	55	30	30	50	30	60	40	360

表 9-2　生产信息和成本信息

生产信息		成本信息	
现有工人人数	10	雇用成本	600 元/人
每个工人工作时间	160h/月·人	解雇成本	1500 元/人
单位产品生产时间	40h/件	正常工作成本	30 元/h
每个工人产量	4 件/月	加班成本	45 元/h
		转包成本	50 元/h
所需安全库存	10 件	库存成本	35 元/（月·件）

答：总生产计划表如表 9-3 所示。

表 9-3　总生产计划表

月份	1	2	3	4	5	6	7	8	9
预测产量/（件/月）	40	25	55	30	30	50	30	60	40
工人人数数据									
需要的工人数（预测产量/4）	10	7	14	8	8	13	8	15	10
月初雇用人数	0	0	7	0	0	5	0	7	0
月初解雇人数	0	3	0	6	0	0	5	0	5
成本									
正常工作成本/百元（员工人数×30×160）	480	336	672	384	384	624	384	720	480
雇用或解雇的成本/百元（600 或 1500）	0	45	42	90	0	30	75	42	75
库存成本/元（10×35）	350	350	350	350	350	350	350	350	350

计划总成本 = ∑正常工作成本 + ∑雇用和解雇成本 + ∑库存成本
= 446 440 元 + 39 900 元 + 3 150 元 = 489 490 元

例 9.2.2　Ken 公司生产 A、B 两种产品。两种产品都可存储，并且一个单位的 A 产品每月平均库存费用为 2 元/（月·件），而产品 B 则为 4 元/（月·件）。表 9-4 中给出了该公司今后 6 个月的需求预测。

该公司三个加工中心生产 A、B 两种产品的工时定额如表9-5 所示。

表9-4 未来6个月的需求预测 （单位：件）

产品	月 份					
	1	2	3	4	5	6
A	800	650	800	900	800	850
B	425	300	500	500	400	500

表9-5 三个加工中心生产两种产品的工时定额 （单位：h/件）

产品	加工中心		
	X	Y	Z
A	1.4	0.7	1.1
B	1.5	1.3	0.8

（1）若加工中心 X 按照预测生产 A、B 两种产品，试确定加工中心 X 的工作负荷。

（2）为制定均衡工作负荷，考虑到产品 B 的单位库存费用是产品 A 的 2 倍，所以计划制订者决定按产品 B 的预测量进行生产，并打算合理安排产品 A 的生产，以使加工中心 X 的工作负荷始终高于 6 个月的平均值。制订一个生产计划来满足这些目标。

解：（1）加工中心 X 的工作负荷计算如表9-6 所示。

表9-6 加工中心 X 的工作负荷

月份	A 的预测需求/件	B 的预测需求/件	A 所需工时/h	B 所需工时/h	总工时/h
1	800	425	1 120	638	1 758
2	650	300	910	450	1 360
3	800	500	1 120	750	1 870
4	900	500	1 260	750	2 010
5	800	400	1 120	600	1 720
6	850	500	1 190	750	1 940
合计	4 800	2 625	6 720	3 938	10 658

（2）由题意，只需考虑加工中心 X 即可求得满足目标的生产计划。为使加工中心 X 具有均衡的工作负荷，将加工中心 X 6 个月内的总工时平均化，可得每个月的工作负荷为：10 658h/6 = 1 776h。由题意知，优先考虑生产产品 B，剩下的时间用于生产产品 A。计算结果如表9-7 所示。

表9-7 生产计划

月份	可分配时间/h	产品 B 数量/件	产品 B 所需时间/h	产品 A 分得时间/h	产品 A 数量/件
1	1 776	425	638	1 138	813
2	1 776	300	450	1 326	947
3	1 776	500	750	1 026	733
4	1 776	500	750	1 026	733
5	1 776	400	600	1 776	840
6	1 776	500	750	1 026	733
合计	10 658	2 625	3 938	6 718	4 799

例 9.2.3 经预测，今后 12 个月内 Ken 公司代表产品的月需求量分别是 418 台、414 台、395 台、381 台、372 台、359 台、386 台、398 台、409 台、417 台、421 台、425 台。目前有 40 个工人，平均每人每月生产 10 台代表产品，若有 10% 的加班时间，则每月生产 11 台代表产品；若有 20% 的加班时间，则每月生产 12 台代表产品。聘用和解雇 1 名工人须分别支付 500 元和 950 元，正常工作时间每月支付工人 1 250 元，而加班时间则支付 1.5 倍的报酬。单位库存的成本为 4 元/月，现在库存为 800 台，这也是该公司希望的库存水平。

（1）制订一个混合策略的生产计划以满足预测的需求。

（2）这个策略的总成本是多少？

（3）简要说明，还有没有使成本更低的策略。

解：（1）表 9-8 给出了一种改变工人数量、改变生产率和改变库存的混合策略，其中库存成本 = （月初库存量 + 月末库存量）÷ 2 × 4。

表 9-8　一种混合策略

周期	需求/台	雇用人数/人	生产量/台	库存/台	加班工作量/台	库存成本/元	解雇及雇用成本/元
1	418	40	400	782		3 164	
2	414	40	400	768		3 100	
3	395	40	400	773		3 080	950
4	381	39	390	782		3 110	950
5	372	38	380	790		3 144	
6	359	38	380	811		3 202	500
7	386	39	390	815		3 252	500
8	398	40	400	817		3 264	
9	409	40	400	808		3 250	
10	417	40	410	801	10	3 218	
11	421	40	420	800	20	3 202	
12	425	40	425	800	25	3 200	
累计	4 795		4 795	9 547	55	38 188	2 900

（2）正常工作时间内，每台代表产品的生产成本为 1 250 元/10 = 125 元

加班时间内，每台代表产品的生产成本为 125 元 × 1.5 = 187.50 元

上述策略的总成本为

（4 795 − 55）× 125 元 + 55 元 × 187.5 + 38 188 元 + 2 900 元 = 643 900.50 元

（3）雇用和解雇成本远低于加班费用，所以 10 月份可通过增加新工人来降低成本。

5 月、6 月的库存累积减少了解雇成本并且减少了后面各期所需的加班时间。

计划需求相当均衡，与直接的生产劳动成本相比，可能出现的变化成本很小。公司应重新评价其维持大约 800 台库存的政策，其成本较高。

9.3 思考与练习

9.3.1 简述企业生产计划体系。

9.3.2 简述生产计划的主要内容。

9.3.3 生产计划工作的原则是什么？

9.3.4 生产计划的主要指标有哪些？

9.3.5 在考虑需求量与供应能力的平衡时，要考虑哪些因素？

9.3.6 作图说明产量、成本和利润的关系。

9.3.7 简述总生产计划与主生产计划的概念以及二者的区别。

9.3.8 如何编制总生产计划？

9.3.9 简述制订总生产计划可以使用的策略。

9.3.10 试比较跟踪策略和稳定策略。

9.3.11 制订总生产计划需要考虑的相关成本除原材料成本、劳动力成本、库存成本、加班成本外，还要考虑哪些成本？

9.3.12 什么是服务业企业的综合计划？

9.3.13 与制造业企业相比，服务业企业综合计划有哪些特点？

9.3.14 简要介绍滚动计划的概念。

9.3.15 滚动期和计划期有何区别？

9.3.16 简述滚动计划的优点。

9.3.17 某企业生产某种汽车用关键部件，随着消费市场对汽车需求情况的变化，每个季度对部件的需求量也不同（见表9-9）。预计下一个周期需求与本期相同。各季度间产量每变动200单位，所需增加的劳动成本为2 000元。那么一个周期改变员工人数的相关成本是多少？

表 9-9　每个季度对部件的需求量

季度	1	2	3	4
产量/单位	500	900	700	300

9.3.18 继题9.3.17，保持每季度600单位的生产能力的员工人数不变，用加班生产（单位成本5元）和空闲时间（单位成本20元），加班和空闲的总成本为多少？

9.3.19 继题9.3.17，变动库存水平，但保持平均需要的生产率的员工人数不变，不使用加班或空闲时间。1单位产品每年的库存持有成本（基于平均库存）为32元，且该企业可以在不增加额外成本的情况下，在第一季度前达到任意的库存水平。年库存成本（基于最大库存）为每单位5元。为了避免短缺，期初库存至少为多少？此时库存持有成本、储存成本、总库存成本分别为多少？

9.3.20 继题9.3.17，该企业每季度固定生产500单位产品，当需求超过500单位时，接受一定限度的延期交货。因脱销而导致的缺货费用为每单位产品20元，求总的缺货费用。

9.3.21 继题9.3.17，如果该企业每季度固定生产300单位产品，超额需求转包给其他公司。转包成本为每单位8元，求总的转包费用。

9.3.22 某红酒生产企业面对的需求模式在12月份有一个需求高峰。该企业的酒在秋收后的几个星期内生产。装瓶前酒一直被储藏在酒桶里。目前的装瓶生产策略是从1月到9月实行单班生产，在 12 月的高峰到来之前的 3 个月里，每天再增加 1 个班次，以使库存充足，防止缺货。目前正在考虑平滑装瓶过程的可能性，即在全年 12 个月里采用单班和均衡的生产率进行生产。

(1) 如果实行 12 个月均衡装瓶生产会增加哪些成本？但不包括现在的成本。

(2) 实行均衡生产将会避免或减少哪些成本？

(3) 12 个月的均衡生产会带来哪些风险？

(4) 12 个月的均衡生产会降低或者消除哪些风险？

9.3.23　某公司以生产大型工艺品为主业，全部手工生产，迄今为止已经生产某产品 16 件，平均每件耗费工时 2 750 个。由于市场状况好，紧接着收到新订单 8 件。目前公司共有专职工人 15 人，每天工作 8h，每月按 20 天计算。

(1) 对该公司来说，完成新订单要多长时间？

(2) 假设制造新产品遵循 85% 的学习曲线，完成新订单要多长时间？

9.3.24　制造几种不同型号旅游鞋的某公司的计划者正在忙于制订计划期为 6 期的生产计划。他们收集了相关信息，如表 9-10 所示。他们现在要对其中的一个计划作出评价，这个计划提倡在正常时间内保持稳定的产出率，主要依赖存货水平和需求的波动，并且允许缺货。他们打算在第 1 期持有零库存，制订总生产计划，并且利用上述信息计算出成本。假定正常情况下的稳定产出率是每期生产 300 双旅游鞋（即总需求/总期数 = 1 800/6 = 300）。注意，计划中的期末存货为零，共有 15 名工人。

表 9-10　需求预测及成本信息

期	1	2	3	4	5	6	总计
预测/双	200	200	300	400	500	200	1 800

成本

正常时间成本 = 2 元/双

加班时间成本 = 3 元/双

转包合同成本 = 6 元/双

库存成本 = 1 元/（双·期）（平均存货水平）

缺货成本 = 1 元/（双·期）

9.3.25　考虑完题 9.3.24 所列的计划后，计划者决定重新制订一份可选方案。他们知道公司员工有离职的可能，与其让别人顶替空出来的职位，还不如保持较小的员工队伍，利用加班时间的工作来弥补产能不足。如此则每期产出是 280 单位，加班工作的最大产出则是每期 40 单位。列出生产计划，试与上题作一比较。

9.4　补充习题

9.4.1　某厂生产 A、B 两种产品，分别由 E、F 两道工序完成。该厂实行两班工作制，E 全年可用生产工时为 2 400h，F 全年可用生产工时为 5 500h，其加班工时全年不得超过 500h。产品工时消耗定额如表 9-11 所示。

产品 A、B 的单位利润分别为 1500 元、2000 元；两种产品预测需求量分别为 400 件、300 件。该厂的目标是：希望获利 80 万元，充分利用企业生产能力，生产尽可能多的产品满足市场需要；同时控制加班时间，要求加班时间尽量少。试建立线性规划模型并求最优解。

表 9-11　产品工时消耗定额

工序	产品 A	产品 B
E	50	40
F	10	20

9.4.2　对某产品的需求预测如表 9-12 所示。

表 9-12　对某产品的需求预测

月份	1	2	3	4	5	6
需求量/件	2 760	3 320	3 970	3 540	3 180	2 900

设：C_w 为单位人工成本，每月分别为 2 520 元/人、2 400 元/人、2 760 元/人、2 520 元/人、2 640 元/人、2 640 元/人；CH 为招聘一个工人的费用，CH = 450 元/人；CL 为解聘一个工人的费用，CL = 600 元/人；CI 为维持单位产品库存一个周期的费用，CI = 5 元/件/周期；P_i 为产品产量；产品单件工时为 1h/件；W_i 为工人数；H_i 为招聘人数；L_i 为解聘人数；I_i 为库存量；i 为月份。试用线性规划模型求最优的总生产计划。

9.4.3　某公司产品的需求量随季节不同而变化，现该公司准备编制今后 6 个月的生产计划。对今后 6 个月的需求预测及每月工作天数如表 9-13 所示，其他数据如下：产品的材料费用为 100 元/台，库存保管费为 1.5 元/（台·月），缺货损失为 5 元/（台·月），如果想把产品转包一些出去，则转包费用为 20 元/台，招聘并培训一个工人的费用为 200 元/人，解聘一个工人的费用为 250 元/人，该产品的加工时间为 5h/台，正常工作时间内的工时费用为 4 元/h，加班时间内的工时费用为 6 元/h，生产开始时的期初库存量为 400 台。另外，由于预测的不确定性高，另考虑有 25% 的安全库存。

表 9-13　今后 6 个月的需求预测及每月工作天数

月份	需求预测/台	每月工作天数/天
1	1 800	22
2	1 500	19
3	1 100	21
4	900	21
5	1 100	22
6	1 600	20

试为公司编制今后 6 个月的总生产计划。

思考与练习答案

9.3.1　答：如图 9-2 所示，生产计划体系分为长期计划、中期计划和短期计划三个层次，每个层次都有不同的计划要求和特点。

9.3.2　答：根据已接受的订单及市场的需要预测进行生产能力的核算与平衡；正确制订各项计划指标；确定各产品在各时间段的出产量、库存量、延期交货量、劳动力水平、加班和空闲时间、劳动力水平的变化、外购外协量等，以最小的成本满足顾客的需求；规定各车间生产任务和编制生产协作计划；组织和检查生产计划的实施；考核和总结生产计划的完成情况。

9.3.3　答：以销定产，均衡出产，同生产技术准备工作投入生产的时间互相衔接，以及合理利

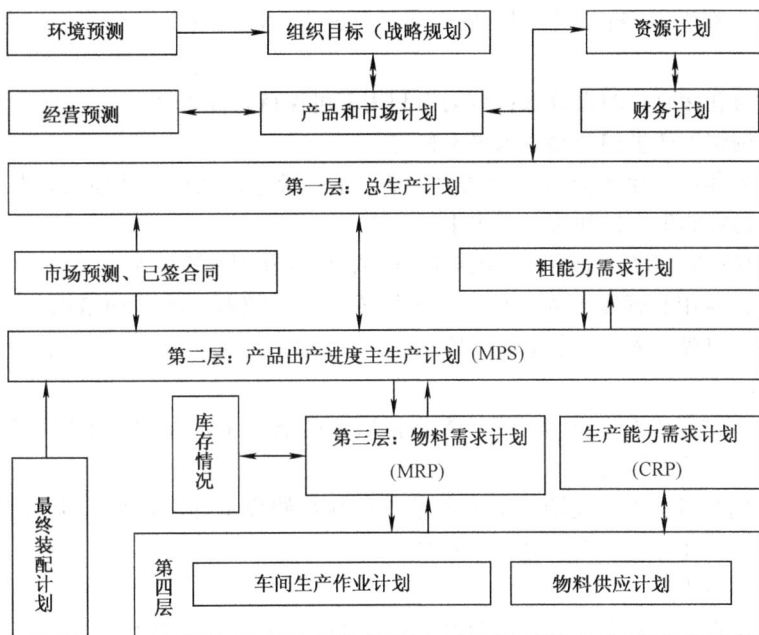

图 9-2 生产计划体系

用企业的生产能力。

9.3.4 答：产品品种指标、产品质量指标、产品产量指标、产值指标等。

9.3.5 答：需求量与供应能力的平衡，与劳动力的平衡，与物资供应的平衡，与生产技术准备的平衡，与外部协作的平衡。

9.3.6 答：如图9-3所示。

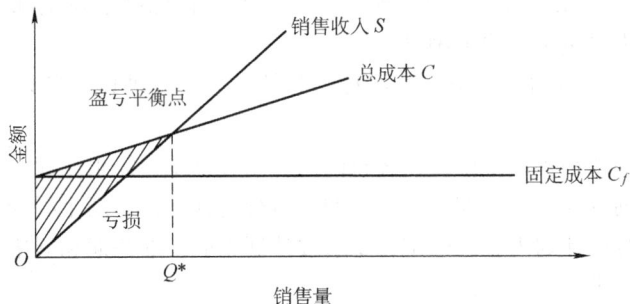

图 9-3 产量、成本和利润的关系

9.3.7 答：总生产计划是通过调整生产速度、员工数量、库存和其他可控变量，来确定计划期的供应数量和时间。

主生产计划是在总生产计划之后制订的，它决定生产的具体的最终产品数量和生产日期。主生产计划使用的信息可来自预测和已确定的订单，用于控制所有生产活动。

9.3.8 答：总生产计划编制的最根本原则是以销定产。

主要的编制步骤有：①调查分析，收集资料；②总生产计划方案拟订；③总生产计划的优化。

从编制方法来看有很多，最常用的为编制滚动计划。

9.3.9 答：跟踪策略、稳定策略、均衡策略。

9.3.10 答：（1）跟踪策略：在计划期内，通过调整生产能力（劳动力水平、生产量等）来满足需求。

优点：与仓储有关的投资低；劳动力利用率可保持较高水平。

缺点：调整生产量和劳动力水平不稳定。

（2）稳定策略：生产能力（劳动力水平、生产量等）在整个计划区间内保持稳定。

优点：稳定的生产量和劳动力水平。

缺点：存货成本高，加班和空闲时间增多，资源利用率不平衡。

9.3.11 答：（1）聘用和解雇工人的成本。聘用成本包括招募、筛选和培训等的成本；解雇成本包括违约费、调整其余工人的费用等，还包括被解雇工人的恶劣情绪和在职工人的士气损失。

（2）空闲时间成本。空闲时间成本包括增加的员工工资和超时工作导致的劳动生产率低下、质量低劣的成本。

（3）延期交货成本。延期交货成本不仅包括存储成本和所占用资金的机会成本，还包括保险费、过时、变质、磨损等成本。

（4）外协成本等。

9.3.12 答：服务业企业的综合计划要考虑目标顾客的需求、装备的生产能力以及劳动力的生产能力。由此产生的计划是一个以时间为基础的服务员工需求计划。

9.3.13 答：（1）服务只在提供时发生。一方面，它不像制造业的产出，大多数服务都是不能存储的，使得在需求淡旺季使用库存的策略无法实现；另一方面，未用服务能力实质上是一种浪费，因而使服务能力与需求相匹配很重要。

（2）服务需求难以预测。服务需求变动很大，所以服务提供者必须特别注意计划服务能力水平。

（3）可获得服务能力难以预计。服务业需求的变化比制造业更加剧烈，这使得建立简单的服务能力测量标准更加困难。

（4）在服务业，劳动柔性是一种优势。对员工进行一种以上的职业培训能够增强服务柔性。

另外，在自助式销售系统中，顾客自己的劳动可以调整需求变化。

9.3.14 答：整个计划分为三个时期，第一时期为执行期计划，后两个时期分别为准备期和展望期计划。执行期计划内容已确定，要求按计划完成；准备期和展望期计划允许调整，供采购原材料和准备生产资源参考。

9.3.15 答：（1）滚动期：修订计划的间隔时期，它通常等于执行期计划的计划期限。如总生产计划的滚动期为1个月。

（2）计划期：滚动计划所包括的时间长度。

9.3.16 答：（1）使计划的严肃性和应变性更好地结合。

（2）提高了计划的连续性，为组织均衡生产创造了良好的条件。

9.3.17 答：对于每两个季度之间的变化：

1 ~ 2　500 ~ 900　两个200单位

2 ~ 3　900 ~ 700　一个200单位

3 ~ 4　700 ~ 300　两个200单位

4 ~ 1　300 ~ 500　一个200单位

一共变化了6次，所以总的员工成本变动为 $6 \times 2\,000$ 元 $= 12\,000$ 元

9.3.18　答：加班成本 + 空闲时间成本 = 400 元 × 5 + 400 元 × 20 = 10 000 元

9.3.19　答：如表 9-14 所示，库存在第 1、4 季度积累，在第 2、3 季度消耗。初始期末余额所在列显示第 3 季度的库存为 −300 单位，所以在第 1 季度开始必须有 300 单位的库存，以避免缺货。平均库存等于最终的总余额 800 单位除以 4 个季度，为 200 单位。

库存持有成本 = 32 元 × 200 = 6 400 元

储存成本 = 5 元 × 400 = 2 000 元

总库存成本 = 8 400 元

表 9-14　数据表

季度	预测/单位	生产率	库存变化/单位	初步期末库存量/单位	1 季度增加 300 单位后的期末库存量/单位
1	500	600	100	100	400
2	900	600	−300	−200	100
3	700	600	−100	−300	0
4	300	600	300	0	300
总计		2400			800

9.3.20　答：延期交货是指在以后的时间满足现有订单的方式。因产品不能立即供给而造成一些销售量流失时，就会产生脱销费用。

第 2 季度的 200 单位超额需求被延期到第 4 季度交货，第 3 季度延期交货量为 100 单位。

总缺货费用 =（200 + 100）× 20 元 = 6 000 元

9.3.21　答：公司在第 1 季度必须转包 200 单位产品，第 2 季度 600 单位，第 3 季度 400 单位。

转包成本 = 1 200 × 8 元 = 9 600 元

9.3.22　答：(1) 酒瓶（不是酒）的库存成本、额外的生产设备和额外的仓库空间。

(2) 开第二班的准备成本和加班工资，由于低库存导致的频繁的作业转换成本。

(3) 供大于求。

(4) 缺货。

9.3.23　解：(1)［(8 × 2 750)／(15 × 8 × 20)］月 = 9.2 月

(2) $b = 0.234\ 5$，$a = 718\ 4.51$；$Y_{17} + \cdots + Y_{24} = 28\ 358.04$；［28 358.04／(15 × 8 × 20)］月 = 11.8 月

9.3.24　答：生产计划如表 9-15 所示。

表 9-15　生产计划

时期	1	2	3	4	5	6	总计
预测	200	200	300	400	500	200	1 800
产出/单位：							
正常时间	300	300	300	300	300	300	
加班时间	—	—	—	—	—	—	
转包合同	—	—	—	—	—	—	
库存量	100	100	0	−100	−200	100	
期初	0	100	200	200	100	0	
期末	100	200	200	100	0	0	
平均	50	150	200	150	50	0	
订单积压	0	0	0	0	100	0	100

9.3.25　解：总的来说，本计划的总成本是 4 400 元，比前一个计划少了。

正常情况下的生产成本和存货成本降低了，同时又产生了加班成本。

然而，本计划在订货成本方面有所节省，使得总成本降低，如表9-16 所示。

表 9-16　重新制订的生产计划

时期	1	2	3	4	5	6	总计
预测	200	200	300	400	500	200	1 800
产出/单位：							
正常时间产量	280	280	280	280	280	280	1 680
加班时间产量	0	0	40	40	40	40	120
转包合同	—	—	—	—	—	—	
误差	80	80	−20	−80	−180	120	
库存量/单位：							
期初	0	80	160	140	60	0	
期末	80	160	140	60	0	0	
平均	40	120	150	100	30	0	
缺货	0	0	0	0	120	0	120
成本/元：							
生产成本							
正常时间	560	560	560	560	560	560	3 360
加班时间	0	0	120	120	120	120	480
转包合同	—	—	—	—	—	—	
雇用/解雇	—	—	—	—	—	—	
库存成本	40	120	150	100	30	0	440
延迟交货	0	0	0	0	120	0	120
总计	600	680	830	780	830	680	4 400

补充习题答案

9.4.1　解：第一步，确定变量。设 x 为决策变量，d 为目标偏差变量。x_1 为产品 A 的生产量，x_2 为产品 B 的生产量；d_1^+、d_1^- 为利润超过或不足 800 千元的正负偏差量；d_2^+、d_2^- 为在 E 工序工时超过或不足 2 400h 的正负偏差量；d_3^+、d_3^- 为有 F 工序工时超过或不足 5 500h 的正负偏差量；d_{31}^+、d_{31}^- 为 F 工序加班工时超过或不足 500h 的正负偏差量；d_4^- 为产品 A 不超过 400 件的负偏差量；d_5^- 为产品 B 不超过 300 件的负偏差量。

第二步，分析并列出目标约束条件。

1. 利润约束条件

$1.5x_1 + 2x_2 + d_1^- - d_1^+ = 800$

2. 生产时间约束条件

E 工序：$50x_1 + 40x_2 + d_2^- - d_2^+ = 2 400$

F 工序：$10x_1 + 20x_2 + d_3^- - d_3^+ = 5 500$

3. 产品约束条件

产品 A：$x_1 + d_4^- = 400$

产品 B：$x_2 + d_5^- = 300$

4. 限制 F 工序加班工时约束条件

$d_3^+ + d_{31}^- - d_{31}^+ = 500$

第三步，确定目标的优先级别。

P_1 利润尽可能达到 800 千元；P_2 充分利用企业的设备能力，减少设备闲置时间；P_3 产量不得超过预测需求量；P_4 限制加班总时数；P_5 限制 F 的加班时间。

第四步，写出目标函数。

$\text{Min} Z = P_1(d_1^+ + d_1^-) + P_2(d_2^- + d_3^-) + P_3(3d_4^- + 4d_5^-) + P_4(d_2^+ + d_3^+) + P_5(d_{31}^+ + d_{31}^-)$

约束条件
$$\begin{cases}
1.5x_1 + 2x_2 + d_1^- - d_1^+ = 800 \\
50x_1 + 40x_2 + d_2^- - d_2^+ = 2\,400 \\
10x_1 + 20x_2 + d_3^- - d_3^+ = 5\,500 \\
x_1 + d_4^- = 400 \\
x_2 + d_5^- = 300 \\
d_3^+ + d_{31}^- - d_{31}^+ = 500 \\
x_1、x_2、d_i^+、d_i^- \geqslant 0, (i = 1,2,3,4,5,31)
\end{cases}$$

第五步，用单纯形法求解。

最优解：$x_1 = 400$ 件，$x_2 = 100$ 件，$d_3^+ = 500\text{h}$，利润 800 千元，全部目标均已实现。

9.4.2 解：模型假设第 1 期的初期工人数为 35 人，初始库存量为 0。

$\text{Min } 2\,520 \times W_1 + 2\,400 \times W_2 + 2\,760 \times W_3 + 2\,520 \times W_4 + 2\,640 \times W_5 + 2\,640 \times W_6 + 450 \times H_1 + 450 \times H_2 + 450 \times H_3 + 450 \times H_4 + 450 \times H_5 + 450 \times H_6 + 600 \times L_1 + 600 \times L_2 + 600 \times L_3 + 600 \times L_4 + 600 \times L_5 + 600 \times L_6 + 5 \times I_1 + 5 \times I_2 + 5 \times I_3 + 5 \times I_4 + 5 \times I_5 + 5 \times I_6$

约束条件：

1. 生产能力的约束

$P_1 \leqslant 84 \times W_1$；　　（84 是 1 月份一个工人提供的工作小时数，下同）

$P_2 \leqslant 80 \times W_2$；　　$P_3 \leqslant 92 \times W_3$；　　$P_4 \leqslant 84 \times W_4$；　　$P_5 \leqslant 88 \times W_5$；　　$P_6 \leqslant 88 \times W_6$

2. 人工能力的约束

$W_1 = 35 + H_1 - L_1$；　　　　$W_2 = W_1 + H_2 - L_2$；

$W_3 = W_2 + H_3 - L_3$；　　　　$W_4 = W_3 + H_4 - L_4$

$W_5 = W_4 + H_5 - L_5$；　　　　$W_6 = W_5 + H_6 - L_6$

3. 库存平衡约束

$I_1 = P_1 - 2\,760$；　　　　　　$I_2 = I_1 + P_2 - 3\,320$

$I_3 = I_2 + P_3 - 3\,970$；　　　　$I_4 = I_3 + P_4 - 3\,540$

$I_5 = I_4 + P_5 - 3\,180$；　　　　$I_6 = I_5 + P_6 - 2\,900$

4. 非负条件的约束（略）

最后求得的最优生产计划如表 9-17 所示。

总费用为 6 00 191.60 元。

9.4.3 解：初步总生产计划如表 9-18 所示。

表 9-17　最优生产计划

月份	产量/件	库存量/件	招聘人数/人	解聘人数/人	需要工人数/人
1	2 940.000	180.000 0			35.000 00
2	3 232.857	92.857 14	5.410 714		40.410 71
3	3 877.143		1.732 143		42.142 86
4	3 540.000				42.142 86
5	3 180.000			6.006494	36.136 36
6	2 900.000			3.181818	32.954 55

表 9-18　初步总生产计划　　　　　　　　　　　（单位：台）

月份	(1)期初库存	(2)需求预测	(3)安全库存 0.25×(2)	(4)计划产量 (2)+(3)-(1)	(5)期末库存 (1)+(4)-(2)
1	400	1 800	450	1 850	450
2	450	1 500	375	1 425	375
3	375	1 100	275	1 000	275
4	275	900	225	850	225
5	225	1 100	275	1 150	275
6	275	1 600	400	1 725	400
				8 000	

计划方案二：使用跟踪策略，仅改变工人人数，按制度工作时间生产，每个月的投产量等于初步生产计划中安排的出产数量，如表 9-19 所示。

表 9-19　改变后的总生产计划

月份	(1)计划产量/台	(2)所需生产时间/h (1)×5	(3)每人每月工时/h	(4)所需人数/人 (2)/(3)	(5)新增工人	(6)招聘费用/元 (5)×200	(7)解聘人数/人	(8)解聘费用/元 (7)×250	(9)正常时间总费用/元 (2)×4
1	1 850	9 250	176	53	0			—	37 000
2	1 425	7 125	152	47	0	0	6	1 500	28 500
3	1 000	5 000	168	30	0	0	17	4 250	20 000
4	850	4 250	168	25	0	0	5	1 250	17 000
5	1 150	5 750	176	33	8	1 600	0	0	23 000
6	1 725	8 625	160	54	21	4 200	0	0	34 500
					5 800		7 000		160 000

第10章 作业计划与排序

10.1 理论要点

10.1.1 作业计划的概念和内容

作业计划是生产计划工作的继续，是企业总生产计划的具体执行计划。作业计划是指将总生产计划确定的生产任务分配给相关生产部门，以充分利用系统的生产能力，保证系统按要求进行生产，满足顾客的需求。作业计划是协调企业日常生产活动的中心环节，根据生产计划规定的产品品种、数量及交货期的要求，对每个生产单位（车间、工段、班组等）在每个具体时期（月、旬、班、小时等）内的生产任务作出详细规定，使生产计划得到落实。生产作业计划具有三个方面的显著特点：①计划期短。生产计划的计划期常常为季、月，而生产作业计划则详细规定月、旬、日、小时的工作任务。②计划内容具体。生产计划是全企业的计划，而生产作业计划则把生产任务落实到车间、工段、班组、工人。③计划单位小。生产计划一般只规定完整产品的生产进度，而生产作业计划则详细规定各零部件以及各工序的进度安排。

作业计划与控制的主要内容包括：

(1) 安排订单的生产。

(2) 安排设备和人员的生产任务。

(3) 决定订单的投产顺序。

(4) 提高已投产订单的生产效率。

(5) 监控生产系统的工作情况，必要时进行调整等。

10.1.2 最优化生产技术

编制生产作业计划，可以参考最优化生产技术（Optimized Production Technology，OPT）或称为约束理论（Theory of Constraints，TOC）的要求。在安排生产任务时，遵循以下原则：

(1) 追求物流平衡，而不是能力平衡。

(2) 非瓶颈环节的利用率不取决于该环节的能力，而取决于系统中的其他限制。

(3) 瓶颈环节损失的时间等于整个系统损失的时间。

(4) 在非瓶颈环节节约时间无实际意义。

(5) 对瓶颈环节的前导工序和后续工序应采取不同的计划方法。

(6) 运输的批量与加工的批量可能不同，而且在许多时间里应该不同。

(7) 加工批量应该是一个变量，而不是固定量。

(8) 要同时考虑加工能力和加工优先权两个问题，而不是相继考虑。

(9) 各环节最优化的总和并不等于全系统最优化。

(10) 资源的利用和使用是两个不同的概念。

10.1.3 期量标准

1. 期量标准是生产作业计划的重要依据

期量标准是指为了合理地组织企业的生产活动，在生产产品或零件的数量和期限方面所规定的标准数据。先进合理的期量标准，正确地反映了生产运作过程中各环节在生产时间和数量上的客观内在联系，以便正确、迅速地编制生产作业计划，合理组织生产运作活动，保证产品整个生产过程的高度连续、统一、协调和衔接。期量标准的类型包括以下几种：

（1）品种单一的大量流水生产：节拍、在制品占用量定额、流水线工作指示图表等。

（2）稳定的成批生产：批量与生产间隔期、生产提前期、生产周期等。

（3）单件小批生产：生产周期、生产提前期等。

生产作业管理工作的内容包括：制定期量标准、编制生产作业计划、生产现场管理（生产作业准备和服务、现场管理、生产调度、生产任务临时调整、绩效考核与激励）以及作业控制。

2. 大量流水生产

大量流水生产的特点是产品品种少、产量大，工作地专业化程度高，通常有条件组织流水线生产。所以，大量流水生产的期量标准一般在系统设计阶段就已经确定了。

（1）节拍。它是指流水线上两件相邻产品出产的时间间隔，反映了生产率的水平。

（2）流水线工作指示图表。它是流水线上各工作地在正常条件下的具体工作制度和劳动组织方式的一种标准图表，可以分为连续流水线工作指示图表和间断流水线工作指示图表。

（3）在制品占用量定额。它是指各生产环节上为了保证生产衔接所必需的最低限度的各种在制品的标准储备量。

（4）流水线内部的在制品。它包括以下几种类型：

1）工艺在制品。它是流水线的各个工作地上正在进行加工和检验的在制品。

2）运输在制品。它是流水线内各工作地之间正在转移、运输的在制品。

3）周转在制品。它是在间断流水线上由于相邻两工序的生产率不同而形成的在制品。

周转在制品定额的计算方法如下：

① 根据两道工序生产率之差的变化的情况，将看管期内的时间分成几个时间段。

② 计算每个时间段周转在制品占用量的变化值。第 i 和 j 道工序间某时间段的在制品变化量 Z_{ij} 可以用以下公式计算

$$Z_{ij} = T\left(\frac{S_i}{t_i} - \frac{S_j}{t_j}\right) \tag{10-1}$$

式中，T 为时间段的时间长度；S_i、S_j 分别代表前后两道工序的工作地数；t_i、t_j 分别代表前后两道工序的单件工时。

如果 Z_{ij} 为正值，则在 T 时间段内周转在制品量增加；如果 Z_{ij} 为负值，则周转在制品量减少。

③ 绘制周转在制品占用量形成与消耗示意图，如图 10-1 所示。

④ 汇总各工序之间看管期期初周转在制品占用量。通常将其作为流水线内部周转在制品定额。

4）保险在制品。它是指为保证流水线不间断而在相邻工作地之间事先放置的在制品。

（5）流水线之间的在制品。当供应流水线和需求流水线的节拍相等时，存在运输在制品和保险在制品；当节拍不等时，存在周转在制品和保险在制品。

3. 成批生产

成批生产是按一定时间间隔依次成批地生产多种产品，如何妥善安排轮番生产，是要解决的重要问题。成批生产的重要期量标准有：

（1）批量：相同产品或零件一次投入或产出的数量。

（2）生产间隔期：相邻两批相同产品或零件投入或产出的时间间隔。

生产批量和间隔期之间存在这样的关系：批量＝生产间隔期×间隔期内平均每日消耗量。

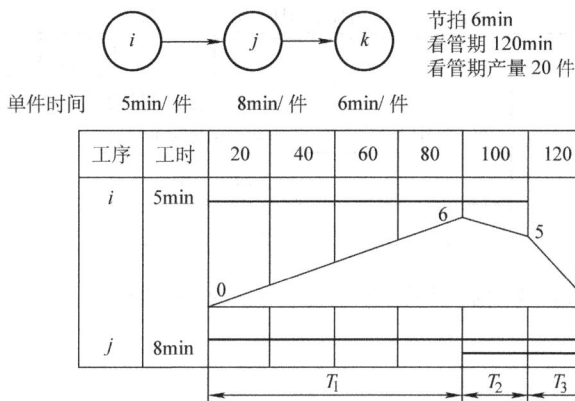

图 10-1 周转在制品占用量形成与消耗示意图

（3）经济批量法：根据生产成本最小原理来确定生产批量的一种方法。

1）年度设备调整费用 C_a

$$C_a = \frac{D}{Q}A$$

式中，A 为每次设备调整费用；D 为年产量；Q 为生产批量。

2）年库存保管费用 C_b

$$C_b = \frac{Q}{2}H$$

式中，H 为单位产品的年平均保管费用。

3）设备调整和库存总费用 Y

$$Y = C_a + C_b = \frac{D}{Q}A + \frac{Q}{2}H$$

4）经济批量 EOQ

$$EOQ = \sqrt{\frac{2DA}{H}}$$

（4）生产周期：从原材料投入开始到成品出产为止所经过的全部日历时间（或工作日数）。

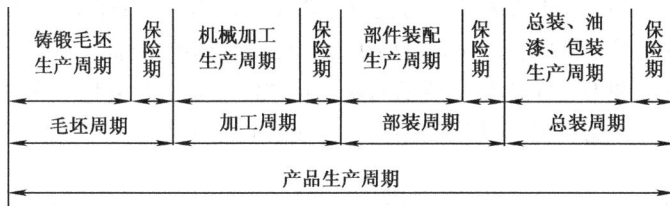

图 10-2 机械产品生产周期示意图

1）成批生产的机械产品的生产周期如图 10-2 所示。

2）整个产品的生产周期也可以由装配网络图关键路线的长度决定。在图 10-3 中，关键路线为 C-D-E-F-H，生产周期为 7.35 天。

（5）生产提前期：产品在各生产环节出产或投入的时间与成品出产时间相比所要提前的时间，如图 10-4 所示。

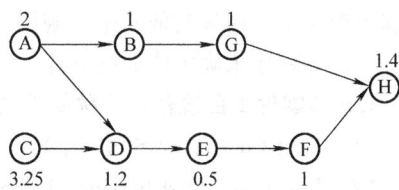

图 10-3 装配网络图

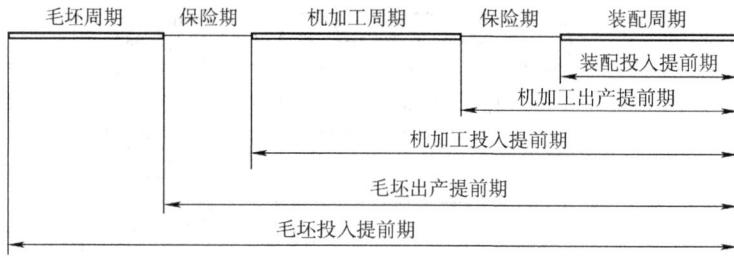

图 10-4　前后车间生产批量相等时的生产提前期示意图

10.1.4　在制品定额法

这是利用在制品定额和计划期初实际结存的在制品量的差异决定投入与产出的数量的方法，适用于大量大批生产企业制订生产作业计划。生产系统中某车间 b 的产量可以用下面的方法决定，如图 10-5 所示。

b 车间的出产量 $N_{ob} = N_{ia} + N_{sb} + (Z_{ba} - Z'_{ba})$

b 车间的投入量 $N_{ib} = N_{ob} + N_{ub} + (Z_b - Z'_b)$

式中，N_{sb} 为 b 车间的半成品外销量；Z_{ba} 为车间 a 和 b 之间的半成品定额；Z'_{ba} 为车间 a 和 b 之间的期初在制品结存量；N_{ib} 为 b 车间的投入量；N_{ub}：b 车间的废品量；N_{ob} 为 b 车间的产出量；Z_b 为 b 车间在制品定额；Z'_b 为 b 车间期初在制品结存量；N_{ia} 为 a 车间的投入量。

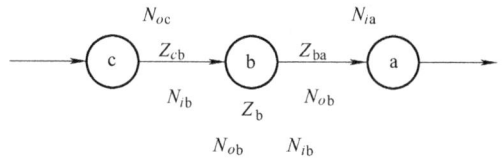

图 10-5　用在制品定额法制定作业计划

10.1.5　作业排序

作业排序（Scheduling）是编制作业计划时经常遇到的一个问题，也是一个十分重要的问题，不论对制造业企业还是服务业企业都是如此。合理的作业排序对提高设备或工作地的效率，减少在制品占用量，缩短生产运作周期具有重要的作用。排序问题一般表示为：$n/m/A/B$。其中：n 代表工件数；m 代表设备数；A 代表排序的类型，若 A 处标为 F，则表示流水线型排序，若 A 处标为 G，则表示非流水线型排序；B 代表目标函数，标以具体的目标。

作业排序的目标主要有：①满足交货期的要求；②使产品生产流程时间最小化；③使生产提前期最小化；④使生产准备时间和费用最小化；⑤使在制品库存量最小化；⑥使设备利用率最大化等。

根据一些简单的排序规则，可以有效地解决动态环境的排序问题。这些规则可能很简单，仅需根据一种标准对作业进行排序。这些标准可以是加工时间、交货日期或订单到达的顺序。其他的规则尽管也同样简单，但可能需要更多的信息。作业排序通常需要一个指标，比如最小松弛时间和关键比率。还有其他的排序规则，比如约翰逊规则，在一个机器序列上进行作业排序，并需要一个计算程序来确定作业的顺序。

1. n 种零件 1 台设备：几种简单的排序规则

（1）First-Come-First-Service, FCFS：按订单到达的先后顺序进行加工。

（2）Last-Come-First-Service, LCFS：该规则经常作为缺省规则使用。因为后送来的任务单放在先来的上面，操作员通常是先处理上面的任务单。

（3）Earliest-Due-Date，EDD：要求交货期最小的任务优先安排。

（4）Slack-Time-Remaining，STR：最短的任务最先进行。STR 的计算方法如下

$$STR = 交货期前所剩的时间 - 剩余的加工时间$$

（5）Shortest-Processing-Time，SPT：作业时间最短的任务最先安排。

（6）Critical Ratio，CR：关键比率是用交货日期减去当前日期的差值除以剩余的工作日数。关键比率最小的任务先执行。

（7）Random：主管或操作工通常随意选择一件他们喜欢的进行处理。

2. n 种零件 2 台设备：约翰逊规则（Johnson's Rule）

如果有 n 种产品需要顺序地通过 2 台设备进行加工，而每种产品在各设备上的加工时间不同。为了得到这 n 种产品的最短加工周期，可以使用约翰逊规则，如图 10-6 所示。

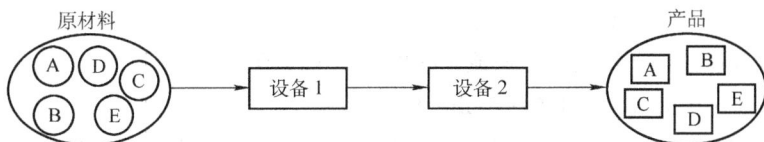

图 10-6　n 种零件 2 台设备排序

第一步，在所有的加工时间中找出最短加工时间。

第二步，如果最短加工时间发生在第一台设备上，则把该零件安排在序列的最前端；如果最短加工时间发生在第二台设备上，则把该零件安排在序列的最末端。

第三步，如果同时有两个以上最短加工时间，可以任选一个先进行排序。

第四步，重复以上步骤，直到所有零件排完为止。

约翰逊规则还可以扩展到 3 台设备的情况，但只有满足一定条件才能使用。这 3 台设备（A、B、C）必须满足以下两个条件之一：

（1）A 设备的最小加工时间大于或等于 B 设备的任一加工时间。

（2）C 设备的最小加工时间大于或等于 B 设备的任一加工时间。

这样，就可以将 3 台设备简化为两台设备。将 A、B 两台设备的工时分别相加，成为第一台虚拟设备的工时；再将 B、C 两台设备的工时分别相加，成为第二台虚拟设备的工时。然后利用约翰逊规则进行排序，排好后再转换为 3 台设备即可。

10.1.6　作业控制

生产作业计划在实施的过程中由于受到很多因素的影响，不可避免地会使计划与实际执行之间出现偏差，为了保证计划的完成，必须有效地进行生产作业控制。所谓作业控制，就是监督和检查计划的执行情况，及时发现计划执行过程中已经或将要出现的偏差，分析其产生的原因，并采取有效的措施纠正或预防偏差。

作业控制的主要内容包括：

（1）生产系统控制，包括生产作业准备监控、生产进度控制——时间与产量控制、质量控制、库存控制、生产成本控制。

（2）生产资源控制，包括人力资源控制和生产设备控制——状态诊断、保养、维护、改造更新等。

10.2　典型例题

例 10.2.1　某流水线计划年产零件 A 48 000 件，该流水线每天工作两班，每班工作 8h，工作时间有效利用系数为 0.93。试计算流水线的平均节拍。若因机器年久老化，暂时存在一些质量问题，计划废品率为 0.8%，则此流水线实际节拍是多少？

解：该流水线全年理论生产时间为

$T = (365 - 104 - 10)$ 天 $\times 2$ 班 $\times 8h \times 60min = 240\ 960min$

流水线平均生产节拍　$r = T \times 0.93/N = 4.668\ 6min/$ 件

在存在质量问题情况下，该流水线的实际年产量

$N_a = N/(1 - $ 废品率$) = 48\ 387$ 件

在存在质量问题情况下，该流水线的实际生产节拍

$r_a = T \times 0.93/N_a = 4.631\ 3min/$ 件

例 10.2.2　根据间断流水线工作指示图表（见表 10-1）所示，分析该流水线的工作情况。

表 10-1　间断流水线工作指示图表

间断流水线名称 轴加工线					工作期数 2班/天		日产量 120件/天	节拍 8min/件		运输批量 1件		看管周期 2h						
工序号	工作班的产量	工序时间定额	工作地号码	工作地负荷率（%）	工人号	该工序完成后工人转向何工作地	一个看管周期内的工作指示图表											看管期产量
							10	20	30	40	50	60	70	80	90	100	110	120	
1	60	6	01	75	1	04													15
2	60	8	02	100	2														15
3	60	10	03	100	3														12
			04	25	1	01													3
4	60	3	05	37.5	4	06													15
5	60	5	06	62.5	4	05													15
6	60	8	07	100	5														15

解：工作地负荷率为观察期内实际作业时间的比率，如工作地 01 的负荷率为 90/120 = 75%。同理，工作地 02、04、06、07 的负荷率分别为 100%、25%、62.5%、100%。工序 1 完工后，1 号工人在进行下一轮工作之前有 30min 剩余，恰好可以完成工作地 04 的工作，因此转向工作地 04，完工后再回到工作地 01；同理，4 号工人在完成工作地 05 的工作后恰好可以转到工作地 06 工作，并在完成后回到工作地 05。

看管期产量即看管期内实际生产的产品数，如工作地 01 看管期的产量为 $\dfrac{90min}{6min/件} =$

15 件，同理，工作地 03 和 04 看管期产量分别为 $\dfrac{120min}{10min/件} = 12$ 件和 $\dfrac{30min}{10min/件} = 3$ 件。

例 10.2.3　计算表 10-1 中周转在制品占用量，并作出工序间周转在制品积累与消耗示意图。

解：根据工序间流动在制品占用量计算公式 $Z_{ij} = T_{ij}\left(\dfrac{S_i}{t_i} - \dfrac{S_j}{t_j}\right)$ 可得：

第 1 工序与第 2 工序间的流动在制品占用量为

$0 \sim 90\mathrm{min}$ 之间：$Z_{12}^1 = 90 \times \left(\dfrac{1}{6} - \dfrac{1}{8}\right)$ 件 $= 3.75$ 件

$90 \sim 120\mathrm{min}$ 之间：$Z_{12}^2 = 30 \times \left(\dfrac{0}{6} - \dfrac{1}{8}\right)$ 件 $= -3.75$ 件

第 2 工序与第 3 工序间的流动在制品占用量为

$0 \sim 90\mathrm{min}$ 之间：$Z_{23}^1 = 90 \times \left(\dfrac{1}{8} - \dfrac{1}{10}\right)$ 件 $= 2.25$ 件

$90 \sim 120\mathrm{min}$ 之间：$Z_{23}^2 = 30 \times \left(\dfrac{1}{8} - \dfrac{2}{10}\right)$ 件 $= -2.25$ 件

第 3 工序与第 4 工序间的流动在制品占用量为

$0 \sim 45\mathrm{min}$ 之间：$Z_{34}^1 = 45 \times \left(\dfrac{1}{10} - \dfrac{1}{3}\right)$ 件 $= -10.5$ 件

$45 \sim 90\mathrm{min}$ 之间：$Z_{34}^2 = 45 \times \left(\dfrac{1}{10} - \dfrac{0}{3}\right)$ 件 $= 4.5$ 件

$90 \sim 120\mathrm{min}$ 之间：$Z_{34}^3 = 30 \times \left(\dfrac{2}{10} - \dfrac{0}{3}\right)$ 件 $= 6$ 件

第 4 工序与第 5 工序间的流动在制品占用量为

$0 \sim 45\mathrm{min}$ 之间：$Z_{45}^1 = 45 \times \left(\dfrac{1}{3} - \dfrac{0}{5}\right)$ 件 $= 15$ 件

$45 \sim 120\mathrm{min}$ 之间：$Z_{45}^2 = 75 \times \left(\dfrac{0}{3} - \dfrac{1}{5}\right)$ 件 $= -15$ 件

第 5 工序与第 6 工序间的流动在制品占用量为

$0 \sim 45\mathrm{min}$ 之间：$Z_{56}^1 = 45 \times \left(\dfrac{0}{5} - \dfrac{1}{8}\right)$ 件 $= -5.625$ 件

$45 \sim 120\mathrm{min}$ 之间：$Z_{56}^2 = 75 \times \left(\dfrac{1}{5} - \dfrac{1}{8}\right)$ 件 $= 5.625$ 件

根据以上计算结果，可以得到工序间周转在制品积累与消耗示意图，如图 10-7 所示。

例 10.2.4 在某工厂有 5 项特殊的工作需通过两个生产中心的操作，各项工作的操作时间如表 10-2 所示，为使 5 项工作总周期时间最小化，找出各项工作的操作排序。

表 10-2 各项工作操作时间表

工作	生产中心 1/h	生产中心 2/h
A	5	1
B	6	7
C	8	3
D	14	7
E	9	12

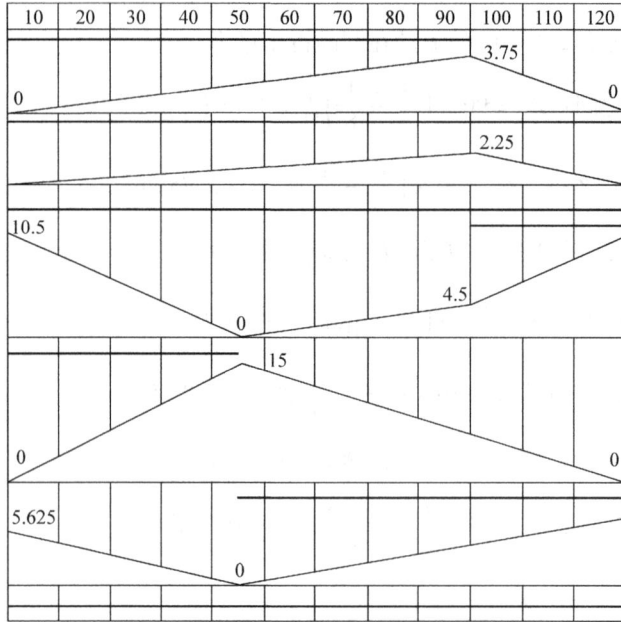

图 10-7　工序间周转在制品积累与消耗示意图

答：约翰逊规则可使总周期时间最小化。其主要规则是：选择最短的作业时间，如果最短时间的作业在生产中心 1，则把它排在序列前面；如果它在生产中心 2，则把它排在序列的后面。具体步骤如下：

（1）最短作业时间是工作 A 在生产中心 2 的时间（1h），因此工作 A 尽量往后排。

（?）（?）（?）（?）（A）

（2）剩余的最短作业时间是工作 C 在生产中心 2 的时间（3h），因此工作 C 尽量往后排。

（?）（?）（?）（C）（A）

（3）这时剩余的最短作业时间是工作 B 在生产中心 1 的时间（6h），因此工作 B 尽量往前排。

（B）（?）（?）（C）（A）

（4）最短作业时间是工作 D 在生产中心 2 的时间（7h），因此工作 D 尽量往后排。

（B）（?）（D）（C）（A）

（5）安排 E 在剩余的位置上。

（B）（E）（D）（C）（A）

例 10.2.5　在 3 台机器上排序 n 件工作。考虑以下工作及其在机器上的操作时间，如表 10-3 所示。不允许出现工作遗漏的现象。使用约翰逊规则，找出各件工作的操作排序。

表 10-3 各件工作在机器上的操作时间表

工作	机器 1	机器 2	机器 3
A	6	5	8
B	5	4	4
C	8	3	10
D	6	2	4
E	10	3	3

答：将 n 件工作安排到 3 台机器同样可以利用约翰逊规则，如果在中间机器的最大时间小于等于其他一台或两台机器所需的最小时间，那么就可进行如下调整，如表 10-4 所示。

表 10-4 调整后的工作时间表

作业编号	A	B	C	D	E
机器 1 + 2	11	9	11	8	13
机器 2 + 3	13	8	13	6	6

仍然利用约翰逊规则进行排序，得加工顺序为 A-C-B-D-E。

例 10.2.6 4 项任务和 3 个工作中心的信息如表 10-5 所示。假设一项任务从一个工作中心传送到另一个工作中心所需时间为 6h，包括等待时间和移动时间。

（1）假设能力无限，作后向安排负荷的进度安排，把所有工作都负荷到 3 个工作中心。

（2）假设每天生产时间 8h，哪个工作中心何时会超负荷？

表 10-5 信息表

任务	工作中心/生产时间/h	交货日期/天
1	A/1, B/2, C/5	3
2	C/4, A/2	2
3	B/4, A/2	2
4	B/5, A/1, C/4	3

答：向后负荷进度安排如表 10-6 ~ 表 10-9 所示。

表 10-6 向后负荷进度安排

任务	第 1 天								第 2 天								第 3 天							
	1	2	3	4	5	6	7	8	9	10	11	12	13	14	15	16	17	18	19	20	21	22	23	24
1					A							B	B							C	C	C	C	C
2					C	C	C	C						A	A									
3					B	B	B	B						A	A									
4			B	B	B	B	B							A						C	C	C	C	

表 10-7　工作中心 A 的负荷

生产时间/h	工作中心 A		
8			
7			
6			
5		▨	
4		▨	
3		▨	
2		▨	
1	▨	▨	
	第 1 天	第 2 天	第 3 天

表 10-8　工作中心 B 的负荷

生产时间/h	工作中心 B		
	▨		
8	▨		
7	▨		
6	▨		
5	▨		
4	▨		
3	▨		
2	▨	▨	
1	▨	▨	
	第 1 天	第 2 天	第 3 天

表 10-9　工作中心 C 的负荷

生产时间/h	工作中心 C		
			▨
8			▨
7			▨
6			▨
5			▨
4	▨		▨
3	▨		▨
2	▨		▨
1	▨		▨
	第 1 天	第 2 天	第 3 天

由各工作中心负荷可见，工作重心 A 工作安排在前两天，并且没有超负荷现象。但是工作中心 B 的第 1 天和工作中心 C 的第 3 天均为 9h 生产时间，超过了最大负荷能力。

例 10.2.7　5 件定制家具的加工工作在阳光家具公司的加工中心等待分配。它们的加工时间和交货期如表 10-10 所示。

（1）根据以下三个规则来决定其操作顺序：①FCFS；②SPT；③EDD。

（2）对不同规则排序结果的效率指标进行测算（包括平均加工周期、设备使用率、系统中平均工作数以及平均工作延迟天数）。每项工序按其到达顺序标以字母。各项工序到达顺序为 A、B、C、D、E。

表 10-10　5 件定制家具的加工时间和交货期

工作	加工时间/天	交货期/天
A	8	16
B	8	17
C	5	8
D	3	12
E	2	5

答：（1）按 FCFS 规则排序的结果是 A-B-C-D-E，即先到先加工，如表 10-11 所示。流程时间是指各项工作的等待时间与加工时间之和。

表 10-11　按 FCFS 规则排序结果　（单位：天）

工作顺序	加工时间	流程时间	交货期	工作延迟天数
A	8	8	16	0
B	8	16	17	0
C	5	21	8	13
D	3	24	12	12
E	2	26	5	21
合计	26	95	—	46

（2）按 SPT 规则排序的结果是 E-D-C-A-B，如表 10-12 所示。顺序根据操作时间来排定，加工时间最短的工作先开始。

表 10-12　按 SPT 规则排序结果　（单位：天）

工作顺序	加工时间	流程时间	交货期	工作延迟天数
E	2	2	5	0
D	3	5	12	0
C	5	10	8	2
A	8	18	16	2
B	8	26	17	9
合计	26	61	—	13

（3）按 EDD 规则排序的结果是 E-C-D-A-B，如表 10-13 所示。顺序根据到期时间来排定，最早到期的工作首先开始。

（4）对排序效率进行测算，主要指标有：

1）平均流程时间 $= \dfrac{总流程时间}{工作数}$

2）使用率 $= \dfrac{总工作生产时间}{总流程时间}$

177

表 10-13　按 EDD 规则排序结果 （单位：天）

工作顺序	加工时间	流程时间	交货期	工作延迟天数
E	2	2	5	0
C	5	7	8	0
D	3	10	12	0
A	8	18	16	2
B	8	26	17	9
合计	26	63	—	11

3）平均工作延迟天数 $= \dfrac{总延迟天数}{工作数}$

根据以上公式算得各种排序方法的相关指标如表 10-14 所示。

表 10-14　各种排序方法的相关指标

排序规则	平均流程时间/天	设备使用率	平均工作延迟天数/天
FCFS	19	0.2736	9.2
SPT	12.2	0.4262	2.6
EDD	12.6	0.4127	2.2

从以上数据可以看出，EDD 规则在平均延迟天数指标上是最优的，而设备使用率最高的是 SPT 规则，各项都比较差的是 FCFS 规则。但是需要指出的是，没有哪一种规则是绝对更好的，比如 SPT 规则是使流程时间最少的最好办法，而 FCFS 在顾客公平上比较合理。

例 10.2.8　今天是某工厂生产日程表上的第 13 天，有三个订单，如表 10-15 所示。试根据关键比率法确定优先顺序。

表 10-15　某工厂的订单表

订单	交货期/天	完工所需天数/天
A	17	2
B	14	4
C	16	3

答：计算关键比率如表 10-16 所示。

表 10-16　计算关键比率

工作	关键比率	优先顺序
A	(17 − 13) /2 = 2	3
B	(14 − 13) /4 = 0.25	1
C	(16 − 13) /3 = 1	2

从计算结果可以看出：工作 B 的关键比率小于 1，说明再不赶工就难以按时交货；而工作 C 的关键比率为 1，故正好能按时交货；而工作 A 还可以有空闲时间。

例 10.2.9　工件在工序间的移动方式、特点以及加工周期计算方法。

（1）顺序移动方式。其特点为：每批零件在前道工序全部完成之后，再整批地转送到后道工序，如图 10-8 所示。

设零件批量为 n（件），工序数目为 m，一批零件不计算工序间运输时间，只考虑加工时间，设其加工的周期为 $T(\min)$，零件在第 i 道工序的单件工时为 $t_i(\min/$件$)$，$i =$ 1，2，$\cdots$，m。

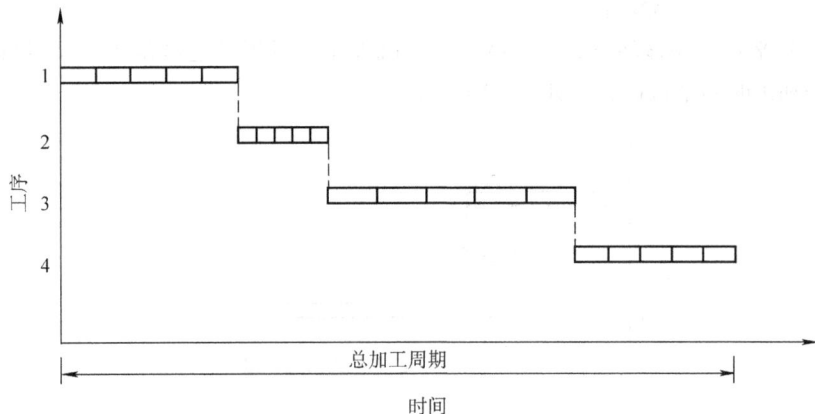

图 10-8　顺序移动方式

为了使问题讨论简化，将工序间的运输时间和辅助时间忽略不计。由图 10-8 可以看出，该批零件的加工周期 $T_{顺}$ 为

$$T_{顺} = nt_1 + nt_2 + \cdots + nt_m = n\sum_{i=1}^{m} t_i$$

设 $n = 5$，$m = 4$，$t_1 = 10\min$，$t_2 = 4\min$，$t_3 = 12\min$，$t_4 = 8\min$，则 $T_{顺} = 5 \times$（$10 + 4 + 12 + 8$）$\min = 170\min$。

（2）平行移动方式。其特点为：一批零件中的每个零件在前道工序完成之后，立即转移到后道工序上继续加工，如图 10-9 所示。

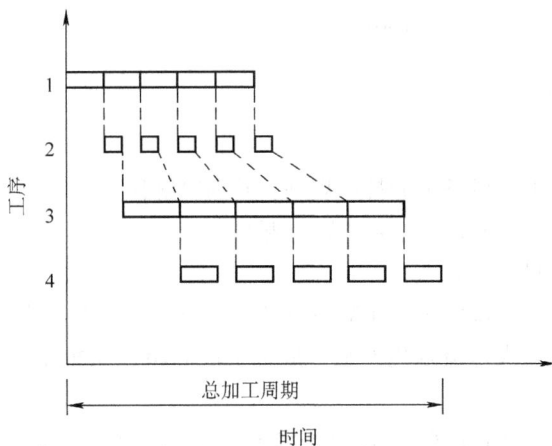

图 10-9　平行移动方式

零件平行移动的加工周期为

$$T_{平} = \sum_{i=1}^{m} t_i + (n-1)t_L$$

式中，t_L 为最长的单件工序时间。

将前例数据代入公式，可得

$$T_{\text{平}} = \sum_{i=1}^{m} t_i + (n-1)t_L = (10 + 4 + 12 + 8)\min + (5-1) \times 12\min$$
$$= 82\min$$

（3）平行顺序移动方式。其特点为：既保持一批零件连续加工，又尽可能使相邻工序加工时间平行进行，如图 10-10 所示。

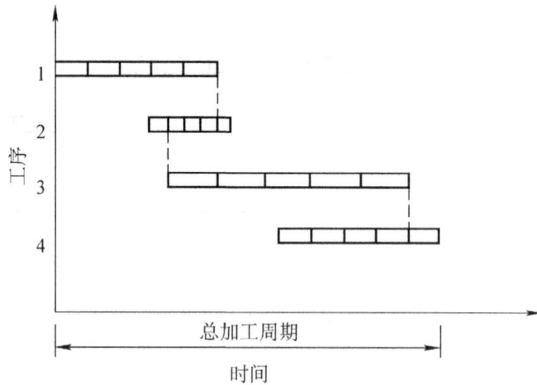

图 10-10　平行顺序移动方式

加工周期为

$$T_{\text{平顺}} = n \sum_{i=1}^{m} t_i - (n-1) \sum_{i=1}^{m-1} t_{si}$$

式中，t_{si} 为每两个相邻工序中较短工序的单件工时。

将数据代入公式，得

$$T_{\text{平顺}} = 5 \times (10 + 4 + 12 + 8)\min - (5-1) \times (4 + 4 + 8)\min$$
$$= 106\min$$

10.3　思考与练习

10.3.1　列举 n 种产品在 1 台设备上的排序规则，并加以解释。

10.3.2　OPT（最优化生产技术）的主要原则有哪些？

10.3.3　车间控制系统的目的是什么？

10.3.4　试说明提高非瓶颈资源的生产率对提高整个系统的生产率是徒劳无益的。

10.3.5　对下列运作形式按大量流水生产型、成批生产和单件小批生产（项目型）三种类型进行分类。

a. 医生办公室　　b. 清洗汽车　　c. 大学课程　　d. 考试复习　　f. 电力设施

10.3.6　作业排序的主要任务和目标是什么？

10.3.7　已知某车间 A、B、C 三个工件在车床上的作业进度如图 10-11 所示。

（1）解释该甘特图。

（2）若三个工件均需要经过车床加工后交付同一名钳工进行处理，且 A、B、C 由钳工加工的时间为 2 天、1 天、1 天，试画出钳工工作的甘特图。

10.3.8　试说明利用甘特图进行作业排序的优势以及局限性。

工作	9/10	9/11	9/12	9/13	9/14	9/15	9/16	9/17	9/18	9/19
A										
B										
C										

开始工作　　　结束工作　　　计划所用时间　　　实际进度

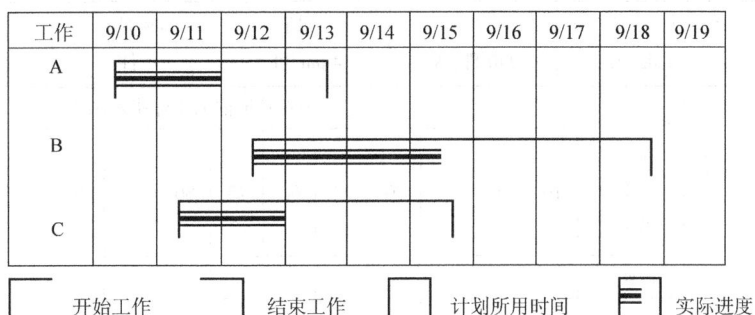

图 10-11　作业进度图

10.3.9　作业排序中优先调度规则的选用与企业所选的竞争重点之间是否有关？举例说明。

10.3.10　说明服务业企业作业排序与制造业企业作业排序的主要区别。

10.3.11　服务业企业作业排序有哪些主要方法？

10.3.12　简述大量流水生产作业、成批生产作业以及单件小批生产作业计划的特点。

10.3.13　大量流水生产作业计划的期量标准有哪些？

10.3.14　编制间断流水生产线标准计划的作业指示图表的依据是什么？图表的基本内容是什么？

10.3.15　成批生产作业计划的期量标准有哪些？简要进行说明。

10.3.16　单件小批生产作业计划的期量标准有哪些？简要进行说明。

10.3.17　确定经济批量时还可能要考虑哪些约束条件？

10.3.18　简述零件生产周期、装配周期、产品生产周期以及它们之间的关系。

10.3.19　什么是生产提前期？如何计算？

10.3.20　生产调度的任务是什么？为何需要生产调度？重要的调度工作制度有哪些？

10.3.21　常用的生产作业计划完成情况考核指标有哪些？如何计算？

10.3.22　为何流程中的瓶颈环节有可能"漂移"？举例说明。

10.3.23　某企业生产 6 种产品，其销售额和利润额情况如表 10-17 所示。试分析各产品的年度生产计划应如何调整。

表 10-17　某产品的销售额和利润额

项目	收入/元	利润/元
A	3 600	350
B	1 800	360
C	860	86
D	760	28
E	700	170
F	540	32

10.3.24　朝日风扇厂某流水线计划年产风扇 42 500 台，该流水线每天工作两班，每班工作 8h，工作时间有效利用系数为 0.95。试计算流水线的平均节拍。若因员工流动率频繁，使得产品存在一些质量问题，计划废品率为 1.3%，则此流水线实际节拍是多少？

10.3.25　根据表 10-18 所示间断流水线工作指示图表计算：周转在制品占用量，并画出工序间周转在制品积累与消耗示意图，确定周转在制品定额。

表 10-18　间断流水线工作指示图表

产品包装生产线				工作班数 2 班/天		日产量 240 件/天	节拍 4min/件		运输批量 1 件			看管周期 2h	
工序号	工序时间定额 /min	工作地号码	工作地负荷率 (%)	工人号	该工序完成后工人转向何工作地	一个看管期内的工作指示图表								看管期产量 /件
						10	20	30	40	50	60	70	80	90	100	110	120	
1	2	01		1	04													
2	3	02		2														
3	6	03		3														
		04		1	01													
4	5	05		4														
		06		5	07													
5	2	07		5	06													

10.3.26　对于上题周转在制品占用量的变化进行分析，如何优化作业安排可使在制品量得到改善？

10.3.27　根据工序间周转在制品占用量示意图，试分析图 10-12 所示三种作业计划，比较其优缺点。

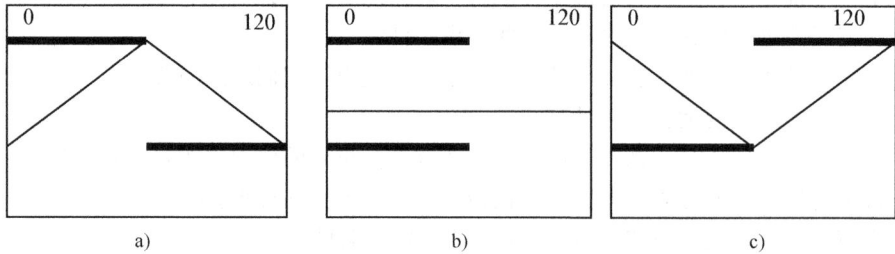

图 10-12　工序间周转在制品占用量示意图

10.3.28　某电子产品年需求量为 2 000 件，每次设备调整费用为 100 元，每件产品年平均库存费用 2 元，该厂的年生产率为 8 000 件。求该工厂经济生产批量。

10.3.29　若产品年需求量 $N = 4\ 800$ 件，设备调整费用为 150 元/次，单位产品年库存费用为 60 元。生产率为 $p = 120$ 件/天，需求率为 $d = 15$ 件/天。

（1）求最优经济批量。

（2）若批量取 $Q_1 = 50$ 或 $Q_2 = 170$ 时，经济损失分别为多少？

10.3.30　最小化机会损失问题：使用最小化机会成本损失将任务或工作分配给相应的机器。用 3 台不同的机器加工 3 种不同产品的成本如表 10-19 所示。

表 10-19　产品成本表　　　　　　　　　　　　　（单位：元/件）

工作/机器	A	B	C
M-34	11	14	6
A-66	8	10	11
S-59	9	12	7

10.3.31　4 个定制手表的外壳加工工作在某公司的定制产品生产中心等待分配。它们的生产时间和交货期如表 10-20 所示，工件到达顺序为 A、B、C、D。

(1) 根据以下三个规则来决定其操作顺序：①FCFS；②SPT；③EDD。

(2) 对不同规则的排序结果进行比较。

表 10-20　生产时间和交货期

工作	工作操作时间/天	交货期/天
A	5	8
B	8	12
C	4	5
D	2	7

10.3.32　今天是某食品厂生产日程表上的第 18 天，现有三个订单，如表 10-21 所示。试根据关键比率法确定优先顺序。

表 10-21　某食品厂的订单表

工作	交货期/天	剩余工作所需天数/天
A	20	1
B	26	6
C	22	4

10.3.33　某产品的 5 个零件需要通过 5 台机器进行加工，这些机器不是唯一的，有的机器更加适用于加工某些产品。给定表 10-22 所示单位生产时间，试决定将产品安排给机器的最优方案。

表 10-22　单位生产时间表　　　　　　　　（单位：h）

产品	机器 1	机器 2	机器 3	机器 4	机器 5
A	17	10	15	16	20
B	12	9	16	9	14
C	11	16	14	15	12
D	14	10	10	18	17
E	13	12	9	15	11

10.3.34　某车间将一批工件分配到一组设备上加工，表 10-23 提供了每件工件在各设备上完成的成本数据。

(1) 决定设备的最优分配方案，使加工总成本最小化。

(2) 该分配方案的总成本是多少？

表 10-23　成本表　　　　　　　　（单位：元/件）

任务	设备 A	设备 B	设备 C	设备 D
1	7	9	7	10
2	12	9	8	6
3	11	6	4	9
4	9	11	5	8

10.3.35　某公司有 5 项工作正在进行，今天是第 7 天，该公司重新考察了描述这些工作排序的

甘特图。

工作 A 安排于第 3 天开始，需要 6 天。现在已经提前 2 天完成。

工作 B 安排于第 1 天开始，需要 4 天。现在已按时完成。

工作 C 安排于第 7 天开始，需要 3 天。实际于第 6 天开始，正按计划进行运作。

工作 D 安排于第 5 天开始，但由于缺少设备而推迟到第 6 天开始，正按计划进行操作，将需要 3 天。

工作 E 安排于第 5 天开始，需要 5 天。它准时开始工作，但要延误 2 天完成。

试画出上述情况的甘特图。

10.3.36 某工厂有 5 项工作需通过两个生产中心进行加工，各项工作的操作时间如表 10-24 所示。

表 10-24 各项工作操作时间表

工作	生产中心 1/h	生产中心 2/h
A	9	2
B	6	8
C	12	4
D	3	7
E	5	10

试使用约翰逊规则进行排序，使总加工周期最短。

10.3.37 使用甘特图说明上题中两个生产中心的生产时间和闲置时间情况。

10.3.38 考虑表 10-25 中的工作及其在设备上的操作时间，不允许出现工作遗漏的现象，使用约翰逊规则进行排序。

表 10-25 各工作在设备上的操作时间表 （单位：h）

工作	设备 1	设备 2	设备 3
A	6	4	9
B	7	2	5
C	7	5	12
D	9	4	7
E	13	3	5

10.3.39 安全生活保险公司处理所有新的寿险合同要通过三个部门：接收邮件（X）、签保险合同（Y）和合同控制（Z）。接收邮件部门接受申请和顾客的付款，然后把顾客的申请单传送到签保险合同部门，由该部门对申请者进行寿险体检，最后把保险合同传递到合同控制部门。当时正有 5 个新申请单等候处理，每个申请在各个部门的处理时间如表 10-26 所示。

表 10-26 每个申请在各个部门的处理时间

申请单	部门/处理时间/h
1	X/3，Y/6，Z/6
2	X/2，Y/6
3	X/1，Y/3，Z/4
4	X/2，Y/6，Z/7
5	X/1，Y/6

（1）试对 5 个申请进行排序，假设在两个部门之间传递需 2h 的移动和等待时间，完成所有工作的期限是 24h。

（2）确定哪一个部门为瓶颈环节。

10.3.40　下列工作在某工作中心等待操作，如表 10-27 所示。

表 10-27　等待操作工作表

工作	接到订单日期/天	所需生产天数/天	订单到期时间/天
A	11	3	16
B	14	5	24
C	13	2	14
D	14	7	25
E	8	9	23

（1）按 EDD 规则排序。

（2）按 SPT 规则排序，总流程时间是多少？

10.3.41　列举下列组织的管理者必须作出的排序：

A. 医院　B. 大学　C. 工厂　D. 银行　E. 餐馆

10.3.42　某产品出厂前要顺序地经过两项测试，由于每件产品的特殊性，其每项活动的处理时间是不一样的，如表 10-28 所示。

（1）构造甘特图，求出测试所有 5 件产品所需的总时间，使用如下排序：E、D、C、B、A。

（2）能有一个更好的排序以减少所需的总测试周期吗？

（3）如果在理发店采用这种方法会遇到什么问题？采用何种排序方法更好？

表 10-28　活动的处理时间表　　　　　　　　　　　　（单位：h）

产品	测试 1	测试 2
A	12	5
B	7	2
C	5	9
D	3	8
E	4	6

10.3.43　证明 SPT 规则可以使 n 种产品在 1 台设备上加工的流程时间最短。

10.4　案例分析

Earth Buddy

Earth Buddy 已经迅速地成为夏季的热销产品。开发生产该产品的 Seiger Marketing 公司位于多伦多，已在 4~7 月两次扩大生产和仓储能力，目前的生产水平已达到现有生产能力的极限。公司的合伙人 Rabie 和 Harary 要求生产主任 Ben 保持生产的柔性。"因为我们可能获得一份 10 万件的订单，但也可能落空，这样我们也必须承担工人工资。我们也不能持有大量的库存。"基于这种不确定的背景，Ben 一直想找到费用最小，但却既能扩大产量，又能保持柔性的方法。

1. 产品

当 Earth Buddy 的主人把它从盒子里取出来的时候，他们会看到一个直径大约 8cm、秃秃的但很可爱的卡通头部造型的容器。把它泡在水里，然后在潮湿的地方放上几天，Earth Buddy 就会长出一头漂亮的绿色头发。主人的创造性可以通过修剪其发型充分地体现出来。Earth Buddy 原本只在多伦多地区的花店和礼品店销售。但是当它日益流行之后，分销网络逐渐遍及全国，包括凯马特（K-mart）、玩具反斗城（Toys "R" Us）和沃尔玛（Wal-Mart）。到 7 月中旬的时候，Earth Buddy 在加拿大已经售出超过 100 000 件，对美国的出口也已经开始。

2. 流程

Earth Buddy 使用混合的批量流程进行生产。6 名工人并行进行填充工作，把锯末和草籽填进尼龙袋里，使最初的圆形显现出来，然后把圆形的尼龙袋放进可装 25 个尼龙袋的塑料搬运箱里。在另一个批量流程里，1 名工人把塑料皮钢丝弯成圆形，做成 Earth Buddy 的眼镜。

其余的步骤是一个由工人控制的流程。3 名成形工人把搬运箱中装填好的尼龙袋取出，把它们加工为更自然的形状，还要做出鼻子和嘴。后边的 2 名工人把先前做好的眼镜架在其鼻子上，然后在镜框里粘上小塑料片制成的眼镜。每一个成型和装配完毕的 Earth Buddy 都会通过一名绘制工人进行彩绘，然后它们将会被干燥 5h。最后，2 名包装工人把它们装入纸盒和箱子，这样就可以出厂了。

为了分析生产能力，Ben 和他的早班领班 Bob Wakelam 估计了每个工序所需的时间。填充：1.5min/（件·人）；成型：0.8min/（件·人）；安装眼镜：0.4min/（件·人）；制作镜框：0.2min/（件·人）；绘制：0.25min/（件·人）；包装：0.33min/（件·人）。在对不可避免的延迟和休息时间进行放宽之后，Ben 认为在一个 8h 的班次中有 7h 可以计为生产时间。

思考与分析：

1. 1 班能生产多少件产品？如果一天 2 班能生产多少？3 班呢？每天 3 班、每周 7 天能生产多少？哪个工序是瓶颈环节？

2. 假设每道工序按所观察的速度工作，并且原材料供应充足，在每班结束后，每两道工序间积压的在制品是多少？

3. 如果要求所有工人按照瓶颈工序的速度生产，每班每道工序工人的空闲时间是多少？

4. 现在安排 2 班生产，并且避免产生在制品和出现工人空闲。准备让一些中班工人比正常的 4:00PM 晚一定时间上班，哪些工人应该晚上班？什么时间开始工作？

5. 现在可能从沃尔玛获得一份大订单，并预期会有更多，要求把产量提高到 4 000 件/天，应该如何答复？

6. 如果工人经过多工种交叉培训，可在各工种间调配，应该如何答复第 5 个问题？会发生什么变化？如果可以，哪些员工需要交叉培训？

7. 一个客户要求紧急订购一批"特殊"的 Earth Buddy 产品。在草籽和锯末中加入一种"神秘"成分。生产 25 件这种产品需要多长时间？假设有 1 个填充工、1 个成型工、1 个安装眼镜工、1 个绘制工、2 个包装工可随时调用。

8. 客户说必须在 45min 后离开，能否按时准备好样品？如果不能，为了保持公司的声誉，还能做什么？你有什么建议？

9. 投产初期产品的不合格率是 15%。假设问题发生在填充工序中或之前，而且在包装之前无法发现存在的问题，生产能力会受什么影响？是否需要在填充工序之后设置专门的检查人员？

10. 哪些过程可以改进？

（资料来源：J A Erskine. Production and Operations Management（CASES）[M]. 北京：机械工业出版社，1998：22-25.）

思考与练习答案

10.3.1　答：FCFS、LCFS、SPT、EDD、CR、STR 等。

10.3.2　答：其主要思想是当市场需求量超过了企业的生产能力时，产品的产出就会受到某些工序产出率的限制，无法充分满足用户的需求。企业只有通过最优进度计划，同时提高产出率，降低存货和生产加工费用，才能有盈利的可能性。

其主要规则有：

(1) 非瓶颈环节的利用率不取决于该环节的能力，而取决于系统中的其他限制。

(2) 资源的利用和使用是两个不同的概念。

(3) 瓶颈环节损失的时间等于整个系统损失的时间。

(4) 在非瓶颈环节节约时间无实际意义。

(5) 瓶颈环节左右着系统的生产率和存货。

(6) 运输的批量与加工的批量可能不同，而且在许多时间里应该不同。

(7) 加工批量应该是一个变量，而不是固定量。

(8) 要同时考虑加工能力和加工优先权两个问题，而不是相继考虑。

(9) 追求物流平衡，而不是能力平衡。

(10) 各环节最优化的总和并不等于全系统最优化。

10.3.3　答：制订好的进度安排（计划）且保证进度的实施和根据需要作出调整（控制），具体包括确保交货日期，控制生产能力，安排每项任务的开始时间，保证工作按时完成。

10.3.4　答：一个项目或一项作业其总体生产率是由瓶颈环节所决定的。在非瓶颈环节上节省时间，只能增加其闲置程度，并不能增加企业的产量，相反，企业还要为此付出一定的改造费用。只有提高瓶颈环节的生产率，才能真正提高企业的生产率。

10.3.5　答：大量流水生产型的有 b 项，而 a 项中大部分病例也属于此类，但有部分病例属于单件小批生产。另外，d 和 f 生产都属于单件小批生产，c 属于成批生产。

10.3.6　答：(1) 对将要做的工作进行优先权设定，以使工作任务按最有效顺序排列。

(2) 针对具体设备分配任务及人力，通常以可利用和所需的能力为基础。

(3) 以实施为目标分配工作，以使工作任务如期完成。

(4) 不断监督，以确保任务的完成。周期性检查是保证已分配工作如期完成的常用方法。

(5) 对实施过程中出现的问题或异常情况进行识别，这些问题或异常情况有可能改变已排序工作的状况，需要探索，运用其他解决问题的方法。

10.3.7　答：(1) 由图 10-11 可知，在当前日期（以记号标出的 9 月 12 日），A 完成情况滞后于计划，B 完成情况超前于计划，而 C 按计划完成。

(2) 根据图 10-11，所得钳工工作的甘特图如图 10-13 所示。

10.3.8　答：优势：将活动与时间联系起来，能够使生产管理者容易地看到错综复杂的计划结果。

局限性：它无法显示活动之间的内在联系，可这些内在联系却对高效的项目管理很关键。若某项目的早期活动之一有延误，活动之间的内在联系对管理者确定以后的哪一项活动将延期很重要；有些活动可能比较安全，因为它们不影响整个项目的进度安排。甘特图不能直接说明这一点，它仅对简单项目以及复杂项目的早期项目计划有效。

工作	9/10	9/11	9/12	9/13	9/14	9/15	9/16	9/17	9/18	9/19
A										
B										
C										

开始工作　　　结束工作　　　计划所用时间　　　实际进度

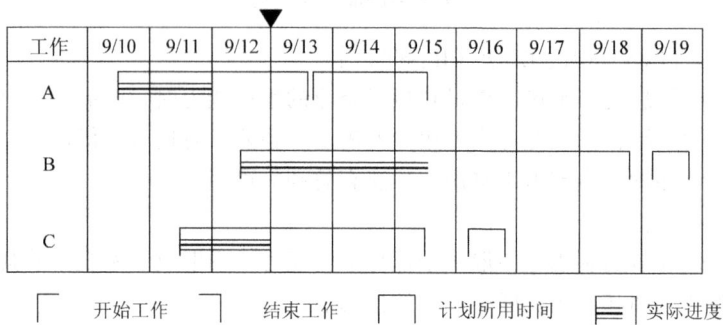

图 10-13　钳工工作的甘特图

10.3.9　答：有关系。例如，对于库存成本高且交货时间要求严格的企业，使用 EDD 规则可提供较低的总库存水平、较少的平均延迟时间和总延迟时间。

10.3.10　答：（1）所提供的产品的类型不同。服务生产过程中有顾客参与，因此作为排序对他们有直接影响，而生产作业排序对产品最终消费者无直接影响。

（2）排序内容不同。服务业中作业排序要定义服务交易时间或消耗点，而制造业中仅定义产品生产的操作步骤。

（3）过程控制。服务业中用户参与服务过程，并对全部操作时间施加影响。而在制造业中，用户仅与最终产品或交货时间相关。

（4）人员规模。在顾客化服务业中，服务的输出与劳动力最佳规模之间的关系难以确定，而在制造业中两者是紧密联系的。

10.3.11　答：（1）安排顾客需求：根据不同时间内可利用的服务能力来为顾客排序。在这种方式下，服务能力保持一定，而顾客需求则被适当安排，以提供准时服务和充分利用能力。通常有三种方法可以利用：预约、预订和积压。

（2）安排服务人员：当需要快速响应顾客需求且需求总量大致可以预测时，通常使用这种方法。在这种情况下，可通过服务人员的适当安排来调整服务能力，以满足不同时间段内的不同服务负荷。采用这种方式的典型例子有：邮局营业员、护士、警察的工作日以及休息日的安排。

10.3.12　答：大量流水生产作业计划的特征是：生产品种有限，且相对稳定；每一品种的产量大，生产的重复性强；生产的专业化程度高，许多生产对象都有固定的专用生产线；生产线的生产能力是按规定的产量要求设计配置的，各生产线之间已进行了能力平衡。

成批生产计划的特征是：生产的产品种类多，品种变换快，生产现场同时加工的零件种类繁多，生产线和生产设备因更换品种需要不断进行调整，并且多采用通用设备和模块，生产过程的稳定性差。作业计划主要考虑如何组织好各种产品的合理搭配，以减少每季、每月生产的品种数，增大每种产品的数量，同时要使设备和劳动力的负荷较均衡，以便合理利用人力、物力，提高经济效益。

单件小批生产作业计划的特征是：按订单组织生产，生产的是专用产品，生产是不重复的、一次性的。安排生产计划时，主要是根据用户需要，按合同组织生产，首先考虑保证订货合同规定的产品出产日期和数量，同时兼顾其他方面的要求。

10.3.13　答：主要有节拍、流水线工作指示图表、在制品占用量定额等。

10.3.14　答：主要编制依据有：计划产量、流水线每日工作班数、流水线的工作地数、生产对象的加工劳动量（即各工序的工时定额）、工序间在制品的运输批量、流水线上可配备的生产工人人数等。

图表的基本内容包括：

（1）确定流水线的看管期。

（2）确定看管期内各工作地的产量及工作地的负荷率。

（3）确定看管期内各工作地的工作时间长度及工作的起止时间。

（4）确定各工作地的工人人数及其劳动组织形式。

10.3.15　答：生产批量、生产间隔期、生产周期、生产提前期等。

10.3.16　答：吨工时——平均每吨产品的加工劳动量（h/t）。

工时结构——产品加工劳动量中各工种工时的构成比例。

生产周期——从原材料投入到产品完成的整个时间周期。

网络计划图——对生产过程中各作业步骤具体的顺序、时间、资源进行安排及规划。

10.3.17　答：（1）设备的生产能力。

（2）生产场地或仓库面积的限制。

（3）设备的技术要求等。

10.3.18　答：在成批生产中，一批零件的生产周期为该批零件从投入加工至完全加工完成所经历的总时间，与零件在工序间的移动方式（顺序移动、平行移动、平行顺序移动）有关；装配周期分为部件装配和总装配两个阶段；而产品生产周期是零件生产周期、部件装配周期、总装配周期和各工艺阶段之间缓冲时间（保险时间）之和。

10.3.19　答：生产提前期是确定产品生产过程各工艺阶段的投入、产出日期，保证各工艺阶段相互衔接和保证合同交货期的重要依据，是成批生产重要的期量标准之一。生产提前期是以成品的出产日期为基准，按产品工艺过程的反向顺序，以生产周期和生产间隔期为依据进行计算的。生产提前期又分为投入提前期和出产提前期。

10.3.20　答：生产调度是执行生产作业监控的重要职能，主要是协助各级行政领导指挥生产，协调各部门的工作。重要的调度工作制度有：生产调度会议制度、调度值班制度、调度报告制度等。

10.3.21　答：主要的考核指标有产量、质量、品种、均衡率等。计算方法如下

$$K_{产量} = \frac{N_{实}(考核期内实际完成产量)}{N_{计}(考核期内计划完成产量)} \times 100\%$$

$$K_{品种} = \frac{n_{实}(考核期内完成计划产量的品种数)}{n_{计}(考核期内计划规定完成的品种数)} \times 100\%$$

$$K_{均衡} = \frac{\sum_{i=1}^{m} \dfrac{N_{实i}(i\,时间段内实际完成的产量)}{N_{计i}(i\,时间段内计划产量)}}{m(考核期划分时间段的期数)} \times 100\%$$

10.3.22　答：瓶颈环节取决于在特定时段内生产的产品或使用的人力和设备。在实际工作中，随着生产条件的变化，瓶颈是可以转移的，生产能力相对薄弱的环节都有可能成为瓶颈环节。

10.3.23　答：如表 10-29 所示。

表 10-29　调整结果

项目	收入/万元	顺序	利润/万元	顺序	销售利润率（%）	顺序
A	3 600	1	350	2	9.72%	4
B	1 800	2	360	1	20.00%	2
C	860	3	86	4	10.00%	3
D	760	4	28	6	3.68%	6
E	700	5	170	3	24.29%	1
F	540	6	32	5	5.93%	5

从图 10-14 中可以看出，产品 A、C、D 位于图中对角线的上方，其销售额虽然不低，但利润额相对偏低，低于企业的平均水平。造成这种状况的原因一般有二：一是可能成本偏高；二是可能市场已趋于饱和，竞争过于激烈，售价提不上去，成本又难于降低。而产品 B、E、F 位于对角线的下方，其利润额都高于平均值，说明其盈利性好，是企业应该积极发展的产品。从图中还可以看出产品 D 的销售额和利润额都不大，说明其可能已经进入产品生命周期的衰退期，可考虑作撤退准备。因此，可根据以上分析，结合各产品自身的特点调整生产计划。

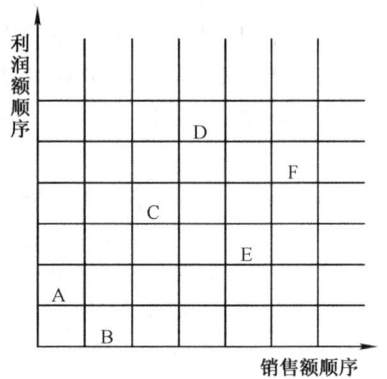

图 10-14　销售额利润次序图

10.3.24　答：流水线平均生产节拍为 5.386min/件，在存在质量问题的情况下实际生产节拍应为 5.316min/件。

10.3.25　解：工作指示图表如图 10-15 所示。

产品包装生产线					工作班数 2 班/天	日产量 240 件/天	节拍 4min/件	运输批量 1 件	看管周期 2h							
工序号	工序时间定额/min	工作地号码	工作地负荷率（%）	工人号	该工序完成后工人转向何工作地	一个看管期内的工作指示图表										看管期产量/件
						10	20	30	40	50	60	70	80	90	100	110	120	
1	2	01		1	04													30
2	3	02		2														30
3	6	03		3														20
		04		1	01													10
4	5	05		4														24
		06		5	07													6
5	2	07		5	06													30

图 10-15　工作指示图表

周转在制品定额为看管期初或期末各相邻工序周转在制品的总和，此例中为 20 件，如图 10-16 所示。

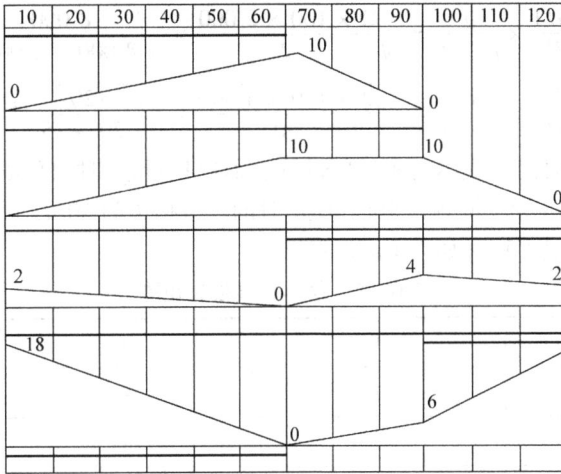

图 10-16　周转在制品示意图

10.3.26　解：改进后周转在制品示意图如图 10-17 所示。

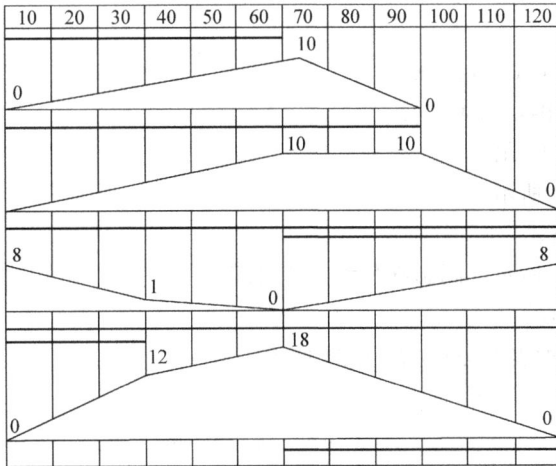

图 10-17　改进后周转在制品示意图

从图 10-17 可以看出，经过调整后，非工作时间的在制品量明显减少了，从而全天合计在制品占用量减少，此时周转在制品定额为 8 件。

10.3.27　答：图 10-12a 中 i 工序全部完工后，再开始 j 工序的加工。此时两工序间流动在制品占用量最大值为 Z，平均占用量按三角形面积的一半计，为 $Z/2$。在这种情况下，可以由 1 名工人看管 2 个工作地，可节约人力。缺点是流动在制品占用量大，占用流动资金多。

图 10-12b 中两道工序同时进行，由于两工序生产率相同，所以工序间流动在制品为 0。但是这种安排方法的缺点是，当工作地的负荷不满、有较多空闲时间时，不利于组织多机床看管，不能节约人力。

图 10-12c 中先进行工序 j，再加工前工序 i，一定程度上这种方案与方案 a 的效果是等

191

价的。但是方案 a 在非工作班内的周转在制品占用量为 0，而该方案下始终为 Z，平均全天在制品占用量比方案 a 要多。

10.3.28　解：$Q^* = \sqrt{\dfrac{2DA}{H} \times \dfrac{p}{p-d}} = \sqrt{\dfrac{2 \times 100 \times 2\,000}{2}} \times \sqrt{\dfrac{8\,000}{8\,000 - 2\,000}}$ 件 $= 516$ 件

10.3.29　解：$Q^* = \sqrt{\dfrac{2DA}{H} \times \dfrac{p}{p-d}} = \sqrt{\dfrac{2 \times 150 \times 4\,800}{60}} \times \sqrt{\dfrac{120}{120 - 15}}$ 件 $= 166$ 件

使用经济批量时的总成本为 8 694.85 元，而取批量 Q_1 时的总成本为 9 825 元，因此经济损失为 1 130.15 元，同理，取批量 Q_2 时的经济损失为 30.15 元。

10.3.30　答：最小机会损失矩阵如表 10-30 所示。

表 10-30　最小机会损失矩阵

工作/机器	A	B	C
M-34	3	4	0
A-66	0	0	5
S-59	1	2	1

M-34 分配给机器 C，A-66 分配给机器 B，S-59 分配给机器 A。

10.3.31　答：（1）FCFS 规则——ABCD；SPT 规则——DCAB；EDD 规则——CDAB。

（2）略。

10.3.32　答：C-B-A。

10.3.33　答：A-2，B-4，C-1，D-3，E-5。

10.3.34　答：（1）A-1，B-3，C-4，D-2。

（2）总成本是 24 元。

10.3.35　答：如图 10-18 所示。

10.3.36　答：D-E-B-C-A。

10.3.37　答：如图 10-19 所示，阴影部分为闲置时间。

10.3.38　答：A-C-D-E-B。

10.3.39　答：（1）答案如表 10-31 ~ 表 10-34 所示。

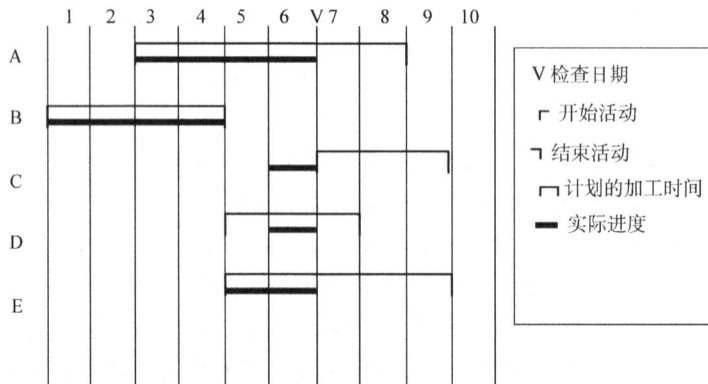

图 10-18　10.3.35 甘特图

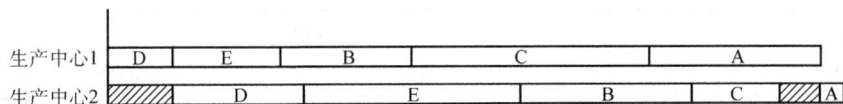

图 10-19 10.3.36 甘特图

表 10-31 进度安排

时间	第1天								第2天								第3天							
	1	2	3	4	5	6	7	8	9	10	11	12	13	14	15	16	17	18	19	20	21	22	23	24
工作1						X	X	X			Y	Y	Y	Y	Y	Y			Z	Z	Z	Z	Z	Z
工作2															X	X			Y	Y	Y	Y	Y	Y
工作3													X			Y	Y	Y			Z	Z	Z	Z
工作4						X	X		Y	Y	Y	Y	Y	Y				Z	Z	Z	Z	Z	Z	Z
工作5																X			Y	Y	Y	Y	Y	Y

表 10-32 部门 X 的工作负荷

时间/h	部门 X		
8			
7			
6			
5	▨		
4	▨	▨	
3	▨	▨	
2	▨	▨	
1	▨	▨	
	第1天	第2天	第3天

表 10-33 部门 Y 的工作负荷

时间/h	部门 Y		
14			▨
13		▨	▨
⋮		▨	▨
3		▨	▨
2		▨	▨
1		▨	▨
	第1天	第2天	第3天

表 10-34 部门 Z 的工作负荷

时间/h	部门 Z		
17			
16			
⋮			
3			
2			
1			
	第 1 天	第 2 天	第 3 天

（2）由分析可知，部门 Z 为系统瓶颈，其第 3 天的工作时间为 17h。

10.3.40 答：（1）C-A-E-B-D。（2）C-A-B-D-E，流程时间是 60 天。

10.3.41 答：A. 手术室使用、病人挂号、护理人员配备、非病人接待等。

B. 教室和视听设备使用，学生与教师课程安排，研究生与本科生课程等。

C. 商品生产、物料购买、工人作业等。

D. 客户接待、不同类业务办理等。

E. 顾客排队等待、厨师加工菜肴、物料采购等。

10.3.42 答：（1）如图 10-20 所示。

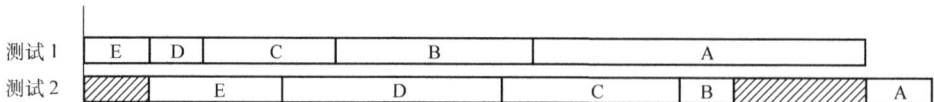

图 10-20 10.3.42 甘特图

（2）D-E-C-A-B。

（3）可能会有失公平。虽然系统等待时间减少了，但对某些顾客来说增加了不必要的等待时间，因此一般采用先到先服务的排序方法。

10.3.43 证明：假设 n 种产品按照作业时间由小到大排序，第一个产品的作业时间为 t_1，第二个产品的作业时间为 t_2，第 n 个产品的作业时间为 t_n，$t_1 < t_2 \cdots < t_{n-1} < t_n$。

则第一个产品的流程时间为 t_1

第二个产品的流程时间为 $t_1 + t_2$

⋮

第 n 个产品的流程时间为 $\sum\limits_{i=1}^{n} t_i$

总的流程时间为

$$T = nt_1 + (n-1)t_2 + \cdots + 2t_{n-1} + t_n$$

现调换 n 个产品中任意两件（第 j 件和第 m 件）的加工顺序，$t_j < t_m$，则总流程时间变为

$$T' = nt_1 + \cdots + (n - j + 1)t_m + \cdots + (n - m + 1)t_j + \cdots + t_n$$
$$T' - T = (m - j)(t_m - t_j) > 0$$

因此，SPT 规则的总流程时间最短。

案例分析答案

答案要点：

根据案例中关于生产过程的描述，可以绘制出 Earth Buddy 的生产流程图，如图 10-21 所示。

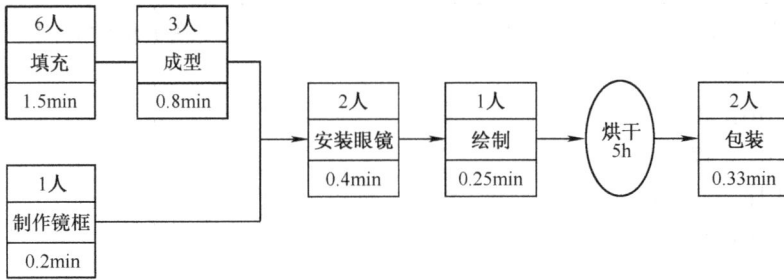

图 10-21　生产流程图

1. 由表 10-35 可以看出，每班每道工序可生产的数量在成型工序生产量最少，因此成型工序是瓶颈。

表 10-35　生产能力核算表

工序	填充	成型	制作镜框	安装眼镜	绘制	包装
单件工时/min	1.5	0.8	0.2	0.4	0.25	0.33
工人数/人	6	3	1	2	1	2
每班有效工作时间/min	2 520	1 260	420	840	420	840
每班生产个数/件	1 680	1 575	2 100	2 100	1 680	2 545
2 班生产个数/件	3 360	3 150	4 200	4 200	3 360	5 091
3 班生产个数/件	5 040	4 725	6 300	6 300	5 040	7 636
每天 3 班每周 7 天生产量/件	35 280	33 075	44 100	44 100	35 280	53 455

2. 根据各工序顺序及产量，可以确定单班时填充工序会有 105 件在制品；而制作镜框工序会有 525 件在制品，如表 10-36 所示。

表 10-36　各工序在制品量

工序	填充	成型	制作镜框	安装眼镜	绘制	包装
单件工时/min	1.5	0.8	0.2	0.4	0.25	0.33
工人数/人	6	3	1	2	1	2
每班有效工作时间/min	2 520	1 260	420	840	420	840
每班生产个数/件	1 680	1 575	2 100	2 100	1 680	2 545
每道工序在制品/件	105	0	525	0	0	0

3. 如果按瓶颈工序速度生产（各道工序没有在制品），也就是说，各道工序只需生产 1 575件，可以计算各工序工人所需工时及空闲时间，如表 10-37 所示。

表 10-37　各工序工作和空闲时间

工序	填充	成型	制作镜框	安装眼镜	绘制	包装
单件工时/（min/人）	1.5	0.8	0.2	0.4	0.25	0.33
工人数/人	6	3	1	2	1	2
每班有效工作时间/min	2 520	1 260	420	840	420	840
每班生产个数/件	1 680	1 575	2 100	2 100	1 680	2 545
按瓶颈工序生产用时/（min/人）	393.75	420	315	315	393.75	259.875
空闲时间/（min/人）	26.25	0	105	105	26.25	160.125

4. 根据问题 3 可以知道各工序工人空闲时间，也就是其可以晚上班的时间。各工序工人的上班时间如下：

填充工序　16：26

制作镜框工序　17：45

安装眼镜工序　17：45

绘制工序　16：26

包装工序　18：40

为了保证不出现在制品，这几道工序的工人还要各提前 26min、105min、105min、26min 和 160min 下班。

5. 由问题 1 可以知道，每天 2 班可以生产产品 3 150 件，每天 3 班可以生产产品 4 725 件，如果安排 1 天 3 班，则仅工人就要增加 15 人，而且多生产出的 725 件会造成积压，这将大大增加生产成本，与企业的要求不相符。由问题 3 所列表中可以看出，每班工人（除瓶颈工序）均有一定的空闲时间，且上述计算是按每天每班有效工时 7h 计算的，另外所有工序的技术性并不强。因此，只要对工人略加培训即可进行跨工序操作，充分利用空闲时间，再要求工人加一点班，即可用 2 班完成 4 000 件产品的任务。

6. 如果包装是多能工，用其空闲时间去成形，则最大产能 X 为

$(X - 1\ 575) \times 0.8 + (X - 1\ 575) \times 0.33 = 320.25$

$X = 1\ 858$ 件

如果制作镜框与绘制是多能工，则最大产能 X 为

$(X - 1\ 575) \times 0.2 + (X - 1\ 575) \times 0.25 = 26.25 + 105$

$X = 1\ 866$ 件

如果填充与安装眼镜是多能工，则最大产能 X 为

$(X - 1\ 575) \times 1.5 + (X - 1\ 575) \times 0.4 = 157.5 + 210$

$X = 1\ 768$ 件

在以上 3 个数据中取最小者，即 1 768 件。也就是说，将安装眼镜的工人进行多能工培训，可以使瓶颈产量达到 1 768 件/班。

7. 根据给出的条件，按工序间的平行移动方式，可以计算生产周期时间为

$(1.5 \times 25 + 0.8 + 0.4 + 0.25 + 5 \times 60 + 0.33 \times 25/2)$ min $= 343.075$ min

8. 问题很简单，因仅烘干一道工序就需 5h，因此 Ben 是不可能在 45min 内生产好 25 件特殊样品的。为了公司的声誉，保证产品的质量，Ben 应向客人说明情况，并严格按工艺要求生产这 25 件样品，完成后及时送到客户指定的地点。如果客人同意产品不需要烘干，则可以在 45min 内完成。

9. 填充是第一道工序，整个过程每件需工时（$1.5 + 0.8 + 0.2 + 0.4 + 0.25 + 0.33$）min = 3.48min，如果问题发生在填充工序，会造成工时的大量浪费，并造成原材料的浪费。浪费工时为：（$1\,680 \times 15\% \times 3.48$）min = 876.96min，比 2 个工人 1 班可利用工时还长。因此，为了降低成本，充分利用资源，应该在填充工序后设置专门检查人员。

另外，如果填充只有 85% 的合格率，即每班只能生产 1 428 件，小于原瓶颈工序1 575 件，则填充就成了瓶颈工序，会造成产量的下降。

10. 从以上问题中可以看出，由于各工序的生产节拍不一致，产生了在制品和部分工人闲置，对部分工序进行多工种培训是可取的，因为整个生产过程并不复杂，培训费用不会很高，工人会很快适应。

另外，部分原材料成本并不高，如制作镜框的塑料皮钢丝，从一定的时间段看，如一个星期，可以安排制作镜框的工人连续生产 4 天，产量为 8 400 件，可以满足瓶颈工序成型 5 天的用量（7 875 件），然后第 5 天安排其他工作（如成形）。这样，虽有部分在制品，但也不会造成太多的资金积压，相反，可以相应减少多能工因换岗而需要的适应时间。

第 11 章　供应链管理与准时生产方式

11.1　理论要点

"21 世纪的竞争不是企业与企业之间的竞争，而是供应链和供应链之间的竞争。""市场上只有供应链而没有企业。"这些观点充分说明了供应链（Supply Chain）在新经济环境下日渐显著的重要作用。供应链管理（Supply Chain Management，SCM）是在物流管理和系统论等相关学科相互融合的基础上发展起来的新的管理理念。随着全球竞争的加剧和科学技术的进步，越来越多的企业开始运用供应链管理策略来达成企业内外环境的协同，进行一体化管理，以提高客户的满意度，提升企业的核心竞争力。

11.1.1　供应链和供应链管理

对于供应链，相关专家和学者在一定的背景和供应链的不同发展阶段下提出了很多不同的定义，可以把这些定义大致划分为三个阶段。

第一阶段：认为供应链是制造业企业中的内部流程。

早期的观点认为供应链是制造企业中的一个内部过程，即把从企业外部采购的原材料和零部件，通过生产转换和销售等环节，再传递到零售商和客户的过程。这样的观点把供应链仅仅视为企业内部的一个物流过程，所涉及的主要是物料采购、库存、生产和分销等部门的职能协调问题，最终目的是优化企业内部的业务流程，降低物流成本，从而提高经营效率。这种传统的供应链概念局限于企业内部操作的层面上，注重企业自身的利益目标。

第二阶段：供应链的概念开始涉及与其他企业的联系。

进入 20 世纪 90 年代，由于需求环境的变化，原来被排斥在供应链之外的最终客户的地位得到了前所未有的重视，从而被纳入了供应链的范围。这样，供应链就不再只是企业内部的一条生产链了，而是一个涵盖了整个产品"运动"过程的增值链，即"通过增值过程和分销渠道控制从供应商的供应商到客户的客户的流就是供应链，它开始于供应的源点，结束于消费的终点"。

第三阶段：供应链的概念更加注重围绕核心企业的网链关系。

随着信息技术的发展和产业不确定性的增加，今天企业间的关系正在呈现日益明显的网络化趋势。与此同时，人们对供应链的认识也从线性的"单链"过渡到纵横交错的网络结构，像丰田、耐克、尼桑、麦当劳、苹果等公司的供应链管理都是从网链的角度来实施的。

在这个阶段，供应链的概念更加注重围绕核心企业的网链关系，即核心企业与供应商、供应商的供应商及一切前向关系，与客户、客户的客户及一切后向关系。供应链的概念已经不同于传统的销售链，它跨越了企业界限，从扩展企业的新思维出发，并从全局和整体的角度考虑产品经营的竞争力，使供应链从一种运作工具上升为一种管理方法体系、一种运营管理思维和模式（见图 11-1）。

供应链广泛存在于制造业、服务业和高科技产业等众多领域，其管理核心是如何有效协调和控制供应链上的四种流以实现整个系统高效运行及满足最终顾客需求的目的。在供应链的运行过程中，物流、资金流和作业流都紧密围绕信息流展开（见图 11-2）。

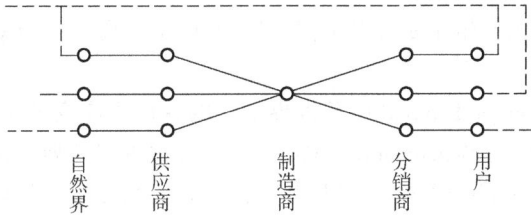

图 11-1　供应链静态模型

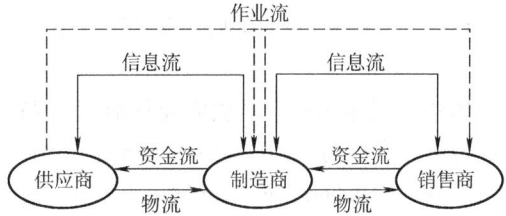

图 11-2　供应链中作业流、信息流、物流和资金流之间的关系

由此，供应链管理即是通过总体的、系统性的方法对供应链上产品形成和流通全过程的物流、资金流、信息流、作业流进行全面管理和控制。供应链管理的内容包括：供应商的选择、采购管理、分销渠道的选择、物流管理、合作策略、库存管理、信息管理等。其管理目的在于减少产品形成和流通过程的不确定因素和风险，控制整个系统的库存水平、生产周期、生产过程，提高顾客服务水平，谋求整个系统的优化以及充分利用企业外部的资源。

供应链的结构往往比较复杂，而且是一个动态的系统，会随时间的推移不断发展；又因为供应链的形成、存在、重构都是基于一定的市场需求而发生的，因此供应链也具有面向用户需求的特性；供应链上的节点企业可以是不同供应链的成员，众多的供应链形成交叉结构，从而增加了协调管理的难度。

针对供应链的以上特性可以知道，供应链管理的特性就是要以过程为中心，以顾客为中心，以信息管理和网络技术为管理工具，以动态团队协作和知识联网为行为模式，结合最优秀的资源构成强大的竞争优势。

11.1.2　供应链发展阶段模型

供应链的发展主要分为五个阶段，在各自不同的发展阶段，其管理目标、组织结构以及所使用的 IT 技术都是不同的，如表 11-1 所示。

表 11-1　供应链发展阶段

阶段	名　称	目　标	组　织	IT 技术	计划工具
1	基本供应	质量和成本	独立部门	MRP	电子数据表格
2	跨部门	顾客服务	多部门	MRPII	电子数据表格
3	企业集成	获利和反应能力	企业整体	ERP	供应链计划
4	扩展供应链	获利与成长	外部供应链集成	同时运行的 ERP	POS 供应链计划
5	供应链社群	领导市场	迅速改变配置能力	网络化电子商务	集成供应链计划

11.1.3　QR、ECR 和 CPFR

快速响应（Quick Response，QR）是美国纺织与服装行业在 20 世纪 80 年代初发展起来的一种供应链管理策略。QR 是贸易伙伴的共同策略，采用 QR 策略的贸易伙伴通过共享 POS（Point Of Sales）信息，预测未来需求，可以作出快速反应。

有效顾客响应（Efficient Consumer Response，ECR）是 20 世纪 80 年代末、90 年代初美国食品杂货行业为提高竞争能力和快速响应采用的一种有效的策略。它是以使供应商和销售商为消除供应链上各环节中不必要的成本和费用、给客户带来更大的效益而进行密切合作的一种战略。

ECR 的应用体现在以分析消费者的需求为基础，为了增加顾客的利益而按计划生产，提高产品的多样性，生产与市场相适应的产品，降低整个供应链上的个别成本和转换成本，提高供应效率。

1995 年沃尔玛联合其供应商华纳-兰勃特（Warner Lambert）及世界最大的软件供应商 SAP、供应链软件供应商 Manugistics、美国最大的咨询公司 Benchmarking Partners 开始对协同计划、预测与补货（Collaborative Planning, Forecasting and Replenishment, CPFR）进行研究和探索。其目的是开发一组业务流程，使供应链成员利用这一流程实现从零售商到制造商之间的功能合作，以显著提高预测准确度，降低运行成本和库存总量，发挥供应链的全部效率。

CPFR 是在共同预测和补货（Collaborative Forecasting And Replenishment, CFAR）的基础上，进一步实现共同计划的制订，即将原来属于各企业内部事务的计划工作（如生产计划、库存计划、配送计划、销售规划等）也由供应链各企业共同参与制订。CPFR 正越来越明显地影响着企业企业运营管理的基本模式，是当今企业供应链管理的主导趋势和骨干框架。

11.1.4 合作伙伴的选择与定期评审

鉴于供应链的网状结构，企业对外部环境的关注是必不可少的，那么合作伙伴就是外部资源中最重要的一类。供应链成员对合作伙伴的要求通常包括成本、质量、交货期、服务、信誉、财务状况等多个方面。目前比较通用的选择与评审依据包括顾客评价、工业规格、获奖情况、ISO9000 认证等。常用的评价和选择方法有层次分析法（AHP 法）、模糊综合评价法、专家评价法等。

11.1.5 供应链上的信息管理和信息失真

信息流是供应链中流动最频繁、结构最复杂、变化最快的一种流，其主要功能有交易、决策分析、战略计划、管理控制等。可见，它是供应链协调运作所必不可少的重要因素。然而，供应链上的信息流常常发生信息延滞、信息失真、信息不对称等问题。引起这些问题的主要原因包括：理性成员所运用的优化行为、通过预测对需求信息的修正、订货提前期、批量订货决策、企业内部制度的要求、价格波动、短缺博弈、供应链的多层次性、供应链成员企业间的需求信息非共享特性等。这些问题又常常会引起整个供应链运作效率的降低。因此，关于供应链信息流的管理问题，国内外都在进行着广泛的研究。

目前，关于供应链中信息管理问题的研究主要集中在两个层面（见图 11-3）：一是基础理论层面的研究，包括供应链上信息价值的研究、信息分类等。二是应用层面的研究，包括：最初集中于牛鞭效应相关问题的研究，即对牛鞭效应的存在性、成因、量化方法以及如何控制、弱化和消除牛鞭效应的研究；其他类型信息失真问题的研究，即无规律信息失真的研究；由信息失真所引起的信息风险问题，以及为解决信息失真与防范信息风险的信息共享的研究。除此之外，还包括对供应链信息管理的技术支持。

综上所述，供应链信息管理就是合理协调管理供应链信息资源，包括：制定信息政策，定义信息需求，进行数据规划，编制数据字典，维护数据质量标准，统一规划、组织、控制信息处理活动（收集、加工、传输、存储、检索、提供）的一整套特别的组织功能。供应链信息管理能为供应链的高层决策提供强有力的支持；能使供应链各环节的工作更加协调；能实现信息共享，提高供应链的整体效率；能改善客户关系，与客户互动，提高服务质量；能减少信息冗余，避免信息的不一致等。

20 世纪初，宝洁公司（P&G）对它们最热销的产品——婴儿尿布的订单模式进行检查时，

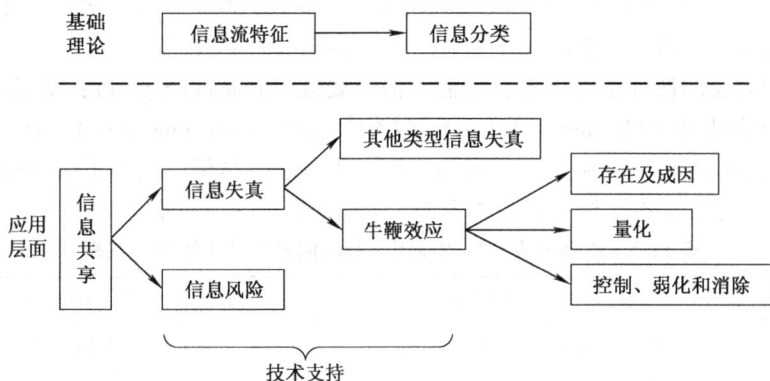

图 11-3　供应链信息管理研究要点

发现了一个奇怪的现象：零售商店的尿布销售存在波动，但并不剧烈；然而分销商向宝洁公司发出的订单却存在剧烈的波动。宝洁公司在进一步检查给自己的供应商（如 3M 等）所下的订单时，它们发现这个波动变得更大了。很明显，当需求信息在供应链中以订单的形式向上游传播时，它们的波动会变得越来越大。这就正如牛仔所使用的牛鞭，手柄处的一点小小的抖动就会在末梢转化为一条长长的弧线。宝洁公司因此把这种现象命名为牛鞭效应（Bullwhip Effect）。为工业界和学术界所普遍接受的牛鞭效应的定义由李效良教授（Hau Lee）给出。在这个定义中，需求的波动用需求量的方差来定量地描述。牛鞭效应描述的是供应链中供应商所接受的订单比终端顾客的需求具有更大的方差的现象（即需求信息扭曲现象），并且这种扭曲将以放大的形式向供应链的上游传播（即方差放大现象），如图 11-4 所示。

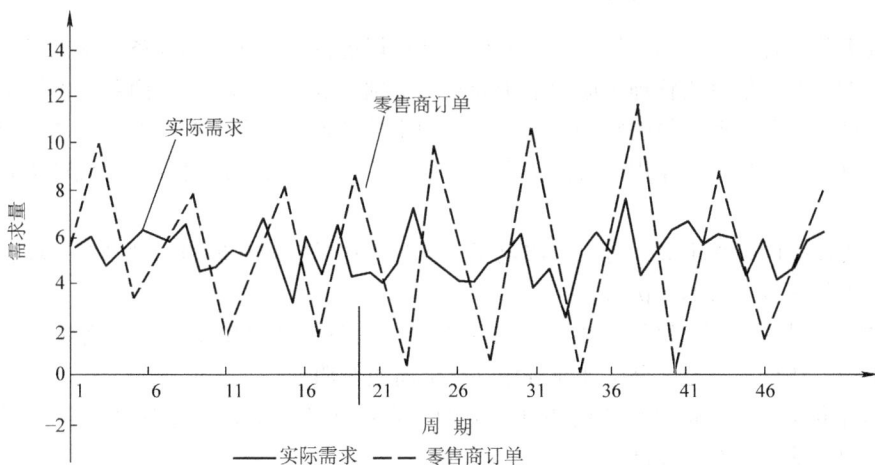

图 11-4　牛鞭效应示意图

牛鞭效应对供应链管理的绩效存在多方面的影响。随着信息的向上传播，需求的波动越发强烈，常常是巨大的订购数量后紧接着很少的订单，甚至没有订单。这样使得上游的生产厂商很难合理地安排当前的生产计划并规划未来的生产能力。此外，由于下游厂商的订购数量远远偏离了实际的需求数量，这样的结果是：或者产品大量积压，形成超额的库存费用；或者发生短缺，造成客源流失和违约费用。

Lee 等发表在 Management Science 和 Sloan Management Review 上的两篇论文被公认为是供应链

管理和牛鞭效应研究的经典之作。Lee 支持经济学家的理论，即牛鞭效应起源于管理者追求利润最大化的理性决策，并结合运作管理研究中的系统思维，将供应链各环节作为一个整体来研究，提出了引起牛鞭效应的四种主要因素：①需求信号处理（Demand Signal）；②成批订货（Order Batching）；③价格波动（Fluctuating Prices）；④短缺博弈（rationing game）。针对每一种原因，Lee 讨论了可能的解决策略。Lee 的研究最终表明，牛鞭效应是供应链中不可避免的现象，是其成员理性化决策产生的必然结果。表 11-2 是对 Lee 的研究的一个简略总结。

表 11-2　牛鞭效应产生的原因、影响因素及解决措施一览表

牛鞭效应产生原因	影响因素	建议的解决措施
需求信号处理	● 终端用户需求信息不可见 ● 多重预测 ● 提前期较长	● 信息共享，获取 POS 信息 ● 单点补充策略 ● 提前期缩减
成批订货	● 订购费用高 ● "满载"策略 ● 随机或关联的订购	● 电子数据交换及计算机辅助采购 ● 第三方物流 ● 有规律的转运协议
价格波动	● 高低价格策略 ● 转运和购买不同步	● 天天低价策略 ● 特殊的采购合同
短缺博弈	● 比例化的分配方案 ● 无视供应链的具体情况 ● 无约束的订购和自由退货策略	● 基于销售业绩的分配 ● 共享能力及供应信息 ● 有柔性及能力储备

11.1.6　供应链管理与电子商务

电子商务是一种在互联网上按照一定的标准和协议进行信息交流和商务活动的模式，是企业信息化的延伸。企业信息化管理是应用电子商务的基础，也就是说，电子商务的本质是企业内部管理流程与企业外部商务交易的整合。电子商务的主角是各类工商企业，网络公司将起到一种不可缺少的穿针引线和搭桥的作用，帮助买卖双方搜索符合自己要求的对象，并代理买卖双方完成价值交换。

综合电子商务的各种定义，可以看出电子商务是优化供应链管理的一种必要手段，它对于提高供应链管理的绩效具有如下优势：

（1）沟通优势。基于互联网的电子商务为企业的商务活动提供了快速、高效、成本低廉的商务沟通手段，在全国，尤其是全球业务中，优势将更为明显。

（2）效率优势。由于信息传递的快捷、方便，企业在获得廉价商务沟通手段的同时，业务活动效率将得到前所未有的提高。

（3）客户接触优势。借助电子商务活动，企业可以在互联网的竞争空间建立门户，从而直接面对全国乃至全球客户。

（4）信息优势。电子商务使得企业可以快速、准确地向全球客户传达产品和服务的最新有效信息。

（5）时空优势。企业通过电子商务，能够突破时间与空间的限制，与客户建立直接有效的联系，从而实现更有效的客户服务。

（6）创新优势。借助互联网，嗅觉敏锐的企业可以迅速获得最新的商业发展趋势的信息，找到企业发展的新机遇，从而以最快的速度设计出满足市场需求的产品和服务，并适时提供给客户。

（7）服务优势。借助电子商务，出差人员随时可以获得公司资源的支持，从而为客户提供最佳的服务。

（8）协作优势。电子商务的应用可以使企业与协作单位（如原材料供应商群体或客户单位群体）之间建立电子协作关系，协作单位之间可以快速高效地传递业务数据和信息，从而发挥整个协作群体的优势。

电子商务的应用将极大地提高整个供应链的信息共享水平，为全面提高供应链绩效奠定了基础。对于实现供应链信息集成，电子商务技术是必要技术之一，B2C 模式的电子商务应用使企业得以获取详尽的最终用户的需求信息，而 B2B 模式的电子商务应用保证了供应链内部企业之间广泛而及时的信息交流，包括大量的生产、库存和销售信息。

11.1.7　供应链信息管理工具

ERP 是在 MRP II 管理思想的基础上扩展了管理范围的新的管理信息系统。它把企业的制造活动与企业的其他业务，如销售、采购以及财务业务整合在一起，综合利用所有资源，体现了按用户需求制造的思想，这使得企业适应市场与客户需求快速变化的能力增强。ERP 通过企业内部网实现对内部信息化孤岛的集成，将企业的各个业务环节连接在一起，使得各种业务和信息能够实现集成和共享。在管理技术上，ERP 在对整个企业的管理过程中更加强调和加强了对资金流和信息流的控制，以及对人力资源的管理。

然而 ERP 只是面向企业内部的信息管理系统，只能对企业内部的资源进行管理。20 世纪 90 年代后期，随着经济全球化和市场竞争的加剧，形成了产品定制化生产和交货期不断缩短的趋势，企业面对的经营环境越来越复杂和多变，一些领先的企业开始将管理的焦点转移到超越企业之外的供应链管理和上下游的业务协同上，以适应环境的变化。而 ERP 在管理范围和功能上都不具备这样的应用能力，因此 SCM 较之 ERP 而言具有显著的优越性和完善性。

11.1.8　准时生产方式

1. 准时生产方式的产生背景

1980 年以后，流通行业面临着激烈的市场竞争，以沃尔玛为代表的美国流通行业企业引领了供应链管理的新潮流。其后，供应链管理在企业界和学术界受到了普遍重视。供应链管理开拓了企业对产品的形成和流通全过程认识的新视野，对提高企业运作管理水平、提高对最终顾客的服务水平作出了重要贡献。

供应链管理的概念最初是在商品流通过程中产生的。然而，在制造业企业，在产品制造环节，有效的供应链管理理论和方法早已建立起来了，这就是日本丰田汽车公司建立起来的丰田生产方式（Toyota Production System，TPS）或称准时生产方式（Just In Time Production，JIT）。这种生产管理方式最早在日本汽车企业被普遍采用，其后又被推广到欧美国家的汽车公司，进而众多的机电产品制造业企业都采用了这种生产方式。准时生产方式为机电产品制造企业管理水平的提高作出了重要贡献。现在大多数汽车制造业企业、惠普喷墨打印机、戴尔定制化个人计算机的生产过程都使用准时生产方式进行管理，其卓越的管理效果得到了长期的实践检验。

2. 准时生产方式的思想与方法

准时生产方式的基本思想就是在顾客需要的时间、需要的地点，以顾客需要的价格，向顾客提供其所需要的质量和数量的产品。要达到这个目标，就要求整个产品生产过程的各个环节密切配合，保证供应，防止短缺，同时还要防止过量生产。

准时生产方式的产生和发展经历了从 20 世纪 50 年代到 80 年代的漫长过程，而且现在还在进一步发展。准时生产方式的产生与丰田公司当时所处的市场竞争环境密切相关。面临美国大型汽车企业的强大竞争优势，丰田汽车公司的汽车生产才刚刚起步，而且其销量和价格也都由市场决定。在这种环境下，丰田公司认识到要使企业盈利和生存，最有效的方法就是通过彻底消除生存过程中的所有浪费来降低生产成本，提高生产效率。适时适量生产是消除浪费的最有效途径。为了实现适时适量生产，当时在丰田汽车公司采用的管理和控制方法主要三种：看板管理、弹性作业人数和质量管理。

看板是一种管理工具，其作用原理如图 11-5a 所示。其主要功能是从生产系统的下游向上游传递需求信息和生产指令。当下游需要零部件时，就向上游发出所需零部件数量、质量和时间的看板（类似于一种领料单），并指明零部件应送往什么部门，如何送达，如何检验，该零部件将装配到什么产品上，等等。看板上还记载着以往发生的质量问题以及下游对上游的要求等信息。上游则必须严格按照下游的要求提供零部件。这是以下游拉动上游的"拉动式"控制方式。为了使上游作好供应准备，下游还必须把需求信息、生产计划信息等提前通知上游企业，定期更新信息，与上游共享需求与计划信息。其运行方式如图 11-5b 所示。

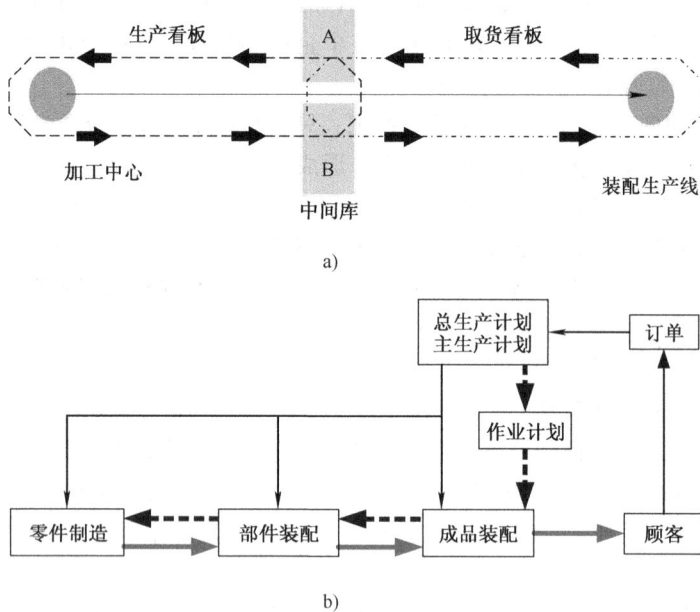

a)

b)

图 11-5 准时生产方式的生产计划与控制

a）看板工作原理 b）准时生产方式中的需求信息流与物流

弹性作业人数是通过设计柔性生产系统实现的。其目的是：通过调整系统中的劳动力人数来灵活调整生产能力，以便在需求量大时使用更多的工人提高生产能力；在需求量小时，可以通过减少劳动力人数降低生产能力。其原理如图 11-6 所示。

高水平的质量管理可以在没有过量生产的条件下保证所供应的产品或零部件的可靠性，避免由于产品不合格引起的供应短缺。

适时适量生产是为了消除由于过量生产造成的浪费，而除了过量生产外，生产过程中还有多

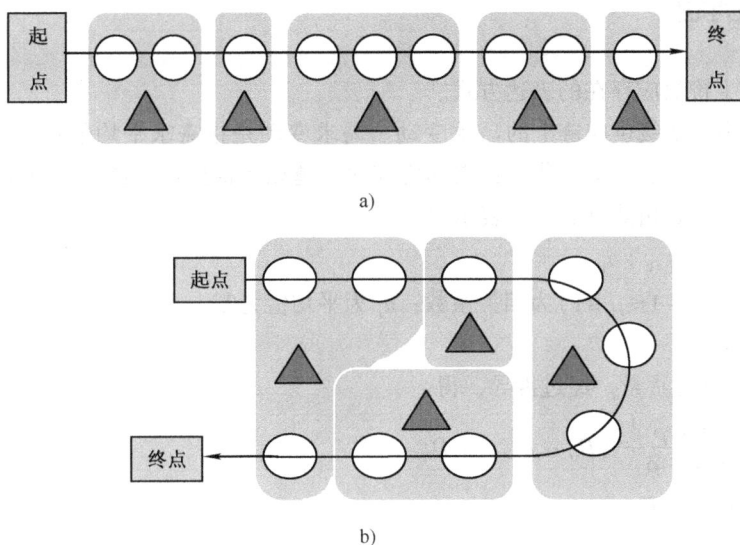

图 11-6　柔性生产系统
a）直线型生产线（工人数固定）　　b）U 形生产线（工人数可调整）

种浪费。丰田生产方式采用质量小组、提案制度等方法发现浪费，并设计有效消除浪费的方法。丰田汽车公司当时明确要消除的浪费有以下七种：①过量生产的浪费；②等待时间的浪费；③运输的浪费；④库存的浪费；⑤工艺的浪费；⑥动作的浪费；⑦缺陷产品的浪费。

3. 准时生产方式中的供应商控制

汽车制造业企业需要建立完整的供应商网络，需要众多的供应商为其供应零部件。如果是具有完全自主权的供应商，其讨价还价能力强，汽车制造商就难以对其实施有效的控制，难以保证零部件的供应。日本的汽车公司通过给供应商投资的方式，取得对供应商的控制权，通过这种方式建立了所谓的"系列企业"系统。实际上，一个系列企业就是一个以汽车制造企业为核心企业的供应链网络，而且是运行效率极高的集成型供应链网络。

由于准时生产方式的供应链在整个生产系统中将库存降低到最低水平，生产环节的衔接对物流系统的依赖性强，系统整体比较脆弱，对外界变化的适应性差。而且在整个系统中还存在着以下问题：①要求有比较稳定的市场环境；②虽然汽车公司实现了零库存管理，但零部件供应商的库存压力却很大；③系统中的局部不稳定会影响整个系统的运行；④供需合作关系不平等；⑤系统对信息的准确性要求高；⑥对物流系统的依赖性强等。

准时生产方式近年来由于其精练的结构和高效率，又被称为精益生产方式（Lean-Production，LP）。它涉及的内容非常丰富，实际上是一个涵盖了管理哲理和管理理论与方法的管理体系，是现代制造业企业发展的方向。作为供应链管理方法，它更关心供应链的上游，即产品制造环节，要提高产品分销环节的效率，就要借助供应链管理的理论与方法。而对于包括产品形成与流通全过程的供应链系统，则应综合使用准时生产方式和供应链管理的理论与方法，才能实现更好的管理效果。

11.2 典型例题

例 11.2.1 描述牛鞭效应存在的表达方式。

答：考虑 2 级供应链上的需求变动。需求变动是指需求平均值和标准差的变动。这种情况下，各环节订货量也在随之变化。越靠近供应链上游，订货量的波动就越大。假设需求量由式（11-1）表示

$$D_t = d + \rho D_{t-1} + u_t \tag{11-1}$$

式中，$\rho(-1 \leqslant \rho \leqslant 1)$ 为相关系数；u_t 为平均值为零、方差为 $\sigma^2(\sigma << d)$ 的随机变量；d 为常数。

z_t 为 t 期订货量。经过推导，得

$$z_t = \frac{\rho(1-\rho^{v-1})}{1-\rho}(D_0 - D_{-1}) + D_0 \tag{11-2}$$

z_t 的方差如下

$$\mathrm{Var}(z_t) = \mathrm{Var}(D_0) + \frac{2\rho(1-\rho^{v+1})(1-\rho^{v+2})}{(1+\rho)(1-\rho)^2}\sigma^2 \tag{11-3}$$

显然 $\mathrm{Var}(z_t) > \mathrm{Var}(D_0)$，不确定性增大，即存在牛鞭效应。

例 11.2.2 使用层次分析法对供应商进行选择。某企业对其供应商的选择标准主要有质量、价格、服务和运输四项。试根据以下数据（见表 11-3 和表 11-4）对四个供应商进行比较。

表 11-3　相对重要性权重

	质　量	价　格	服　务	运　输
质量	1	2	4	3
价格	1/2	1	3	3
服务	1/4	1/3	1	2
运输	1/3	1/3	1/2	1

表 11-4　四个供应商在四个选择标准上的得分

质量	S1	S2	S3	S4	价格	S1	S2	S3	S4
S1	1	5	6	1/3	S1	1	1/3	5	8
S2	1/5	1	2	1/6	S2	3	1	7	9
S3	1/6	1/2	1	1/8	S3	1/5	1/7	1	2
S4	3	6	8	1	S4	1/8	1/9	1/2	1
服务	S1	S2	S3	S4	运输	S1	S2	S3	S4
S1	1/5	1	1/2	4	S1	1	3	1/5	1
S2	1/4	2	1	5	S2	1/3	1	1/8	1/3
S3	1/8	1/4	1/5	1	S3	5	8	1	5
S4	1/8	1/4	1/5	1	S4	1	3	1/5	1

答：（1）计算各项指标的权重，如表 11-5 所示。

表 11-5　各项指标的权重

	质　　量	价　　格	服　　务	运　　输
质量	1	2	4	3
价格	1/2	1	3	3
服务	1/4	1/3	1	2
运输	1/3	1/3	1/2	1
合计	25/12	11/3	17/2	9

对原矩阵进行标准化（权重取各行平均值），如表 11-6 所示。

表 11-6　标准化后的权重

	质量	价格	服务	运输	权重
质量	12/25 *	6/11	8/17	3/9	0.457
价格	6/25	3/11	6/17	3/9	0.300
服务	3/25	1/11	2/17	2/9	0.138
运输	4/25	1/11	1/17	1/9	0.105
注：* 1/（25/12）＝12/25				合计	1.000

（2）供应商各指标比较，如表 11-7 所示。

表 11-7　供应商各指标比较

质量	$S1$	$S2$	$S3$	$S4$	价格	$S1$	$S2$	$S3$	$S4$
$S1$	1	5	6	1/3	$S1$	1	1/3	5	8
$S2$	1/5	1	2	1/6	$S2$	3	1	7	9
$S3$	1/6	1/2	1	1/8	$S3$	1/5	1/7	1	2
$S4$	3	6	8	1	$S4$	1/8	1/9	1/2	1
合计	0.297	0.087	0.053	0.563	合计	0.303	0.573	0.078	0.046
服务	$S1$	$S2$	$S3$	$S4$	运输	$S1$	$S2$	$S3$	$S4$
$S1$	1	1/2	4	1/5	$S1$	1	3	1/5	1
$S2$	2	1	1/8	4	$S2$	1/3	1	1/8	1/3
$S3$	1/4	8	1	5	$S3$	5	8	1	5
$S4$	5	1/4	1/5	1	$S4$	1	3	1/5	1
合计	0.236	0.190	0.382	0.192	合计	0.151	0.060	0.638	0.151

（3）将各项加权平均得各供应商的总评分：

$S1$：$0.457 \times 0.297 + 0.300 \times 0.303 + 0.138 \times 0.236 + 0.105 \times 0.151 = 0.275$

$S2$：$0.457 \times 0.087 + 0.300 \times 0.573 + 0.138 \times 0.190 + 0.105 \times 0.060 = 0.244$

$S3$：$0.457 \times 0.053 + 0.300 \times 0.078 + 0.138 \times 0.382 + 0.105 \times 0.638 = 0.167$

$S4$：$0.457 \times 0.563 + 0.300 \times 0.046 + 0.138 \times 0.192 + 0.105 \times 0.151 = 0.313$

例 11. 2. 3　试分析准时生产方式将库存降低到最低限度的优缺点。

答：优点：消除库存带来的资金积压，减少仓储成本，尽早发现生产系统中的问题，有利于更新产品，有利于满足变化的市场需求，有利于提高供应链的整体效率。

缺点：系统易受环境变化的影响，供应商压力大，要求准确的需求与供应信息，要求有稳定的市场。

例 11. 2. 4 比较准时生产方式与福特生产方式的管理思想。

答：准时生产方式：通过彻底消除浪费降低生产成本，通过降低成本实现企业盈利的目的，假设市场需求有限，价格由市场决定。根据订单向市场供应所需要的产品，由市场拉动生产。

福特生产方式：大量生产，假设市场需求和资源供应充足，通过提高产量降低成本，进而降低销售价格，以低价格促进需求，为满足需求的增加进一步提高产量。根据需求预测向市场供应大量的产品，生产计划根据需求预测制订，由生产推动市场。

11. 3　思考与练习

11. 3. 1　简述供应链和供应链管理的概念。

11. 3. 2　试列举供应链管理中的关键问题。

11. 3. 3　简述供应链管理的主要对象（四种流）。

11. 3. 4　何谓供应链管理中的风险分担（集中型销售系统）？进行简单评价。

11. 3. 5　供应链管理与物流管理有何不同？

11. 3. 6　供应链中的库存水平、订单、生产和交货情况等信息具有哪些作用？

11. 3. 7　什么是 CPFR？简述其指导性原则。

11. 3. 8　简述企业间信息系统（IOIS）的定义及其功能。

11. 3. 9　简述牛鞭效应的概念以及引起牛鞭效应的主要因素。

11. 3. 10　弱化牛鞭效应有哪些有效的对策和措施？

11. 3. 11　简述供应链的三种基本配送策略，并进行比较。

11. 3. 12　简述拉动式供应链和推动式供应链，并进行比较。

11. 3. 13　什么是第三方物流（Third Party Logistics，3PL）？简述其优缺点。

11. 3. 14　3PL 与普通运输外包有什么区别？

11. 3. 15　为何要从整体上对供应链进行设计？

11. 3. 16　简述供应链管理中信息的重要性以及供应链信息技术的主要目标。

11. 3. 17　简要介绍自动补货（CRP）和供应商管理库存（VMI）。

11. 3. 18　简述快速反应（QR）和有效的消费者反应（ECR）。

11. 3. 19　简述信息共享的定义、共享的主要内容以及主要实现方法。

11. 3. 20　在供应链的设计过程中存在哪些冲突目标？

11. 3. 21　何谓虚拟企业？它具有哪些特点？

11. 3. 22　为以下产品或服务从原材料到最终顾客定义供应链：①雨衣；②汽油；③汽车修理；④一本教科书。

11. 3. 23　为何在供应链管理中需要加强企业间的合作？试举出三个例子。

11. 3. 24　供应商的选择需要遵循哪些原则？

11. 3. 25　供应链全球化会带来哪些风险与优势？

11. 3. 26　已知供应链的相关信息如表 11-8 所示。

表 11-8　供应链的相关信息

	供应商	制造商	批发商	零售商
库存天数	30	70	40	10
应收账款回收天数	15	45	25	40
采购成本/万元	5	15	55	60
附加成本/万元	10	15	10	30
销售额/万元	20	35	70	110
准时配送率（%）	85	90	75	95
顾客满意度（%）	85	95	75	85

（1）计算总的订货提前期、总应收账款和总的供应链经营周期。

（2）计算平均客户满意度和平均准时配送率。

（3）计算总配送成本占销售额的百分比，以及供应链的增值效果。

11.3.27　对上题的资料和计算结果，试考虑：

（1）可以通过哪些环节的改进，使供应链作为一个整体而获益？

（2）解释供应链改进同供应链中每一成员的运营战略之间的关系。

11.3.28　某企业根据三项评判标准在三个供应商之间进行选择，这三项评判标准分别是公司经营业绩、生产能力和产品质量。试用层次分析法对这三个供应商作出选择，具体数据如表 11-9 和表 11-10 所示。

表 11-9　相对重要性权重

	业　绩	能　力	质　量
业绩	1	1/3	1/5
能力	3	1	4
质量	5	1/4	1

表 11-10　三个供应商的得分

业　绩	$S1$	$S2$	$S3$
$S1$	1	3	4
$S2$	1/3	1	3
$S3$	1/4	1/3	1
能　力	$S1$	$S2$	$S3$
$S1$	1	2	1/5
$S2$	1/2	1	1/2
$S3$	5	2	1
质量	$S1$	$S2$	$S3$
$S1$	1	1/5	1/4
$S2$	5	1	2
$S3$	4	1/2	1

11.3.29　供应链绩效评价。戴尔公司 1999 年年度报表披露如表 11-11 所示。

表 11-11　戴尔公司 1999 年年度报表披露

销售收入	18 243 百万美元
销售成本	14 137 百万美元
产品原材料成本	6 423 百万美元
原材料库存	234 百万美元
在制品和产成品库存	39 百万美元

试评价其供应链的绩效水平。

11.3.30 简述准时生产方式成功的因素。

11.3.31 在 JIT 生产方式中，看板的主要功能是什么？

11.3.32 简述 U 形生产线的优缺点。

11.3.33 丰田汽车公司在准时生产方式中确定的浪费有哪几种？

11.3.34 准时生产方式和传统生产方式的质量观有何不同？

思考与练习答案

11.3.1 答：供应链包括供应商、制造商、仓库、配送中心和零售商，以及在各机构之间流动的原材料、在制品库存和产成品所构成的网络状结构。而供应链管理是在满足服务水平需要的同时，为了使得系统成本最小而采用的把供应商、制造商、仓库和零售商有效地结合成一体来生产商品，并把正确数量的商品在正确时间配送到正确地点的一套方法。

11.3.2 答：配送网络的设置、库存控制、供应合同、配送策略、供应链集成和战略合作伙伴、外包和采购策略、产品设计以及信息技术和决策支持系统等。

11.3.3 答：物流、信息流、资金流和作业流。

11.3.4 答：风险分担表明如果把各地的需求集合起来处理，可以降低需求的变动性。评价如下：

(1) 集中库存降低了系统的安全库存和平均库存。

(2) 需求变化越剧烈，从集中型系统中获取的收益就越大。

(3) 从风险分担中获取的收益依赖于某市场需求与另一个市场需求的关系。

(4) 集中型控制能够促使全局最优。

(5) 集中型系统允许共享信息，更重要的是通过利用这些信息弱化了牛鞭效应。

(6) 集中型系统允许整个供应链使用协调战略——降低系统成本和提高服务水平的战略。

11.3.5 答：一般来说，物流涉及原材料、零部件在企业之间的流动，是企业之间的价值流过程，不涉及生产制造过程的活动；供应链管理包括物流活动和制造活动，涉及从原材料到产品交付最终用户的整个物流增值过程。

11.3.6 答：有助于减少供应链中需求的不确定性；有助于供应商作出更好的需求预测，解释促销和市场变化；能够协调制造和销售系统及其策略；通过提供定位所希望物品的工具能够使分销商向顾客提供更好的服务；能够使分销商更快地对供应问题作出反应并适应这些供应问题；能够缩短提前期。

11.3.7 答：CPFR 即面向供应链的策略——协同计划、预测与补货（Collaborative Planning, Forecasting and Replenishment）。其目的是使供应链中的成员能够实现从零售商到制造企业之间的功能合作，显著提高预测准确度，降低成本、库存总量和现货百分比，发挥出供应链的全部效率。CPFR 是一种哲理，它应用一系列的处理和技术模型，提供覆盖整个供应链的合作过程，通过共同管理业务过程和共享信息来改善零售商和供应商的伙伴关系，提高预测的准确度，最终达到提高供应链效率、减少库存和提高消费者满意程度的目的。

CPFR 有三条指导性原则：

(1) 合作伙伴框架结构和运作过程以消费者为中心，面向价值链。

(2) 合作伙伴共同负责开发单一、共享的消费者需求预测系统，这个系统驱动整个价值链计划。

（3）合作伙伴均承诺共享需求预测结果，并在消除供应过程约束上共担风险。

11.3.8　答：IOIS 即组织间信息系统（Inter-Organizational Information System），该系统允许参与交易的买方与卖方在电子市集里交换价格与商品信息，着重于跨组织信息系统的输入/输出本质、交易与使用协定、可靠性与安全性等。

11.3.9　答：牛鞭效应即需求信息向供应链上游传递时需求波动程度不断放大的现象。引起牛鞭效应的主要因素有短缺博弈、需求信号处理、成批订货、价格波动等。

11.3.10　答：信息共享、缩短提前期（包括订货提前期和信息提前期）、利用类似于天天低价的策略、实施战略伙伴关系、需求预测中使用更多期数的历史数据等。

11.3.11　答：直接运输。货物从供应商直接送到零售商，而不通过配送中心。

仓储管理。这是一种典型的仓库持有库存以满足顾客需求的策略。

直接转运。从供应商处运来的货物直接从仓库分拨给顾客。仓库对这些货物的持有时间不会超过 10～15h。三种基本配送策略的比较如表 11-12 所示。

表 11-12　三种基本配送策略的比较

策略参数	直接运输	直接转运	仓库存储
风险分担	无	无	利用
运输成本	高运输成本	低运输成本	低运输成本
保管成本	无仓库成本	无持有成本	高库存成本
分配	无延迟	延迟	延迟

11.3.12　答：推动式供应链根据需求预测进行生产决策，由上游推动下游；而拉动式供应链中生产是由实际需求驱动的，由下游拉动上游。

11.3.13　答：第三方物流就是利用一家外部的公司完成企业全部或部分物料管理和产品配送职能。使用第三方物流的供应商可以使企业集中于核心能力，得到技术、地理分布、服务、资源和劳动力规模等方面的灵活性；但是，使用第三方物流的供应商会对对外物流工作失去内在的控制。

11.3.14　答：第三方物流是在运送业务的基础上，增加采购、库存管理、配送等全部物流业务，配合雇主的经营战略，实施最优物流服务，即除了普通的运输功能外，委托外部商家承担全部的物流计划和物流管理功能。

11.3.15　答：供应链管理将原本相互竞争、具有利害关系的众多组织，结成协作的合作关系，以在竞争中占据优势和持续发展为目标，对外行动一致。这样，供应链管理的开发能够确切描述"整体设计"，可以说是供应链管理成功的首要条件。

11.3.16　答：供应链上的信息对于供应链成员进行交易、决策分析、战略计划以及管理控制都具有重要作用；常常用于指导供应链成员之间通过相互影响、协作和制约来共同完成整个供应链的使命。供应链信息技术的主要目标有：收集每一个产品从生产到运送（或者购买）的信息，向所有参与方提供全部信息；通过单点联系（Single-Point-of-Contact）访问系统内的任何数据；提供关于整个供应链的信息，分析、计划、平衡企业的活动。

11.3.17　答：自动补货（Continuous Replenishment Program，CRP）是指物流中心或仓库的库存减

少到一定量以下，根据从现在到下次订货之间的需求预测，由计算机自动向制造商订货的方法，也是有效客户响应（ECR）的具体实施策略之一。

供应商管理库存（Vender Managed Inventory，VMI）是指制造商或分销商直接管理零售商的库存和订货业务的方法，类似代销，除此以外还包括对已经卖出的商品具有代理管理的功能。

11.3.18　答：快速响应（Quick Response，QR）是指为防止缺货和过量库存采用缩短提前期、信息共享等主要措施改进从原材料生产商到零售商整条供应链对顾客需求的响应速度，提高其效率的方法。

有效客户响应（Efficient Consumer Response，ECR）即有效的消费者反应，是指制造商、分销商和零售商结为合作伙伴关系，提高流通渠道效率。其主要方法有：合理备齐商品、高效引进新产品、高效的促销活动、高效的商品补充。CRP 和 VMI 也都是ECR 商品补充的有效方法。

11.3.19　答：信息共享就是供应链中，合作伙伴之间共同拥有数据或知识。

信息共享的内容主要包括：库存水平、销售数据、订单状态、销售预测、生产/送货计划和其他信息。

信息共享的模式有：信息传递模式、第三方模式和信息中心模式。

11.3.20　答：批量—库存权衡问题；库存—运输成本权衡问题；提前期—运输成本权衡；产品多样性—库存权衡问题；成本—顾客服务水平权衡问题。

11.3.21　答：虚拟企业是一种依托计算机网络进行信息传递和管理的跨越物理空间的企业组织形式，是指为了完成某一特定任务，在短时间内迅速建立起短期或长期合作关系而构成的网络式企业。虚拟经营是一种营销与生产相关联的新的组织运营方式，而无生产企业的商业流通运作形式。另外，虚拟经营不直接控制全部或部分生产实体，通常是围绕着一个核心，即品牌概念，通过一个完整的整合的思路控制和驾驭每一个环节，从而带动更多的社会经济资源参与企业的经营。虚拟企业通常是为了一个特定的项目而组建的，该项目完成，则虚拟企业也自动解散。

11.3.22　答：略。

11.3.23　答：在供应链管理中，更重要的是全局目标的实现，而不仅仅是个体的局部目标，因此供应链成员应为着共同的系统目标携手合作。加强合作的方法主要有：交叉功能团队、顾客和供应商的参与、更好的信息系统、更平稳的组织结构。

举例提示：单方面成本控制无法降低整体成本；信息共享以减少牛鞭效应；信息孤岛导致需求管理的失效。

11.3.24　答：核心竞争力互补原则、总成本核算原则、敏捷性原则、风险最小化原则。

11.3.25　答：供应链的全球化面临的风险有汇率的波动、供应商的反应因素、顾客和竞争者的反应，物流的地区差异性、政治上的不稳定因素等。但同时，供应链全球化可以利用更广泛的人力资源、物资资源、技术资源和信息资源，并且在一定程度上可以相互补充，降低风险。

11.3.26　解：（1）总的订货提前期为150天，总应收账款235万元，总的供应链经营周期为125天 + 150 天 = 275 天。

（2）客户平均满意度为85%，平均准时配送率为86.25%（取各成员的平均值即可）。

（3）如表11-13 所示。

表 11-13　计算结果

	销售额中的成本(%)	有效的价值增值(%)
供应商	$15/20 = 75\%$	$(20 - 5)/10 = 150\%$
工厂	$30/35 = 85.71\%$	$(35 - 15)/15 = 133\%$
批发商	$65/70 = 92.86\%$	$(70 - 55)/10 = 150\%$
零售商	$90/110 = 81.82\%$	$(110 - 60)/30 = 167\%$
总计	$(30 + 10 + 15 + 10 + 5)/110 = 63.64\%$	$(110 - 5)/(10 + 15 + 10 + 30) = 162\%$

11.3.27　答：（1）公司可以考虑削减库存，减少应收货款回收天数，提高效率，加强及时配送，以及把顾客满意度提高到超越任何竞争对手的水平。

（2）从全局观点来看，一个公司应该同顾客和供应商协商决定供应链的目标群，提高供应链的整体功能水平而不是其中的一部分；公司的供应链改进可能损害其他部分，因此需要权衡系统所有部分的得失。例如，减少库存可能会引起缺货，从而影响对顾客提供产品或服务的能力。

11.3.28　解：如表 11-14、表 11-15、表 11-16 和表 11-17 所示。

表 11-14　指标的权重

	业　绩	能　力	质　量	权　重
业绩	0.111	0.211	0.038	0.120
能力	0.333	0.632	0.769	0.578
质量	0.556	0.158	0.192	0.302

表 11-15　供应商的业绩指标比较

业绩	$S1$	$S2$	$S3$	合计
$S1$	0.632	0.692	0.500	0.608
$S2$	0.211	0.231	0.375	0.272
$S3$	0.158	0.077	0.125	0.120

表 11-16　供应商的能力指标比较

能力	$S1$	$S2$	$S3$	合计
$S1$	0.105	0.400	0.118	0.208
$S2$	0.053	0.200	0.294	0.182
$S3$	0.842	0.400	0.588	0.610

表 11-17　供应商的质量指标比较

质量	$S1$	$S2$	$S3$	合计
$S1$	0.100	0.118	0.077	0.098
$S2$	0.500	0.588	0.615	0.568
$S3$	0.400	0.294	0.308	0.334

计算可得，$S1 = 0.223$，$S2 = 0.239$，$S3 = 0.468$，故选择供应商 3。

11.3.29　答：供应链绩效水平评价的两个基本指标为：

（1）库存周转率 = 销售成本/（原材料库存 + 在制品和产成品库存）

$=51.78$ 次/年

（2）供应周数 = （库存总成本/销售成本）×52＝1 周

11.3.30 答：丰田汽车公司建立的准时生产方式以订单驱动，通过看板，采用拉动方式把供、产、销紧密地衔接起来，使物资储备、成品库存和在制品降低到可能的最低水平，提高了生产效率。其主要思想就是通过适时适量生产来消除浪费。而实现适时适量生产的主要管理和控制方法有三种：看板管理、弹性作业人数和质量管理。

11.3.31 答：在 JIT 生产方式中，看板的主要功能是从生产系统的下游向上游传递需求信息和生产指令。当下游需要零部件时，就向上游发出所需零部件数量、质量和时间的看板，并指明零部件应送往什么部门，如何送达，如何检验，该零部件将装配到什么产品上，等等。看板上还记载着以往发生的质量问题以及下游对上游的要求等信息，上游则必须严格按照下游的要求提供零部件。这是以下游拉动上游的"拉动式"控制方式。

11.3.32 答：U 形生产线的特点在于生产线的起点和终点在同一个位置，可以灵活增减作业现场的作业人员。U 形生产线的优点主要包括：可以大大简化运输作业，使得单位时间内在制品运输次数增加，但运输费用并不增加或增加很少，为小批量频繁运输和单件生产单件传送提供了基础；而且，在 U 形生产单元内，多技能作业人员，即能够操作多种设备的生产作业工人可以同时负责多道工序的作业，可以通过增减人数调整生产能力。但是，U 形生产线对操作人员的技能和素质要求很高，每个人必须对生产线上的所有设备使用自如，熟悉加工工艺，劳动强度大。

11.3.33 答：丰田汽车公司要消除的浪费有以下七种：①过量生产的浪费；②等待时间的浪费；③运输的浪费；④库存的浪费；⑤工艺的浪费；⑥动作的浪费；⑦缺陷产品的浪费。

11.3.34 答：传统的生产方式将一定量的次品看成生产中的必然结果，要提高质量，就得花人力、物力来加以保证。其质量管理方法是在最后一道工序对产品进行检验，如有不合格则进行返工或作其他处理，而尽量不让生产线或加工中途停止。但在 JIT 生产方式中，却认为这恰恰是不良产品大量或重复出现的原因。JIT 生产方式将质量管理贯穿于每一工序，一旦发现问题就使其停止，并立即对其进行分析、改善，久而久之，生产中存在的问题就会越来越少，企业的生产素质就会逐渐提高，而在提高质量的同时将降低成本。

第 12 章　库存管理与 ERP

12.1　理论要点

12.1.1　库存的定义及作用

库存是指一切暂时闲置的用于未来目的的有经济价值的资源。库存产生的原因主要有：原材料来源的不确定性；需求的不确定性；经济性的要求；组织制造、配套和组装的需要。

图 12-1 为一个制造业企业的物流系统，包括其内部库存物资的种类及库存在产品生产与分销过程中所处的位置。

市场是变幻莫测的，企业为了抵御无法控制的因素对生产经营的影响，通常保有一定数量的库存。因此，库存的积极作用是：保证企业生产的相对独立性，稳定生产水平；提高服务水平，防止供应短缺；从原材料到产品完成起缓冲作用。

但是，企业通过库存获得这些好处的同时，也必然付出代价，即库存也有一定的消极作用：增加生产成本；降低资金周转速度；隐藏生产过程中的问题等。

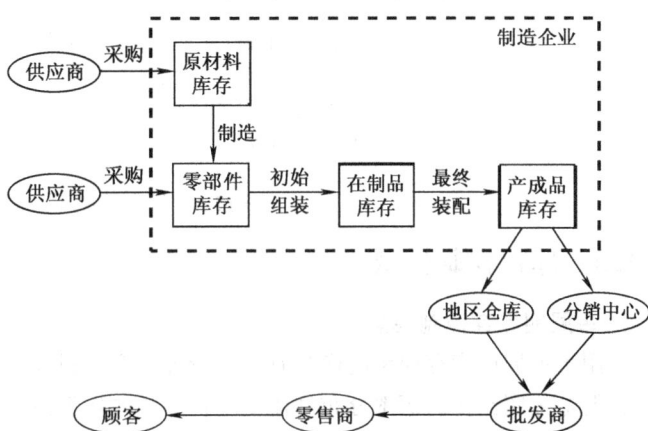

图 12-1　一个制造企业的物流系统

企业进行库存控制的目的就是：减少库存费用；稳定生产水平；提高顾客服务水平；保证适时、适量、适质、适价供应；防止各生产环节的供应短缺。库存管理是物资管理的重要功能之一。

12.1.2　独立需求库存管理

在制造业企业，一般有两类库存物资：一类是有关独立需求的库存；另一类是有关相关需求的库存。图 12-2 说明了这两类库存之间的关系。

独立需求是指对某种物资的需求只受企业外部市场因素影响而不受其他种类物资的影响，表现出对这种物资需求的独立性。相关需求是指对某种物资的需求依赖于其他种类的物资的需求。

由于只受市场因素的影响，独立需

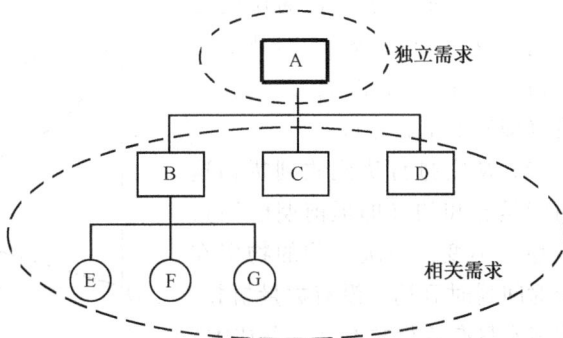

图 12-2　独立需求与相关需求

求发生的特点是：需求的"期"（即需求发生的时间）和"量"（即需求量）都不确定，企业为了满足市场的需求，只能通过库存量的涨落调节需求的不确定性。

独立需求库存管理需要解决的问题有：确定安全库存水平，确定订货点，确定每次补充库存的数量（订货量）；建立监视系统，决定何时补充库存（订货周期）。图 12-3 是库存控制示意图。

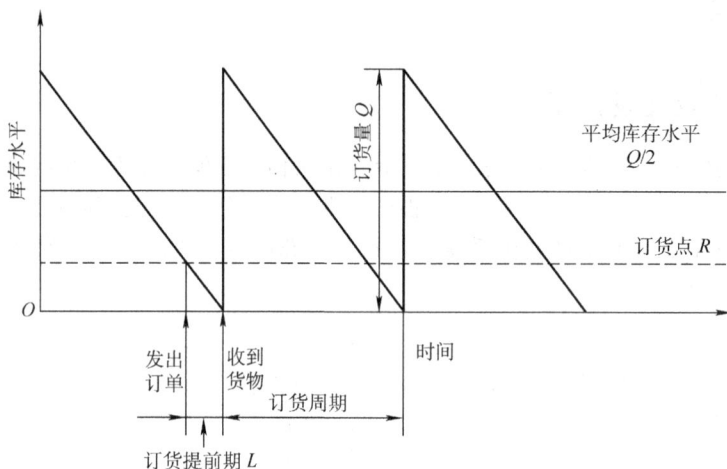

图 12-3　库存控制示意图

12.1.3　库存控制模型

1. 单周期库存控制模型

适用于单周期库存模型的产品有以下特征：产品只在一个需求周期内有效；产品的需求变动很大，但是按照已知的概率分布规律变动；产品的残值或产品过期后的价值远远低于产品的初始成本。

确定这类产品的合理库存水平的目标是权衡销售每一个单位产品所得收益与每一个单位产品过期后未被售出所带来的损失。这类问题中的需求通常遵循一定的概率分布，在需求服从离散分布时，通常可以用边际分析法求出最佳订货量。

2. 经济订货批量模型

经济订货批量（Economic Ordering Quantity，EOQ）模型是一种最早的、最简单也是最通用的库存控制模型。该模型基于以下假设：

（1）需求是已知的，并且稳定不变（即需求率稳定）。

（2）从安排订货到收到货物这段时间是已知的（即提前期已知），并且稳定不变；一次订购的物资在一个时间瞬时到达；没有数量折扣；可变成本只有订货成本（准备成本）和库存保管成本；不允许缺货，而

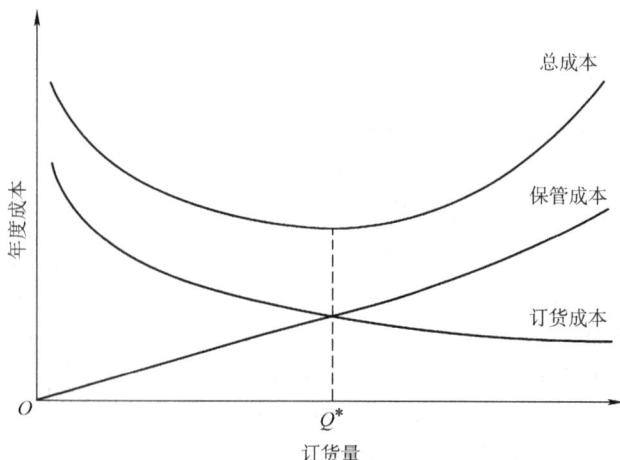

图 12-4　经济订货批量模型

如果及时订货，完全可以避免缺货。在这种情况下：年总费用 = 库存物资价格 + 订货费用 + 平均库存保管费用，即

$$TC = \frac{D}{Q}A + \frac{Q}{2}H + PD \tag{12-1}$$

式中，TC 为年总费用；A 为每次订货发生的费用；H 为单位物资每年的库存保管费（$H = Pi$，P 为物资单价，i 为单位货物每年的库存保管费率）；D 为年需求量；P 为货物单价；D/Q 为订货次数；$Q/2$ 为平均库存量。

为求出总费用最低的订货量 Q，只需要对式（12-1）两边对 Q 求一阶导数，并令其为零，即

$$\frac{dTC}{dQ} = DA\left(-\frac{1}{Q^2}\right) + \frac{H}{2} = 0 \tag{12-2}$$

解方程得

$$Q = EOQ = \sqrt{\frac{2DA}{H}}$$

3. 经济生产批量模型

经济订货批量模型是假设一次订购的物资整批在一个瞬时到达，然而，企业的库存也许在一段时间内分几次到达，或销售和生产同时进行。这些情况就需要经济生产批量（Economics Production Quantity，EPQ）模型。该模型的假设条件有：涉及一种产品且无数量折扣；生产率、使用率固定；年需求已知且提前期不变；使用是连续进行的，但生产是分批进行的，如图 12-5 所示。

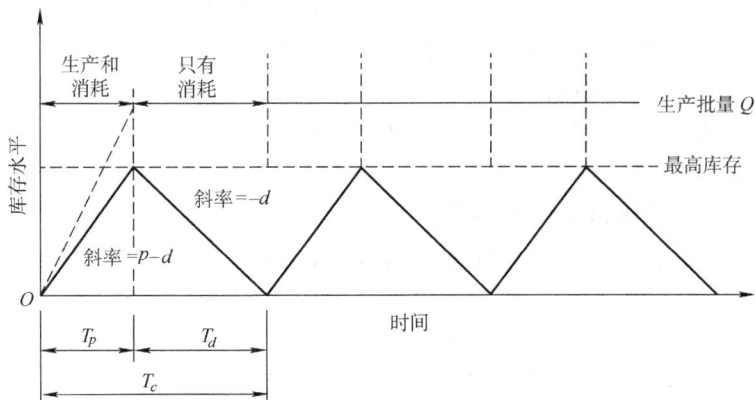

图 12-5　经济生产批量模型

该模型下的年总费用公式为

$$TC = \frac{D}{Q}A + \frac{I}{2}H + PD \tag{12-3}$$

式中，A 为每次生产的准备费用或调整费用；P 为物资的单价；D 为年需求量；p 为生产率（单位时间的产量）；d 为需求率（单位时间的使用量）；T_p 为生产的时间；Q 为生产批量；I 为最大库存量。

可以得到 $I = T_p(p - d)$，由 $Q = pT_p$ 可以得到

$$TC = \frac{D}{Q}A + \frac{1}{2}\frac{Q}{p}(p - d)H + PD \tag{12-4}$$

上式两边对 Q 求一阶导数，并令其为零，整理后得出

$$EPQ = \sqrt{\frac{2DA}{H(1 - d/p)}}$$

4. 有价格折扣的定量订货模型

为了增加销售量,许多企业会给客户提供价格折扣。如果卖方有价格折扣,买方则要权衡加大了购买批量所得到的成本降低与较少的订货次数带来的费用降低,以及较高的平均库存水平带来的库存费用增加,比较到底哪种方法更合算,即如何使年总费用最低。年总费用与基本经济订货批量模型相同,如图 12-6 所示。

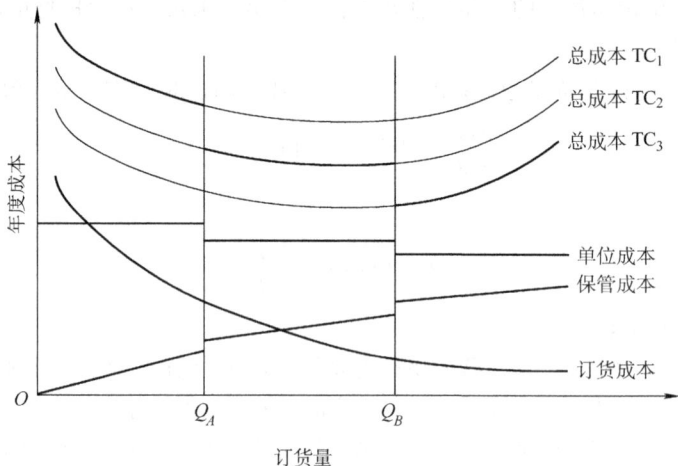

图 12-6 有价格折扣的经济订货批量模型

在这种情况下,求价格折扣模型的经济订货批量可按以下步骤进行:

(1)计算每个价格区间的 EOQ。

(2)根据 EOQ 以及各区间的上下限确定最佳订货批量。

(3)比较各区间的总成本,选择成本最小的订货批量。

5. 需求不确定性的定量和定期订货模型

前面介绍的几种基本库存模型中均假设需求和提前期确定不变,但现实情况中,需求和提前期都可能不固定,无论是采用定量订货模型还是定期订货模型,此时都可能存在着缺货风险。为了减少这种风险,持有额外的库存(安全库存)十分必要。由于持有安全库存会增加成本,所以,应权衡持有安全库存的成本和遭遇缺货风险的损失。随着缺货风险的降低,客户服务水平会相应上升。订货周期服务水平的定义是:提前期内的需求不超过供给的可能性(即库存量足以满足需求的可能性),如图 12-7 所示。

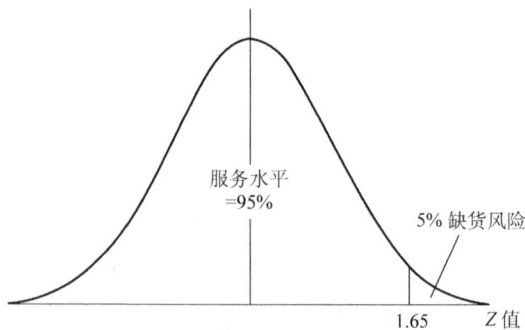

图 12-7 服务水平

6. 既定服务水平下的定量订货模型

定量订货系统是对库存水平进行连续监控,当库存量降至订货点(再订货点,Re-Ordering Point,ROP)时就发出订单,如图 12-8 所示。

在有安全库存的定量订货模型中,经济订货批量还可用基本的 EOQ 模型求出,而订货点则应包括订货提前期中的期望需求量加上期望服务水平下的安全库存量。因此,对于定量订货模型,需求量确定与不确定的主要区别在于订货点的计算。其订货点计算公式为

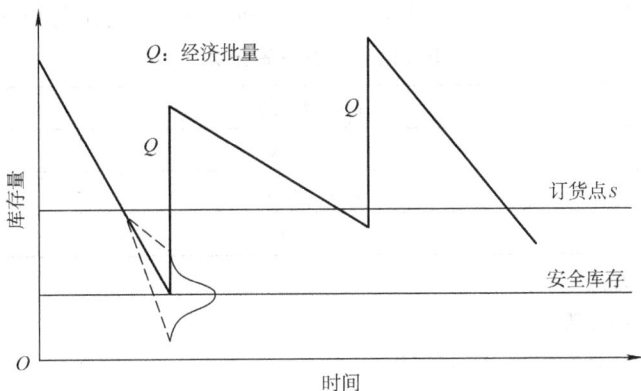

图 12-8　定量订货模型

$$\text{ROP} = \overline{d}_{\text{LT}} + Z \times \sigma_{LT} \tag{12-5}$$

式中，$\overline{d}_{\text{LT}}$ 为订货提前期内的平均需求量；LT 为提前期；Z 为服务系数；σ_{LT} 为订货提前期内需求的标准差；$Z \times \sigma_{LT}$ 为安全库存量。

7. 既定服务水平下的定期订货模型

定期订货系统就是以固定周期间隔 T 检查库存水平 I_0（仓库中的加上已订货还没交货的）。在每次检查之后发出订单，订货量等于目标库存水平减去当时库存水平 I_0，如图 12-9 所示。

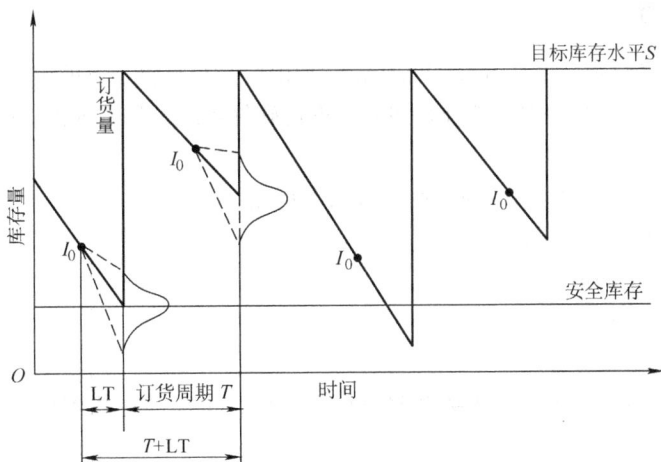

图 12-9　定期订货模型

在定期订货系统中，每次的订货量都是不同的。安全库存应当保证在订货周期和提前期内不发生缺货。

通过设定服务水平，可以建立目标库存水平。在这种情况下，目标库存水平 S 必须满足 $T + \text{LT}$ 时间段上的平均需求并加上安全库存，表示为

$$S = \overline{d}(T + \text{LT}) + Z\sigma_d \sqrt{T + \text{LT}} \tag{12-6}$$

式中，$\overline{d}$ 为预测的单位时间的平均需求量；σ_d 为订货周期和提前期内单位时间的需求标准差。

12.1.4　库存管理 ABC 分类法

企业库存物资的种类很多，每种物资的销售或使用量、价值、缺货损失等不尽相同，对每种物资都给予同样的关注和管理是不必要的，而且也做不到。应该对重点和重要物资进行重点管

理。在库存管理中常用 ABC 分类法对库存物资进行管理，分类方法如表 12-1 所示。

表 12-1　库存物资分类

分　　类	品种数比例	占用资金比例
A 类	5% ~ 10%	60% ~ 70%
B 类	20% ~ 30%	20%
C 类	60% ~ 70%	10% 以下

1. 库存物资分类方法

2. 各类库存物资的管理方法

（1）A 类物资（重要物资）：定期订货方式。

（2）C 类物资（一般物资）：定量订货方式。

（3）B 类物资：根据其他技术要求进行进一步的考察，将其归类为 A 类或 C 类物资，按 A 类和 C 类物资的管理方式管理。

3. 库存盘点

核实库存记录有两种方法：①周期性实物盘点（如一周一次）；②循环盘点。循环盘点是一种连续的库存实物盘点方法，所有的库存种类都以一个特定的频率盘点，库存记录会被周期性地更新。一个循环是一次盘点中所有库存种类都被清点所需的时间。

12. 1. 5　ERP 系统

企业资源计划（Enterprise Resource Planning，ERP）系统是将企业的生产制造、营销、财务、物流、库存、人力资源等业务进行综合管理的计算机软件系统，是实现供应链管理与电子商务的基础条件。

一般来说，适合使用 ERP 系统的企业具有以下特点：

（1）生产类型为加工装配型。

（2）具有比较稳定的需求。

（3）成批生产或大量生产。

（4）产品结构相对简单。

但是，在其他类型的生产型企业甚至服务型企业中，也能同样找到成功应用 ERP 系统的实例。

企业实施 ERP，首先应对全体员工进行前导培训，组织一个稳定的实施项目团队，进行周密的需求分析和可行性研究。在此基础上制定科学的实施规划与实施方案，还必须对实施过程进行严格的管理。

企业实施 ERP 取得成功的条件是：要有一个相对稳定的生产环境；企业高层领导应直接参与实施过程，而不是作为旁观者；全体员工必须按要求接受必要的培训；企业应能够提供 ERP 处理的完整的数据资料。

12. 1. 6　MRP 的原理、结构和相关概念

ERP 是在物料需求计划（Material Requirement Planning，MRP）和制造资源计划（Manufacturing Resource Planning，MRP Ⅱ）的基础上发展起来的，其核心仍然是 MRP。它是在产品结构与制造工艺的基础上，利用制造工程网络原理，根据产品结构各层次物料的从属与数量关系，以物料为对象，以产品完工日期为时间基准，以反工艺顺序的原则，根据各物料的加工提前期制定

物料的投入、出产数量与日期。MRP 的原理说明了物料需求计划的工作机制原本是针对制造业的管理系统。

MRP 系统的结构如图 12-10 所示。

根据 MRP 的工作原理可以看出，MRP 是在企业已经制订的生产计划的基础上，针对已经确定的生产任务，确定所需要产品与零部件的投产、出产时间和量、提前期、库存量、设备使用计划等。其中，对零部件的需求量和需求时间可以根据总生产计划规定的生产任务和产品结构推算出来。这种对零部件的需求称为相关需求。所以，MRP 的管理对象是相关需求。

MRP 系统的重要概念如下：

（1）主生产计划（Master Production Schedule，MPS）：MRP 运行的驱动源，是生产计划的执行期计划的详细计划。

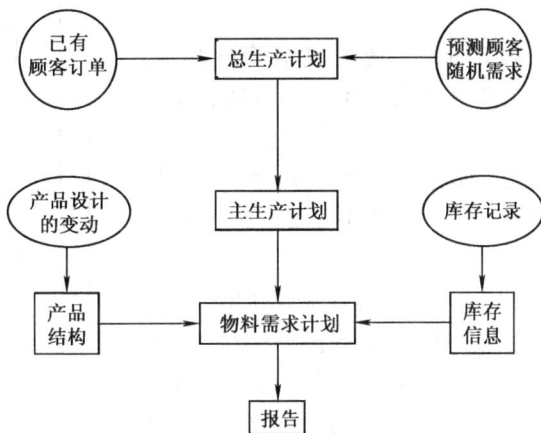

图 12-10　MRP 系统的结构

主生产计划是对总生产计划中执行期的计划进行的细分，把总生产计划中以月份规定的生产量进一步分配到更短的时间段，把对产品线制订生产计划分解为对各种型号产品的生产量要求。例如，产品线已知某月份的生产计划为 8 600 件，细分后的主生产计划如表 12-2 所示。

表 12-2　主生产计划表

产品＼周	1	2	3	4
A 型	2 000	2 000	2 000	2 000
B 型	200	300		100

（2）产品结构文件（Bill of Materials，BOM）：又称物料清单，反映产品的组成与结构信息。

（3）库存状态文件：保存每一种物料的库存量与状态数据。具体包括：预计到货量、现有库存量等。

（4）提前期：从发出订单开始到该物资入库可供使用为止的时间间隔。

（5）安全库存：为了应付不确定性，防止生产过程的缺料现象而设置的库存。

（6）其他技术信息：如生产批量、设备生产能力等。

MRP 处理信息的基本步骤包括：准备 MRP 处理所需的各种输入，将 MPS 作为确认的生产订单下达给 MRP，然后根据产品的 BOM，从第一层项目起，逐层处理各个项目，直至最底层处理完毕为止。

12.1.7　ERP 的发展过程

计算机在企业管理中最早只被用于简单的数据和表格处理。1976 年，IBM 公司的系统工程师奥列基（J. A. Orlicky）提出了使用计算机制订作业计划的概念，并最终开发了 MRP 的原形。

MRP——无限能力计划法，根据对产品的需求、产品结构和库存数据来计算各种物料的需求，如图 12-11 中的虚线范围。

闭环 MRP——有限能力计划法，在原 MRP 的基础上补充了以下功能：编制能力需求计划、建立信息反馈机制、计划调整功能。它产生于 20 世纪 70 年代，如图 12-11 所示。

MRP Ⅱ——增加成本管理功能，成为企业级的集成系统，包括整个生产经营活动：销售、生产、作业计划与控制、库存、采购供应、财务会计、工程管理等。它产生于 20 世纪 80 年代。

ERP——重视外部资源利用，适应多种环境，既能实现企业内部的信息集成，也能实现供应链上合作伙伴间的信息集成。它产生于 20 世纪 90 年代以后。

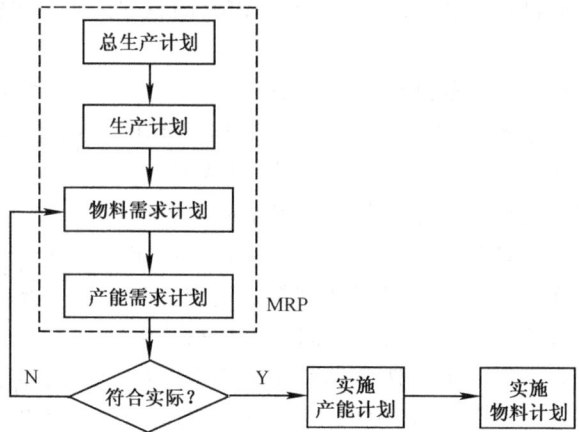

图 12-11　MRP 与闭环 MRP

12.2　典型例题

例 12.2.1　（自制或采购决策）某机械公司生产供应全国市场的产品，该公司可以选择自己生产包装箱或者向其他公司采购，目前的采购单价是 6 元。公司每年的需求很大程度上取决于经济状况，长期的需求量预测如表 12-3 所示。

表 12-3　长期的需求量预测

年需求量/件	20 000	40 000	60 000	80 000
可能性	20%	40%	30%	10%

公司自己生产，必须对现存的工作区域进行改建，并且要采购一台新机器，这样每年的固定成本是 6 万元。工人、物料和管理成本等可变成本估计是每件 5 元。问：

（1）该公司应该自制包装箱还是外购？

（2）生产批量在什么范围内自制比外购更经济？

答：（1）首先，将可能性视为经验概率，计算期望需求量。

期望需求量 $E(D) =$ 20 000 件 $\times 0.2 +$ 40 000 件 $\times 0.4 +$ 60 000 件

$$\times 0.3 + 80\ 000\ 件 \times 0.1 = 46\ 000\ 件$$

其次，如果期望的生产成本低于期望的采购成本，该机械公司应该自己生产包装箱。

期望生产成本为

TC = 60 000 元 + 5 元/件 × 46 000 件 = 290 000 元

期望采购成本为

TC = 6 元/件 × 46 000 件 = 276 000 元

因此，该公司应该向生产包装箱的专业企业采购包装箱。

（2）计算出使自制总成本等于采购总成本时的生产量

生产总成本 = 外购总成本

$60\ 000 + 5 \times V = 6 \times V$

$V =$ 60 000 件

所以，生产批量超过 60 000 件时，自制包装箱更经济。

例 12.2.2　（单周期库存模型）按照历史统计数据可知，某商店中秋节销售月饼的需求分布概率如表 12-4 所示。该商店在 10 月上旬进货，销售时间大约为 1 个月。

表 12-4　某商店中秋节出售月饼的需求分布概率

数量 d/kg	0	200	300	400	500	600
概率 $p(d)$	0.05	0.15	0.30	0.15	0.20	0.15
售出概率 $P(D \geq d)$	0.95	0.80	0.50	0.35	0.15	0

已知，每千克月饼的进货价格 $C = 30$ 元，每千克月饼的售价 $P = 50$ 元。若在 1 个月内卖不出去，则每千克月饼只能按 $S = 15$ 元甩卖，问该商店应该进多少千克月饼？

答：从经济角度看，企业应该采购并持有库存，直到从最后 1 个单位获取的边际利润等于或大于 1 单位未售出时所发生的边际损失。这就是边际分析的原理。下面的模型也称报童模型。

假设进货量为 d，实际需求为 D，则当 $D \geq d$ 时，d 中的最后 1 单位可以售出，其给企业带来的边际利润为 $P - C = B$；当 $D < d$ 时，最后 1 单位不能售出，只能削价甩卖，其给企业造成的边际损失将是 $C - S = L$。$P(D^*)$ 表示需求大于或等于 d 的概率，由边际分析原理可以得到

$$P(D^*) \times B \geq [1 - P(D^*)] \times L$$

则 $P(D^*) \geq \dfrac{L}{B + L}$ 　　　　　　　　　　　　　　　（12-7）

这里 $B = (50 - 30)$ 元 $= 20$ 元，$L = (30 - 15)$ 元 $= 15$ 元。

月饼库存的临界概率 $P(D^*) = \dfrac{L}{B + L} = \dfrac{15}{20 + 15} \approx 0.43$

表中大于且最接近于 $P(D^*) = 0.43$ 的数量是 300kg，所以该商店应该购入 300kg 月饼。

例 12.2.3　（经济订货批量）欧德兰汽车公司每年使用 20 000 个齿轮，单位采购成本是 30 元。公司每次接收和处理订单的成本是 300 元，库存保管成本是每单位每年 6 元。

（1）公司 1 次应该采购多少个齿轮？

（2）公司每年采购几次？

答：（1）$\text{EOQ} = \sqrt{\dfrac{2DA}{H}} = \sqrt{\dfrac{2 \times 20\,000 \times 300}{6}}$ 个 $= 1\,415$ 个

（2）每年的订购次数 $= \dfrac{D}{Q} = \dfrac{20\,000}{1\,415}$ 次 $= 14$ 次

例 12.2.4　（经济生产批量）某公司是生产计算机硬盘的专业企业。该公司年工作日为 250 天，市场对其硬盘的需求率为 100 个/天。硬盘的生产率为 300 个/天，年库存成本为 4 元/个，进行 1 次设备调整的费用为 80 元/次。求：①经济生产批量；②每年生产次数；③最高库存水平；④1 个周期内的生产时间和纯消耗时间的长度。

答：$\text{EPQ} = Q = \sqrt{\dfrac{2DA}{H} \times \dfrac{p}{p - d}} = \sqrt{\dfrac{2 \times (100 \times 250) \times 80}{4} \times \dfrac{300}{300 - 100}}$ 个

　　　　$\approx 1\,225$ 个

每年生产次数 $= \dfrac{D}{Q} = \dfrac{100 \times 250}{1\,225}$ 次 ≈ 21 次

$$I_{\max} = \text{EPQ} \times \frac{p-d}{p} = 1\,225 \text{ 个} \times \frac{300-100}{300} = 817 \text{ 个}$$

$$\text{生产时间} = \frac{Q}{p} = \frac{1\,225}{300} \text{天} \approx 4.08 \text{ 天}$$

$$\text{纯消耗时间} = \frac{Q}{d} - \frac{Q}{p} = \frac{1\,225}{100} \text{天} - 4.08 \text{ 天} \approx 8.17 \text{ 天}$$

例 12.2.5 （批量折扣）某分销商年需求某种物资量为 5 000 件，它的供应商根据订货批量的不同而提供不同折扣。年库存保管费率为 25%。订货量在 100 件以下时，每件 5 元；批量大于 100 件且小于 1 000 件时，每件 4.50 元；批量大于 1 000 件时，每件价格为 3.80 元。求使总成本最低的订货批量。

答：首先计算每个价格折扣区间的 EOQ

$$\text{EOQ}_{(5)} = \sqrt{\frac{2DA}{iP}} = \sqrt{\frac{2 \times 5\,000 \times 40}{0.25 \times 5}} \text{件} = 566 \text{ 件}$$

$$\text{EOQ}_{(4.50)} = \sqrt{\frac{2DA}{iP}} = \sqrt{\frac{2 \times 5\,000 \times 40}{0.25 \times 4.50}} \text{件} = 596 \text{ 件}$$

$$\text{EOQ}_{(3.80)} = \sqrt{\frac{2DA}{iP}} = \sqrt{\frac{2 \times 5\,000 \times 40}{0.25 \times 3.80}} \text{件} = 649 \text{ 件}$$

在三个价格区间应采用的订货批量分别为 100 件、596 件和 1 000 件。年度总成本分别为

$$\text{TC}_{(100)} = \left(\frac{5\,000}{100} \times 40 + \frac{100}{2} \times 0.25 \times 5 + 5 \times 5\,000 \right) \text{元} = 27\,062.5 \text{ 元}$$

$$\text{TC}_{(596)} = \left(\frac{5\,000}{596} \times 40 + \frac{596}{2} \times 0.25 \times 4.50 + 4.50 \times 5\,000 \right) \text{元} = 23\,170.8 \text{ 元}$$

$$\text{TC}_{(1\,000)} = \left(\frac{5\,000}{1\,000} \times 40 + \frac{1\,000}{2} \times 0.25 \times 3.80 + 3.80 \times 5\,000 \right) \text{元} = 19\,657 \text{ 元}$$

所以企业每次的订货批量应为 1 000 件。

例 12.2.6 （定量订货模型）某产品每年需求量为 5 000 件，一次订货费用为 250 元。每年的仓储成本为 20%，每件产品的成本为 275 元，生产设备每周开 5 天，一年开 50 周，即每年生产时间为 250 天，生产准备时间为 8 天，需求标准差每天为 2 件。要求这种产品的服务水平为 95%。求：

（1）用 EOQ 公式计算订货量。

（2）计算订货点 R。

（3）如果使用的是一个连续检查库存控制系统，试说明计算结果。

答：（1） $\text{EOQ} = \sqrt{\dfrac{2DA}{iP}} = \sqrt{\dfrac{2 \times 5\,000 \times 250}{0.2 \times 275}} \text{件} = 214 \text{ 件}$

（2）为正确解决这个问题，要注意两个重要的因素：首先，要求出每天的需求。可以用年需求除以每年的总工作日，即 5 000 件/250 = 20 件，这样 8 天准备时间期间的需求为 20 件 × 8 = 160 件。其次，要计算准备期间的安全库存，可以用公式 $Z\sigma\sqrt{L}$ 计算，即可求得：

$$R = (20 \times 8 + 1.65 \times 2 \times \sqrt{8}) \text{件} = (160 + 9.3) \text{件} = 169.3 \text{ 件} \rightarrow 170 \text{ 件}。$$

（3）当库存量（仓库中的加上已订货但没到货的）降到 170 件时，就发出一个 214 件的订单。当订货到达时，仓库中应该还有 9.3 件的安全库存。但有 5% 的情况，在

订货到达前就发生了缺货。

例 12.2.7　某零件制造商对物资 A 的日需求量 d 为 150 件/天,一年 360 天,订货费用为每次 30 元,库存管理费用则是每件物资每年 0.50 元,该企业的订货提前期是 7 天,安全库存量为 250 件。求经济订货间隔期及全年总成本,以及最高库存量。

答:经济订货批量 $Q = \sqrt{\dfrac{2DA}{H}} = \sqrt{\dfrac{2 \times 150 \times 360 \times 30}{0.50}}$ 件 $\approx 2\ 546$ 件

订货间隔期 $T = \dfrac{Q}{d} = \dfrac{2\ 546}{150}$ 天 $= 17$ 天

全年总成本 $TC = \left(\dfrac{360}{17} \times 30 + \dfrac{1}{2} \times 150 \times 17 \times 0.50 \right)$ 元 $= 1\ 272.80$ 元

最高库存量 $S = d(T + LT) + s = 150$ 件 $\times (17 + 7) + 250$ 件 $= 3\ 850$ 件

例 12.2.8　考虑例 12.2.6 中的产品,回答下面的问题:

(1) 如果使用连续检查系统进行盘点,那么订货的时间间隔应该是多少?

(2) 计算目标库存水平。

(3) 利用已经计算求得的信息,描述对这个产品的具体订货策略。

(4) 假设现在是盘点的时间,这时盘点的库存水平为:仓库中有 50 件,还有 100 件订货没到货。那么新的订货量应该是多少?

答:(1) $T = \dfrac{Q}{D} = \dfrac{214}{5\ 000}$ 年 $= 0.042\ 8$ 年 $= 2.14$ 工作周(每年 50 个工作周)

$\qquad\qquad = 10.7$ 天(每年 250 个工作日)≈ 11 天

(2) $S = \bar{d}(T + LT) + Z\sigma_d \sqrt{T + LT}$

$\qquad\quad = 20 \times (11 + 8)$ 件 $+ 1.65 \times 2 \sqrt{11 + 8}$ 件 $= 394$ 件

(3) 每 11 天盘点一次库存,并且使库存达到 394 件的目标库存水平。

(4) 要订货并使库存达到目标水平。因为仓库中的和已订货还没到货的库存量为 50 件 + 100 件 = 150 件,所以订货量应为 394 件 – 150 件 = 244 件。

例 12.2.9　(ABC 分类法)某公司有 8 000 种物资,其中 800 种 A 类物资,1 200 种 B 类物资和 6 000 种 C 类物资。公司每年工作 250 天,希望对三类物资在一年中分别进行 10、4、1 次盘点。那么公司应该平均每天盘点多少种库存?

答:总盘点次数 $= (800 \times 10 + 1\ 200 \times 4 + 6\ 000)$ 次 $= 18\ 800$ 次

每天盘点数 $= \dfrac{\sum 总盘点次数}{天数} = \dfrac{18\ 800\ 种}{250\ 天} = 75.2$ 种/天

例 12.2.10　(随机需求库存模型)一家汽车制造商对某种汽车配件的需求服从如表 12-5 所示的统计规律。

表 12-5　某种汽车配件月需求量

每月需求量/件	100	140	160	180	200	220	240	260	280	300
发生概率	3%	5%	10%	20%	25%	10%	15%	5%	5%	2%

市场上该配件的售价是 60 元/件,其库存费用率是 $i = 0.03$,订货费用为每次 120 元,缺货损失费是 $j = 20$ 元/件/次,订货提前期为 1 个月。求该库存控制系统的经济采购批量和订货点。

答:根据已知统计资料,该配件每月平均需求量为

$$\sum_{D=100}^{300} dp = （100 \times 0.03 + 140 \times 0.05 + \cdots + 300 \times 0.02）件／月$$

$$= 203 件／月$$

全年需求量：$D = （203 \times 12）件／年 = 2436 件／年$

经济采购批量：$Q = \sqrt{\dfrac{2DA}{iP}} = \sqrt{\dfrac{2 \times 2436 \times 120}{0.03 \times 60}}件 = 570 件$

设 H 为单位库存费用（元／（件／年）），N 为全年需求量（件／年），j 为单件缺货损失费用（元／（件·次）），Q 为按定量订货方式确定的采购批量（件／次），按公式可算出最佳缺货概率为

$$p（D > B）= \frac{HQ}{HQ + jD} = \frac{0.03 \times 60 \times 570}{0.03 \times 60 \times 570 + 20 \times 2\,436} = 0.021$$

根据统计资料，订货点取 280 件可保证缺货率为 0.02。所以，该库存系统的最佳订货点应取 280 件。

例 12.2.11 物料清单在物料需求计划中起到什么作用？

答：产品结构文件（Bill of Materials，BOM）也称物料清单，是 MRP 的核心文件，它在物料分解和产品计划过程中占有重要的地位。它记录了为生产某种产品需要的原材料种类和数量，是物料计划的控制文件，也是制造企业的核心文件之一。

例 12.2.12 企业资源计划（ERP）与制造资源计划的不同点在哪里？

答：企业资源计划与制造资源计划的不同点主要体现在如下几个方面：

（1）应用功能。ERP 不仅在制造资源计划上，而且在质量管理、项目管理、人事管理、综合信息管理与高层决策上提供支持。

（2）行业应用。ERP 支持连续型制造企业，也支持离散型制造企业与服务业。

（3）运行环境。ERP 不但支持客户机/服务器计算模式，也支持浏览器/服务器计算模式，而且后者的应用会越来越多。

例 12.2.13 一个企业成功实施 ERP，必须从哪些方面加以保障？

答：在一个企业中成功实施 ERP 的关键要素包括：

（1）目标明确。

（2）领导重视，全员参与。

（3）服务、支持细致，与企业长期密切配合。

（4）总体规划，分步实施，保证质量。

（5）项目培训。

（6）完善管理规则与制度。

（7）完善基础数据。

例 12.2.14 要保证一个 MRP 系统有效运行，至少要提供哪些必要的数据？

答：要保证一个 MRP 系统有效运行，下列数据是必需的：①主生产计划；②物料清单；③准确的库存记录；④未到货的订单信息；⑤确定的生产周期等技术资料。

例 12.2.15 总结 MRP 系统相对于其他计划系统的优点。

答：MRP 的优点包括：定价更有竞争性；销售价格降低；库存减少；更好的顾客服务；对市场的反应更快；主生产计划的能力增强；生产准备和设备拆卸的费用降低；空闲时间减少。此外，MRP 系统还能够使管理人员在订单下达之前看到计划情况；指出何时应加快或减慢速度；推迟或取消订单；改变订单的数量；提前或推迟

订单的交货日期；辅助能力计划。

例 12.2.16　产品 X 的主生产计划和生产周期分别如表 12-6 和表 12-7 所示，产品结构如图 12-12 所示。试确定 X 的物料投入产出计划。

表 12-6　产品 X 的主生产计划

周期	1	2	3	4	5	6
产量/件	100	120	150	135	125	140

表 12-7　产品 X 各部件的生产周期

产品/部件	X	A	B	C
生产周期/周	1	2	2	1

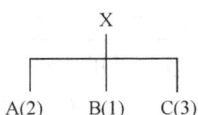

图 12-12　X 的产品结构

答：这类问题的一般解决方法是采用表上作业，步骤如下：

对于第 1 期要交货的 100 件产品 X，因为它的提前期是 1，因此要提前 1 期把各种配件生产出来。这一过程用到了生产提前期和物料清单的数据，如表 12-8 所示。

表 12-8　生产提前期和物料清单数据　　　　　　　　（单位：件）

周期		-2	-1	0	1	
X	交货日期				100	提前期 = 1
	投产日期			100		
A	交货日期			200		提前期 = 2
	投产日期					
B	交货日期			100		提前期 = 2
	投产日期					
C	交货日期			300		提前期 = 1
	投产日期					

然后可以分别确定部件 A、B、C 的投产日期，如表 12-9 所示。

表 12-9　部件的投产日期　　　　　　　　　　　　　（单位：件）

周期		-2	-1	0	1	
X	交货日期				100	提前期 = 1
	投产日期			100		
A	交货日期			200		提前期 = 2
	投产日期	200				
B	交货日期			100		提前期 = 2
	投产日期	100				
C	交货日期			300		提前期 = 1
	投产日期		300			

其他批次的处理方法与上述步骤完全相同，最后得到的物料投入产出计划如表 12-10 所示。

表 12-10　物料投入产出计划　　　　　　　　　（单位：件）

周期		-2	-1	0	1	2	3	4	5	6
X					100	120	150	135	125	140
				100	120	150	135	125	140	
A					200	240	300	270	250	280
		200	240	300	270	250	280			
B					100	120	150	135	125	140
		100	120	150	135	125	140			
C					300	360	450	405	375	420
				300	360	450	405	375	420	

例 12.2.17　已知产品 A 的主生产计划、各部件的生产周期与库存状态分别如表 12-11 和表 12-12 所示，产品结构如图 12-13 所示。试确定各物料的投入产出计划。

表 12-11　产品 A 的主生产计划　　　　　　　　（单位：件）

周期	1	2	3	4	5	6	7	8	9	10	11
需求	0	0	0	0	0	0	50	80	0	100	120

表 12-12　生产周期/库存状态　　　　　　　　（单位：件）

产品/部件	A	B	C	D	E	G	H
生产周期	1	1	2	2	1	3	2
现有库存	5	10	0	7	0	0	8

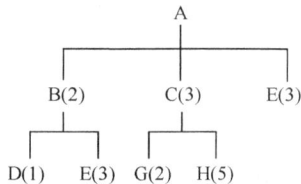

图 12-13　A 的产品结构

答：本题计算过程从略。需要注意的是，生产产品 A 和部件 B 都需要用到部件 E，因此投产数量是这两部分的加总。此外，确定交货数量时要事先减去已有的库存，最终结果如表 12-13 所示。

表 12-13　最终结果　　　　　　　　　　　（单位：件）

周期		1	2	3	4	5	6	7	8	9	10	11
A		0	0	0	0	0	0	50	80	0	100	120
		0	0	0	0	0	45	80	0	100	120	
B							90	160	0	200	240	
						80	160	0	200	240		
C							135	240	0	300	360	
					135	240	0	300	360			
D							80	160	0	200	240	
					73	160	0	200	240			

（续）

周期	1	2	3	4	5	6	7	8	9	10	11
E					240	615	240	600	1 020	360	
				240	615	240	600	1 020	360		
G				270	480	0	600	720			
	270	480	0	600	720						
H				675	1 200	0	1 500	1 800			
		667	1 200	0	1 500	1 800					

12.3 思考与练习

12.3.1 简述物资管理的定义。物资管理包括哪些活动？

12.3.2 采购部门的主要职责是什么？

12.3.3 供应商选择过程需要考虑哪些重要因素？

12.3.4 企业为什么要持有库存？

12.3.5 解释安全库存量和订货点的概念。

12.3.6 EOQ 模型的假设有哪些？

12.3.7 服务水平的含义是什么？

12.3.8 何谓定期订货模型？它适用于哪些情况？

12.3.9 何谓定量订货模型？它适用于哪些情况？

12.3.10 简述 ABC 分类法的工作原理与分类的具体方法。

12.3.11 简述物料需求计划的基本原理并画出示意图。

12.3.12 库存状态文件包括哪些主要数据？这些数据之间有什么关系？

12.3.13 将订货点方法用于处理相关需求库存有何问题？为什么？

12.3.14 评论下述说法：“MRP 系统仅仅准备了购物表，而并没有去购物或去做晚餐”。

12.3.15 有人说 ERP 是“三分技术，七分管理，十二分数据”，应该如何理解其含义？

12.3.16 某运动服生产公司可以选择自制或者向外部供应商采购运动服。采购单价是每套 100 元；如果自己生产，则固定成本是 40 000 元，可变成本为每件 80 元。公司销售部门估计市场需求有 80% 的概率为 2 000 件，20% 的概率为 5 000 件。公司应该选择自己生产还是外购？

12.3.17 某商店销售一种商品，这种商品的需求分布如表 12-14 所示。

表 12-14 商品的需求分布

需求量/件	20	25	30	35	40	45
概率密度	0.10	0.25	0.20	0.20	0.15	0.10
售出概率	0.90	0.65	0.45	0.25	0.10	0.00

这种商品进货价为每件 5 元，销售价为每件 8 元，每天早晨进货，如果在下午 5 点钟还不能全部销售出去，则只能按每件 3 元的价格甩卖。该商店每天应进多少货？

12.3.18 一种产品的生产成本是 8 元，销售价格是 14 元，估计下一周期的产品售出概率如表 12-15 所示，无残值剩余。

表 12-15　产品售出概率

数量/个	1	2	3	4	5	6	7	8	9
售出概率	0.99	0.92	0.82	0.75	0.62	0.40	0.15	0.10	0.00

应该订购多少数量的产品？

12.3.19　一家批发商以单价 60 元采购一种触摸式台灯，这种台灯每年的需求量是 3 000 个。其订货费用估计为每次订货 20 元，而保管成本估计是每个 10 元，则这一产品的经济订货批量是多少？

12.3.20　一家饲养场每月大约使用 200 包饲料，采购价格是每包 8 元。每次订货需要支付给批发商 500 元来联系供应商，用来处理订单和交货。保管成本则是每单位采购价格的 20%。假设满足 EOQ 模型的基本假设，求：

（1）经济订货批量是多少？

（2）订货费用、保管成本和采购成本的年度总成本是多少？

12.3.21　某零售商以单价 10 元购进某品牌的电池，每次订货费用 8 元。公司每年销售 10 000 节这种电池。公司每周营业 5 天，全年工作 52 周（其中有 6 天节假日不上班）。订货提前期是 2 天。已知库存保管费率是 25%，求：

（1）经济订货批量（EOQ）。

（2）订货点。

（3）年平均库存保管费。

12.3.22　一家进行铸件生产的企业每年生产和使用 25 000 个轴承。生产的调整成本是 85 元，每周的生产率是 1 000 单位。每周的需求率为 500 单位，如果生产成本是每单位 25 元，年保管成本是每单位 5 元。企业在每个生产周期中应该生产多少单位？

12.3.23　某木材加工厂为顾客制造一系列的木制用品，其中包括学生的课桌。这种课桌有如下经营方面的数据：每年销售量为 500 个，每次准备成本是 600 元（包括制造桌子各部分的所有机器准备成本），每年的仓储费率为 20%，产品价格是每个 25 元。求：

（1）在一个生产批量里应该生产多少张桌子？

（2）每两次生产时间的间隔是多少？

（3）什么因素会影响公司不按我们计算得到的批量生产？

12.3.24　一家著名的小型机械公司每年小型机械的销售量为 10 000 台，每台机械的售价为 100 元，每年的仓储费率为 20%。生产过程是自动化的，在同一条生产线上转变产品品种的成本为 1 000 元。求：

（1）该小型机械的经济生产批量是多少？

（2）每年要生产多少次？

（3）每年的仓储成本是多少？每年改变产品品种的成本是多少？

12.3.25　一家计算机制造商从供应商那里以单价 1 000 元采购显示器。制造商每年需要 800 个显示器。每次订货成本是 150 元，每个的年保管成本（基于平均库存）估计为 200 元。当一次采购量超过 40 个时，供应商提供 5% 的折扣；超过 60 个时，折扣为 7%。每次订货的最优采购量是多少？

12.3.26　某电器公司每年需要 4 000 个开关。开关的价格为：购买数量在 1～999 之间时，每个开关 0.90 元；购买数量在 1 000～1 999 之间时，每个开关 0.85 元；购买数量在 2 000 以上时，每个开关 0.82 元。每次订货费用为 18 元，库存保管费率为 18%。求经济订货批量和年总费用。

12.3.27 某大学的合作商店订购带有该大学校徽的运动衫进行销售，每件价格 30 元。每月通常能销售 100 件（包括各种尺寸和款式）。订货成本每次为 25 元，每年的仓储费率为 25%。求：

(1) 合作商店每次应该订购多少件运动衫？

(2) 供应商希望每周送一次货，每次送货量要比最优订货量小，这样每年的总成本为多少？

(3) 假设销售量增加到每月 150 件，而合作商店仍然决定用（1）中的批量进行订货，这样合作商店为此要支付的总成本为多少？

12.3.28 上题中的合作商店认为应该为运动衫建立安全库存。它使用具有 3 周准备时间的订货系统。假设每周的平均需求为 50 件，其标准差为 25 件。

(1) 如果确定的服务水平为 95%，合作商店的订货点应该是多少？

(2) 为了保证一年里的缺货情况不能多于一次，商店的订货点应该是多少？

(3) 问题（2）中的平均库存是多少？这里包括周期库存和安全库存。

12.3.29 某家电专卖店经营某种品牌的电视，经营情况如下：平均年销售量为 200 台，每次订货成本是 100 元，仓储费率为每年 20%，每台电视的成本是 800 元，订货提前期为 4 天，每天需求的标准差为 0.1 台。每年工作日按 250 天计算。

(1) 确定 EOQ 的值。

(2) 计算 95% 的服务水平的订货点，假设需求服从正态分布。

(3) 订货提前期或标准差的改变对订货点有何影响？

12.3.30 用上题中的数据，求解以下几个问题：

(1) 确定一个 95% 服务水平的定期库存控制系统，计算订货时间间隔。

(2) 确定目标库存水平。

12.3.31 已知零件 A 的计划产量是每年 640 件，该零件的库存保管费用是每年每件 4 元，投产时的准备结束费用为每次 60 元。试确定其经济订货间隔期和经济投产批量。

12.3.32 某仓库正在实施一个循环盘存系统，A 类库存每月盘存一次，B 类库存是每季度盘存一次，C 类库存则是每年盘存一次。库存中有 4 500 种存货，其中 10% 是 A 类，1 500 种是 B 类，剩下的都是 C 类。假设每年有 250 个工作日，每天应该盘存多少种存货？

12.3.33 一家牛奶销售商每天都要从牧场购进新鲜牛奶，每桶进价 150 元，每桶售价为 350 元，当日未能售出的牛奶必须倒掉。表 12-16 是统计得出的每天牛奶销售量的概率分布。

表 12-16　每天牛奶销售量的概率分布

每天售出牛奶数量/桶	2	4	5	6
发生概率	0.1	0.4	0.4	0.1

该销售商每天进多少桶牛奶最佳？

12.3.34 某企业要举行一次郊游活动，你的任务是为每人准备一瓶饮料，参加郊游的人数服从正态分布，均值为 200 人，标准差为 50 人。如果提前 1 周订购较大数量的饮料，某商店愿意以每瓶 1.50 元向你供货，若到时饮料不够，必须在郊游地点以每瓶 3 元购买。应提前订购多少瓶？

12.3.35 已知某种物资的订货提前期内的需求量服从正态分布，$D_L \sim N(\overline{D}_L, \sigma_L) = N(1.405,$

0.045)t/期,每次订购费用为 100 元,保管费用为每期每吨 2 元,要求服务水平达到 95%。试确定订货策略。

12.3.36 某企业每年需要材料 3 600t,每批订购费 240 元,存储费每吨每月 10 元,求:

(1)经济订购批量。

(2)订购间隔期。

(3)年最低储存总费用。

(4)采用定量订购方式,订购周期为 4 天,安全库存量为 60t,则库存量降至什么水平应发出订单?

12.3.37 某企业计划一年生产 6 000 件产品,假设每个生产周期的准备费用为 200 元,每年每件产品的存储费为 3 元,每天生产产品 50 件,市场需求量为每天 26 件。求最佳生产批量、最小费用和最大库存量。

12.3.38 据预测,市场每年对某公司生产的产品需求量为 20 000 台,一年按 250 个工作日算,生产率为每天 200 台,生产提前期为 5 天,单位产品生产成本为 50 元,单位产品年维持库存费用为 10 元,每次生产的准备费用为 50 元。求经济生产批量 EPQ,年生产次数、订货点和最低年总费用。

12.3.39 某种物品的年需求量为 1 000 件,单价为 25 元,年库存费率为 15%,平均每次订购费用为 40 元。当一次订购量大于或等于 200 件时,价格折扣 5%;当一次订购大于或等于 400 件时,价格折扣 10%。是否要考虑价格折扣? 若考虑,应采用的订货量是多少?

12.3.40 表 12-17 是某种大型水压机使用备件数量的历史记录。现在准备为一台新安装的水压机采购备件,备件缺货成本包括停工费用与订货成本,平均每件为 4 000 元,每件备件成本为 800 元,未用备件残值为 0。试确定最优采购量。

表 12-17 某种大型水压机使用配件数量历史记录

已用备件数/件	0	1	2	3	4
概率	0.2	0.4	0.2	0.1	0.1

12.3.41 产品 A 的结构如图 12-14 所示,最近几周对 A 的需求预测如表 12-18 所示。A 的生产周期为 1 周,B 与 C 分别为 2 周和 1 周。目前时间是第 3 周,第 5 周时 C 将有 100 单位入库,B 的现有库存量为 50,另有 100 单位没有完成的订货需要在第 4 周补交。确定产品 A 的物料需求计划。

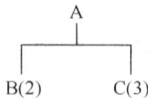

图 12-14 12.3.41 产品 A 的结构图

表 12-18 12.3.41 产品 A 的需求预测

周	4	5	6	7	8	9
需求/单位	500	600	650	700	800	850

12.3.42 产品 A 的需求预测如表 12-19 所示。

表 12-19 12.3.42 产品 A 的需求预测

周	6	7	8	9	10	11	12
需求/件	300	350	400	450	400	500	570

产品 A 各部件的生产周期如表 12-20 所示。

表 12-20　产品 A 各部件的生产周期

产品/部件	A	B	C	D	E	G	H
生产周期/周	1	3	1	2	2	1	2

产品 A 的结构如图 12-15 所示。

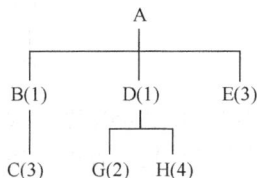

图 12-15　12.3.42 产品 A 的结构图

C 部件最少订货量为 300 件,且订货量需为 300 的整数倍;G 现有 100 单位的库存;H 在未来两周内每周会到货 500 单位;E 现有 50 单位的存货。确定物料投入产出计划。

12.3.43　某制造企业需要在第 7 周提供 100 件产品 S,产品 S 及各部件的生产周期和产品结构如表 12-21 和图 12-16 所示。

表 12-21　产品 S 及各部件的生产周期

产品/部件	S	T	U	V	W	X	Y	Z
生产周期/周	2	1	2	2	3	1	2	1

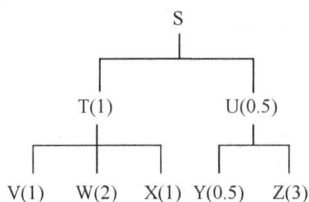

图 12-16　S 的产品结构

(1)试确定物料需求计划。

(2)若当前库存情况如表 12-22 所示,试制订物料净需求计划。

表 12-22　当前库存情况

产品/部件	S	T	U	V	W	X	Y	Z
库存/件	20	20	10	30	30	25	15	10

12.3.44　在上题中,除了需要 100 件 S 外,还需要 20 件配件 U,这些配件是日常维护所需的,要在第 6 周完成。根据这些情况对上述计划进行修改。

12.3.45　制订产品 X 的物料需求计划。主生产计划、配件生产周期与库存状况分别如表 12-23 和表 12-24 所示,产品结构如图 12-17 所示。

表 12-23　12.3.45 产品 X 的主生产计划

周期	7	8	9	10	11	12
需求/件	0	50	0	20	0	100

表 12-24　12.3.45 产品 X 的生产周期与库存状态

产品/部件	X	A	B	C	D	E	F
生产周期/周	1	2	2	1	2	1	1
现有库存/件	50	20	20	5	10	0	0

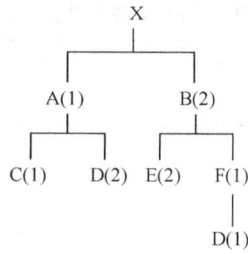

图 12-17　12.3.45X 的产品结构

12.3.46　制订两种产品 A 和 H 的物料需求计划。各种需要的数据分别如表 12-25、表 12-26 和图 12-18 所示。

表 12-25　产品 A 和 H 的主生产计划 （单位：件）

周期	8	9	10	11	12
A	100	0	50	0	150
H	0	100	0	50	0

表 12-26　产品 A 和 H 的生产周期与库存状态

产品/部件	A	B	C	D	E	F	G	H	J	K
生产周期/周	1	2	2	1	2	2	1	1	2	2
现有库存/件	0	100	50	50	75	75	75	0	100	100

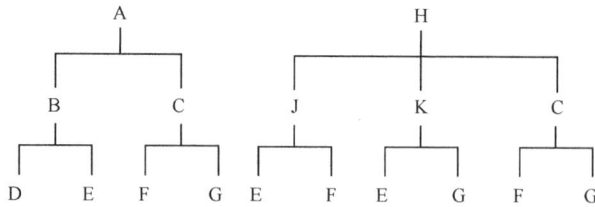

图 12-18　A 和 H 的产品结构

12.3.47　某企业产品 A 的库存和生产周期状况、产品结构如表 12-27 和图 12-19 所示。

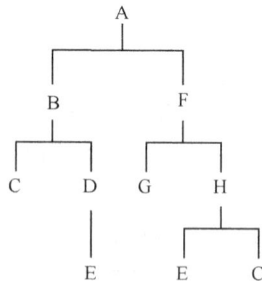

图 12-19　12.3.47A 的产品结构

表 12-27　12.3.47 产品 A 的生产周期与库存状态

产品/部件	A	B	C	D	E	F	G	H
生产周期/周	1	1	2	1	1	1	3	1
现有库存/件	0	2	10	5	4	5	1	10

（1）要在第 8 周产出 10 件 A，确定物料需求计划。

(2)若同期增加对 B 与 F 的需求各 10 件,试修改前面作出的计划。

(3)若 E 的生产周期增加到 2 周,计划中的哪些部分需要改动?

12.4　补充习题

12.4.1　已知一家杂货店的某品牌瓶装饮料每周销售量如表 12-28 所示。

表 12-28　某品牌瓶装饮料销售量分布

销售量/瓶	10	15	20	25
概率(%)	15	25	40	20

该饮料的订货费用是每次 50 元,库存保管费用为每年每瓶 10 元,缺货损失每次每瓶 16 元。求该种饮料的最佳订货点。

12.4.2　一家杂志社出版一份周刊,每周的需求服从 2 000 ~ 2 700 份之间的平均分布。每份周刊的生产成本是 2 元,售价是 10 元。未出售的周刊没有残值。

(1)周刊的最佳订货水平是多少?

(2)与这一最佳订货水平相对应的服务水平是多少?

12.4.3　某电子手表制造商在决定批量时,要同时考虑生产率和需求率。每个月能生产价值 50 元的手表 1 000 块,每个月的需求率为 200 块,库存保管费率每年为 25% ,每次生产的准备成本为 200 元。每次生产的批量应为多少? 如果不考虑生产率,生产批量应为多少? 对于这个更小的批量,一年的总成本是多少?

12.4.4　一家地毯公司经营 A、B、C 三种地毯,经营情况如表 12-29 所示。

表 12-29　三种地毯的经营情况

类　　型	每年需求/m²	每平方米单价/元
A	500	12
B	300	10
C	200	6

假设三种地毯向同一供应商订货,每次的订货成本为 40 元,每年的库存保管费率为 25% 。假设 1 年有 300 个工作日。

(1)如果使用定期订货系统,最优的订货间隔为多少天?

(2)当一起订货时,各种地毯应该分别订多少货?

(3)如果库存保管费率变为 30% 和 40% ,对订货时间间隔会产生什么影响?

12.4.5　一个日用化学品公司与其分销商协定:如果分销商购买 30 箱以下的香皂,每箱价格为 50 元;如果购买 30 箱或超过 30 箱,则每箱价格 40 元。假设库存保管费率为每年 15% ,一次订货费用为 30 元,每年销售 100 箱香皂。

(1)该分销商每次订货量应为多少箱?

(2)分销商应该为进一步折扣与供应商谈判吗? 解释要谈判的数量和价格,并说明原因。

12.4.6　(边际分析法)某批发商准备订购一批圣诞树供圣诞节期间销售。该批发商对包括订货费在内的每棵树要支付 20 元,售价为 60 元。未售出的树只能按每棵 10 元出售。节日期间圣诞树需求量的概率分布如表 12-30 所示(批发商的订货量必须是 10 的倍数)。试求该批发商的最佳订货量。

表 12-30　节日期间圣诞树需求量的概率分布

需求量/棵	10	20	30	40	50	60
概率密度	0.1	0.1	0.2	0.35	0.15	0.1
售出概率	0.90	0.80	0.60	0.25	0.10	0

12.4.7　根据历年资料,可知某公司需求呈正态分布,每周平均销售产品 A 300 台,标准差为30台。订货提前期 2 周,每次订货费用是 15 元,单位库存保管费用是每台每年 1.50 元,缺货成本为每台 3 元。试确定该公司的库存策略,即求出订货点、安全库存及服务水平。

12.4.8　某物资年需要量为 3 600kg,每次订购费为 10 元,物资单价为 8 元/kg,年储存费率为10%。

(1)求在瞬时进货条件下的经济订购批量和最小库存费用。

(2)若每天进货量为 50kg,每天出库量为 10kg,求非瞬时进货条件下的经济订购批量和最小库存费用。

思考与练习答案

12.3.1　答:物资管理是对物料流的计划、组织和控制,而物料流是从物料的初始采购,经过中间的运作,直到产成品的分销而形成的。

物资管理包括的活动有:采购、运输(运入和运出)、通过生产和库存管理来实现控制(如收货、存储、装卸、物料分拣和库存盘存)、仓储和分销。

12.3.2　答:(1)描述公司对产品/服务的要求(指明数量、质量、时间控制等)。

(2)确认供应的资源,维护供应系统数据库。

(3)选择供应商,进行合同谈判(满足价格、交货期和其他要求)。

(4)维持和供应商的良好关系,并监控他们的业绩。

(5)了解新的产品/服务,传递正确的信息。

(6)进行价值分析、自制或者外购,以及其他研究。

12.3.3　答:选择供应商过程中需要考虑的重要变量包括:数量、质量、价格、交货期、服务、维护、技术支持、财务稳定性、采购项目等。

12.3.4　答:持有库存的主要原因有:

(1)满足随时间和季节变动的顾客需求。

(2)解决供应差错、短缺和缺货问题。

(3)有助于平衡生产活动、稳定就业和改善劳动关系。

(4)保持运营的连续性,以保证故障发生时不会中断整个系统。

(5)在相同生产设备上便于不同产品的生产。

(6)提供一种经济批量和批量折扣的物料获取与分拣方法。

(7)提供一种对将来价格和交货不确定性的套期保值,如罢工、价格升高和通货膨胀。

12.3.5　答:一旦需求或生产提前期发生变化,实际需求可能超过期望需求,为减少提前期内的缺货风险所持有的额外库存,即安全库存。再订货点即提前期内的期望需求加上安全库存。

12.3.6　答:EOQ 模型的假设包括:

(1)需求量和提前期已知并连续。

(2)在提前期终止时瞬时补货。

(3)采购成本不随采购数量而变化。

(4)订货和保管成本包括了所有的相关成本,这些成本是连续的。

12.3.7　答:存货的服务水平是一个在订货周期内所有需求能够得以满足的百分比数值。服务水平等于 1 减去缺货风险。

12.3.8　答:定期订货模型就是以固定周期间隔 T 检查库存水平(仓库中的加上已订货但没交货的)。在每次检查之后进行订货,订货量等于目标库存水平 S 减去当时库存水平。

12.3.9　答:定量订货模型是连续检查库存水平(仓库中的加上已订货的)。当库存水平降到订货点 R 时,发出一个固定的数量为 Q 的订单。

12.3.10　答:在存储中,少数几种物品往往占了大部分的存货价值,这里的存货价值用花费的资金来衡量。应该加强管理这些少数物品,控制大部分的价值。在工作中,物资通常被划分为三类:A、B 和 C。A 类一般包括 5% ~ 10% 的品种并占用 60% ~ 70% 的资金,它代表了最重要的少数物资;C 类则包括了 60% ~ 70% 的品种但只占用了 10% 以下的资金,这些物资存货占资金比例非常小;在中间的是 B 类,它具有 20% ~ 30% 的品种并占用了约 20% 的资金,用这种方法对存货进行分类称为 ABC 分类法。

12.3.11　答:物料需求计划(Material Requirement Planning,MRP)是在产品结构与制造工艺的基础上,利用制造工程网络原理,根据产品结构各层次物料的从属与数量关系,以物料为对象,以产品完工日期为时间基准,以反工艺顺序的原则,根据各物料的加工提前期制定物料的投入出产数量与日期。MRP 的原理说明了物料需求计划的工作机制原本是针对制造业业的管理系统。

12.3.12　答:库存状态文件一般包括下列数据:①总需求量;②预计到货量,又称在途量;③现有数量,等于上期末现有数量 + 本期预计到货量 – 总需求;④净需求量,等于现有数量 + 预计到货 – 总需求;⑤计划接收订货;⑥计划发出订货等。

12.3.13　答:订货点策略蕴含一个假设,即需求是稳定(或相对稳定)的,这样订货点才能是一个固定的量。但是,生产过程中每一层零件的需求来源于上一层零件的需求,而这种需求往往是不均匀的,可从很大批量到零。这种需求的大起大落,就不能保证稳定的订货点,而必须不断地改变订货点。而订货点的改变会使需求量的波动更大,而且向下级零件逐级放大。

12.3.14　答:略。

12.3.15　答:略。

12.3.16　答:期望需求 $E(D) = 2\,000$ 件 × 0.8 + 5 000 件 × 0.2 = 2 600 件

总生产成本 TC = 40 000 元 + 80 × 2 600 元 = 248 000 元

总采购成本 TC = 100 × 2 600 = 260 000 元

则自己生产具有经济优势 260 000 元 – 248 000 元 = 12 000 元

12.3.17　解:采用边际分析法,计算出销售最后 1 单位库存的临界概率为

$$P(D^*) \geqslant \frac{ML}{MP + ML} = \frac{5-3}{8-5+5-3} = 0.4$$

从需求概率分布表中可以看出,该商店每天进货量应为 30 件。

12.3.18　解:此处,ML = 8 元,MP = (14 – 8)元 = 6 元

$$P(D)^* \geqslant \frac{ML}{MP + ML} = \frac{8}{8+6} \approx 0.57$$

所以,应该订购 5 件产品。

12.3.19　解:$EOQ = \sqrt{\dfrac{2DA}{H}} = \sqrt{\dfrac{2 \times 3000 \times 20}{10}}$ 个 ≈ 110 个

12.3.20　解：(1) $Q = \sqrt{\dfrac{2DA}{H}} = \sqrt{\dfrac{2 \times 200 \times 12 \times 500}{0.2 \times 8}}$ 包 ≈ 1225 包

(2) $TC = \dfrac{D}{Q}A + \dfrac{Q}{2}H + PD = \left[\dfrac{200 \times 12}{1\ 225} \times 500 + \dfrac{1\ 225}{2} \times (0.2 \times 8) + 8 \right.$

$\left. \times 200 \times 12 \right]$ 元/年 $\approx 21\ 160$ 元/年

12.3.21　解：(1) $Q = \sqrt{\dfrac{2DA}{iP}} = \sqrt{\dfrac{2 \times 10\ 000 \times 8}{0.25 \times 10}}$ 节 $= 253$ 节

(2) 订货点 $R = \dfrac{10\ 000\ \text{只}}{5 \times 52} \times 2 = 77$ 节

(3) 年平均库存保管费用 $= \dfrac{253}{2} \times 0.25 \times 10$ 元 $= 316.25$ 元

12.3.22　解：$EPQ = \sqrt{\dfrac{2DA}{H} \times \dfrac{p}{p-d}} = \sqrt{\dfrac{2 \times 25\ 000 \times 85}{5} \times \dfrac{1\ 000}{1\ 000 - 500}} \approx 1\ 304$ 个

生产周期 $= \dfrac{1\ 304}{1\ 000}$ 周 $= 1.3$ 周

12.3.23　解：(1) $Q = \sqrt{\dfrac{2DA}{iP}} = \sqrt{\dfrac{2 \times 500 \times 600}{0.2 \times 25}}$ 个 ≈ 346 张

(2) 每两次生产时间的间隔是 $346/500 = 0.69$ 年。

(3) 实际生产过程中会遇到很多随机因素，这样会影响经济生产批量的适用性。所以当每年销售量不是常量，而是随机变化的，或者存在大批量购买折扣，影响货物成本时，企业不会按照计算得到的批量生产。

12.3.24　解：(1) $Q = \sqrt{\dfrac{2DA}{iP}} = \sqrt{\dfrac{2 \times 10\ 000 \times 1\ 000}{0.2 \times 100}}$ 台 $= 1\ 000$ 台

(2) 每年生产次数 $= D/Q = 10\ 000/1\ 000$ 次 $= 10$ 次

(3) 每年的库存成本 $= (Q/2) \times iP = (1\ 000/2) \times 0.2 \times 100$ 元 $= 10\ 000$ 元

每年改变产品品种成本 $= (D/Q) \times A = 1\ 000 \times 10$ 元 $= 10\ 000$ 元

12.3.25　解：不考虑批量折扣，经济订货批量为

$EOQ = \sqrt{\dfrac{2DA}{H}} = \sqrt{\dfrac{2 \times 800 \times 150}{200}}$ 个 ≈ 35 个

与这一点相对应的年度总成本是

$TC = \dfrac{D}{Q}A + \dfrac{Q}{2}H + PD = \left(\dfrac{800}{35} \times 150 + \dfrac{35}{2} \times 200 + 1000 \times 800 \right)$ 元

$= 806\ 928.6$ 元

对于 40 个的订货量，采购价格为 950 元，则年度总成本为

$TC = \dfrac{D}{Q}A + \dfrac{Q}{2}H + PD = \left(\dfrac{800}{40} \times 150 + \dfrac{40}{2} \times 200 + 950 \times 800 \right)$ 元 $= 767\ 000$ 元

同理，每次采购 60 个时，年度总成本为

$TC = \dfrac{D}{Q}A + \dfrac{Q}{2}H + PD = \left(\dfrac{800}{60} \times 150 + \dfrac{60}{2} \times 200 + 930 \times 800 \right)$ 元 $= 752\ 000$ 元

所以，每次订货的最优采购量是 60 个。

12.3.26　解：首先计算每个价格折扣区间的 EOQ

$$\text{EOQ}_{(0.90)} = \sqrt{\frac{2DA}{iP}} = \sqrt{\frac{2 \times 4\,000 \times 18}{0.18 \times 0.90}} \text{个} = 943 \text{ 个}$$

$$\text{EOQ}_{(0.85)} = \sqrt{\frac{2DA}{iP}} = \sqrt{\frac{2 \times 4\,000 \times 18}{0.18 \times 0.85}} \text{个} = 970 \text{ 个}$$

$$\text{EOQ}_{(0.82)} = \sqrt{\frac{2DA}{iP}} = \sqrt{\frac{2 \times 4\,000 \times 18}{0.18 \times 0.82}} \text{个} = 988 \text{ 个}$$

下面计算批量为 943 个以及获得其他两种折扣价格的最低批量的总成本

$$C_{(943)} = \frac{D}{Q}A + \frac{Q}{2}H + PD = \left[\frac{4\,000}{943} \times 18 + \frac{943}{2} \times (0.18 \times 0.90) + 0.90 \right.$$
$$\left. \times 4\,000 \right] \text{元} \approx 3\,752.74 \text{ 元}$$

$$\text{TC}_{(1000)} = \frac{D}{Q}A + \frac{Q}{2}H + PD = \left[\frac{4\,000}{1\,000} \times 18 + \frac{1\,000}{2} \times (0.18 \times 0.85) + 0.85 \right.$$
$$\left. \times 4\,000 \right] \text{元} = 3\,548.54 \text{ 元}$$

$$\text{TC}_{(2000)} = \frac{D}{Q}A + \frac{Q}{2}H + PD = \left[\frac{4\,000}{2\,000} \times 18 + \frac{2\,000}{2} \times (0.18 \times 0.82) + 0.82 \right.$$
$$\left. \times 4\,000 \right] \text{元} = 3\,463.60 \text{ 元}$$

所以,经济订货批量应取 2 000 个开关,此时年总费用最低,为 3 463.60 元。

12.3.27　解: (1) $Q = \sqrt{\frac{2DA}{iP}} = \sqrt{\frac{2 \times 100 \times 12 \times 25}{0.25 \times 30}} \text{件} \approx 90 \text{ 件}$

(2)假设每年有 50 个工作周,则一年送货 50 次,每次送货量为 $100 \times 12/50 = 24$ 件
这样每年的总成本为

$$\text{TC} = \frac{D}{Q}A + \frac{Q}{2}H + PD = \left[50 \times 25 + \frac{24}{2} \times (0.25 \times 30) + 30 \times 100 \times 12 \right] \text{元}$$
$$= 37\,340 \text{ 元}$$

(3)一次订货批量为 90 件,年总成本为

$$\text{TC} = \frac{D}{Q}A + \frac{Q}{2}H + PD = \left[\frac{150 \times 12}{90} \times 25 + \frac{90}{2} \times (0.25 \times 30) + 30 \right.$$
$$\left. \times 150 \times 12 \right] \text{元} = 54\,837.50 \text{ 元}$$

12.3.28　解: (1) $R = \bar{d}_L + Z\sigma\sqrt{L} = (3 \times 50 + 1.65 \times 25 \times \sqrt{3}) \text{件} \approx 221 \text{ 件}$

(2)若保证一年里缺货情况不多于一次,则服务水平应为 98%,服务系数 $Z = 2.05$。

$$R' = \bar{d}_L + Z\sigma\sqrt{L} = (3 \times 50 + 2.05 \times 25 \times \sqrt{3}) \text{件} \approx 239 \text{ 件}$$

(3) 平均库存 $= \frac{1}{2} \times (90 + 2.05 \times 25 \times \sqrt{3}) \text{件} \approx 90 \text{ 件}$

12.3.29　解: (1) $Q = \sqrt{\frac{2DA}{iP}} = \sqrt{\frac{2 \times 200 \times 100}{0.2 \times 800}} \text{台} \approx 16 \text{ 台}$

(2) $R = \bar{d}_L + Z\sigma\sqrt{L} = \left(4 \times \frac{200}{250} + 1.65 \times 0.1 \times \sqrt{4} \right) \text{台} \approx 4 \text{ 台}$

(3)准备时间越长,再订货点的库存数量越多,标准差越大,再订货点库存也越多。

12.3.30　解:(1)订货周期 $T = \dfrac{Q}{D} = \dfrac{16}{200}$ 年 $= 0.08$ 年 $= 20$ 天(每年 250 个工作日)

$\qquad$ (2)目标库存水平 $S = \overline{d}_{T+L} + Z\sigma\sqrt{T+L}$

$\qquad\qquad\qquad = 200/250 \times (20 + 4) + 1.65 \times 0.1 \times \sqrt{20 + 4}$

$\qquad\qquad\qquad \approx 20$

12.3.31　解:经济投产批量为 $Q = \sqrt{\dfrac{2DA}{H}} = \sqrt{\dfrac{2 \times 640 \times 60}{4}}$ 件 ≈ 138 件

$\qquad$ 经济订货间隔期为 $Q/D = \dfrac{138}{640} \times 250$ 天 $= 54$ 天(每年 250 个工作日)

12.3.32　解:年总盘存数 $= [4\,500 \times 10\% \times 12 + 1\,500 \times 4$

$\qquad\qquad\qquad + (4\,500 - 1\,500 - 450)]$ 种 $= 13\,950$ 种

$\qquad$ 每天盘存数 $= \dfrac{\sum 总盘存数}{天数} = \dfrac{13\,950\ 种}{250\ 天} = 55.8$ 种/天

12.3.33　解:采用边际分析法,边际损失 $= 150$ 元,边际利润 $= 350$ 元 $- 150$ 元 $= 200$ 元

$\qquad$ 临界概率 $P \geqslant 150/(150 + 200) = 0.43$,所以该销售商每天应该购进 4 桶牛奶。

12.3.34　答:$P(D^*) = \dfrac{C_{os}}{C_{us} + C_{os}} = \dfrac{1.5}{3 + 1.5} = 0.33$,服务水平为 0.67。

$\qquad$ 订购量 $R = \overline{d} + Z\sigma\sqrt{L} = (200 + 0.43 \times 50 \times 1)$ 瓶 $= 221$ 瓶

$\qquad$ 或采用以下方法:

$$P(X \geqslant Q) = 1 - P(X \leqslant Q) = 1 - F(Q) = 1 - \Phi\left(\dfrac{Q - 200}{50}\right) = 0.33$$

$$\dfrac{Q - 200}{50} = 0.43$$

$\qquad$ $Q = 221$,即应提前订购 221 瓶。

12.3.35　答:服务水平为 0.95,则

$\qquad$ 订货点 $R = \overline{D}_L + Z\sigma_L = (1.405 + 1.65 \times 0.045)t = 1.479\,25t$

$\qquad$ 订货量 $Q = \sqrt{\dfrac{2DA}{H}} = \sqrt{\dfrac{2 \times 1.405 \times 100}{2}}t = 11.853\,3t$

12.3.36　解:$Q = \sqrt{\dfrac{2DA}{H}} = \sqrt{\dfrac{2 \times 3\,600 \times 240}{10 \times 12}}t = 120t$

$\qquad$ $P = \dfrac{Q}{D} = \dfrac{120}{3\,600} \times 360$ 天 $= 12$ 天

$\qquad$ 总年存储费用 $= \left(\dfrac{120}{2} \times 10 \times 12\right)$ 元 $= 7\,200$ 元

$\qquad$ 订货点 $R = \left(\dfrac{3\,600}{360} \times 4 + 60\right)t = 100t$

12.3.37　解:$Q = \sqrt{\dfrac{2DA}{H} \times \dfrac{p}{p - d}} = \sqrt{\dfrac{2 \times 6\,000 \times 200}{3} \times \dfrac{50}{50 - 26}}$ 件 $= 1\,291$ 件

$\qquad$ 年最小总费用 $= \left(\dfrac{6\,000}{1\,291} \times 200 + \dfrac{1\,291}{2} \times 3\right)$ 元 $= 2\,866$ 元

$\qquad$ 最大库存量 $= \dfrac{50 - 26}{50} \times 1\,291$ 件 $= 620$ 件

12.3.38　解：$EPQ = \sqrt{\dfrac{2DA}{H} \times \dfrac{p}{p-d}} = \sqrt{\dfrac{2 \times 20\,000 \times 50}{10} \times \dfrac{200}{200 - 20\,000/250}}$ 台 ≈ 577 台

生产次数 $= \dfrac{20\,000}{577}$ 次 ≈ 35 次

订货点 $R = \dfrac{20\,000}{250} \times 5$ 台 $= 400$ 台

年总费用 $= \left(35 \times 50 + \dfrac{577}{2} \times 10 + 20\,000 \times 50 \right)$ 元 $= 1\,004\,635$ 元

12.3.39　解：首先计算每个价格折扣的 EOQ，折扣价分别为 23.75 元、22.5 元

$EOQ_{(25)} = \sqrt{\dfrac{2DA}{iP}} = \sqrt{\dfrac{2 \times 1\,000 \times 40}{0.15 \times 25}}$ 件 $= 146$ 件

$EOQ_{(23.75)} = \sqrt{\dfrac{2DA}{iP}} = \sqrt{\dfrac{2 \times 1\,000 \times 40}{0.15 \times 23.75}}$ 件 $= 150$ 件

$EOQ_{(22.5)} = \sqrt{\dfrac{2DA}{iP}} = \sqrt{\dfrac{2 \times 1\,000 \times 40}{0.15 \times 22.5}}$ 件 $= 154$ 件

下面计算批量为 146 台以及获得其他两种折扣价格的最低批量的总成本

$TC_{(146)} = \dfrac{D}{Q}A + \dfrac{Q}{2}H + PD = \left(\dfrac{1\,000}{146} \times 40 + \dfrac{146}{2} \times (0.15 \times 25) + 25 \times 1\,000 \right)$ 元

$\approx 25\,547.70$ 元

$TC_{(200)} = \dfrac{D}{Q}A + \dfrac{Q}{2}H + PD = \left[\dfrac{1\,000}{200} \times 40 + \dfrac{200}{2} \times (0.15 \times 23.75) \right.$

$\left. + 23.75 \times 1\,000 \right]$ 元 $= 24\,306.25$ 元

$TC_{(400)} = \dfrac{D}{Q}A + \dfrac{Q}{2}H + PD = \left[\dfrac{1\,000}{400} \times 40 + \dfrac{400}{2} \times (0.15 \times 22.5) \right.$

$\left. + 22.5 \times 1\,000 \right]$ 元 $= 23\,275.00$ 元

所以，经济订货批量应选取 400 件，即采用第二种折扣方式。

12.3.40　解：边际分析在单周期存货中的应用，即库存不足的成本 = 库存过多的成本，计算出

下一单位需求的售出概率 $P(D^*) = \dfrac{\text{库存过多的成本}}{\text{库存不足的成本} + \text{库存过多的成本}} = \dfrac{C_{os}}{C_{us} + C_{os}}$。结果如表 12-31 所示。

表 12-31　计算结果

已用备件数/件	0	1	2	3	4
概率	0.2	0.4	0.2	0.1	0.1
售出概率	0.8	0.4	0.2	0.1	0

库存临界累计概率为

$P(D^*) = \dfrac{C_{os}}{C_{us} + C_{os}} = \dfrac{800}{4\,000 + 800} \approx 0.17$

所以，最优订货量为 2。

12.3.41　答：结果如表 12-32 所示。

表 12-32　12.3.41 物料需求计划　　　　　　　　（单位：件）

周期	1	2	3	4	5	6	7	8	9
A				600	600	650	700	800	850
			600	600	650	700	800	850	
B			1 200	1 200	1 300	1 400	1 600	1 700	
	1 150	1 200	1 300	1 400	1 600	1 700			
C			1 800	1 800	1 950	2 100	2 400	2 550	
		1 800	1 800	1 850	2 100	2 400	2 550		

12.3.42　答：结果如表 12-33 所示。

表 12-33　12.3.42 物料投入产出计划　　　　　　　　（单位：件）

周期	1	2	3	4	5	6	7	8	9	10	11	12
A						300	350	400	450	400	500	570
					300	350	400	450	400	500	570	
B					300	350	400	450	400	500	570	
		300	350	400	450	400	500	570				
C		900	1 050	1 200	1 350	1 200	1 500	1 710				
	900	1 200	1 200	1 500	1 200	1 500	1 800					
D					300	350	400	450	400	500	570	
		300	350	400	450	400	500	570				
E					900	1 050	1 200	1 350	1 200	1 500	1 710	
		850	1 050	1 200	1 350	1 200	1 500	1710				
G			600	700	800	900	800	1 000	1 140			
	500	700	800	900	800	1 000	1140					
H			1 200	1 400	1 600	1 800	1 600	2 000	2 280			
	700	900	1 600	1 800	1 600	2 000	2 280					

12.3.43　答：（1）结果如表 12-34 所示。

表 12-34　12.3.43 物料需求计划　　　　　　　　（单位：件）

周期	1	2	3	4	5	6	7
S							100
				100			
T				100			
			100				
U				50			
		50					
V			100				
	100						
W			200				
	200						
X			100				
		100					
Y			25				
	25						
Z			150				
	150						

（2）考虑现有库存之后，物料净需求计划如表 12-35 所示。

表 12-35 12.3.43 物料净需求计划　　　　　　　　　　（单位:件）

周期	1	2	3	4	5	6	7
S							100
				80			
T					80		
			60				
U					40		
			30				
V				60			
		30					
W				120			
	90						
X				60			
			35				
Y				15			
	0						
Z			90				
		80					

12. 3. 44　答:新的物料需求计划如表 12-36 所示。

表 12-36 新的物料需求计划　　　　　　　　　　（单位:件）

周期	1	2	3	4	5	6	7
S							100
				80			
T					80		
				80			
U					40	20	
			30	20			
V				80			
		50					
W				160			
	130						
X				80			
			55				
Y			15	10			
	0	10					
Z			90	60			
		80	60				

12. 3. 45　答:结果如表 12-37 所示。

表 12-37　12.3.45 产品 X 的物料需求计划　　　　　　　　　　（单位:件）

周期	2	3	4	5	6	7	8	9	10	11	12
X							50		20		100
								20		100	
A								20		100	
								100			
B								40		200	
						20		200			
C								100			
							95				
D					20		200	200			
			10		200	200					
E						40		400			
					40		400				
F						20		200			
					20		200				

12.3.46　答:结果如表 12-38 所示。

表 12-38　产品 A 和 H 的物料需求计划　　　　　　　　　　（单位:件）

周期	4	5	6	7	8	9	10	11	12
A					100		50		150
				100		50		150	
B				100		50		150	
				50		150			
C				100	100	50	50	150	
		50	100	50	50	150			
D					50		150		
					150				
E					50	100	150		
	125	50	100	150					
F		50	100	50	100	150			
	175	50	100	150					
D		50	100	50	100	150			
		175	50	100	150				
H					100		50		
					100	50			
J					100	50			
					50				
K					100	50			
					50				

12.3.47　答：(1)结果如表 12-39 所示。

表 12-39　12.3.47 物料需求计划　　　　　　　　　　　（单位:元）

周期	3	4	5	6	7	8
A						10
					10	
B					10	
				8		
C				8		
		8				
D				8		
			3			
E			3			
F					10	
				5		
G				5		
	4					
H				5		

(2)答:结果如表 12-40 所示。

表 12-40　修改后的物料需求计划（一）　　　　　　　（单位:件）

周期	3	4	5	6	7	8
A						10
					10	
B					20	
				18		
C			5	18		
		18				
D				18		
			13			
E			18			
		14				
F					20	
				15		
G				15		
	14					
H				15		
			5			

(3)只需要改变 E 的投产日期,如表 12-41 所示。

表 12-41　修改后的物料需求计划（二）　　　　　　　　（单位：件）

周期	3	4	5	6	7	8
A						10
				10		
B					20	
			18			
C			5	18		
		18				
D				18		
			13			
E			18			
	14					
F					20	
				15		
G				15		
	14					
H				15		
	5					

补充习题答案

12.4.1　解：根据上述统计资料，该饮料每周平均需求量为

$$\bar{D} = \sum_{D=5}^{100} dp = (10 \times 0.15 + 15 \times 0.25 + 20 \times 0.40 + 25 \times 0.20) \text{瓶}$$
$$= 18 \text{瓶}$$

全年需求量为

$$D = (18 \times 52) \text{瓶} = 936 \text{瓶}$$

经济采购批量为

$$Q = \sqrt{\frac{2DA}{H}} = \sqrt{\frac{2 \times 936 \times 50}{10.4}} \text{瓶} = 96.7 \text{瓶} \approx 97 \text{瓶}$$

设 H 为单件物料的库存费用（元/（件·年）），D 为全年需求量（件/年），j 为单件缺货损失费用（元/（件·次）），Q 为按定量订货方式确定的采购批量（件/次），按公式可算出最佳缺货概率为

$$p(D > R) = \frac{HQ}{HQ + jD} = \frac{10 \times 97}{10 \times 97 + 16 \times 936} = 0.061$$

根据统计资料，订货点 R 取 80 瓶可保证缺货率为 0.06，所以该库存系统的最佳订货点取 80 瓶。

12.4.2　解：（1）这是一个将缺货成本和库存过多成本相平衡的问题。平衡点就是要求累计概率

$$P(D^*) = \frac{C_{os}}{C_{us} + C_{os}} = \frac{2}{8 + 2} = 0.2$$

因为需求是平均分布，可以用最低需求（2 000 份）和最高需求（2 700 份）之间的直线（线形）来描述它。

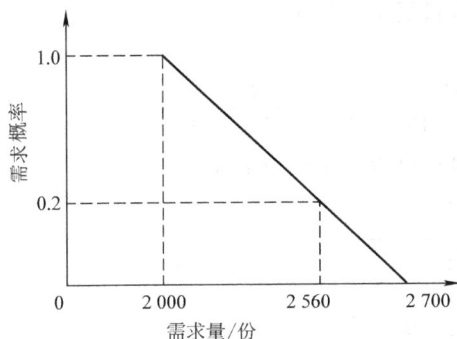

图 12-20　最佳订货水平

从图 12-20 中可以看出，周刊的最佳订货水平是 2 560 份。

（2）0.2 是超出需求的概率，也表示在给定成本时的缺货风险。这样，相应的服务水平是 $1 - 0.2 = 0.8 = 80\%$。

12.4.3　解：（1）$\text{EPQ} = \sqrt{\dfrac{2DA}{H} \times \dfrac{p}{p-d}} = \sqrt{\dfrac{2 \times 200 \times 12 \times 200}{0.25 \times 50} \times \dfrac{1\,000}{1\,000 - 200}}$ 块

$$= 310 \text{ 块}$$

（2）$\text{EPQ}' = \sqrt{\dfrac{2DA}{H}} = \sqrt{\dfrac{2 \times 200 \times 12 \times 200}{0.25 \times 50}}$ 块 $= 277$ 块

年总成本 $= \left(\dfrac{200 \times 12}{277} \times 200 + \dfrac{277}{2} \times 0.25 \times 50 + 200 \times 12 \times 50 \right)$ 元

$$= 123\,464.10 \text{ 元}$$

12.4.4　解：（1）$Q = \sqrt{\dfrac{2DA}{iP}}$，则最优订货间隔 $T = \dfrac{Q}{D} = \sqrt{\dfrac{2A}{DiP}}$

此题中，订购货物分为三类，则

$$T = \frac{Q}{D} = \sqrt{\frac{2A}{i(D_A P_A + D_B P_B + D_C P_C)}} = \sqrt{\frac{2 \times 40}{0.25 \times (500 \times 12 + 300 \times 10 + 200 \times 6)}} \text{ 年}$$

$$\approx 0.18 \text{ 年} = 54 \text{ 天}$$

（2）$Q_A = (500 \times 0.18) \text{ m}^2 = 90\text{m}^2$，$Q_B = (300 \times 0.18) \text{ m}^2 = 54\text{m}^2$，

　　　$Q_C = (200 \times 0.18) \text{ m}^2 = 36\text{m}^2$

（3）同理可以算出库存成本变为 30% 时，订货间隔变为 0.16 年，即 48 天库存成本变为 40% 时，订货间隔为 0.14 年，即 42 天。所以，库存成本越高，订货间隔时间越短。

12.4.5　解：（1）$\text{EOQ}_{(50)} = \sqrt{\dfrac{2DA}{iP}} = \sqrt{\dfrac{2 \times 100 \times 30}{0.15 \times 50}}$ 箱 $= 28$ 箱

$$\text{EOQ}_{(40)} = \sqrt{\frac{2DA}{iP}} = \sqrt{\frac{2 \times 100 \times 30}{0.15 \times 40}} \text{ 箱} = 32 \text{ 箱}$$

$$\text{TC}_{(28)} = \frac{D}{Q}A + \frac{Q}{2}H + PD = \left[\frac{100}{28} \times 30 + \frac{28}{2} \times (0.15 \times 50) + 50 \times 100 \right] \text{元}$$

$$= 5\,212.14 \text{ 元}$$

$$TC_{(32)} = \frac{D}{Q}A + \frac{Q}{2}H + PD = \left[\frac{100}{32} \times 30 + \frac{32}{2} \times (0.15 \times 40) + 40 \times 100\right] 元$$

$$= 4\ 189.75\ 元$$

所以，该分销商每次订货量应为 32 箱。

（2）略。

12.4.6 解：$P(D^*) \geqslant \dfrac{ML}{MP + ML} = \dfrac{20 - 10}{60 - 20 + 20 - 10} = 0.2$

所以，该批发商的最佳订货量应该为 40 棵。

12.4.7 解：经济订购批量为

$$EOQ = \sqrt{\frac{2DA}{H}} = \sqrt{\frac{2 \times 300 \times 52 \times 15}{1.5}} 台 = 558\ 台$$

最优服务水平下的缺货概率为

$$P(D_L^*) = \frac{HQ}{jD} = \frac{1.5 \times 558}{3 \times 300 \times 52} = 0.018$$

服务水平 $= 1 - 0.018 = 0.982$

订货点 $R = \bar{d} + Z\sigma\sqrt{L} = (300 \times 2 + 2.226 \times 30 \times \sqrt{2})$ 台 $= 694$ 台

安全库存 $= Z\sigma\sqrt{L} = (2.226 \times 30 \times \sqrt{2})$ 台 $= 94$ 台

12.4.8 解：（1）$EOQ = \sqrt{\dfrac{2DA}{H}} = \sqrt{\dfrac{2 \times 3\ 600 \times 10}{0.1 \times 8}} kg = 300 kg$

最小库存费用 $= \left(\dfrac{300}{2} \times 0.1 \times 8\right) 元 = 120\ 元$

（2）$EOQ = \sqrt{\dfrac{2DA}{H} \times \dfrac{p}{p - d}} = \sqrt{\dfrac{2 \times 3\ 600 \times 10}{0.1 \times 8} \times \dfrac{50}{50 - 10}} kg = 335.41 kg$

最小库存费用 $= \left(\dfrac{335.41}{2} \times \dfrac{50 - 10}{50} \times 0.1 \times 8\right) 元 = 107.33\ 元$

第 13 章　设备综合管理

13.1　理论要点

13.1.1　设备与设备管理

设备是指企业中长期使用，在使用过程中基本保持其实物状态，价值在一定限额以上的劳动资料和其他物质资料的总称。

设备管理是指依据企业的生产经营目标，通过一系列的技术、经济和组织的措施，对设备寿命周期内的所有设备物质运动状态和价值运动状态进行的综合管理工作。

设备寿命周期是指设备从规划设计、购置、安装、调试使用、维修直至改造、更新、报废所经历的全过程时间。

设备综合管理是对设备寿命周期全过程的系统性管理，是技术、经济、组织等的全方位综合管理，是企业全员参与的管理。

设备管理的内容主要是依据企业的经营目标及生产需要制定设备规划；选择、安装与调试设备；制订设备使用和维护保养计划；适时改造和更新设备，完善设备管理制度等。

设备管理直接影响企业的产品产量、质量和成本，影响企业的安全生产、环境保护以及企业资金的使用等，对企业管理具有重要意义。

13.1.2　设备的前期管理

1. 设备的选择与评价

设备选择的总原则为：技术上先进，经济上合理，生产上可行。需要考虑的技术因素主要有以下几种：

（1）生产效率：应与企业的长短期生产任务相适应。

（2）配套性：性能、能力方面相配套。

（3）可靠性：精度保持性、零件耐用性、操作安全性。

（4）适应性：与原有设备及所产产品相适应。

（5）节能型：能耗低。

（6）维修性：可维修、易维修、售后服务好。

（7）环保性：噪声、有害物质排放符合标准。

用来选择设备的经济评价方法有：投资回收期法、设备最小平均寿命周期法、设备最大综合效益法、年费法和现值法。

2. 设备的安装与调试

设备的安装是指在基础上按技术要求进行安装，使设备精度达到安装规范的要求。

设备的调试工作主要包括清洗、检查、调整、试运转、验收和移交。应由设备的使用部门、管理部门和工艺技术部门协同调试。

13.1.3 设备磨损与故障理论

1. 设备磨损的种类

设备在使用（或闲置）过程中会逐渐发生磨损。磨损包括有形磨损和无形磨损两种形式。

设备的有形磨损是指机器设备在使用过程中，因震荡、摩擦、腐蚀、疲劳或在自然力作用下造成的设备实体的损耗，也称物质磨损。

设备的有形磨损分为使用磨损和自然磨损。使用磨损是指在使用过程中，由于摩擦、应力及化学反应等造成的零部件尺寸或形状的变化，使设备精度降低；自然磨损则是由于自然力引起的变形或锈蚀等，同样会使设备功能降低。

设备的无形磨损是指不表现为实体的变化，却表现为设备原始价值的贬值，又称精神磨损。它有以下两种情况：

（1）随着设备制造工艺的不断改进，劳动生产率不断提高，使得生产同种设备所需要的社会平均劳动减少，成本降低，从而使原已购买的设备贬值。这种磨损不影响设备功能。

（2）随着社会技术的进步，出现性能更完善和效率更高的新型设备，使得原有设备陈旧落后，丧失部分或全部使用价值。这种磨损又称技术性无形磨损。其后果是生产率大大低于社会平均水平，因而生产成本大大高于社会平均水平。

2. 设备有形磨损的规律

设备有形磨损的发展过程具有一定的规律性，一般分为三个阶段，如图 13-1 所示。

第 I 阶段：初期磨损阶段。在该阶段，设备磨损速度快，时间跨度短，对设备没有危害，是必经阶段，称为"磨合"。

第 II 阶段：正常磨损阶段。在该阶段，设备处在最佳运行状态，磨损速度缓慢，磨损量小，曲线呈平稳状态。

第 III 阶段：剧烈磨损阶段。在该阶段，设备磨损速度非常快，丧失了精度和强度，事故率急剧上升。

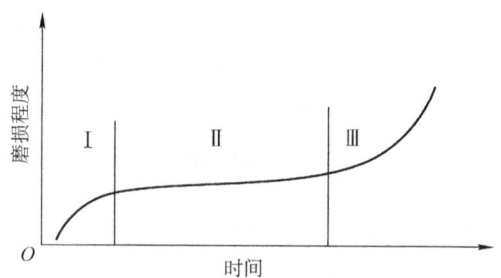

图 13-1　有形磨损的发展规律

3. 设备故障和故障率

设备故障是指在使用期间，由于磨损或操作不当等原因，设备暂时丧失其规定功能的状况。它可分为以下两种类型：

（1）突发故障：突然发生的故障。这种故障发生时间不确定，难以预测，设备使用功能丧失。

（2）劣化故障：由于设备性能的逐渐劣化所引发的故障。这种故障发生速度慢，有规律可循，设备部分功能丧失。

设备故障率是指单位时间内故障发生的比率。

4. 设备故障率曲线

与设备有形磨损的三个阶段相对应，设备故障率与时间相对应的故障率曲线也表现为三个时期：初始故障期、偶发故障期和磨损故障期。设备的这种故障规律具有普遍性，其故障率曲线酷似浴盆，故也称为"浴盆曲线"，如图 13-2 所示。

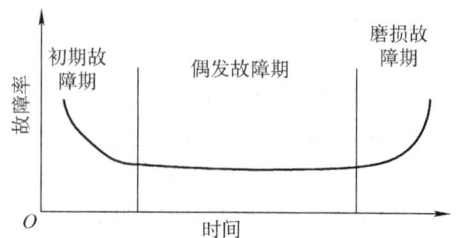

图 13-2　设备故障率曲线

（1）初始故障期：故障率较高，但快速降低。此时的故障主要是由材料缺陷、设计制造质量差、装配失误、操作不熟练等原因造成的。

（2）偶发故障期：故障率低且稳定，由于维护或操作不当造成，是设备的最佳工作期。

（3）磨损故障期：故障率急剧升高，设备磨损严重，有效寿命结束。

13.1.4　设备的使用与维护

1. 设备的合理使用

设备的使用是设备寿命周期中所占时间最长的时期。合理使用设备可以减少设备的磨损，提高设备的利用率。使用设备时应注意：提高设备利用率，实现设备满负荷运转；严格按操作程序工作，保证设备精度；为设备创造良好的工作环境和条件；合理配备操作工人；建立健全设备使用工作制度。

2. 设备的维护、检查和修理

设备的维护是指为保持设备正常工作以及消除隐患而进行的一系列日常保护工作。其内容包括对设备的清洁、润滑、紧固、调整、防腐及安全防护。按工作量大小，可分为日常保养、一级保养、二级保养和三级保养。

设备的检查是指对设备的运行状况、工作性能、零件的磨损程度进行检查和校验，以求及时地发现问题，消除隐患，并能针对发现的问题提出维护措施，作好修理前的各种准备，以提高设备修理工作的质量，缩短修理时间。

设备的修理是指通过修复或更换已严重磨损、腐蚀的零部件，而使设备的技术性能和功效得到恢复。设备修理可分为小修、中修和大修三种。

3. 设备维修制度

设备维修制度主要有以下几种：

（1）计划预修制：按照预防为主的原则，根据设备磨损理论，有计划地对设备进行日常维护保养、检查、校正和修理，以保证设备正常运行。主要内容包括日常维护、定期检查和计划修理。

（2）计划保修制：有计划地对设备进行三级保养和修理。主要内容包括：三级保养加大修；三级保养、小修加大修；三级保养、小修、中修加大修。

（3）全面生产维修制度（Total Productive Maintenance，TPM）：全员参加的、以设备综合效率为目标的、以设备寿命周期为对象的生产维修制。其基本思想是全效益、全系统、全员参与。

4. 设备折旧

（1）合理计提折旧的重要性。合理计提折旧，无论对国家还是对企业都是十分重要的。

这是社会补偿基金的组成部分，正确计提折旧，可在社会总产品中，合理安排积累与消费的比例，搞好国民经济的综合平衡；折旧是产品成本的组成部分，正确计提折旧，才能真实地反映企业的成本和利润；正确计提折旧，有利于保证企业及时更新改造设备，提高企业的技术水平；合理计提折旧，有利于及早收回投资，加速资金周转，有利于提高企业的管理水平。计提折旧既要考虑设备的有形磨损，又要考虑设备的无形磨损。

（2）折旧额的计算。主要有以下几种计算方法。

1）平均年限法，即在设备使用年限内，平均地分摊设备的价值。计算公式为

$$年折旧费 = \frac{设备原值 - 预计净残值}{折旧年限}$$

式中，预计净残值 = 预计残值 - 预计清理费。

净残值率一般按固定资产原值的 3% ~ 5% 设定，低于 3% 或高于 5% 的要报告主管部门备案。

2）工作量法。计算公式为

$$单位工作量折旧额 = \frac{原值 - 预计净残值}{规定的工作量总数}$$

$$折旧额 = 单位工作量折旧额 × 实际完成工作量（产量、工时、台班）$$

3）年限总和法。计算公式为

$$年折旧额 = \frac{折旧年限 - 已使用年限}{折旧年限 ×（折旧年限 + 1）} ×（原值 - 预计净残值）$$

$$月折旧额 = 年折旧额 ÷ 12$$

4）双倍余额递减法。计算公式为

$$年折旧额 = 2 ×（设备原值 - 累计折旧）÷ 折旧年限$$

$$月折旧额 = 年折旧额 ÷ 12$$

固定资产折旧年限到期前两年，改用直线折旧法，即将固定资产净值扣除预计净残值后分两年平均计提。

我国财会制度规定，允许采用年限总和法及双倍余额递减法的企业是在国民经济中具有重要地位、技术进步较快的电子和船舶工业企业、生产加工机床的机械制造企业、飞机和汽车制造企业、化工和医药生产企业以及其他财政部批准的某些企业。

企业可在上述规定范围内选择具体的折旧方法，一经选定，不得随意变更，并在实施年度前报主管财政部门备案。

13.1.5 设备的更新与改造

1. 设备寿命理论

设备寿命理论是设备改造与更新的重要依据。设备的寿命有以下三种不同的划分方法：

（1）设备的自然寿命。自然寿命又称物质寿命、使用寿命，是指设备从开始投入使用直至报废为止所经历的时间。

（2）设备的经济寿命。经济寿命又称费用寿命，是指设备在其自然寿命的中后期，其维持设备寿命的年维修费已达到了极限，超过了这一极限，再使用该设备就得不偿失，到达这个时间点所经历的时间就是设备的经济寿命。

（3）设备的技术寿命。设备从投入使用开始，直至因技术落后而被淘汰为止所经历的时间，称为设备的技术寿命。

由此可见，在进行设备的改造和更新时，不能单纯考虑设备的自然寿命，还应更多地考虑设备的经济寿命和技术寿命。只有这样，才能更适应科技发展和生产力发展的要求，使设备管理取得更高的综合效益。

2. 设备的技术改造

设备改造又称设备的技术改造或现代化改造，是指运用科技新成果，对原有设备的结构、零部件、装置进行改造，改善原有设备的技术性能和效率，从而使原有设备达到更高的技术经济水平。

设备的改造与更新都需要投资，但设备改造的投资少、周期短、见效快。

3. 设备更新

设备更新是指用新型设备更换原有的技术落后或经济上不合理的旧设备。

设备更新的依据主要是设备的寿命理论。一般说来，首先考虑的是设备的技术寿命。当更新的设备投入市场时，企业用新设备取代原有设备是明智的选择。当新技术设备尚未大量投放市场时，主要考虑设备的经济寿命。有些设备具有特殊性，企业生产不可缺少，设备日常维护保养较好，其技术寿命也较长，这时也可以考虑按其自然寿命进行更新。

13.2　思考与练习

13.2.1　什么是设备？

13.2.2　什么是设备管理？

13.2.3　简述设备管理对企业的意义。

13.2.4　简要介绍设备管理的主要内容。

13.2.5　简述设备管理的发展历程，并说明主要管理方法。

13.2.6　设备选择应遵循哪些原则？

13.2.7　设备选择需要考虑哪些技术因素？

13.2.8　设备选择需要进行哪些经济评价？

13.2.9　什么是设备的安装与调试？

13.2.10　如何才能合理使用设备？

13.2.11　简述设备有形磨损的概念。

13.2.12　阐述设备有形磨损的规律。

13.2.13　简述设备无形磨损的概念。

13.2.14　什么是设备故障？

13.2.15　什么是设备故障率？

13.2.16　设备故障率有什么规律？

13.2.17　什么是设备的维护与保养？分为哪几类？

13.2.18　什么是设备的检查？

13.2.19　什么是设备修理？分为哪几类？

13.2.20　简要介绍设备维修制度。

13.2.21　简要介绍设备寿命的概念。

13.2.22　什么是设备更新？

13.2.23　简述设备技术改造的概念、内容以及特点。

13.2.24　什么是设备折旧？

13.2.25　有 A、B 两台设备，其具体情况如表 13-1 所示。

表 13-1　设备情况表　　　　　　　　　　　　　（单位：元）

项目	A 设备	B 设备
最初固定费用	15 000	18 000
每年运行费用	2 000	1 500

若假定年利率为 12%，使用年限均为 8 年，8 年后的设备残值为 0，试用年费法和现值法选择最佳设备。

13.2.26　某企业投资 1 亿元进行生产线技术改造，全部形成设备固定资产。按规定折旧年限可在 8 ~ 12 年中选定。试按折旧年限为 8 年，用平均年限法、年限总和法、双倍余额递减法分别计算第 1、第 2 年和第 7、第 8 年的年折旧额。预计残值为 500 万元，清理费为 50 万元。

思考与练习答案

13.2.1　答：设备是企业中长期使用，在使用过程中基本保持其实物状态，价值在一定限额以上的劳动资料和其他物质资料的总称。

13.2.2　答：依据企业的生产经营目标，通过一系列的技术、经济和组织的措施，对设备寿命周期内的所有设备物质运动状态和价值运动状态进行的综合管理工作。

13.2.3　答：直接影响企业活动的均衡性；直接关系到企业产品的产量和质量；直接影响着产品制造成本的高低；关系到安全生产和环境保护；影响着企业生产资金的合理使用。

13.2.4　答：依据企业经营目标及生产需要制定设备规划；选择、购置、安装、调试、验收所需设备；合理使用和维修保养；适时改造、调拨和更新报废；合理的经济管理：合理筹集、使用资金，计提折旧，费用核算等；制度管理。

13.2.5　答：事后维修：设备发生故障后再进行维修；预防维修：以预防为主，加强日常和定期检查与维护保养；生产维修：根据设备重要性选择不同的维修方法；维修预防：在设备的设计和制造阶段就考虑维修问题，提高设备的可靠性和易修性；设备综合管理：在设备维修预防的基础上，从行为科学、系统理论的观点出发，对设备进行全面管理的一种重要方式。

主要管理方法包括"设备综合工程学"和"全员生产维修制"（Total Productive Maintenance，TPM）。

13.2.6　答：总原则：技术上先进，经济上合理，生产上可行。

13.2.7　答：生产效率：应与企业的长短期生产任务相适应；配套性：性能、能力方面相配套；可靠性：精度保持性、零件耐用性、操作安全性；适应性：与原有设备及所产产品相适应；节能型：能耗低；维修性：可维修、易维修、售后服务好；环保性：噪声、有害物质排放符合标准。

13.2.8　答：投资回收期法、设备最小年平均寿命周期法、设备最大综合效益法、年费法和现值法。

13.2.9　答：设备的安装是指在基础上按要求进行安装，使设备精度达到安装规范的要求。设备的调试工作主要包括清洗、检查、调整、试运转、验收和移交。应由设备的使用部门、管理部门和工艺技术部门协同调试。

13.2.10　答：提高设备利用率，实现设备满负荷运转；严格按操作程序工作，保证设备精度；为设备创造良好的工作环境和条件；合理配备操作工人；建立健全设备使用工作制度。

13.2.11　答：机器设备在使用过程中，因震荡、摩擦、腐蚀、疲劳或在自然力作用下造成的设备实体的损耗，也称物质磨损。

第 I 种有形磨损：在使用过程中，由于摩擦、应力及化学反应等原因造成的有形磨损，又称使用磨损。具体表现为零部件尺寸变化，形状变化；公差配合性质改变，性能精度降低；零部件损害。

第 II 种有形磨损：不是由于使用而产生的，而是源于自然力的作用所发生的有形磨损，又称自然磨损。

13.2.12　答：设备有形磨损的发展过程具有一定的规律性，一般分为以下三个阶段：

第 I 阶段：初期磨损阶段。在该阶段，设备磨损速度快，时间跨度短，对设备没有危害，是必经阶段，称为"磨合"。

第Ⅱ阶段：正常磨损阶段。在该阶段，设备处在最佳运行状态，磨损速度缓慢，磨损量小，曲线呈平稳状态。

第Ⅲ阶段：急剧磨损阶段。在该阶段，设备磨损速度非常快，丧失了精度和强度，事故率急剧上升。

13.2.13 答：设备的无形磨损是指不表现为实体的变化，却表现为设备原始价值的贬值，又称精神磨损。它有以下两种情况：

第Ⅰ类无形磨损：随着设备制造工艺的不断改进，劳动生产率不断提高，使得生产同种设备所需要的社会平均劳动减少，成本降低，从而使原已购买的设备贬值。这种磨损不影响设备功能。

第Ⅱ类无形磨损：随着社会技术的进步，出现性能更完善和效率更高的新型设备，使得原有设备陈旧落后，丧失部分或全部使用价值。这种磨损又称技术性无形磨损。其后果是生产率大大低于社会平均水平，因而生产成本大大高于社会平均水平。

13.2.14 答：设备故障是指在使用期间，由于磨损或操作不当等原因，设备暂时丧失其规定功能的状况。

突发故障：突然发生的故障。这种故障发生时间随机，难以预料，设备使用功能丧失。

劣化故障：由于设备性能的逐渐劣化所引起的故障。这种故障发生速度慢，有规律可循，设备部分功能丧失。

13.2.15 答：设备故障率是指单位时间内故障发生的比率。

13.2.16 答：设备故障率随时间的推移呈图13-2所示曲线形状，称为"浴盆曲线"。设备使用期间的故障发生规律分为三个时期：

初始故障期：故障率较高，但快速降低。此时的故障主要是由材料缺陷、设计制造质量差、装配失误、操作不熟练等原因造成的。

偶发故障期：故障率低且稳定，由于维护或操作不当造成，是设备的最佳工作期。

磨损故障期：故障率急剧升高，设备磨损严重，有效寿命结束。

13.2.17 答：设备的维护与保养是指为保持设备正常工作以及消除隐患而进行的一系列日常保护工作。

日常保养：重点对设备进行清洗、润滑、紧固、检查状况。由操作人员进行。

一级保养：普遍地进行清洗、润滑、紧固、检查，局部调整。由操作人员在专业维修人员的指导下进行。

二级保养：对设备局部解体和检查，进行内部清洗、润滑，恢复和更换易损件。由专业维修人员在操作人员的协助下进行。

三级保养：对设备主体进行彻底检查和调整，对主要零部件的磨损检查鉴定。由专业维修人员在操作人员的配合下定期进行。

13.2.18 答：对设备的运行状况、工作性能、零件的磨损程度进行检查和校验，以求及时地发现问题，消除隐患，并能针对发现的问题提出维护措施，作好修理前的各种准备，以提高设备修理工作的质量，缩短修理时间。

13.2.19 答：设备修理是对设备的磨损或损坏所进行的补偿或修复。

小修：对设备进行局部修理，如拆卸部分零部件。

中修：对设备部分解体，工作量较大。

大修：全面修理，对设备全部拆卸分解，彻底修理。

13.2.20 答：计划预修制：按照预防为主的原则，根据设备磨损理论，有计划地对设备进行日常维护保养、检查、校正和修理，以保证设备正常运行。主要内容包括日常维护、定期检查和计划修理。

计划保修制：有计划地对设备进行三级保养和修理。主要内容包括：三级保养加大修；三级保养、小修加大修；三级保养、小修、中修加大修。

全面生产维修制度（Total Productive Maintenance，TPM）是全员参加的、以设备综合效率为目标的、以设备寿命周期为对象的生产维修制。其基本思想是全效益、全系统、全员参与。

13.2.21 答：设备寿命是指设备可运行的年限。分为以下几种：

物理寿命：无法运行。

技术寿命：无形磨损导致丧失使用价值。

经济寿命：年平均费用最低。

折旧寿命：提完折旧。

13.2.22 答：设备更新是指用新型设备更换原有的技术落后或经济上不合理的旧设备。

13.2.23 答：概念：设备改造又称设备的技术改造或现代化改造，是指运用科技新成果，对原有设备的结构、零部件、装置进行改造，改善原有设备的技术性能和效率，从而使原有设备达到更高档次的技术经济水平。

设备改造的内容：对大型设备进行现代化改造；将普通设备改造成专用设备；对设备的重点部件进行改造。

设备改造的特点是：相关性强、针对性强、适应性广、经济性强。

13.2.24 答：设备折旧是指一定时期内为弥补设备损耗按照规定的设备折旧率提取设备折旧费，或按国民经济核算统一规定的折旧率虚拟计算设备折旧费。

13.2.25 答：（1）年费法。查表得投资回收系数，在利率 $i=12\%$ 、寿命周期 $n=8$ 的条件下，投资回收期系数为 0.201 30。设备 A 和设备 B 的每年总费用支出分别为：

	设备 A	设备 B
	15 000 元 ×0.201 30	18 000 元 ×0.201 30
每年固定费用	=3 019.5 元	=3 623.4 元
年运行费用	2 000 元	1 500 元
全年总费用	5 019.5 元	5 123.4 元

比较两台设备，选择设备 A 较好，因为使用设备 A 比使用设备 B 年节约支出 103.9 元。

（2）现值法。查表得对应于利率 $i=12\%$ 、寿命周期 $n=8$ 条件下的现值系数为 4.967 64。

	设备 A	设备 B
最初固定费用	15 000 元	18 000 元
每年运行费用的现值	2 000 元 ×4.967 64	1 500 元 ×4.967 64
	=9 935.28 元	=7 451.46 元
8 年内全部支出的现值	24 935.28 元	25 451.46 元

计算结果表明，设备 A 优于设备 B。

13.2.26　答：（1）按平均年限法计算

年折旧额 =（10 000 万元 – 500 万元 + 50 万元）÷8 = 1 193.75 万元

第 1、2、7、8 各年折旧额均为 1 193.75 万元。

（2）按年限总和法折旧计算

第 1 年折旧额 $= \dfrac{8-1+1}{8 \times 9 \div 2} \times$（10 000 万元 – 450 万元）$\approx$ 2 122.22 万元

其中预计净残值 = 500 万元 – 50 万元 = 450 万元

第 2 年折旧额 $= \dfrac{8-2+1}{8 \times 9 \div 2} \times$（10 000 万元 – 450 万元）$\approx$ 1 856.94 万元

第 7 年折旧额 $= \dfrac{8-7+1}{8 \times 9 \div 2} \times$（10 000 万元 – 450 万元）$\approx$ 530.56 万元

第 8 年折旧额 $= \dfrac{8-8+1}{8 \times 9 \div 2} \times$（10 000 万元 – 450 万元）$\approx$ 265.28 万元

（3）按双倍余额递减法折旧计算

第 1 年折旧额 = 2 ×（10 000 万元 – 0）÷8 = 2 500 万元

第 2 年折旧额 = 2 ×（10 000 万元 – 2 500 万元）÷8 = 1 875 万元

第 7 年折旧额 =（10 000 万元 – 前 6 年累计折旧额 – 450 万元）÷2 = 664.89 万元

第 8 年折旧额 = 第 7 年折旧额 = 664.89 万元

参 考 文 献

[1]　Chase R B, Aquilano N J, Jacobs F R. Production and Operations Management：Manufacturing and Services [M]. New York：McGraw-Hill, 1998.

[2]　约瑟夫 G 蒙克斯. 运营管理学习指南与习题集 [M]. 任建标, 译. 北京：机械工业出版社, 2005.

[3]　陈荣秋, 马士华. 生产与运作管理 [M]. 北京：机械工业出版社, 2009.

[4]　潘家轺, 刘丽文, 石涌江, 等. 现代生产管理学 [M]. 北京：清华大学出版社, 1994.

[5]　陈良猷, 等. 管理工程学：下册 [M]. 北京：北京航空航天大学出版社, 1995.

[6]　陈荣秋. 生产与运作管理习题及案例 [M]. 北京：机械工业出版社, 2005.

[7]　Buffa E S, Modern Production/Operations Management [M]. New York：John Wiley & Sons, 1983.

[8]　陈志祥. 现代生产与运作管理 [M]. 广州：中山大学出版社, 2002.

[9]　威廉 J 史蒂文森. 运营管理 [M]. 张群, 等译. 北京：机械工业出版社, 2005.

[10]　丁慧平, 俞明南. 现代生产运作管理——生产服务经营策略 [M]. 北京：中国铁道出版社, 1999.

[11]　杰伊·海泽, 巴里·伦德尔. 运作管理 [M]. 陈荣秋, 等译. 北京：中国人民大学出版社, 2006.

[12]　孙永波. 生产与运作管理 [M]. 北京：科学出版社, 2005.

[13]　厄斯金. 生产与运作管理案例 [M]. 北京：机械工业出版社, 1998.

[14]　王世良. 生产运作管理 [M]. 北京：华文出版社, 2001.

[15]　武振业, 叶成炯, 等. 生产与运作管理 [M]. 成都：西南交通大学出版社, 2000.

[16]　严学丰. 生产管理学 [M]. 上海：上海财经大学出版社, 1996.

[17]　雷文慧, 张宁俊, 等. 工业企业生产管理 [M]. 成都：西南财经大学出版社, 1995.

[18]　马士华, 林勇. 供应链管理 [M]. 北京：机械工业出版社, 2005.

[19]　Lee H L, Padmanablan V, Whang S, Information Distortion in a Supply Chain：The Bullwhip Effect [J]. Management Science, 1997, 43 (4)：546-558.

[20]　Chen F, Drezner Z, Ryan J K, Simchi-Levi D. Quantifying the Bullwhip Effect in a Simple Supply Chain：The Impact of Forecasting, Lead Times, and Information [J]. Management Science, 2000, 46 (3)：436-443.

[21]　陈荣秋, 马士华. 生产与运作管理 [M]. 3 版. 北京：高等教育出版社, 2011.

[22]　陈志祥. 生产运作管理教程 [M]. 北京：清华大学出版社, 2010.

[23]　李全喜. 生产运作管理 [M]. 北京：北京大学出版社, 2011.

[24]　潘春跃, 杨晓宇. 运营管理 [M]. 北京：清华大学出版社, 2012.

[25]　王春来. 生产与运作管理 [M]. 北京：化学工业出版社, 2011.